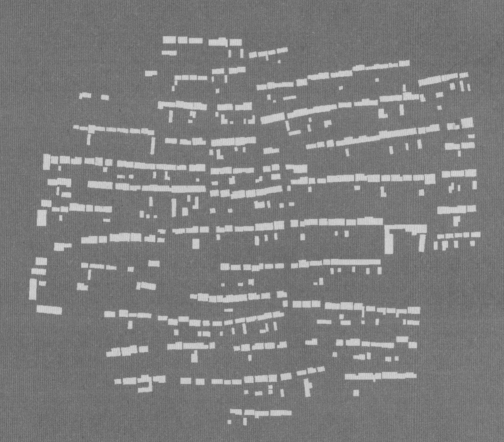

碾伯县图　引自清康熙十二年（1673年）《西宁府志》

西宁府城图 引自清康熙十二年（1747年）《西宁县志》

聚
落

国家出版基金项目

国家重大出版工程项目
"十三五"国家重点图书

中国传统聚落
保护研究丛书

青海聚落

靳亦冰　王军　著

中国建筑工业出版社

总编委会

顾 问：

张锦秋　　陆元鼎　　王建国　　孟建民　　王贵祥　　陈同滨

编委会主任：

常　青

编委会副主任：

沈元勤

总主编：

陆　琦　　胡永旭

委 员：（按姓氏笔画排序）

王　军	王金平	韦玉姣	冯新刚	朴玉顺	刘奔腾	关瑞明
李群(女)	李群(男)	李东禧	李树宜	杨大禹	吴小平	余翰武
张兴国	张鹏举	陆　峰	范霄鹏	金日学	周立军	郑东军
单晓刚	赵之枫	姚　赯	贾　艳	高宜生	郭　建	唐　旭
唐孝祥	黄　耘	黄文淑	黄凌江	韩　瑛	靳亦冰	雍振华
燕宁娜	戴志坚	魏　秦				

《中国传统聚落保护研究丛书　青海聚落》

靳亦冰　王　军　著

编 委：

王发昌	白宗科	熊士泊	马成贵	李　红	李仲仁
衣　敏	杨敏政	李志国	朱燕敏	马黎光	乔　柳
曹一平	冯　坚	何晓萍	赵国智	刘成奎	阿　鑫
阿夏·彭措达哇	仁　青	商选平	赵晓亮		

审 稿： 李　群（男）

序一

一、引子

中国传统文化将一个地方的环境气候和风俗民情的特质和韵味称为"风土"。《国语·周语上》韦昭注:"风土,以音律省土风,风气和则土气养也",即从当地方言的乡音民谣中便可感知一方土地、民风的文化气息,因而"风土"一词与英文的Vernacular近义。"风"指风习、风俗、风气,"土"指水土、土地、地方,所谓一方水土养育一方人,供奉一方神,从这个意义上,"风土"与西方的"场所精神(Genius Loci)"也有一定的关联性。日本近代哲学家和辻哲郎著有《风土》一书,他对"风土"的定义是自然环境气候诸因素加上"景观",这里的"景观"应指审美角度的自然和人文两个方面,二者相融合的文化景观就是一种典型的传统聚落。

然而,在当今乡村振兴的时代大潮中,传统聚落最常见的关键词是"乡土"而非"风土",差不多已约定俗成了。"乡土"一词是中国农耕社会中故乡、家乡、老家和乡下的意思,至今中国社会还延续着这个传统的语义。但中文"乡土"与英文Vernacular的语境存在差异,因为西方并不存在以宗法制为基础的传统乡民社会,其乡村也就不会有类似于中国"乡土"的概念内涵。而乡村的发展前景是要走出农耕语境的乡土,留住文化记忆的乡愁,延续场所精神的风土,再造生态文明的田园。再说自近代以来,乡土并不包括城里的传统聚落,比如北京的胡同,西安、成都、苏州的巷子,上海的弄堂等属于"风土"而非"乡土"的范畴。

自1930年朱启钤先生发起成立中国营造学社以来,在梁思成和刘敦桢两位学科巨擘的引领下,我国建筑界对传统民居和乡土建筑的研究持续推进,成就斐然,形成了传统建筑研究的一大专业领域。但如何使这些研究更多地关联和影响城乡建设的进程,对整个建筑类学科都是一个很大的挑战。

二、中国传统聚落的源流与特征

1. "匝居"与城乡同构

中国传统聚落营造的信史可追溯到商周时期的聚落遗址。其中有关"营造"的最早文字记载见于《诗·大雅·灵台》:"经始灵台,经之营之"。这里的"经",是策划、管控的意思;而"营",原意即"匝居",是围而建之的意思,例如"营窟""营市(阛、阓)""营垒""营国"等一系列聚落营造范畴的词汇。因此,古代聚落即以"匝居"的方式,形成血缘的乡村聚落,地缘的城邑聚落,以至作为国家统治中心的都邑聚落——都城。这些华夏聚落以宗庙或祠堂为空间秩序的中心,以城垣壕堑为空间领域的边界，虽层级和功用不同，但从深层构成看却大多同构，保持和发展着"匝居"的聚落营造方式，从而部分地诠释了城乡一体的"亚细亚生产方式"学说。因为，一方面，许多乡村聚落拥有城垣、堡楼、街坊、庙宇等要素，俨如一座座城邑，如从汉代的"坞堡"到明清的庄寨、围堡均是如此；另一方面，城邑甚至都邑虽然看上去坚固伟岸，依然不过是政治权力和经济活动高度集中，等级制度极为森严，壕堑防卫更加严密，水平向扩展开来的巨型村寨而已，是乡村聚落的放大升级版。

2. 聚落原型与变换

从"匝居"的外在方式到聚落的内在构成，可以看到中国传统聚落源于商周"井田制"的"井"字形空间概念及其原型意象。所谓"井田制"，即以王室收取贡赋为目的的土地经营制度和划分方式。如周代王室拥公田，公卿以下据私田，遗有周代理想的营国制度，以百亩为夫，九夫为井，九井为国（都邑）。据此制度，田野的纵横阡陌就演变为聚落内经纬交错的街衢，并围合成间、里等空间尺度及单位。后世的里坊、厢坊、街坊，以及后来的胡同、街巷和弄堂等都是这样演变而来的。但这一"井"状网格空间原型的聚落并非处处趋同，而是因地制宜，异彩纷呈，依循了"因天材，就地利，故城郭不必中规矩，道路不必中准绳"（《管子·立政篇》）的变通法则，适应地理环境和地貌条件的差异而产生拓扑变换。这就犹如某种语言，尽管"方言"各异，但"句法"和"语义"相通。或许以这样的解读，方可辩异认同、知恒通变，把握住中国传统聚落的结构本质及其演变方向。

3. 水系与聚落分布

中国传统聚落源于近水的邑居，据《史记·五帝本纪》："禹耕历山……一年而所居成聚，二年成邑，三年成都"。其中，对水畔、雷泽、河滨等的劳作场所描述，均寓意了聚落是伴水而生的文化地景。甲骨文中的"邑"字右边旁加三撇表示傍水，即"邕"字的金文来历，同样表示聚落即环水的邑居。除了统治与防卫上的考虑，古代聚落选址的首要地理条件，是必须依傍满足漕运需要，方便物资供给的水系。因此，自上古以来聚落选址一般都位于大河的二级台地或其支流的一级或二级台地上。在物流以漕运为主的古代，这些水系可以说是聚落生存的命脉，对于都城而言尤甚，如长安、洛阳、汴梁（开封）沿黄河及其支流东西走向一字排开，建康（南京）、江都（扬州）濒临江淮，北京（涿郡）和临安（杭州）则处于南北大运河的两端。实际上历代中心聚落——都城在空间上的移动，均因应了文化地理的条件和漕运线路的兴衰，并与社会动荡、族际战争和人口迁徙相伴随。

4. 乡村风土聚落

在中国古代，与城邑聚落不同的是，乡村聚落社会是按血缘关系和经济共同体为纽带所形成的聚居系统，聚族而居的社会秩序和居住形式仰赖宗法制度维系，特别是自宋代以来，程朱理学倡导"敬宗收族"，形成了以祠堂、族田和族谱为核心的宗族组织及其聚居制度，宗法的社会结构更加趋于自组织化。但由于特定地域下的自然环境（如气候、地貌、水土、材料等）和人文环境（如宗法、宗教、数术、仪式等）的差异，聚落中的宗法秩序和空间布局亦有着同中有异的呈现方式，营造活动很少有统一法式的约束，较之城邑营造更加因地制宜，灵活多变，因而在与自然地景融为一体的有机生长中，保留了纯朴的古风和浓郁的地方性，可以说是千姿百态，谱系纷呈，表现了与西方的"场所精神"相类似的地方特质。以下按地理纬度和等降水量线，将中国各地域的聚落建筑分为四个区段。

1）农耕—游牧混合地区，即400毫米等降水量线以北半干旱北方地区的聚落建筑。如昆仑山南北侧和蒙古草原上游牧民族的帐幕、蒙古包；塔里木盆地周缘突厥语族—东伊朗民族的木构平顶阿以旺住宅；青藏高原上的藏式碉房，甘青地区各族建筑元素相混合的"庄窠"式缓坡顶两合院与三合院，以及青藏高原东部边缘的羌式碉房及合院等。

2）西北、华北和东北地区，即400毫米等降水量线以南至800毫米等降水量线以北之间半湿润北方地区的聚落建筑。如豫、晋、陕、甘各式窑洞，木构坡顶及包砖土坯（胡墼）墙房屋组成的晋系狭长四合院；东北、京、冀、鲁、豫木构坡顶、平顶、囤顶建筑构成的宽敞四合院等。

3）西南、江淮、江南地区，即800毫米等降水量线以南湿润地区的聚落建筑，如川、黔、桂、滇地区，以穿斗体系、干阑—吊脚为显著特征的楼居及合院，藏缅语族各民族的"土掌房""一颗印"（"窨子屋"）"三坊一照壁"等合院；湘、赣、闽北地区"四水归堂"的天井合院或"土库"建筑；江淮地区介于南北方之间的合院和圩堡；徽州地区以堂楼为中心，高耸的马头墙、墙厦、精工木雕、楼面地砖为特色的天井合院；江浙地区穿斗—抬梁混合式的多进厅堂和宅园等。

4）华南地区，即大部处于1600毫米等降水量线范围的高湿多雨地区聚落建筑，如闽南、粤北地区客家、潮汕（闽系）聚落以夯土墙和木屋架构成的大厝、土楼、土堡、围龙屋；粤南广府地区大屋、天井、冷巷构成的合院群等。

总体而言，延续至今的乡村传统聚落基本上都是明清以来的遗存，说明经过两晋南北朝开始的由北而南为主流的历次民族、民系大迁徙，明清时期各地乡村建筑相对稳定的地域分布格局已基本形成，可以从民间流传的营造匠书和聚落族谱中得到印证。如元明之际的《鲁般营造正式》、明万历年间的《鲁班经匠家镜》和清末民初的《营造法原》等，对江南地方的民间建筑影响尤其广泛。

至于少数民族地区的乡村传统聚落，因源于不同的文化传统，其构成及相互关系比较复杂，与汉民族聚落也存在交融现象。比如，明清两代逐渐推进"改土归流"，在南方的少数民族地区以"流官"管理制取代"土司"世袭制，推进了汉族与少数民族的异质文化交融，但后者的"熟化"（或"汉化"）程度，大大超过了前者的"夷化"。

自1930年中国营造学社成立以来，在梁思成和刘敦桢两位学科巨擘的引领下，建筑史界对乡土民居的研究成就斐然，形成了传统建筑研究的分支领域。跨世纪以来，建筑史界对传统民居的人文地理背景和建筑形态分布区系已有一些学术探讨，并有过以传统建筑结构类型为主线的地域区划专题研究。但是这些研究成果怎样对城乡改造中的遗产保护难题产生积极影响，还有待实践中的借鉴和运用。

三、城乡改造与传统聚落

1. 消亡中的乡愁载体

自19世纪末以来，直到改革开放之前，传统中国逐渐从农耕文明走向了工业文明，演变进程是相对缓慢曲折的。尽管传统聚落的宗法社会结构已经崩解，但血缘和宗族关系依然得以延续，聚落的空间结构和传统风貌依然大致如故。随着近30年来城镇化和城乡改造浪潮的冲击，传统聚落的文化特征已发生巨变，大部分古城只保留着少量的历史文化街区。作为乡村传统聚落的大多数村镇，经过撤并集聚或自发式改造，使原有的自然和社会生态系统瓦解或巨变，残留下来比较完整，较多保留着原生态风貌的多在边远山区，占比很大的部分已破败不堪，或被低质化改造，总体上正以极快的速度趋于消亡。

据中外学者的研究，民国时期的城镇化水平不过10%左右，中华人民共和国成立直到改革开放前也只达到17%左右。20世纪70年代末改革开放以来，城镇化开始飞速地发展，城镇化率2018年已达59.58%，其中城镇户籍人口42.35%（包括拥有宅基地的部分镇人口和城中村人口），与欧美约75%~85%及日本93%的城镇化率相比仍差距明显。截至2016年，我国乡村自然村仍有244.9万个，基层自治管理单位"村民委员会"52.6万个，乡村户籍人口7.63亿，常住人口5.6亿，在本地和外地谋生的农民工约2.88亿。2017年全国城乡人均收入倍差2.72，一些贫困的山区和边远地区农村人均收入与全国城乡平均收入倍差则远高于这个数字，这些地方的衰败或空村化现象更加严重（数据来源自2017年、2018年国家统计局公布的数据）。

虽然这种文明进程在任何一个走向现代化的农耕社会迟早都会发生，但是中国作为人类文明诸形态中唯一保持了连续性进化的国家，文化传统的基因和源头即存在于城乡传统聚落之中。这一"乡愁"载体的消亡，不但会使国家和地方失去身份认同的文化根基，而且会使城乡一体化发展的战略目标发生偏差。

2. 风土建成遗产

在中国传统聚落的话语体系中，"民居"是对功能类型而言，"乡土"是对乡村聚落而言，而"风土"是对城乡聚落及其文化地理背景而言，三者均属同一范畴。因此，乡村聚落也是最具文化载体性的风土聚落，呈现了各个地域环境、气候和民族、民系背景下异彩纷呈的风土特质。西方的风土建筑研究可以追溯到法国18世纪新古典主义理论家德·昆西（Quatremère de Quincy），他最早指出了建筑语言的风土（Vernacular）和习语（Idiom）属性。到了当代，英国建筑理论家兼乡村爵士乐作曲家鲍尔·奥利弗（Paul Oliver，1927—），集风土建筑研究大成，在1997年出版了覆盖全球的《世界风土建筑百科全书》（Encyclopedia of Vernacular Architecture of the World），他认为研究风土建筑不只是为了记录过往，对未来的文化和经济可持续发展也是不可或缺的。随后R. 布伦斯基尔（Brunskill R. W.）在2000年出版《风土建筑：一部图解的历史》一书，把20世纪以前定义为"风土建筑时代"，以大量的插图详解了数百年来英国风土建筑在农耕时期和工业化早期的形态特征。

"建成遗产"是经由营造活动所形成的建筑、聚落、景观等文化遗产本体的总称。1999年，国际古迹遗址理事会（ICOMOS）在《风土建成遗产宪章》（Charter on the Built Vernacular Heritage）中，首次提出了"风土建成遗产"的概念，即特定风俗和土地上所建造的文化遗产，其保护价值今已成为全球共识。首先，"聚落建筑"作为风土建成遗产的第一保护对象，是城乡历史环境的栖居场所，也是民族民系身份认同和乡愁记忆的空间载体，携带着可识别的中国传统文化基因。其次，"营造技艺"蕴含乡遗的工巧智慧精华，是对其进行保护、传承和再生的意匠源泉，而只有将传统聚落的营造技艺真正传承下去，保护才是可持续的，才能使聚落遗产长存下去。再次，"文化地景"（或文化景观Cultural Landscape）呈现聚落的环境因应特征，是人工与天工相交融的在地景观。韩国建筑师承孝相，为了表达地景建筑创意，生造了"Landscript"（地文）一词，本意是强调人的活动在土地上留下的印记，就如大地书写一般。显然，"地文"需要保护和续写，即像日本的"合掌造"民居、中国的西递—宏村那样，严格保护好聚落遗产标本，激活历史环境的"场所精神"（Spirit of Place），在新建筑中创造性地转化风土建成遗产的原型意象。

3. 国家级聚落遗产

根据住房和城乡建设部和国家文物局颁布的最新保护名录，中国传统聚落列入国家保护名录的有三大类，均可看作风土建成遗产。其一为100多处"国家重点文物保护单位"身份的传统聚落；其二为国家历史文化名城、名镇、名村，包括135座"名城"、312个"名镇"和487个"名村"；其三为6819个部分由国家财政资助保护的"传统村落"。此外，皖南古村落西递—宏村、福建土楼、开平碉楼与村落，以及红河哈尼梯田文化景观等4项乡村传统聚落及景观被收入世界文化遗产名录。

这其中的传统村落数量最为庞大，部分还同时具有国家级历史文化名村及重点文物保护单位的身份。其分布特点为：南方约占全国总量的78%，大大多于北方；山区多于平原、盆地，如晋、湘、滇、黔、闽的山区占比超过全国总量的二分之一；方言区多于官话区，如晋系方言区约占北方各官话区总和的40%左右；工业化、城镇化起步较晚的地区多于起步较早的地区，如西北地区多于东北地区；城乡人均收入倍差相对较高的地区多于发展水平相近的较低地区，如贵州、云南处于全国传统村落数量排名前列。

上述的三大类传统聚落遗产保护系列中的前两类，有着相应的国家保护法规及实施细则，生存问题相对无虞。而第三类——传统村落量大面广，没有直接的相应保护法规作保障，其生存问题看似有国家财政资助，实际状况则堪忧。

四、传统聚落的保护与活化

1. 模式与问题

对风土建成遗产的专项保护，比较典型的首推北欧斯堪的纳维亚半岛的挪威和瑞典，这里在第二次世界大战前最早以民俗博物馆的方式，保护和展示当地的风土建筑，这种方式随后风靡欧洲大陆和英国。1952年英国"古迹委员会"将18世纪以前的风土建筑均纳入了保护名录，特别值得注意的是，英国将乡村划为120个自然区和181个特色景观区，这是可以借鉴的乡村文化地景谱系保护策略。日本于20世纪70年代兴起的"造村运动"，是通过农业升级改造、乡村特色塑造和技术培训投入，提振乡村经济社会活力和磁力，最终使乡村聚落得到活化和再生。聚落遗产保护和传承是其中的一个部分，如长野县的妻笼宿和岐阜县的马笼宿，其风土建成遗产在存真、修缮、翻建、活化等方面皆有坚定的价值坚守和丰富的保护经验，可供中国乡村风土建成遗产保护和再生实践学习借鉴。

我国城乡风土建成遗产保护与活化前后已历20载左右，经验和教训并存，其中数量占大多数的乡村聚落遗产保护与活化主要有三种模式。第一种为国家文博体系和大型国企主导的乡村博物馆模式，如山西的丁村、陕西的党家村、湖南的张谷英村、福建的田螺坑土楼群及玉井坊郑氏大厝等，经费、法规、导则等条件较为完善，部分村民通过村委会组织参与经营活动受益。第二种为社会企业主导的风土观光综合体模式，乡村聚落遗产由企业与当地政府、村自治体——合作社以契约形式合作及分成，如安徽黟县宏村、浙江松阳县村落、山西沁水县湘峪村、福建连江县杜棠古村三落厝等。第三种为村自治体主导风土生态体验区模式，以由村自治体所属企业及乡村活化能人掌控风土观光资源，进行乡村聚落开发，村民参与其中的相对较多，受益也相对大一些，如安徽黟县西递村、山西平遥县横坡村、陕西礼泉县袁家村、山西晋城市皇城村、福建屏南县北村等。

不可忽视的是，乡村聚落遗产在保护和活化中存在一些带有普遍性的问题和挑战：一是大多没有以乡村经济、社会的改造升级为根本前提，而是过多地依赖于旅游资源的消耗；二是管理政出多门，既条块分割，又一事多管，造成一些村落一村多名，准入标准和处置方式交错低效；三是原住民生活资料——集体土地、宅基地和房屋处于不确定的流转状态，所有权和使用权分离，但土地与房屋租金普遍低廉，收益分配不成比例，原住民的公平共享诉求难以兑现，存在着大量的权益矛盾和法律纠纷，潜在的社会风险已然存在；四是维修和民宿化改造等多为村民自发行为，存在严重的安全隐患，如结构安全意识薄弱，涉及公众安全的强制性技术规范和安全施工监管缺位，消防间距、人身防护不合规范的状况随处可见，声、光、热等室内环境控制指标大都达不到基本使用要求；五是宅基地内滥建低质楼监管缺失，低质翻建率常在一半以上，严重的达70%～80%，使村落风貌严重失控，而招揽观光的利益驱动导致拆真造假现象也随处可见；六是薪火相传趋于中断，大部分营造技艺面临失传，由于种种原因，"非物质文化遗产传承人"名誉并未起到明显的弥补作用，传统意匠及技艺存续与再生尚待突破，新旧修复材料融合手段薄弱等问题普遍存在；七是同质化严重，社会资金普遍投入乡村聚落保护与再生项目的可能性有限，而传统村落依赖国家财政扶持也是很有限的，且不可持续。

2. 标本保存谱系化

当下我国城乡风土建成遗产的保护与活化，首先并不是个建筑学问题，而是涉及保护什么，如何保护，怎样活化的实质性问题，与经济、社会的可持续发展背景息息相关。从物种标本保存的战略眼光看，传统聚落保护与活化的前提是对聚落遗产标本的保存和研究。

少量被定格在某个历史时期或文化样态下的聚落遗产，比如平遥、丽江古城以及各地名镇、名村一类进入各种遗产名录，是受到严格保护的风土建成遗产标本。但这些遗产标本只是聚落遗产中极小的一部分，我们认为，实际上需将我国城乡风土建成遗产按民族、民系的语族区或方言区进行全覆盖，成体系地作分类分级梳理，为后世存续完整的风土建成遗产谱系标本，兹事体大，关及国家和地方历史身份和文化传承的根基。因此，应依风土建成遗产谱系统一甄别、筛选和认定聚落遗产，再以地景修复、聚落修补和技艺传承为基础，将之纳入再生过程。当务之急，是应对其谱系构成缘由与分布有比较系统的认知。

由于语言作为文化纽带的重要性仅次于血缘，而风土在语言学上的含义，即连接一个地方聚居群体的交流媒介"语缘"，既可代表不同的文化身份，也可作为判断各文化身份间亲疏关系的参照。因此，从文化地理学和人类学的角度，可尝试以民系方言和语族—语支为参照，对各地风土建筑做出以"语缘"为纽带的谱系分类区划。总体上看，历史上语族相近，说明有相关的文化渊源；语族的方言或语支相通，说明血缘和地缘存在关联性。传统的汉语族—方言和少数民族的语族—语支是在漫长的历史变迁中，由于地理阻隔及民族、民系迁徙所形成的。虽然建筑谱系和语言谱系是否完全对应确是个问题，但设若不同族群在语言上可以交流，则其聚落及建筑一般也会存在交互关系。

参照语言人类学家的语缘区划，汉藏语系的汉语族民族民系聚落及建筑谱系主要可分为：其一，东北、华北、西北、江淮和西南等五大官话区建筑谱系；其二，华北的晋语方言区建筑谱系；其三，江南的吴语、徽语、赣语和湘语四大方言区建筑谱系；其四，华南的闽语、粤语和客家语三大方言区建筑谱系。少数民族语族区聚落及建筑谱系主要可分为：其一，西南地区汉藏语系藏缅语族17个民族的建筑谱系，壮侗语族9个民族和苗瑶语族3个民族的建筑谱系；其二，北方地区阿尔泰语系突厥语族7个民族，蒙古语族6个民族和通古斯语族5个民族的建筑谱系等。此外，还有少量西北地区印欧语系斯拉夫语族和伊朗语族的民族的建筑谱系，以及华南地区南亚语系和南岛语系民族的建筑谱系。以这样的谱系认知方式，对风土建成遗产谱系遗产的标本系列进行谱系化的保护，是有重要意义的一种尝试。

突厥语族区建筑		其他区建筑	蒙古语族区建筑		其他区建筑	通古斯语族区建筑		其他区建筑
定居区	游牧区		定居区	游牧区		定居区	渔猎区	
北方官话区西部建筑			晋语方言区建筑			北方官话区东部建筑		
河西	关中		北部	中部	东南部	京畿	胶辽	东北
西南官话区建筑			北方官话区中部建筑			江淮官话区建筑		
滇	黔	川	鄂	豫	鲁	淮	扬	
藏缅语族区建筑			湘语方言区建筑		赣语方言区建筑		徽语方言区建筑		吴语方言区建筑	
藏区	羌区	彝区	其他	湘西	湘中	湘东	豫章	临川	庐陵	歙县	婺源	建德	苏州	东阳	台州
壮侗语族区建筑			客家方言区建筑			闽语方言区建筑		
壮区	侗区	其他	西部	中部	东部	闽中		闽东
苗瑶语族区建筑			粤语方言区建筑			闽语方言区建筑（闽南）		
其他区建筑			桂南	粤西	广府	潮汕	南海	台湾

我国民族民系风土建成遗产谱系分布示意图

3. 大量性传统聚落的出路

除了经典传统聚落风土建成遗产谱系的标本保存，大量性的传统聚落，特别是乡村聚落，总体上面临着景象劣化、原有建筑被大量低质改建、乡村经济和民生有待振兴的境况。因此，需要将聚落有机更新和文化地景再造，作为未来发展的主要方向。实际上，对大量性传统聚落的可持续发展而言，实践中应考虑保存有标本价值的聚落典型建筑，延承风土营造谱系所曾依存的地貌特征、空间格局和尺度肌理，再造出隐含着基质原型、适应生活变迁的新风土聚落及文化地景。

此外，传统聚落遗产管理系统和遗产归口的合理化，遗产运作的信托化，遗产基金、社会"领养"

和活化途径的模式化，营造技艺传承的制度化，以及保护技术的系列化等，都应作为传统聚落保护与再生的改进方面加以关注和实施。

五、关于丛书编纂

这部丛书是第一部关于中国传统聚落特征与保护的大型研究集锦，内容覆盖了各省市自治区传统聚落的历史溯源、地域特征与现存状态、保护与活化的方法与途径，以及未来走向的展望等。丛书中的"传统聚落"聚焦于狭义的"村"和"镇"，并可选择性地涉及"城"，即"县"或"市"的老城区，如北京的胡同和上海的弄堂。书中内容兼顾理论观点和叙述方式的历史性、逻辑性和独特性，引述材料要求真实可靠，体例同中有异，充分表达地域特征，并将之纳入史地维度和经济、社会发展的叙事语境。保护与活化内容要求选取兼顾普适性和典型性的工程实践案例，对乡村振兴中的建成遗产存续和再生问题进行全方位的讨论。由于本丛书仍是以行政区划单位作为各分册的研究范畴，难免存在少量跨省市区之间的互涵和重复内容，但作为一部大型丛书，总体上还是完整统一的，其中不少篇章都可圈可点，对乡村振兴和传统聚落的未来探索有多方面的参考价值。

（本文主要内容及参考文献见《建筑学报》2019年12期）

中国科学院院士、同济大学教授
己亥夏至于上海寓所

序二

聚落，是人类聚居和生活的场所，《汉书·沟洫志》曰："或久无害，稍筑室宅，遂成聚落"。聚落这一概念最早出现时是为了描述区别于都邑的居民点，现在已泛指人类生活地域中的村落和城镇。聚落是在各个地域内发生的社会活动、社会关系和特定的生活方式，并且是由共同的人群所组成相对独立的生活空间和领域。传统聚落主要是指具有一定历史性的城乡聚落，拥有物质形态和非物质形态的文化遗产，是先人运用自己的智慧，依据自然、气候、地理、习俗等环境因素建立的适宜的居住空间，同时具有较高的历史、文化、科学、艺术、社会、经济价值，能够反映一定历史时空的社会物质文化与精神文化的重要载体。

传统聚落是人们与自然协调过程中不断地尝试和调整所形成的，是在一定的时空条件下的总结。传统聚落是一定地域空间范围内的人文现象，它既是一种空间系统，也是一种复杂的经济、文化现象和社会发展过程。其起源、形成、发展均在特定地理环境和社会经济背景中，通过人类活动与自然相互作用下的结果，是对自然地理条件、社会治理结构、文化机制作用等多方面的缓慢调整适应，既是人类不断地适应、改造自然环境的实践积淀和智慧结晶，也是特定地域环境人地关系的空间反映。正如本套丛书之一《云南聚落》编写作者杨大禹教授所说："几乎所有的传统聚落，作为联系自然环境和人文环境的中介，从它们的地理分布、外部整体形态、内部空间结构，到聚落与周围自然环境、山水地形的紧密关系，都体现出因地制宜、和谐有机的共同规律。"这些共识是协调当地的地理条件、社会风俗与生活方式等积累而成的。在以聚居为主的生活模式下，都会充分考虑到聚落的环境特点，尽量找到资源配置最为合理、微气候最为和谐的场所。聚落形态与民居建筑形式的存在，与人们应对自然环境的生理、心理需求有着千丝万缕的联系。所以，传统聚落都能反映出在一定的地域空间环境、一定的民族和一定的历史时期所承载的建筑文化底蕴。

传统聚落作为中华文明的一种载体，凝聚着具有地域性、民族性与艺术性的布局特色和建筑风采，以及文化习俗下构成的聚落分布、空间格局、生产模式、景观形态等风情各异、千姿百态的元素。传统聚落是先人们长期适应自然，与自然和谐相处的历史见证，凝聚着中国悠久的农耕文明，展示着人们自古至今的生存智慧，可以说，传统聚落承载着中华文化精华和中华民族精神。所以，保护传统聚落就是维系中国传统文化的延续，就是在保护中华文明的根。

对于聚落空间的研究，既要把控聚落自身各种要素以及各要素之间的相互关系，也要关注聚落内部空间与聚落外部空间之间的关系，从而进一步了解单个聚落与同一个地域内其他聚落之间的关系，以便获得对聚落空间完整概念的把握。通过对传统聚落特色的系统研究，包括将传统聚落的不同历史发展阶段，各种历史文化要素和不同形态载体归纳合一，作为相互交融、贯通的体系来研究，从理论层面上梳理传统聚落各种有关形成、发展、演化的普遍规律和地区特征，挖掘其精神文化及生命智慧，发现其内在的文化价值，尊重其自身的运营机制，肯定其在现代聚落发展中的积极作用，以丰富我们对于人类聚居的认识。

长期以来，我们的先人经过不断的实践，运用了他们的丰富智慧，无论在聚落总体布局或在民居建筑技术、艺术方面都取得了很高的成就，积累了丰富的经验。传统聚落生存智慧拥有中国优秀传统文化的内核，是体现传统建筑智慧最具特色的代表。如何重新再认识传统聚落所具有的地域性、民族性与文化多样性特征，进一步发掘潜藏其中的营建技艺、理论精华和创造智慧，寻求传统聚落的持续发展相应的理论支撑，是我们当前重要的课题。当然，蕴含着中华文化基因的传统聚落更是当代建筑文化特色形成的基础，值得我们去进行研究、总结、学习和借鉴。

"中国传统聚落保护研究丛书"各卷作者综合运用文献研究法、调查研究法、比较研究法、定性分析法等科学研究方法，建构传统聚落研究的基本思路。采用文献分析、田野调查、理论研究与实证分析结合、系统化分析等方法，通过对学术文献、地方志、文书族谱等史料资料进行梳理筛选，对现有传统聚落进行建筑测绘、口述访谈，在吸取前人研究成果的基础上，归纳总结我国传统聚落发展特点及其背后蕴含的丰富文化和物质内涵，从整体上考虑多元文化影响下的传统聚落特征。丛书作者在编写过程中，借鉴历史学、社会学、建筑学、城乡规划学、文化地理学、景观生态学等跨学科交叉的思路，采用融合融贯的研究模式，既对传统聚落的基本共性特点归纳总结，也对受各区域条件影响的传统聚落比较分析，从整体上来把握研究对象。

在新时代的聚落发展和建设中，对传统聚落的保护与研究就显得尤为重要。传统聚落所呈现出来的优秀空间格局与营造技艺，不仅能给聚落的保护更新提供更为合理的方法途径，同时也能为新时代的聚落建设提供更多的方式方法及可能性。探究历史文化基因的内在联系，研究传统聚落的起源、演变、特点和价值，为传统聚落的传承提出依据，以便于更好地加以保护与利用。与此同时，在弘扬与传承优秀传统文化的基础上，探寻传统聚落发展模式及其保护的策略与原则，对保护与更新提出更为具体的要求与措施，构建整体保护的格局理念，以及与其相适应的、分级分类的传统聚落保护体系，更好地把握传统聚落在当代的发展道路与方向。

"中国传统聚落保护研究丛书"的编写希望以准确翔实的史料、精确细腻的测绘、真实生动的图片来全面展示中国传统聚落悠久的历史、灿烂的文化、淳朴的民风。由于各地区的状况不同和民族差异，以及研究基础也会参差不齐，故在编写中并未要求体例、风格完全一致，而以突出各地区传统聚落自身特色，满足各地区建设的需求为主。同时，丛书的编写，也希望对全国各省、直辖市、自治区传统聚落保护与传承、历史街区与传统村落建设，以及城乡人居环境提升起到重要的参考与指导作用，这是本套丛书研究编写的目的和意义所在。

2020年11月16日

前言

青海省位于中华人民共和国版图的西北内陆，地处"世界屋脊"青藏高原的东北部前缘，地理位置位于东经89°24′~103°04′、北纬31°36′~39°12′之间，总面积72.23万平方公里，占全国总面积的十三分之一，仅次于新疆、西藏和内蒙古，居全国第四。青海东接秦陇，南通川藏，西达新疆，北护甘凉，战略地位十分重要，自古就有"海藏咽喉""西域门户"之称。青海省平均海拔3000米以上，地势总体呈西高东低、南北高中部低的态势，西部海拔高峻，向东倾斜，呈梯形下降，东部地区为青藏高原向黄土高原过渡的地带。青海省地形地貌复杂多样，东部多山，西部为高原和盆地，兼具青藏高原、内陆干旱盆地和黄土高原三种地形地貌。青海省是长江、黄河、澜沧江的发源地，被称为"江河之源"，又称"三江源"，素有"中华水塔"之美誉，是我国最重要的"流域生态源区"，是国家重要的生态安全屏障。

青海省历史底蕴深厚，文化形态多样，是华夏文明的重要"发祥地"，是中华民族特色文化的重要"保护地"，也是中华多元一体文化的"缩影"。青海土地广袤，多民族聚居，多宗教并存。从古代早期的羌、小月氏、匈奴、鲜卑、吐蕃等各部，到现在世居的汉族、藏族、蒙古族、回族、土族、撒拉族等民族。在长期的生产和生活实践中，勤劳、智慧的青海各族人民创造了丰富多彩的具有鲜明民族个性与地域特征的青藏高原地域文化，充实了中华文化的宝库，推动了生产力的发展和社会进步。青海呈现出一幅多民族、多元文化相互融合、和谐相处的绚丽画卷。

青海省自然生态条件相较于中国东部地区更为严苛。由于自然条件的限制和经济发展相对滞后，青海省各地聚落发展不均衡，地域差异大，形成了类型丰富、各具特色的聚落形式。数千年来，在极端的自然环境与有限的物质资源条件下，世世代代的青海各族人民保持着对自然环境理解与尊重，积极地探索生态适应性下本土资源最有效的利用途径，用最经济的办法获取最丰富的居住空间，建造出了各种类型的地域聚落和民居建筑，丰富了人类建筑的文化遗产。多样化的青海聚落民居与本土环境融合，形成探索我国生态建筑、可持续建筑原型的"地域基因"库。

在对青海省乡村聚落进行研究时，综合考虑不同地区气候、地势、地貌、土壤、植被及人类历史活动的各类因素，考虑行政区划的完整性，结合当地专家学者意见，将其分为河湟地区、环湖地区、柴达木地区、三江源地区四个区域，对青海省乡村聚落分四个区域展开研究：以庄廓聚落为代表的东部河湟地区、以游牧聚落为代表的环湖地区、以绿洲聚落为代表的柴达木地区、以藏族碉房聚落为代表的三江源地区。四个区域自然环境截然不同，各地的居民结合自然地理特征和生态资源营建着不同风貌的聚落和民居建筑，使青海成为中华民族建筑文化遗产的宝库。

河湟地区主要是黄河及其一级支流——湟水流域形成的河湟谷地，处于黄土高原向青藏高原的过渡区，是青藏高原地势最低的地区。自西汉赵充国"河湟屯田"以来，青海东部农业区就成了农耕文化走廊和草原文化走廊的交汇地。河湟地区东接西北重镇兰州，西通青海湖、柴达木盆地和青藏高原腹地，区位和交通条件较好，集聚了全省大多数经济、人口和社会事业资源，水能资源、非金属矿产资源富集，农牧业基础条件较好。河湟地区村庄数量多，规模大，相对集中，密度大，以特有的庄廓聚落为典型代表，海拔多在1650～4000米之间，根据不同海拔高度分为川水、浅山、脑山[①]等类型，其庄廓聚落形态也不相同。

环湖地区指环青海湖的海北、海南地区。青海湖古称"西海"，是中国最大的内陆湖和咸水湖。湖区内地势西北高东南低，四周群山环绕，为一封闭盆地，东西狭长。除湖区东北部大面积的风沙堆积区外；湖区周边是河漫滩、三角洲及河流堆积阶地；湖岸周围分布有沙堤阶地；在山麓与平原交替地带有冲积洪积扇；还有比较辽阔的天然草场。环湖地区地广人稀，人口分布呈不均衡状态，一般乡镇地区为人口密集区，除此之外多为草原游牧地区，环湖地区的传统民居建筑类型是以适应游牧的帐篷民居为主。

柴达木地区为高原内陆型盆地，盆地主体为青海海西州所辖，是一个被昆仑山、阿尔金山、祁连山等山脉环抱的地区。柴达木地区地貌富集而迥异，盐湖遍布，矿产富集，素有"聚宝盆"之称。20世纪50年代，我国在柴达木地区进行了以探寻矿产资源和修建道路的大开发，同时期还有大批的解放军和内地青年响应号召来到柴达木地区，开垦荒漠、修渠、建房、种植农作物，形成了格尔木、德令哈、香日德、赛什克等绿洲农场。20世纪90年代，随着军（农）垦农场的职能转型和扶贫计划的实施，大批河湟地区的移民逐步接收农场，形成了盆地中新的乡镇和移民村落。柴达木地区聚落沿河流布局，以片状绿洲为聚居点，呈点带结合分布，聚居点周边通常为农田，外围则是戈壁荒漠，聚居点之间由公路相连，构成戈壁绿洲的聚落形态。

三江源地区是世界屋脊——青藏高原的腹地，有"万山之宗""千水之源"的称号，是长江、黄河、

---

① 本书中针对某一区域用"脑山"，用于描述具体典型村落所处的地形地貌用"垴山"。

澜沧江三江之源。其区域内山地、宽谷、径流、冰川、冻土、湖泊、湿地和草原等构成的整个生态环境对全球气候变化有巨大的影响，生态地位十分重要。其西部的可可西里无人区，自然环境生态意义重大；东南部多山且河谷密集，与四川阿坝、甘孜和西藏昌都接壤，海拔高度逐渐下降，乡村聚落多分布于此，人口密度较大。三江源地区多为山地聚落，选址多在高山脚下河谷地带的河流交汇处，山间河流穿村而过，受高寒气候资源条件限制，极为重视"背山面南"，位于山体的凹地。面南处有河流穿过，聚落形态依据地形展开，沿河谷方向线性伸展，大小不一的聚居点分布在高山河谷之间，成为三江源山地聚落形态的典型特征。

青海省传统聚落在长达数千年的历史演进中，聚落和民居与当地气候、地貌、资源和谐共生。由于地处高寒缺氧地带，生态环境脆弱，自然灾害频繁，长期以来经济相对落后，自我发展能力不强，区域产业结构不尽合理。尤其是受全球气候变化、人口增长、过度开发等因素影响，致使青藏高原生态环境趋于退化，国家生态安全屏障面临严峻挑战。

探寻青海省聚落建设，在传承历史文脉与生存智慧的宗旨下，如何走可持续发展之路，是当今乡村聚落研究者的历史使命。结合高原各族人民生产、生活以及生态状况，站在国家生态安全战略格局的层面上，对青海省高原聚落进行深层次的理论研究，是当今地域建筑理论的重要课题。针对高原人居环境的生存智慧和突出矛盾，对青海的乡土聚落发展做出探索性的研究，为青海聚落在未来发展中生产、生活、生态和谐共生做出贡献。

基于此，本书以青海省聚落的起源与发展开篇，介绍青海省聚落的起源与历史变迁，纵向叙述其聚落产生的背景与特征，结合自然地理环境和多元人文环境条件对聚落的构成情况进行叙述。同时从青海省地理分区出发，对青海省自然地理环境与聚落构成进行分析，从地形地貌和民居类型的角度对其聚落类型特征进行描述，论述自然地理特征对传统聚落发展的影响。从青海省多元文化影响下的聚落分布特征和类型特征两个角度对其进行描述；从聚落选址与布局、聚落景观、聚落营造三个角度对青海省聚落特征进行整体叙述；根据课题组多年对青海省聚落的实地考察，列举案例解读典型乡村聚落，针对青海省现状提出生态优先视野下聚落整体保护与可持续发展对策。

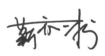

2020年12月12日

目 录

序 一

序 二

前 言

第一章 青海聚落的起源与发展

第一节 概述 —————————— 002
第二节 聚落的发展演变 ———————— 008
　一、石器时代 ———————— 008
　二、青铜时代 ———————— 010
　三、汉、魏至南北朝时期 ———— 013
　四、唐、宋时期 ———————— 015
　五、元、明、清时期 —————— 017
　六、民国至中华人民共和国成立初期 — 020

第二章 青海自然地理与传统聚落

第一节 地理分区与聚落分布 ———— 024
　一、河湟地区 ———————— 025
　二、环湖地区 ———————— 034
　三、柴达木地区 ———————— 039
　四、三江源地区 ———————— 042
第二节 自然资源与聚落类型 ———— 046
　一、土地资源与农耕聚落 ———— 046
　二、水资源与绿洲聚落 ———— 050
　三、草原资源与游牧聚落 ———— 053

第三章 青海人文环境与传统聚落

第一节 青海历史文化特征 ———————— 060
　一、青海历史文化发展历程 ———————— 060
　二、青海历史文化特点与价值 ———————— 069
第二节 青海多元文化特征 ———————— 071
　一、山水文化共融与聚落选址 ———————— 071
　二、农牧文化交织与聚落类型 ———————— 074
　三、多民族文化交融并存与聚落特征 — 077
　四、多元文化和谐共处与建筑特征 ———— 079

第四章 青海传统聚落特征

第一节 聚落选址与布局特征 —————— 084
　一、聚落分类依据与类型 ———————— 084
　二、聚落选址与分布特征 ———————— 087
　三、河湟地区聚落特征 ———————— 088
　四、三江源地区聚落特征 ———————— 092
第二节 聚落景观特征 ———————— 095
　一、农耕聚落景观特征 ———————— 096
　二、游牧聚落景观形态 ———————— 102
第三节 聚落营造特征 ———————— 110
　一、气候适应性 ———————— 110

二、资源适应性 —————— 119
三、技术适应性 —————— 124

第五章 河湟地区传统聚落

第一节 河谷型聚落 —————— 134
 一、撒拉族河湟谷地聚落——三兰巴海村、
  团结村 —————— 134
 二、撒拉族临水坡地聚落——大庄村 — 143
 三、撒拉族河谷台地聚落——塔沙坡村 - 155
 四、回族黄河滩地聚落——瓦匠庄村 — 161
 五、河谷型聚落特征 —————— 164
第二节 山地型聚落 —————— 165
 一、浅山河谷聚落——塔加村 —————— 165
 二、浅山山麓聚落——尖巴昂村 —————— 182
 三、浅山山麓聚落——兔尔干村 —————— 189
 四、浅山台地聚落——洪水泉村 —————— 196
 五、浅山山腰聚落——宁巴村 —————— 204
 六、山地型聚落特征 —————— 211
第三节 村寺相依型聚落 —————— 212
 一、上村下寺聚落——拉代村 —————— 212
 二、上寺下村聚落——合然村 —————— 228
 三、村寺相依型聚落特征 —————— 240
第四节 堡寨型聚落 —————— 241
 一、军堡型聚落——郭麻日村 —————— 241
 二、军堡型聚落——起台堡村 —————— 250

三、寺堡型聚落——张沙村 —————— 258
四、堡寨型聚落特征 —————— 267

第六章 三江源地区传统聚落

第一节 通天河流域聚落 —————— 270
 一、通天河流域基本概况 —————— 270
 二、山谷河岸型聚落——英群、英达社 - 275
 三、山麓河谷型聚落——扎哈村 —————— 282
 四、山麓缓坡型聚落——卓木其村、
  吾云达村 —————— 286
 五、山顶集聚+山脚临水型聚落
  ——郭吾村 —————— 299
 六、通天河流域聚落特征 —————— 303
第二节 澜沧江流域聚落 —————— 307
 一、澜沧江流域基本概况 —————— 307
 二、山脚临水型聚落——前麦村 —————— 316
 三、山麓缓坡型聚落——多伦多村 — 319
 四、山腰台地型聚落——瓦卡村 —————— 328
 五、山顶集聚型聚落——扎歪村 —————— 331
 六、澜沧江上游聚落特征 —————— 335
第三节 马可河流域聚落 —————— 337
 一、马可河流域基本概况 —————— 337
 二、山脚临水型聚落——阿什羌村 —————— 341
 三、山谷河岸型聚落——科培村 —————— 344
 四、山腰台地型聚落——王柔村 —————— 350

五、山腰陡坡型聚落——班前村 ——— 352
六、马可河流域聚落特征 ——— 354

第七章 青海省传统聚落保护与发展

第一节 青海省传统聚落保护与发展原则 — 360
 一、生态优先原则 ——— 360
 二、整体保护原则 ——— 360
 三、可持续发展原则 ——— 361
 四、依法推进原则 ——— 361
第二节 青海省传统聚落保护与发展模式 — 361
 一、河湟地区——以生态农业为基础的
  多元发展 ——— 362
 二、环湖地区——以牧业为基础的生态
  旅游发展 ——— 367
 三、柴达木地区——以绿洲社区为基础的
  多元产业发展 ——— 368
 四、三江源地区——以生态保育为基础的
  资源旅游发展 ——— 369

索　引 ——— 373

参考文献 ——— 375

后　记 ——— 381

第一章

青海聚落的起源与发展

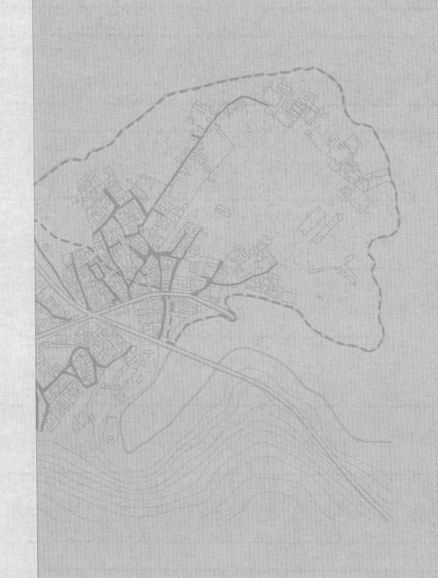

第一节　概述

青海省位于我国西北部内陆腹地，青藏高原东北部，东经89°24′~103°04′，位于北纬31°36′~39°12′之间，北部和东部同甘肃相接，西北部与新疆相邻，南部和西南部与西藏毗连，东南部与四川接壤。全省东西长1200多公里，南北宽800多公里，总面积72.23万平方公里，约占全国总面积的十三分之一。

青海省地势总体呈西高东低，南北高中部低的态势，西部海拔高峻，向东倾斜，呈梯形下降，东部地区为青藏高原与黄土高原的过渡地带，地形复杂，地貌多样。青海省兼具青藏高原、内陆干旱盆地和黄土高原三种地形地貌（图1-1-1），五分之四以上的地区为高原，东部多山，西部为高原和盆地，地形地貌是影响聚落选址和格局的决定性因素，因此青海的聚落分布也呈现西疏东密的特征。

青海省深居内陆，远离海洋，地处青藏高原，属高原大陆性气候。日照时间长、辐射强；冬季漫长、夏季凉爽；气温日较差大，年较差小；降水量少，地域差异大，东部雨水较多，西部干燥多风，缺氧、寒冷；年平均气温受地形的影响，北高南低。青海省境内各地区年平均气温在-5.1℃~9.0℃之间，1月平均气温-17.4℃~-4.7℃，祁连托勒为最冷的地区；7月平均气温在5.8℃~20.2℃之间，民和为最热的地区。年平均气温在0℃以下的祁连山区、青南高原面积占全省面积的三分之二以上，较暖的东部湟水谷地、黄河谷地年平均气温在6℃~9℃之间。

全省年降水量总的分布趋势是由东南向西北逐渐减少，境内大部分地区年降水量在400毫米以下，祁连山区在410~520毫米之间，东南部的久治、班玛一带超过600毫米，久治年平均降水量达745毫米，为降水量最大的地区，柴达木盆地年降水量在17~182毫米之

（a）青藏高原

（b）柴达木盆地

（c）黄土高原

图1-1-1　青海省地貌图

间，冷湖为降水最少的地区（图1-1-2a）。无霜期东部农业区为3~5个月，其他地区仅1~2个月，三江源部分地区无绝对无霜期。全省年太阳辐射强度大，光照时间长，平均年辐射总量可达5860~7400兆焦耳/平方米，日照时数在2336~3341小时之间，太阳能资源丰富（图1-1-2b）。

气候对聚落的影响体现在聚落的选址与布局、建筑的朝向、墙体的厚度、屋顶的形式、开窗的方位与大小等方面。为应对寒冷、干旱、多风的高寒气候，内向封闭的院落布局、高大厚重的庄廓院墙、平缓屋顶、松木大房是青海河湟地区的庄廓聚落典型特征。

全省平均海拔3000米以上，省内海拔高度3000米以下地区面积为11.1万平方公里，占全省总面积15.9%；海拔高度3000~5000米地区面积为53.2万平方公里，占全省总面积76.3%；海拔高度5000米以上地区面积为5.4万平方公里，占全省总面积7.8%。青南高原平均海拔超过4000米，面积占全省总面积的一半以上（图1-1-3a）；河湟谷地海拔较低，多在2000米左右（图1-1-3b）。最高点位于昆仑山的布喀达坂峰，海拔6851米；最低点位于海东市民和县马场垣乡境内与甘肃交界处，海拔1644米。海拔相对适中、地势相对平坦的地区适于居住，青海省聚落分布与海拔高度呈反比，海拔较低的河湟谷地人口最密集，乡村聚落最为集中。平均海拔超过4000米的青南高原拥有良好的草场资源，是天然的牧场，通天河流域、澜沧江流域是游牧民族相对集中的区域。

在青海省地貌相接的四周，东北部和东部与黄土高原、秦岭山地相过渡，北部与甘肃河西走廊隔山相

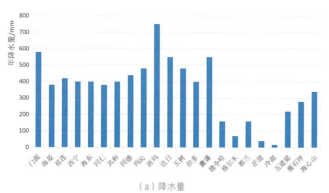
（a）降水量

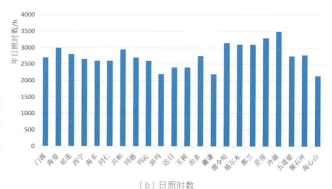
（b）日照时数

图1-1-2 青海省降水量、日照时数柱状图（来源：根据《青海地理》改绘）

（a）巴塘草原（来源：安旺才仁 摄）

（b）河湟谷地

图1-1-3 青南高原与河湟谷地

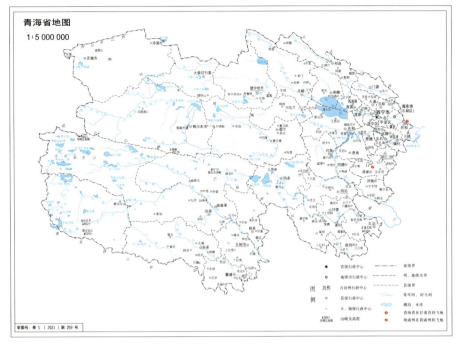

图1-1-4 青海水系示意图（来源：国家地理信息公共服务平台，审图号：青S（2021）第259号）

望，西北部通过阿尔金山和新疆塔里木盆地相隔，南部与藏北高原相接，东南部通过山地和高原盆地与四川盆地相连。省内有柴达木盆地、可可西里盆地、青海湖盆地、哈拉湖盆地、茶卡沙珠玉盆地。省内平原面积为19.7万平方公里，占全省总面积的28.3%；山地面积为34.1万平方公里，占全省总面积的48.9%；丘陵面积为10.2万平方公里，占全省总面积的14.6%；台地面积为5.7万平方公里，占全省总面积的8.2%。[①]

青海省地跨黄河、长江、澜沧江、黑河四大水系，集水面积在500平方公里以上的河流达380条。全省年径流总量为611.23亿立方米，占黄河总径流量的49%，长江总径流量的1.8%，澜沧江总径流量的17%，黑河总径流量的45.1%从青海流出，每年有596亿立方米的水流出青海，人均占有量是全国平均水平的5.3倍。青海地下水资源量为281.6亿立方米。全省面积在1平方公里以上的湖泊有242个，省内湖水总面积13098.04平方公里，居全国第二（图1-1-4）。如中国面积最大的内陆湖和咸水湖青海湖（图1-1-5a）、中国最大的盐湖察尔汗盐湖、黄河源头的姊妹湖扎陵湖和鄂陵湖（图1-1-5b）、无人区的哈拉湖等。水源是聚落选址的重要因素之一，"择水而居、依水而建"是青海聚落选址的明显特征，为适应青海的水资源分布特征，形成了多个以小流域为聚居单元的聚落组团。

青海土地类型多样，垂直分异明显，大致以日月山、青南高原北部边缘为界，以西为牧区，以东为农耕区，自西而东，冰川、戈壁、沙漠、草地、水域、林地、耕地呈梯形分布，东部农业区形成川水、浅山、脑山立体阶地，东部耕地占全省总耕地面积的90.8%，宜耕后备资源主要分布在柴达木盆地、海南台地、环青海湖地区及东部地区（图1-1-6）。土地资源是生产之本，青海东部以农耕聚落为主，青南地区和环湖地区以游牧聚落为主。

---

① 2019年青海省国民经济和发展统计公报. 青海省统计局.

（a）青海湖

（b）鄂陵湖

图1-1-5 青海省湖泊

（a）八一冰川（来源：高俊龙 摄）

（b）马可河林场

图1-1-6 青海省土地资源

(c)柴达木盆地沙漠绿洲

图1-1-6 青海省土地资源(续)

（a）玉树藏族歌舞（来源：衣敏 摄）

（b）互助土族第一代轮子秋

图1-1-7 各民族民俗文化

截至2020年，青海省辖2个地级市，6个自治州，7个市辖区，5个县级市，25个县，7个自治县，1个县级行委。常住人口592.40万人，城镇常住人口355.94万人，占全省常住人口的60.08%。少数民族人口293.04万人，占全省常住人口的49.47%。乡村户籍人口236.46万人，占全省常住人口的39.92%。[①]青海省常住人口10万以上的少数民族主要有藏族、回族、土族、撒拉族和蒙古族。

青海的少数民族聚居区均实行区域自治，先后成立了6个自治州、7个自治县，分别为：玉树藏族自治州、果洛藏族自治州、海南藏族自治州、海北藏族自治州、黄南藏族自治州、海西蒙古族藏族自治州；循化撒拉族自治县、化隆回族自治县、门源回族自治县、互助土族自治县、民和回族土族自治县、大通回族土族自治县、河南蒙古族自治县。

青海省不同的民族有不同的文化传统，且保持独特的、丰富多彩的民族风情和习俗。如悠扬的民歌"花儿"，奔放的藏族歌舞（图1-1-7a），抒情优美的土族民间舞蹈"安昭""纳顿"（图1-1-7b），民间佛教绘塑"热贡艺术"，藏族卷轴画"唐卡艺术"，酥油花艺术，独具特色的民间刺绣等。

青海还有旧石器时代、中石器时代、新石器时代的古文化遗址，历代的文物古迹、古墓群、古寺庙、古岩画、古城堡以及众多的宗教建筑群和别具特色的高原传统聚落，后续章节中将详细论述。

第二节　聚落的发展演变

青海聚落的起源从石器时代开始，经历青铜时代、汉、魏至南北朝、唐、宋、元、明、清、民国至中华人民共和国成立初，不同时代的发展演变，本节按时间轴的顺序展开论述。

一、石器时代

（一）旧石器时代

据考古发现，在距今3万年前的旧石器时代晚期，

---

① 青海省第七次全国人口普查数据. 青海省统计局.

青海的先民就在这片土地上繁衍生息。1956年，中国科学院地质研究所在柴达木盆地南缘、长江源头沱沱河南岸、霍霍西里三个地点采集到石核、石片、砾石等工具，根据石器的种类、打制方法和石锈，推断为旧石器时代的遗物。之后1980年、1982年、1993年陆续在柴达木盆地、格尔木以南发现旧石器，通过碳14测定和地层比对，证明柴达木盆地曾是旧石器时代先民生活过的地方，也表明狩猎是当时先民的主要生活来源。在青藏高原腹地多处发现打制石器，说明远古时期这里有着比较适合人类生活的自然条件。

到了第四纪晚期，青藏高原大面积隆起，由于地壳变动带来的自然环境的剧烈变化，使远古人类昔日生活、劳动的地方，逐渐变成了如今荒芜漫远、人烟稀少、生活条件极差的草原畜牧地带。1980年夏，青海省文物考古队在青海省贵南县拉乙亥乡（属龙羊峡水电站水库淹没区）发现了六处不同于新石器时代任何文化类型的遗存，这表明拉乙亥遗址是旧石器时代向新石器时代的过渡阶段。这一遗址的发现证明这个时期青海古代先民已经在这里繁衍生息，也说明当中原地区进入新石器时代时，青藏高原地区仍处在旧石器时代。①

（二）新石器时代

青海地区的新石器时代文化主要为马家窑文化。马家窑文化以1923年首次在甘肃临洮马家窑村发现而得名。分布范围为以洮河、大夏河、湟水中下游为中心，西至青海境内黄河河曲的兴海、同德一带。青海地区发现的马家窑文化遗存达900余处，在东起甘青交界，西至兴海县境，北入大通河谷，南达隆务河流域的广大地域内均有分布，以毗邻甘肃的民和、乐都两县最为密集。马家窑文化的年代经碳14测定，大约为公元前3800～前2000年。马家窑文化的人们以原始农耕经济为主。已发掘出土的有大通的上孙家寨、民和的核桃庄、乐都脑庄以及龙羊峡水电站库区的尕马台、麻尼湾和烧炭沟等地的遗址和墓葬。②

马家窑文化由于时代早晚和分布地域的不同，又分为早期的石岭下、马家窑，中期的半山和晚期的马厂四个相互联系、各具特色的文化类型。这个时期的青海古代乡村聚落较旧石器时代已经更具规模，明显有"房址、窑穴等居住痕迹"。马家窑文化的居民是戎、羌族系的祖先。马家窑文化遗存从数量和分布地域来看，充分显示了"先羌"文化发展繁荣的历史轨迹。③

马家窑文化的制陶业相当发达，且彩陶数量众多，各个类型的彩陶既有共性又有个性，各类型主题纹饰与其他花纹搭配，组合成精美的图案。马家窑文化彩陶是甘、青地区远古文化的重要标志，也是研究当时青海古代乡村聚落的实证（图1-2-1）。

石岭下类型在青海境内发现10处，局限于毗邻甘肃的民和、循化两县。1980年，民和阳洼坡遗址的出土文物表明青海古代先民已过着定居的农业生活。在已发掘的遗址中，出土了许多半地穴式方形房址，墓室一

图1-2-1　中国青海柳湾彩陶博物馆出土陶器

---

① 崔永红，等. 青海通史[M]. 西宁：青海人民出版社，1999.
② 中国文物地图集青海卷编写组. 青海古代文化分布概述[J]. 青海文物，1990（04）.
③ 崔永红，等. 青海通史[M]. 西宁：青海人民出版社，1999.

般为方形木框结构，这些都体现了青海古代先民的聚落形态雏形。

半山类型遗存在青海的分布范围也较广泛，但数量较少，发现不足百处。已发掘的遗址有乐都柳湾、民和阳山、循化苏呼撒、同德兔儿滩等处，共400余座墓葬，出土物有石斧、石锛、石凿、石刀、石球、石纺轮等，反映了青海古代先民在那个时期的生活用品种类。民和的阳山墓地出土了三件喇叭形彩陶器，一端盘口似罐，一端呈喇叭形，四周有一圈倒刺，两端皆可蒙上兽皮，应为陶鼓。虽为明器，但确是原始社会晚期罕见的乐器标本，再现了青海古代先民生活娱乐的某个场景。

马厂时期青海地区的农业已经相当发达：一是斧、锛、凿、刀等农业生产工具出土数量猛增；二是墓中随葬的粗陶瓮中多有粟类作物痕迹。男性墓葬多出土斧、锛、凿、刀等生产工具；女性墓葬多随葬陶、石纺轮和骨针。随葬出土的物品反映出青海古代社会男女分工已较为明确。随葬品中以陶器为大宗，多的墓中有百余件，少的则一两件，这种数量悬殊反映了贫富分化和财产私人占有，是青海地区原始氏族社会解体的重要标志。[①]

二、青铜时代

青海地区的青铜时代，考古已调查的青铜时代各种文化遗址包括：齐家文化、辛店文化、卡约文化、诺木洪文化和唐汪式陶器，达2400余处，几乎遍布青海全境，反映了当时文化非常发达。据碳14测定，属于青铜时代早期的有齐家文化（约在公元前2000年左右），而卡约文化晚期遗存则延续到汉代。

据《后汉书·西羌传》中记载："西羌之本，出自三苗，姜姓之别也。其国近南岳。及舜流四凶，徙之三危，河关之西南羌地是也。"[②] "南岳"指衡山；"三危"为山名（在今敦煌市东南）；"河关"为县名，属汉代金城郡。金城郡领允吾等13县，为汉昭帝始元六年（公元前81年）置，辖今兰州、临夏及西宁一带。这些古文化遗存的数量骤增和分布地域的迅速扩大，说明古代羌族在这个时期文化的发展。

齐家文化生产工具以石器为主，也出现了铜器，其分布范围与马家窑文化相当。齐家文化之后，青海地区以卡约文化为主体，东部有辛店文化，西部有诺木洪文化，遍布在阿尼玛卿山以北的广大地区。在青海南部的玉树、果洛两地，这一时期虽没有典型的文化遗物，但从调查采集到的零碎陶片等文物来看，很可能也有青铜时代的遗物。

齐家文化已经发掘的有乐都柳湾、西宁沈那、贵南尕马台、大通上孙家寨、民和中川旱台、互助总寨、平安东村等地。坚固、美观的方形或圆形半地穴式的白灰面房子具有防潮作用，是齐家文化青海先民在建筑技术上的一大创举。从遗址和墓葬中出土了数量较多、品种齐全的农业生产工具，有些还选用了硬度较大的玉石料。墓葬和遗址中还出土了大量马、牛、羊、猪、狗等动物骨骼，表明青海先民当时除了狩猎以外，家畜饲养业已比较发达。由于轮制技术的广泛应用，制陶业较之前有较大进步。墓葬中随葬品的多寡悬殊明显可见，而"人骨架排列"反映了男尊女卑和非正常死亡骤然增多等现象，也印证了青海这一时期由于生产力的发展，生产资料的私人占有和贫富分化的现象已经出现，导致原始氏族公社制度的解体，社会发展进程至少已进入了"军事民主阶段"。

青海民和县喇家遗址，是距今3650~2750年前后，以早期齐家文化为主，兼有马家窑文化、辛店文

---

① 青海省文物处，青海省考古研究所. 青海文物[M]. 北京：文物出版社，1994：4-6.
② （南宋）范晔著. 后汉书·西羌传[M]. 西安：太白文艺出版社，2006：667.

化等不同文化类型的古文化遗址，也是迄今为止发现的我国唯一一处保留了4000年前大地震、黄河大洪水等多重灾难遗迹的史前灾难遗址，被誉为"东方的庞贝古城""世界母爱圣地"[1]。喇家遗址地处甘肃与青海接壤地带的官亭盆地，距青海民和县城约100公里。黄河自西向东从盆地穿过，沿河发育有三级河流阶地，遗址位于黄河北岸二级阶地的前缘，高于河面约25米，距黄河水平距离约1公里[2]。喇家遗址2013年被列入国家考古遗址公园立项名单中，是青海省首个获批的国家考古遗址公园[3]（图1-2-2）。

喇家遗址的规模、重要遗迹的发现及王者之器的出土，均显示该遗址是一处官亭盆地齐家文化时期极为重要的聚落遗址，具有中心聚落的地位。其具有宽大壕沟、小型广场、"干阑式"礼仪建筑、祭坛与祭祀墓葬及杀祭坑等祭祀遗迹。窑洞式建筑及窑洞式聚落形态、新型炉灶壁炉、广泛出土的玉器等，都反映出喇家遗址的独特之处[4]（图1-2-3）。

卡约文化是齐家文化的延续和发展。卡约文化遗存在青海境内已发现1700余处，是青海地区分布地域最广、遗址数量最多、时代下限最晚的青铜时代文化，可延续至汉代以后。据有关资料表明，卡约文化以西宁、湟中为中心，向四周作辐射状分布，湟水流域、黄

图1-2-2 喇家遗址公园

图1-2-3 喇家聚落遗址

---

[1] 张新斌. 黄河流域史前聚落与城址研究[M]. 北京：科学出版社，2010：15-16.
[2] 夏正楷，杨晓燕，叶茂林. 青海喇家遗址史前灾难事件[J]. 科学通报，2003（11）：1200-1204.
[3] 付妍，肖景义，薛明月，谢芳亭. 国家考古遗址公园旅游产品开发研究——以青海省喇家遗址为例[J]. 四川旅游学院学报，2016（06）：68-72.
[4] 李洋. 古灾难遗址发掘的现实意义——以青海民和喇家遗址为例[J]. 青海社会科学，2011（04）：162-165.

河河曲以东地带分布密度较大。已发掘的有大通上孙家寨、湟中下西河、湟源中庄和莫布拉、循化阿哈特拉、苏志和苏呼撒、贵德山坪台、共和合洛寺、贵南达玉台、官塘和加土乎等地，发掘墓葬2000余座。这些考古发现都展现了青海古代原始聚落分布的遗迹。

卡约文化时期，青海先民过着以农业为主、以畜牧业为辅的定居生活。由于自然条件的差异，有一些地区的卡约文化表现为以畜牧业为主，甚至过着游牧生活的现象。地域不同，物质生活千差万别，时代早晚不同，出现各具特色的不同文化类型。目前考古发现了湟水流域的卡约类型（时代较早）、黄河沿岸的阿哈特拉类型（时代较早）以及湟源县以西、青海湖周围地区的中庄类型（时代最晚）。卡约文化制陶业不甚发达，制作比较粗糙，品种相对单调，这是其经济生活内容所决定的。卡约文化冶铜业比较发达，反映了当时青海古代先民的主要畜牧种类增多，生活质量已有很大改善。据碳14测定，卡约文化的相对年代大致在商末至周代，少部分遗存则一直延续到汉代。在海北藏族自治州刚察县城，发现了6座青石板拼成的石棺，这是卡约文化在海北藏族自治州西部牧业区的首次发现，其时代约为汉代。①

与卡约文化同期的还有辛店文化，主要分布在洮河中下游、大夏河和湟水流域，已发掘的地点有大通县上孙家寨、乐都县柳湾、民和县核桃庄等。辛店文化时期人们以农业为主，兼营畜牧业及制陶、纺织、冶铜等手工业。陶器以夹砂粗陶为主。铜器为小型工具、铜容器及饰品，从铜器的品种和数量来看，均逊色于卡约文化。辛店文化与卡约文化是齐家文化之后，河湟地区东西并列的两支青铜时代文化。②

诺木洪文化是在柴达木地区诺木洪的塔里他里哈遗址首次发掘而命名的，其分布范围大致在柴达木地区的周边地区，以盆地东南缘一带较为集中。诺木洪文化的人们过着定居生活，较多的石斧、骨铲等农业生产工具的出土，以及麦类作物的发现，都说明当时青海先民过着定居的农业生活。遗址中住房有圆形和方形两种，有的建在土坯围墙以内，用木架支撑屋顶，木构件上有榫卯。屋墙以土坯砌筑，表面抹草泥，房屋周围有土坯砌的窖穴，附近有饲养牲畜的圈栏。遗址中出土了较多用牛、羊毛编织的毛布、毛带、毛绳和毛线，有的染成红、黄、蓝不同色彩。毛布除采用经纬线编织外，有的还采用了"人"字形编织法。遗址内也出土了大量动物骨骼以及圈栏内马、牛、羊、骆驼粪便堆积等，表明当时的畜牧业也相当发达。出土的铜斧、铜刀、铜镞、铜钺等和炼铜工具及铜渣的发现，证明诺木洪人有制造铜制品的能力。诺木洪文化是卡约文化的继续和发展，是青海西部地区的一支古代羌族文化遗存。③

从石器时代起，人类开始在青藏高原东北缘（河湟谷地、祁连山地、环青海湖盆地、柴达木盆地、青南高原东北部）活动，形成马家窑文化。马家窑文化分布范围以洮河、大夏河和湟水河的下游为分布的核心地带，东到六盘山，西到青海同德黄河谷地，南到秦岭，向北延伸到河西走廊。到齐家文化时期开始向东迁移，也从马家窑时期的母系氏族公社向青铜时代的齐家文化、辛店文化、卡约文化的父系氏族公社转变。马家窑文化时期遗址数量变多，规模由小变大，到马厂时期聚落数量达到最大，齐家文化时期聚落数量减少，规模缩小，卡约文化、辛店文化时期数量与规模再次增大。④考古遗址类型为聚落、墓地，分布及数量规模如表1-2-1所示。

---

① 崔永红，等. 青海通史[M]. 西宁：青海人民出版社，1999：12-13.
② 崔永红，等. 青海通史[M]. 西宁：青海人民出版社，1999：14.
③ 青海省文物处，青海省考古研究所. 青海文物[M]. 北京：文物出版社，1994：6-8.
④ 戴燕，丁柏峰. 河湟区域地理环境与经济文化变迁[M]. 北京：人民出版社，1999：03-23.

青海史前聚落一览表 表1-2-1

文化类型		地区	聚落遗址数量与规模	墓地数量与规模	生产力水平
马家窑文化期	石岭下类型	河湟谷地的最东部民和一带	武山石岭下、师赵村、西山坪、大地湾、傅家门等	师赵村、大地湾、傅家门等遗址中的墓葬	新石器时代
	马家窑类型	河湟地区为中心,东抵宁夏海原一带	总计109处,其中有数据100处,最大18万平方米(兴海县羊圈台),最小200平方米(贵南县麻尼湾),大型遗址超10万平方米2处,占2%;中型遗址1万~10万平方米7处,占7%;小型遗址不足1万平方米91处,占91%	总计10处,最大3.5万平方米(贵德罗汉堂),最小0.35万平方米(乐都脑庄)	
	半山类型	河湟地区为主,北至景泰一带,西达河西走廊东端	总计12处,最大4.75万平方米(同德县兔儿滩),最小0.06万平方米(民和县黑圈)	总计3处,最大4.5万平方米(民和田家墓群),最小0.48万平方米(民和田家墓群)	
	马厂类型	河湟地区为主,北至景泰一带,西达河西走廊玉门一带	总计130处,最大10.5万平方米(民和羊羔滩),最小0.04万平方米(民和洒力池东南)	总计68处,最大10万平方米(民和儿官),最小0.12万平方米	
齐家文化期		东部农业区、河湟谷地及支流的台地上(渭河上游、洮河中下游与湟水中下游地区)	总计7处(4处与卡约文化重叠),最大2.6万平方米(西宁市阿家庄),最小0.2万平方米(循化县相玉河)	—	铜石并用时代
卡约、辛店、唐汪文化时期		东起甘青交界的黄河沿岸,西至海南州共和、贵南等县,南达黄南州隆务河流域,北至海北州刚察、海晏等县(分布在黄河上游及其支流湟水、洮河与大夏河流域)	总计1246处,其中有数据1176处,最大24万平方米(兴海县中铁),最小100平方米(化隆查让),大型遗址超10万平方米14处,占1.1%;中型遗址1万~10万平方米36处,占3.1%;小型遗址不足1万平方米1126处,占95.8%	总计294处,其中有数据224处,最大20万平方米(贵德县查达墓群),大型墓地超10万平方米4处,占1.8%;中型墓地1万~10万平方米102处,占45.5%;小型墓地不足1万平方米118处,占52.7%	青铜时代后期
诺木洪文化时期		柴达木盆地	总计36处,其中有数据32处,最大20万平方米(塔里他里哈),最小0.06万平方米(柴新西),大遗址超10万平方米1处,占3%;中型遗址1万~10万平方米7处,占22%;小型遗址不足1万平方米24处,占75%	—	

三、汉、魏至南北朝时期

西汉中叶以前,整个青海是羌人部落的聚居之地。汉武帝时,征伐四夷,开地扩境,北却匈奴,西逐诸羌。元狩二年(公元前121年),为打通河西走廊,隔绝羌、胡交关之道,汉军与匈奴激战,当时汉军活动范围仅限于湟水下游地段。元鼎六年(公元前111年),汉遣将军李息、郎中令徐自为率兵十万平定羌乱,深入河湟地区,迫使羌人西去湟中,依西海、盐池左右,汉王朝始设护羌校尉,开始经略湟中,筑西平亭(今西宁市),专事管理羌人事宜,并成为定制。从史料可以看出,当时青海地区战事频繁,军事对峙聚落的形成在河湟地区已经呈现。

始元六年(公元前81年)汉朝设金城郡以加强对河湟地区的监控。汉宣帝神爵元年(公元前61年),赵充国深入湟中平定西羌,整个河湟地区形势稳定,设立郡县的条件已经成熟。神爵二年(公元前60年),在河湟地区增设临羌、安夷、破羌、允吾、允街、浩门、河关等七县，归金城郡（治允吾，今民和下川口）管辖，河湟地区开始正式纳入中原王朝郡县体制之内。河湟地区成为汉族、羌族和小月氏人杂居之地。赵充国在平西羌乱后，为保证西部边境长久安宁，向朝廷提出"罢兵屯田"的建议，为汉宣帝准奏。"河湟屯田"拓荒垦田，兴修水利，大大改善了当地农牧业生产环境与社会生活环境。[①]

西汉末年，王莽当权，为炫耀威德，诱惑羌人献地称臣，于青海湖环湖地区建西海郡（治今海晏三角城），进一步把青海湖地区划入汉王朝版图。东汉末建安中，以金城郡西部地区分置西平郡（治西都县，今西宁），辖临羌、安夷、破羌、西都四县，这是西宁成为古代青海政治、军事、经济和交通枢纽的开端。两汉时期的墓葬，广泛分布在湟水流域，黄河沿岸也有零星发现。中华人民共和国成立后，特别是1973年以来，在西宁、大通、湟中、互助、平安、乐都和民和等地共发掘汉墓200余座，其中以大通后子河发掘规模为最大，达182座。

西汉时期的墓葬以竖穴土坑墓、洞式墓和竖井木椁墓为主；东汉及其以后墓葬则以砖室墓为主。砖室墓又有长方形券顶墓、前室穹隆顶后室券顶墓、前后室双穹隆顶墓以及带耳室墓等多种。据此得知：青海地区汉墓形制的演变沿袭了中原汉墓的发展轨迹。随葬品也与中原汉墓相似，都是青海古代汉文化与羌、胡文化相互交流融合的见证，这成为青海古代乡村聚落里汉墓的一个突出文化特点。

汉代所建的一些"郡县故城"即聚落，在农业区多已消失或仅留部分残迹。王莽所建的"西海郡城"由于地处偏远牧区，因此至今仍保存较好。1983年，考古发现了"西海郡及下隶的环海五城（含郡治）"包括地处青海湖东北的海晏县尕海古城、青海湖西北部的刚察县北向阳古城、青海湖西南部的兴海县支东加拉古

图1-2-4　西海郡城

城，青海湖东南部、濒临黄河的共和县曲沟草多隆古城（已被龙羊峡水电站库区所淹没）。这些古城通常都选址于视野比较开阔的黄土地带。城多呈正方形，边长一般为400米左右，其中以西海郡城规模最大，边长超过600米，自考古发现以来，城内先后多次发现汉代和王莽时期的五铢钱、货布、货泉、"大泉五十""一刀平五千"等钱币，五铢、小泉值一等钱范和"西海安定元兴元年作当"的文字瓦当[②]（图1-2-4）。

汉代文物中，在乐都县高庙白崖子村挖掘出土的东汉灵帝光和三年（公元180年）赵宽碑，民和中川出土的陇西中部督邮印，大通上孙家寨乙区1号墓出土的汉匈奴归义亲汉长铜官印，乙区3号墓出土的腹部锤碟有

---

① 崔永红，等. 青海通史[M]. 西宁：青海人民出版社，1999：40-43.
② 崔永红，等. 青海通史[M]. 西宁：青海人民出版社，1999：40-42.

图1-2-5 伏俟城遗址

忍冬纹、颇具波斯风格的单耳镀金银壶，平安县窑房村东的凤凰山下出土的有力士、持矛甲骑、持锏甲骑、宴饮、神鸟和日月舞人等六种题材的画像砖，甲区115号墓出土的记载当时军功、等级、战阵、赏罚、兵车配备和兵器使用内容的木简等，这些文物对研究青海汉代时期的行政建制、军事制度、文化艺术、中原对边疆地区的文化影响、民族之间的文化融合以及中西交通和文化交流等方面均提供了珍贵的实物资料。

西晋永嘉之乱后，豪强并起，割地称雄，地方政权纷纷建立。从西晋灭亡到北魏统一北方的120多年，史称五胡十六国时期。以后又形成南北对峙，直到隋代统一全国，南北分裂延续了270年之久，这期间青海历史上发生两件大事：一是南凉在青海东部立国；二是吐谷浑人雄踞青海草原。

公元399年，鲜卑族首领秃发乌孤率部进入青海东部，建都于乐都，是青海历史上第一个封建割据地方政权。其数次迁都于"西平（今西宁）、姑臧（今武威）和乐都"之间，但在乐都建都时间最长。

吐谷浑人原为辽东慕容鲜卑的一支。公元410年，吐谷浑人开始进入今青海贵南穆格滩一带，该地区位于黄河河曲以南，被称为河南王国，是吐谷浑历史上在青海建立的第一个根据地。今贵南、同德等地有较多形制较小的古城是这一时期的遗存。公元452年，吐谷浑王抬寅"始邑于伏罗川（今都兰县）"是吐谷浑的第二个根据地。公元540年，夸吕立，始自号为"可汗"，居伏俟城，是吐谷浑的第三个根据地[①]（图1-2-5）。

石乃亥乡（今共和县）附近的铁卜加古城就是历史上吐谷浑后期的王城所在。伏俟城东连西平（今西宁）、金城（今兰州），可与南北对峙的政权贸易通商；西接鄯善（今若羌）、喀什，可与中亚各国交通往来，是丝绸之路青海道上必经的扼制要道。依据这些考古史料，青海古代乡村聚落在吐谷浑时期的规模与形态逐渐显露出来，先民们的生活和生产场景再次显现。

四、唐、宋时期

公元618年，李唐王朝建立后，改西平郡为鄯州，辖湟水（今乐都）、龙支（今民和北古城）和鄯城（今西宁）三县，改浇河郡为廓州，辖广威（今化隆群科）、达化（今尖扎康扬）和米川（今化隆甘都）三县。又置陇右节度使于鄯州，下统十一军三守捉，牢固地控制了河湟地区。

---

① 米海平，鄢晓彬.《二十六史》青海志传校注[M]. 1998.

图1-2-6 文成公主庙

与此同时，吐蕃崛起于青藏高原南部的雅鲁藏布江流域，先后打败羊同、璨、琳等部，统一西藏本部，定都逻些（今拉萨），以后向北吞并苏毗、多弥、白兰、党项等部，尽占河源以南广大地区。唐高宗龙朔三年（公元663年），吐蕃一举歼灭吐谷浑，其疆界开始与唐王朝接壤，之后的数百年间，虽与唐王朝有不少瓜葛，甚至对阵交兵，但和平交往、睦邻友好却一直是双方交往的主流形式。唐贞观十五年（公元641年），文成公主嫁于吐蕃赞普松赞干布，奠定了唐蕃友好交往的根基。景龙四年（公元710年），金城公主进藏与吐蕃赞普赤德祖赞完婚，再次巩固和加强了汉藏民族之间的情谊。此外，在日月山口现存有唐蕃交马互市以及划界立碑的唐蕃分界碑残件、勒巴沟唐代岩画、玉树的文成公主庙（图1-2-6）以及相传由金城公主修建的大日如来佛堂等遗迹，这些都体现了青海古代乡村聚落发展的轨迹。

安史之乱（公元755年），唐军东调平叛，吐蕃乘虚而入，河湟尽没。这一时期青海境内出土的遗址以古城为主，如龙支县故城（民和北古城）、石堡城（湟源大小方台）、白水军绥戎城（湟源北古城）、定戎城（湟源北京台）、应龙城（青海湖海心山古城）、威戎军故城（门源金巴台古城）等均属于青海聚落遗址。

1982~1987年，在青海省海北的刚察、海西的天峻和都兰、海南的共和以及玉树等地区的古代交通要道上，发现17处岩画。这些岩画虽有时代早晚之分，但前后不出隋唐时期，被认为是古代长期活动于青海地区的少数游牧民族吐蕃或吐谷浑人的文化遗迹。岩画制作的技术以凿刻为主，也有少数是磨制。岩画图案绝大多数是马、牛、虎、豹、鹿、鹰和骆驼等动物形象，只有玉树"勒巴沟岩画"为佛教内容（图1-2-7），另外还有少量描绘狩猎的图像，体现了青海古代先民的生活及生产景象。

北宋天禧四年（1020年），青海东部吐蕃首领唃厮啰部落在青海建立宗喀政权，建都于青唐城（今西宁），其成为当时中原通往西域的重要交通枢纽。宋

图1-2-7 勒巴沟岩画（来源：彭措达哇 摄）

沈括《梦溪笔谈·杂志二》记载："青堂羌本吐蕃，别族国初，有胡僧立遵者，乘乱挟其主。籛逋之子唃厮啰，东据宗哥邈川城。"1081年，又在青唐城专设茶马司，茶马互市繁荣发展。北宋元符二年（1099年），宋军进入河湟，改青唐城为鄯州。宋徽宗崇宁二年（1103年），宋军再次占领湟州，次年进驻鄯州，并改名为"西宁州"，从此西宁沿用至今。①

1983年以来，在青海东部农业区的湟中、互助、大通、民和、化隆等地，先后征集到宋代、唃厮啰、金和西夏的文物，有银碗、铜盆、瓷碗、瓷瓮、瓷盘、瓷背水壶、四系和六系的瓷坛等，展现了当时青海先民的生活水平，也反映了当时错综复杂的历史背景和乡村聚落的分布情况。

五、元、明、清时期

元代以前，青藏高原上不同历史时期，居住的民族也不相同。其中秦汉时期以羌、汉、匈奴为主，魏晋南北朝、隋唐时期以羌、汉、小月氏、匈奴、吐谷浑、鲜卑和吐蕃等民族为主，并在不同时期建立地方政权，民族间相互杂居融合。在元代之后，青海居住的民族类型也此起彼伏地发生着变化。随着蒙古族的南下，撒拉族、回族的迁入，土族的形成，与原有的汉、藏等民族共同形成了多民族杂居共处的社会格局，青海成为名副其实的多民族聚居地。唐宋以来，针对西北、西南各少数民族地区经济社会发展与内地间存在的差异，没有将在内地实行的封建统治体制套用到这些民族地区，而是采用"因俗而治"的羁縻治策，建立羁縻州、羁縻府进行控制。

元朝建立后，推行土官制度，即在少数民族地区设置的统治机构中，任用少数民族头人酋长为长官，代表封建王朝行使对当地的统治权，统治者被称之为土官。土官的主要特征是世袭其职、世有其地、世领其民；在其辖区内实行旧有的统治方式不变；土官必须向封建国家承担规定的政治、经济义务，战时还要率所部士兵奉调出征。明前期，为了阻止蒙古势力的南下，明政府将军事重心置于沿长城一线的北方边塞，屯军设防，在河西设置卫所，确保安宁。为加强边疆地区的军事防务，将内地大量的汉族官兵及家属迁徙并定居到边疆，其间还有大量移民来到青海，至今，青海民间还流传着关于河湟地区汉族青海人来自南京珠玑巷的传说。无论是来自不同地区、不同民族的官兵还是移民，在移居青海后，屯聚设防，落地生根，并与周边各少数民族相互影响，相互融合，随着时间的推移而形成不同的村落。青海省域内，尤其是河湟地区的大部分乡村聚落，基本上都是形成于明代以后，明清时期进一步发展，从而基本奠定了近现代青海村落的分布格局。

明末年间在青海地区建置府、州、县机构，结合卫所封建，在青海少数民族地区广泛封建土官，土官制度在明朝普遍推行。因为各民族在政治、经济发展水平和文化习俗各方面与中原相比，都有明显的差距和不同，因此推行"以土官治土民"的土官制度是有利于王朝统治的。②土官制度对后世产生了深远的影响，明、清则在元朝土官制度的基础上，发展形成了更完备的土司制度，其特点是"封土司民"，在青海的大部分少数民族区域推广，直到中华人民共和国成立后，彻底废除了这一制度。

1958年冬，在青海海西诺木洪地区出土的一具干尸，胸口有伤口，内塞一块绿色丝绸，显示有血迹，从衣着和随葬品可以推测出这是一位战殁疆场的元代蒙古族武将。这表明当时青海地区战役较多，军事性的聚落

---

① 青海省地方志编纂委员会. 青海通史：城乡建设史[M]. 西宁：青海人民出版社2001：5.
② 崔永红，等. 青海通史[M]. 西宁：青海人民出版社，1999：215-224.

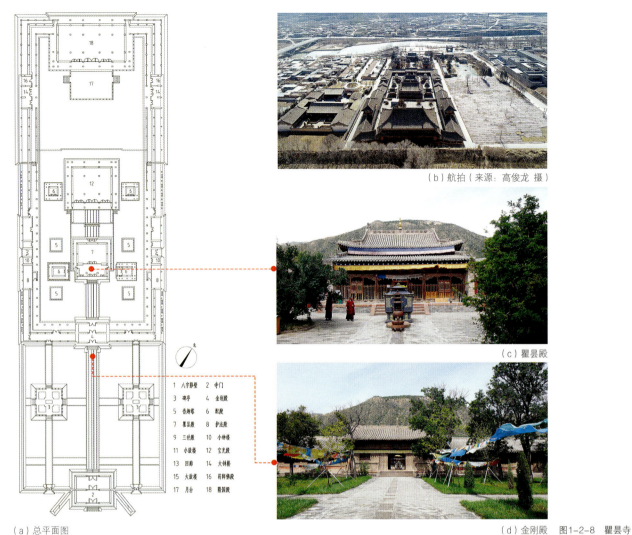

(a) 总平面图　　　　　　　　　　　　　　　　　　　　(d) 金刚殿　　图1-2-8　瞿昙寺

已经出现。在格尔木农场发现的一包400余张用毛毡包裹的元代纸币，有五十文、一贯、两贯三种面值，分别是元代中统、至元、至正时期印发的，推断是元末或明初游牧于这个地区的蒙古族遗物。

据藏文典籍记载，元前期，帝师八思巴曾在今玉树一代活动，随后出现的佛教寺庙，如称多县噶藏寺、黄南州隆务寺、化隆县夏琼寺均为元代所建。明代，对藏传佛教各派采取"众建多封"的政策，藏传佛教蓬勃发展，河湟地区"大建梵宇，特赐专教"，西宁呈现"番僧寺族，星罗棋布"的景象，青海境内兴建了众多的藏传宗教寺院，如瞿昙寺、弘化寺、塔尔寺等均为明代所建，弘化寺在明末清初时属寺达到10座之多。[①]

青海寺庙分汉式和藏式两种。汉式寺庙建筑由山门、殿堂、廊房和厢房组成，呈中轴对称式分布，乐都县瞿昙寺是汉式寺庙建筑的典型代表。瞿昙寺由噶举派僧人三罗喇嘛（桑杰扎西）创建，"瞿昙"为明太祖朱元璋所赐，桑杰扎西还曾担任西宁卫僧岗司首任都纲。整个寺院依山面水，修建在长方形城堡中，总体布

---

① 崔永红，等. 青海通史[M]. 西宁：青海人民出版社，1999：258-259.

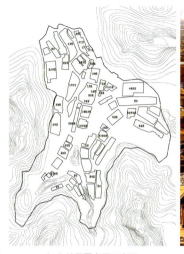

图1-2-9 塔尔寺（来源:《青海古建筑》） （a）总平面布局示意图　　（b）鸟瞰

局分为前、中、后三进院落，从山门起的中轴线上（图1-2-8），依次为金刚殿、瞿昙寺殿、宝光殿、隆国殿等大型佛殿，两侧对称布局着御史碑亭、四座宝塔、小佛堂、护法殿、小钟鼓楼、大钟鼓楼、78间回廊等。1982年被列入全国第二批重点文物保护单位，全寺400间殿堂建筑至今保存完好[①]。

藏式寺院多建筑在风景秀丽的名山高坡上，因地制宜、自由布局，大型寺院由多组小建筑群组成。最为著名是黄教六大寺院之一的塔尔寺（图1-2-9），由门楼、回廊、主殿等组成的天井式院落布局是塔尔寺建筑群的特征，其中大规模的主殿中部是"回"字形天井。在主殿的二层通常建有歇山顶，回廊二层檐廊采用圆柱、雀替、斗拱，山门惯用二层重檐歇山顶方亭式结构。

1957年，在西宁挖掘出已被盗过的明末总兵祁秉忠夫妇的合葬墓，随葬有木质灯台两盏，墓志两方。1976年，清理出四座明末总兵柴国柱和其母亲赵氏及两个儿子的墓葬，随葬物品有铜锡铁木玉石质文物200余件，这些多为明代器物。出土的墓志详细地记载了祁、柴两大家族的家族渊源和主要人物的生平事迹。在歌功颂德、树立碑牌的文字中，较多的是涉及历代移民实边和明末阶级斗争，还有民族矛盾、边疆军事等方面的情况，也深刻地反映了青海明代乡村聚落居民的生活实况。

从唐代开始，在日月山一带初现茶马互市，进行民族贸易的传统一直沿袭到明清时期。在贵德县发现朱明王朝颁发给纳马部族的"金牌信符"就是一个实物证据（图1-2-10）。中原王朝需要良马，而游牧的少数民族多以牛羊肉、乳酪、青稞为主食，多油腻，需要茶叶。茶马古道以及茶马互市也就应运而生。

明代，青海传世的镏金铜印、封诰、贝叶经、手抄本古兰经（图1-2-11）、水陆道场图等都是不可多得的

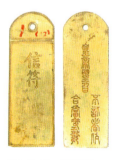

图1-2-10 金牌信符　　　图1-2-11 手抄古兰经（来源：马国忠 摄）
（来源:《青海通史》）

---

① 蒲文成. 青海藏传佛教寺院[M]. 兰州：甘肃民族出版社，2014：33.

珍贵文物。这说明青海是多民族聚居的地方，文化积淀浓厚，也是古代乡村聚落发展演变的精彩范本。

元明时期，随着回族、撒拉族定居青海，伊斯兰教在青海东部河湟地区得以传播。明洪武年间，修建了西宁东关清真大寺和位于今循化境内的街子清真大寺。清真寺建筑的出现，为伊斯兰教在青海的传播提供了载体。

清朝改卫所制为府县制，从清雍正二年（1724年）至道光九年（1829年），随着西宁府、巴燕戎格厅、循化厅、贵德厅、丹噶尔厅的设置，河湟地区一府三县四厅的行政建制格局初步形成。清朝廷根据"宜分别游牧居住"的原则对蒙古各部落实行盟旗制，将青海蒙古各部编为29旗，另有察罕诺门汗特别旗1旗（喇嘛旗），喇嘛旗同时具有宗教领地的性质，分布在今海南、海北、海西、黄南和果洛等地区。

明末清初青海藏传佛教发展迅速，寺院的数量和僧人的规模大幅度增长，清朝廷对藏传佛教寺院进行整顿，限制僧团规模、额定寺庙僧侣人数。青海地区藏族各部落原游牧于青海湖周围和黄河两岸，清雍正年间，在藏族地区推行千百户制度。

六、民国至中华人民共和国成立初期

清末及民国时期，青海的土地关系仍为封建占有制，有私人占有制、部落寺院集体占有、国家占有三种形式。

民国17年（1928年）青海建省，规定西宁、大通、碾伯、巴戎、循化、湟源、贵德7县及蒙古二十九旗、玉树二十五族、环湖八族、果洛等地为青海省所属，以西宁为省会。随后，根据实际调整行政建制，至1949年，全省辖地专级行政督察区1个、县级市1个、19个县；设治局2个、直辖区3个。青海地区自古农牧交汇，民族杂居，地区发展不平衡，建省后对农牧区统一管理。①

民国20年（1931年），政府明令废止土司制度。民国22年（1933年）3月，国民政府通令各省设立土地局，推行垦务，进行土地清丈，青海省土地局随即成立。至民国24年（1935年），青海耕地面积大幅度增加，当年粮食播种面积达到636万亩，总产达到5.193亿公斤，可谓中华人民共和国成立前，青海农业史上的兴盛时期。②

民国25年（1936年）5月，土地局改称地政局，在全省范围内多次清丈土地。农民租种地主土地的租额占土地总收入的30%~70%，苛捐杂税多达50余种，农村大片园田荒芜，水土流失严重，千沟万壑的景象举目可见。加之长期战争摧残，农业生产遭受严重破坏。民国31年（1942年）全省粮食总产量为4.7亿公斤，民国36年（1947年）全省粮食总产量为3.6亿公斤，呈下降趋势。至1949年中华人民共和国成立前，全省耕地681.65万亩，地主阶级仍占有大量耕地资源。

民国时期较大的城镇有湟源县城、湟中县的文华镇（鲁沙尔）、玉树县的结古镇等。西宁的平戎驿（今属平安）、化隆的甘都、湟中的多巴、大通的桥头、乐都的高庙等均为民国时期人口聚集、经济活动频繁的集镇，也逐渐演变成今天的重要城镇，继续发挥着其重要作用。③

20世纪30年代后期，青海农业区村落数量达三千多个，呈现出规模较小、布局分散的特征，村落平面形态有点状分布的散点形村落，也有沿着公路、河流分布的带状村落，规模较大的村落呈面状。民居建筑多依地形自由布局，多为独院式庄廓民居。

青海牧区在高山草原较差的自然条件下，牧业经济具有很大的脆弱性，该地区以部落制度组织牧民生产生

---

① 崔永红，等. 青海通史[M]. 西宁：青海人民出版社，1999：414.
② 杨炯茂. 青海古代和近代农业纪略[J]. 古今农业，1994（02）：23-27.
③ 崔永红，等. 青海通史[M]. 西宁：青海人民出版社，1999：623-629.

活，藏族的千户制度在民国时期仍完整保留。藏族部落一般分为大部落、支部落、分部落和小部落四个层级，各部落层级又处在不断发展变化之中。

据调查，中华人民共和国成立初期，果洛有20余个互不统属的独立大部落，各大部落又分别有数目不等的下属部落，下属部落又拥有若干个小部落。1949年玉树解放时，囊谦千户辖百户部落43个，其中直属百户7个。环湖地区的藏族牧业部落习惯被称为"环海八族"，但并不止8个独立大部落。黄河南各族是指贵德、同德、同仁尖扎等县境内的20多个部落，也分为不同层级的大小部落。

藏族独立大部落以地缘关系结合，因此虽同为大部落，但人口规模悬殊较大，大部落内部包含若干个不同的血缘集团，基层小部落被称之为"日科尔"，是藏族部落组织结构的细胞。各层级部落成员只能在本部落的地域范围内游牧聚居，部落内部实行土地公有制，头人有很大的支配权。部落多以先人或头人的名字命名，也有的以祖先的职官、部落所在地名、地形特征或神话传说等命名。[1]

远古时期，畜牧业是青海的主要经济类型。自马家窑文化时期兴起之后，由于气候寒冷、海拔较高，青海更适合畜牧业生产活动。青海畜牧业的发展历经秦汉时期的羌，十六国、南北朝时期的吐谷浑，唐宋时期的吐蕃、唃厮啰，明清时期的蒙古与藏族四个阶段。自游牧民族退出湟中地区之后，黄河南岸的今同仁、泽库、河南等地成为青海牧业部落的第一个核心地带。吐谷浑西迁后占据这一地区逐渐发展，并成为吐谷浑兴国的基地。青海湖地区吐谷浑鼎盛时期，都城建在青海湖地区的西边，以环湖地区为根据地。汉代所形成的以日月山为界，东农西牧的经济格局一直沿承到今天。

进入两汉时期，随着大批汉军由中原地区来到青海东部地区，在青海东部河湟地区形成了支撑地方政权的农耕区。唐宋时期青海东部地区的农耕区有所扩大，部分农耕点深入河湟谷地的两侧坡地、山地，这些农耕点在唐宋军队撤出河湟谷地时也随之消失。明清时期是青海东部地区农业持续发展的时期，清朝继承了明代在青海东部地区所取得的农业成就，并将其成果进一步扩大，农耕区开始由河谷地带向谷地两侧的浅山、脑山地区推进。明代在青海东部地区尚有不少以纳马代赋的牧业民族或部落，至清代雍正时期这些纳马民族或部落也转而成为输粮纳赋的"编民"，番地数量超过了屯科地的数量。屯科地和番地的持续发展是促使青海东部地区成为青海最重要的农业区的两个重要因素。但农耕地的过度垦殖，特别是对谷地两侧浅山、脑山的开垦，对青海地区东部的生态环境影响颇大，明清时期自然灾害增多也是受此因素影响。综上，青海地区农业经济历经汉代、唐宋和明清时期三个主要阶段，农耕聚落也随之产生、发展、演变。

青海城镇的发展历经汉代、十六国、南北朝时期、唐宋和明清四个阶段。城镇产生的原动力仍然来自中央王朝。汉代是青海城镇产生的重要时期，城镇的建筑方式、功能和空间形态基本形成，构建了简单的城镇体系。从十六国时期开始，青海的河湟谷地形成城镇并延续下来，原有牧区出现一系列城镇。明清时期是青海地区城镇发展较为成熟的时期，在农耕区的稳定基础之上，在农耕区和商贸交通路线上形成了层次不同的城镇，空间分布趋于合理，功能增多，等级结构得到较好的调整。西宁城作为核心城市的地位具有不可替代性，在此基础上形成了四级城镇等级结构体系。这一城镇等级结构体系也奠定了现今青海城镇发展的模式。[2]

---

[1] 崔永红，等. 青海通史[M]. 西宁：青海人民出版社，1999：630–632.
[2] 陈新海. 青海地区历史经济地理研究[M]. 成都：四川大学出版社，2011.

第二章

青海自然地理与传统聚落

第一节　地理分区与聚落分布

青海省位于青藏高原东北部，地理环境独特，地形地貌复杂多样，五分之四以上的地区为高原，平均海拔3000米以上。受地势结构和青藏高原大气环流的影响，省内自然地理存在明显的地域差异。东部地区为青藏高原向黄土高原的过渡地带，西北部柴达木盆地与西北内陆腹地相连，南部系青藏高原腹地。

地理学界对青海省的自然地理存在不同的划分方案，向理平将青海划分为5个地带16个自然区（1986年），郑度将青藏高原划分为2个温度带10个自然地带（1998年），张忠孝将青海省划分为3个大区25个小区（2004年），卓玛措将青海省划分为4个自然区26个亚区（2010年）。

依据卓玛措的方案，青海自然地理综合自然区划为：河湟、环湖、柴达木、青南四个自然区，方案综合考虑不同地区气候、地势、地貌、土壤、植被及人类活动等各项因素，并坚持了行政区划完整性，具有一定的代表性。①

课题组多年来在对青海省聚落和民居的调查及研究中，认为这种划分方案比较有利于对青海省的传统聚落与民居的分布与类型研究，因此本书根据卓玛措的方案将对青海省聚落的研究分为四个区：河湟地区、环湖地区、柴达木地区、三江源地区（图2-1-1）。

（a）青海省地图（来源：青海省自然资源厅官网，审图号：青S（2021）第261号）

（b）分区示意图

图2-1-1　青海省自然地理分区示意图

---

① 卓玛措. 青海地理[M]. 北京：北京师范大学出版社，2010：136.

一、河湟地区

河湟地区位于日月山以东,东北与甘肃省毗邻,南以黄南山地为界,该地区由东向西依次为:湟水流域的民和回族土族自治县、乐都区、平安区、互助县、西宁市、大通县、湟中区、湟源县,黄河流域的循化县、化隆县、同仁市、尖扎县、贵德县以及大通河流域的门源县,面积共3.69万平方公里(图2-1-2)。

河湟地区处在黄土高原与青藏高原的过渡地带,黄土广布,黄河及其支流湟水河、大通河自西向东流过,形成盆地峡谷相间的地貌格局(图2-1-3)。

1. 自然地理概况

河湟地区东接西北重镇兰州,西通柴达木地区和青藏高原腹地,兰青、青藏铁路、109国道、G6京藏高速横穿全区,西宁空港初具规模,航空运输通往国内主要城市,区位和交通条件较好。这里集聚了全省大多数经济、人口和社会事业资源,水能资源、非金属矿产资源富集,农牧业基础条件较好。河湟地区还建成了全省小麦、油料、蔬菜等大宗农作物的主产区和冶金、化工、电力、建材、机械、毛纺、皮革、食品加工等门类较齐全的工业体系,经济社会发展、城镇建设和服务业在全省四区中优势最为突出,综合发展条件较好。

河湟地区农业资源丰富,是全省重要的农业和油料生产基地,是全省小麦、瓜果、蔬菜等大宗农作物和畜牧产品的主产区(图2-1-4)。以河湟文化和民俗风情为主体的旅游资源也颇为丰富。河湟地区是全省工业化和城镇化重点推进地,还是全省城乡一体化重

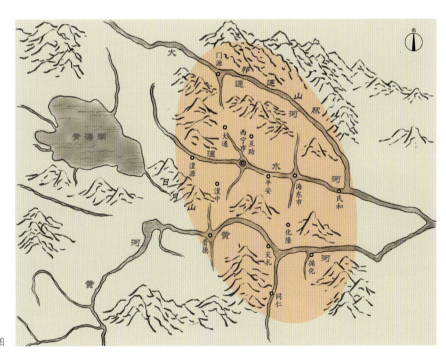

图2-1-2 青海省河湟地区范围示意图

(a) 河谷地貌（平安区）
图2-1-3 河湟地区地形地貌

（b）山地梯田（平安区）

（c）北山地貌（互助县）

（d）丹霞地貌（尖扎县）

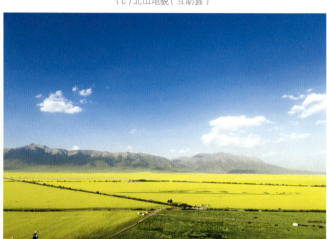
（e）川水地貌（门源县）

图2-1-3　河湟地区地形地貌（续）

点发展区。

"十二五"以来，青海省重点打造东部城市群全省城乡一体化重点发展区，构建城乡互动的体制机制，初步建立城乡规划、产业发展、基础设施、社会事业、生态环境等一体化建设新格局。2018年国务院批复了《关于兰州—西宁城市群发展规划》，这是我国西部重要的跨省区域城市群规划，兰西城市群青海境内包含了整个河湟地区，其战略定位是着眼国家安全，立足西北内陆，面向中亚、西亚，培育发展具有重大战略价值和鲜明地域特色的新型城市群。

2. 聚落分布特征

河湟地区地处黄土高原与青藏高原的交汇处，处于农牧交错带上，自西汉赵充国"河湟屯田"以来，河湟谷地便是历代先民们从事耕牧相间的地方，各族群众之间互相学习，取长补短，创造了丰硕的文化成果，形成了农耕文化和草原文化交汇之地（图2-1-5）。

河湟地区根据地理环境、气候的差异，划分为四种地形区：高山草甸区、脑山区、浅山区、川水区。高山草甸区（海拔3200米以上）为海拔较高、不适宜进行农业生产的高山区，植被以草甸和林地为主，产业方

(a)小麦种植　　　　　　　　　　　　　　(b)青稞种植

(c)油菜种植　　　　　　　　　　　　　　(d)土豆种植

(e)蒜苗种植　　　　　　　　　　　　　　(f)树莓种植

图2-1-4　河湟地区农业资源

(a) 河谷耕地

(b) 浅山梯田

图2-1-5 河湟地区农牧交错地带地貌

(a) 脑山聚落起台堡村

(b) 浅山聚落郭麻日村

(c) 川水聚落年都乎村

图2-1-6 河湟地区传统聚落

式为牧业，牧民虽已定居但仍保留着游牧的习惯。脑山区（海拔2700~3200米）为低山丘陵山区，地势高，土壤肥沃，以畜牧业为主，农业为辅。起台堡村即为脑山聚落的典型代表，其生产方式以牧业为主（图2-1-6a）。浅山区（海拔1700~2800米）是黄土高原半干旱丘陵山区，位于青海省东部、湟水两岸，是黄土高原和青藏高原的缓冲地带，多为半农半牧或林区。如海拔较高的浅山聚落郭麻日村由于适宜耕作的土地有限，产业方式农牧结合，以牧业为主（图2-1-6b）。川水区（海拔1650~2300米）依附水系呈树枝状分布于低山丘陵之间，结合黄河、湟水干流及支流形成的河谷平原，为河湟地区主要的农耕区。如依托黄河、湟水及其支流聚居生存的川水聚落年都乎村，其村民主要从事农业生产（图2-1-6c）。

河湟地区自古以来就是一个多民族聚居的地带，世居有汉族、藏族、回族、土族、撒拉族、蒙古族等民族。而且在历史的发展过程中，由于战乱以及商业贸易的往来，儒家文化、佛教文化、道家文化、伊斯兰文化和各种原始信仰在此融合演变，河湟地区成了一个典型的多民族杂居、多元文化共存、多种宗教信仰共生的民族走廊和文化熔炉。因民族文化的差异及文化传承的变迁等因素，各民族发展至今的生产习惯

（a）汉族聚落（平安区冰岭山村）

（c）藏族聚落（尖扎县娘毛村）

（b）回族聚落（平安区洪水泉村）

（d）撒拉族聚落（循化县上庄村）

（e）土族聚落（互助县索卜滩村）

图2-1-7 河湟地区民族聚落

也不尽相同，如汉族、土族、回族、撒拉族等民族以农业为主，牧业为辅，其中回族、撒拉族商业、手工业也较发达；藏族、蒙古族等民族以牧业为主，农业为辅（图2-1-7）。

河湟地区乡村聚落数量多、规模大、相对集中、密度大。该地区现有村庄2795个，占全省村庄总数的67.30%，比例高，每万平方公里约919个村庄，村庄分布密度居全省之首。从地势地貌来看，不同海拔高度的聚落形态也大不相同，川水、浅山等低海拔地区聚落布局集中、人口密集，呈集聚型布局（图2-1-8a）；脑山、高山草甸地区等海拔较高地区，聚落布局相对独立分散，呈散点型布局（图2-1-8b）。

(a)集聚型村落——湟中沙尔滩村
图2-1-8 河湟地区传统聚落

(b）散点型村落——化隆南滩村

图2-1-8 河湟地区传统聚落（续）

二、环湖地区

环湖地区位于青海中部地带，主要包括海北藏族自治州的祁连县、刚察县、海晏县，海南藏族自治州的共和县、贵南县，海西蒙古族藏族自治州的天峻县，面积共9.33万平方公里（图2-1-9）。环湖地区大部分位于祁连山地带，南部为共和盆地和鄂拉山，山盆相间的地表结构特征明显。区内有我国境内最大的咸水湖青海湖，草地资源丰富，畜牧业相对发达。

1. 自然地理概况

青海湖，藏语名为"措温布"，蒙古语称"库库诺尔"，位于青藏高原东北部，是中国最大的内陆湖。青海湖面积4435.69平方公里，湖面海拔3196米，东西长105公里，南北宽63公里。青海湖地跨海北、海南两个藏族自治州，环湖周边主要有海晏县西海镇、青海湖乡、甘子河乡，刚察县沙柳河镇、哈尔盖镇、泉吉乡、吉尔孟乡，共和县倒淌河镇、江西沟镇、黑马河镇、石乃亥镇。

青海湖湖区内地势西北高、东南低，四周群山环绕，为一封闭盆地，东西狭长，东部较宽，西部较窄，整个湖面近似织棱形。湖区内地形地貌的类型复杂多样，其中包括了湖滨平原、冲积平原、不同高度的山脉、冰原台地和现代冰川。湖的北部和东部是大面积的

图2-1-9 青海省环湖地区范围示意图

(a) 祁连卓尔山梯田

(b) 共和盆地

(c) 刚察草场

(d) 天峻草场

图2-1-10 环湖地区地貌

风沙堆积区，其中有沙地、流动沙丘、半固定沙丘和固定沙丘；在湖边及低洼地带有沼泽地分布；在湖的西部和北部发育着河漫滩、三角洲及河流堆积阶地；湖岸周围分布有沙堤阶地；在山麓与平原交替地带有冲积洪积扇。青海湖周边有着比较丰富的天然草场，巨大的湖水体系及周边茂盛的草场植被不仅对湖区生态环境的控制和调节起着极其重要的作用，而且对于维系青藏高原东北部的生态安全也起着重要作用（图2-1-10）。①

环湖地区位于我国东部季风区、西北部干旱区和西南部高寒区的交汇地带，并因其自身的湖泊效应，形成寒冷期长，温凉期短，没有明显四季之分，干旱少雨，太阳辐射强烈，气温日夜温差较大的气候特征。

环湖地区气温偏低，垂直变化明显，年平均气温在-1.0℃～1.0℃之间。气温由东南向西北递减，湖盆区高，山丘区低。无霜期很短，由于湖泊效应，使湖滨地区比距湖较远地区无霜期略长。

环湖地区四季多风，风力强劲，因其海拔在3000米以上，又位于主控西风带和东南季风的影响范围内，所以境内四季多风，夏、秋季以东南风为主，冬春两季则西风盛行。西风风力强劲，全地区年平均风速3.2～4.4米/秒，大风常引起沙暴，并伴随降温，因而湖滨地带风蚀与沙化情况比较严重。

环湖地区地处内陆高原，全年晴多雨少，因而日照充分，年日照时数为2430～3330小时，年日照百分

---

① 卓玛措. 青海地理[M]. 北京：北京师范大学出版社，2010：136.

图2-1-11 环湖地区路线及自然景观

率为56%～76%，较同纬度的河湟地区多25%左右；太阳辐射强烈，年总辐射量高达607～720千焦/平方厘米。光能资源丰富，具有发展畜牧业的优越条件，但目前利用率很低，牧草的光能利用率仅占有效辐射量的0.11%～0.21%，农作物品种单一。

环湖地区降水稀少，蒸发量大，平均年降水量一般在300～400毫米之间，个别丰水年达500毫米以上。受地形及湖水体影响，降水分布不均匀，且复杂多样。环湖地区属半干旱地区，常年多风，因而蒸发量较大，多年平均蒸发量1300～2000毫米。蒸发量的分布与降水分布相反，即湖滨平原和地势较低的河谷地区蒸发较大，山区地势越高蒸发量越小。

青海湖湖区的自然景观主要有：青海湖、茶卡盐湖、鸟岛、海心山、沙岛、三块石、仙女湾湿地、二郎剑；湖区周边的山水草原主要有日月山、倒淌河、月牙湖、包忽图听泉和金银滩草场等（图2-1-11）。

青海湖是南丝绸之路和唐蕃古道途经之地，是古代少数民族征战的地方。无论是在古代交通，还是民族文化中都留下了历史的斑迹。这里古老而充满神秘色彩的宗教寺院、历史古迹和历史传说众多。

青海湖的人文景观主要有：昆仑文化、西王母传说、日月山，文成公主进藏历史故事及传说，三角城遗址——西海郡、尕海古城、伏俟城遗址、舌布齐岩画、哈龙岩画、刻经石、祭海台、白佛寺、佛海寺、沙陀寺、刚察大寺、班禅敖包、拉姆哲寺、香木谷、格萨尔时代的贤巴石城及众多的俄博等（图2-1-12）。

2. 聚落分布特征

对于传统聚落，当地的气候、地理、地形、地缘、地方材料等自然要素在极大程度上决定了聚落的选址、布局、选材、营建、空间划分、建筑形式原则乃至聚落景观、乡土特色等。自然地理环境对聚落的建构不仅是物质上的，同时也是精神层次上的。而在环湖地区这一严酷的自然环境下更是极大地限制着当地居民的居住选择。因经济技术条件有限，自然环境因素的影响就显得格外突出，他们只能利用自然条件，去适应当地环境、顺应自然环境，以便更好地融入自然环境之中。[1]

首先聚落的生存需要丰富的资源，因此聚落的选址均在两个及以上具有不同资源地区的交界处，这样一方

---

[1] 利莎. 藏族聚落理想模式空间格局及其驱动力研究[J]. 城市建设理论研究（电子版），2013.

(a) 日月山转经廊　　　　　　　　　　(b) 日月山经幡　　　　　　　　　　(c) 文成公主庙入口

(d) 文成公主庙内院　　　　　　　　　(e) 黑马河班禅敖包　　　　　　　　(f) 黑马河经幡

图2-1-12 环湖地区人文景观

面可以对多类资源便利使用，另一方面可以减少对资源环境的影响。其次部分聚落选址在山脚河谷附近的狭长地带、山腰缓坡地带等，这既能靠近水源，同时也能防水患。同时，聚落多依山就势，顺应地形，这样的布局形式可提供更多可耕种的良田和草场。并且为了使耕地和草场的资源合理分配，几个聚落之间通常相隔较远。环湖地区寒冷、多风和日光充足的气候环境也让处于背风向阳山坡的聚落，可以最大限度地接受光照，避免在多风的山顶、山脊等地区兴建聚落。在环湖东部的风沙堆积区鲜有聚落定居，游牧而居的聚落则散点地分布在环湖地区的草场附近（图2-1-13）。

在这样严酷的环境中，造就了当地居民对自然的敬畏心理，从而产生对天神、山神，对灵石等的崇拜。也正是由于这样的心理环境的变化，当地居民是以一种与自然共生的方式生存在高原环境中，而远非现代生活中征服自然、破坏自然的方式，从而保护了高原生态这一脆弱的自然环境。

环湖地区乡村特征表现为村庄数量较少、规模小、相对分散、分布密度低。现有村庄450个，占全省村庄总数的10.84%，每万平方公里约52.4个村庄。环湖地区是一个多元文化多民族的聚集地，同时地形地貌的特征在东南西北四个方位均不同。根据地形地貌可分为高山峡谷聚落、河谷阶地聚落、山间平坝聚落和山地丘陵聚落；根据生产方式可分为农业聚落、牧业聚落和农牧聚落；根据植被类型可分为山林聚落和草原聚落；根据人地关系可分为血缘聚落和地缘聚落。综合社会文化、生产方式及地形地貌等影响因素，我们可以整体将环湖地区现有的藏族聚落分为主要三类：游牧型聚落（图2-1-14）、宗教型聚落（图2-1-15）和旅游型聚落（图2-1-16）。

图2-1-13 环湖地区藏族聚落选址布局

（a）冬居点

（b）夏季牧居点

图2-1-14 环湖地区游牧型乡村聚落

（a）沙陀寺村

（b）海晏县白佛寺村

图2-1-15 环湖地区宗教型乡村聚落

（a）祁连郭米村

（b）黑马河乡

图2-1-16 环湖地区旅游型乡村聚落

三、柴达木地区

柴达木地区位于青海省西北部内陆腹地，区域为除天峻县和格尔木市唐古拉镇外的海西蒙古族藏族自治州，面积约为26.96万平方公里（图2-1-17）。区内矿产资源丰富，特别是盐湖资源，形成了以矿产资源开发和加工为主的工业结构。

1. 柴达木盆地与绿洲

柴达木盆地为高原型盆地，是中国著名的内陆断块山间盆地，形态呈三角形。其西北部为阿尔金山，东北部为祁连山，南部为昆仑山脉，周围山地海拔3500~5500米。盆地中心为一系列湖泊低洼地，底部平均海拔3000米，面积约26.96万平方公里。广义上的柴达木盆地还应该包括青海湖南部的茶卡盆地和共和县所在的共和盆地，之所以把这些地方划分到柴达木盆地中，主要是因为它们都处于干旱区，降雨稀少，呈现出近似的荒漠景观。

在蒙古语中"柴达木"就是"盐泽"的意思。柴达木盆地名副其实，咸水湖和盐湖集中分布在盆地中心低洼地带，是地表水和地下水的汇集处，而盆地底部只有克鲁克湖为淡水湖（图2-1-18）。柴达木盆地蕴含着丰

图2-1-17 青海省柴达木地区示意图

图2-1-18 青海地势示意图
（来源：青海省自然资源厅官网，审图号：青S（2021）第260号）

(a) 淡水湖克鲁克湖

(b) 雅丹地貌（来源：高庆龙 摄）

(c) 水上雅丹（来源：高庆龙 摄）

(d) 察尔汗盐湖（来源：高庆龙 摄）

图2-1-19 柴达木地形地貌

富的石油、天然气资源（石油资源量约12.9亿吨，天然气资源量16006亿立方米），以及石棉、硅石、煤炭、铅、锌、铁、铝、锂等多种矿产。此外，柴达木盆地的西部还是中国雅丹地貌最集中的分布地，雅丹地貌面积为2.4万平方公里（图2-1-19）。

受地理位置、大气环流、海拔和地貌的影响，柴达木盆地的气候具有大陆性荒漠气候的典型特征。降水十分稀少，年降水量自盆地东部向西部逐渐降低。尽管如此，该盆地依托周围高大山体所形成的高山降雨和降雪，仍发育有绿洲。据统计，柴达木盆地周围冰雪融水年径流量为7.2亿立方米，加上高山降水径流，合计年径流量可达36.3亿立方米。盆地有大小河流70多条，其中常年有水的有40多条，分别注入盆地中心的12个湖泊。此外，盆地适宜绿洲形成的因素还有光温类型，此处的光温类型有温凉和寒温类型，相当于温带和寒温带的光温类型，可以满足小麦、蚕豆、青稞、豌豆、土豆、小油菜等温凉型农作物一年一熟的温度需求。

盆地内有冲积扇、湖积平原和冲积平原等，其中冲积平原是绿洲形成与发育的主要地段。绿洲总面积8297平方公里，约占柴达木盆地总面积的3.4%，其中农田绿洲529平方公里。天然绿洲中含荒漠化草甸绿洲153平方公里，盐化草甸绿洲6501平方公里，盐化沼泽草甸绿洲1114平方公里（图2-1-20、图2-1-21）。

2. 聚落分布特征

柴达木地区在20世纪50年代前是荒无人烟的戈壁沙滩，环境条件恶劣，不适宜居住，自然形成的村庄数量极少。50年代后国家号召开发柴达木，在此开荒、

图2-1-20 柴达木盆地绿洲分布（来源：杨婧 改绘）

受气候变化、内流河水系变迁等影响，沿盆地边缘分布的原始聚落、古代城镇、现代城镇和新垦农场城镇经历了由山前河流出山口到河流末端，到戈壁带下缘，又向沙漠延伸发生空间位移的过程。

柴达木地区具有典型的资源型区域特征，中华人民共和国成立以来，主要依托资源开发，带动盆地工业化发展和人口增长，柴达木地区的城市建设水平逐步提高。但盆地经济发展存在区域不平衡，盆地东部区域以农牧业为主，盆地西部以工矿业为主。柴达木地区聚落风貌表现为村庄数量少、规模小，且分散、密度低。该地区现有村庄236个，占全省比例低，每万平方公里约9.9个村庄，村庄分布密度低，且依托于城镇绿洲周边（图2-1-22）。

（a）冲积平原

（b）出山口冲积扇

（c）绿洲与荒漠

图2-1-21 柴达木地区地形地貌

（a）诺木洪

（b）香日德

图2-1-22 柴达木地区传统聚落

修渠、建房、生产、开垦绿洲，从而形成了农场。

柴达木地区的城镇大都发育于河流所形成的绿洲地区，与绿洲的分布呈现高度的耦合关系。绿洲的分散性、封闭性决定了现状绿洲城镇空间结构呈现出"大分散、小集中、相对封闭"的城镇空间结构特点。

四、三江源地区

三江源地区位于青海省南部地带,该区域包含玉树藏族自治州1市5县,果洛藏族自治州6个县,黄南藏族自治州泽库县、河南蒙古族自治县,海南藏族自治州兴海县、同德县,海西蒙古族藏族自治州格尔木市唐古拉山镇,面积约31.23万平方公里。土地利用以天然放牧为主,水资源丰富,是长江、黄河、澜沧江水系的发源地,生态地位十分重要(图2-1-23)。

1. 自然地理概况

三江源地区是青藏高原的腹地和主体,以山地地貌为主,山脉绵延、地势高耸、地形复杂,海拔3335~6564米。境内昆仑山、可可西里山、巴颜喀拉山、阿尼玛卿山及唐古拉山脉横贯其间,高大山脉的雪线以上有终年不化的积雪,雪山冰川广布,是中国冰川集中分布地之一,河流密布,湖泊、沼泽众多,是世界上海拔最高、面积最大、湿地类型最丰富的地区(图2-1-24)。

图2-1-23 青海省三江源地区示意图

(a)高原雪山(来源:安旺才仁 摄)　　(b)高原冰川(来源:衣敏 摄)

图2-1-24 三江源地区雪山冰川

(a) 可可西里无人区荒漠地貌

(b) 通天河流域高原河谷地貌

(c) 澜沧江流域高原河谷地貌

(d) 马可河流域森林河谷地貌

图2-1-25 三江源地区地貌

三江源地区按流域分为：黄河源区面积16.7万平方公里，占三江源地区总面积的46%；长江源区面积15.9万平方公里，占44%；澜沧江源区面积3.7万平方公里，占10%。长江总水量的25%，黄河总水量的49%和澜沧江（在东南亚称作湄公河）总水量的15%都来自于三江源地区，因此这里成为我国乃至亚洲的重要水源地，素有"江河源""中华水塔""亚洲水塔"之称。

本区总体上呈高峻的山原地貌，地势从西北向东南倾斜。高原上自西向东横亘着一系列高大的山脉，将整个高原分为许多滩地、盆地和丘陵。西北部是可可西里内流区（图2-1-25a），海拔4600~5000米以上，属于高寒荒漠地貌区，湖泊广布。西南部唐古拉山地区属于长江源头区，冰川、沼泽面积广大，不适合人类居住。中部和南部的通天河（图2-1-25b）和澜沧江上游（图2-1-25c）是海拔相对较低的河谷地带，有小片的农田和聚落分布。东北部巴颜喀拉山区是黄河的源头区，海拔4000~5000米，源区内河流和湖泊较为发育，分布着湖泊、沼泽、冰川、湿地和草原。东部果洛藏族自治州马可河[①]流域（图2-1-25d）森林河谷地貌特征明显，山高林密，气候相对湿润。

---

① "马可河"是藏语音译的河流名称，在不同的文献中出现多种河流名称及写法，如"玛柯河""玛坷河""马柯河"等，为统一表述，本书使用《中国水名词典》第219页的名词解释"马可河"。

三江源地区内气候属青藏高原气候系统,为典型的高原大陆性气候,表现为冷热两季交替、干湿两季分明、年温差小、日温差大、日照时间长、辐射强烈、无四季区分的气候特征。具有独特而典型的高寒生态系统,为中亚高原高寒环境和世界高寒草原的典型代表。由于本区地势高峻,气候严寒,年平均气温仅0℃~6℃,不利于林木的生长。大风、冰雹、雷暴频发,给农牧业生产和人民生活带来了不利影响。

2. 聚落分布特征

受地理环境的影响,三江源地区以牧业为主,少量农田主要分布于海拔较低的高原河谷地区。果洛藏族自治州南部的班玛县和玉树藏族自治州东部的玉树市、称多县和囊谦县的河谷低洼台地上有少量的可耕农田。玉树藏族自治州治多县、杂多县、曲麻莱县和果洛藏族自治州玛多县、玛沁县、甘德县、达日县、久治县,黄南藏族自治州泽库县、河南蒙古族自治县,海南藏族自治州兴海县、同德县为牧业县。

由于三江源地区可耕种土地有限,聚落多沿河谷方向线性延展,大大小小地分布在高山河谷之间。聚落选址多在高山脚下河谷地带的河流交汇处,山间河流穿村而过,水草相对丰足。同时,避风向阳也是聚落选址的重要原则,选址重视"背山面南",背山处最好位于山体的凹地,面南处最好有河流穿过,聚落形态依据地形展开,尽量不占用可耕种土地,与自然环境协调共生。

在三江源地区的草原上,居民多单户建房或2~3户聚集建房,户与户之间相距较远。由于牧户建房选址多数以自家承包的草场为中心,而草场的类型与面积不等,造成牧居户与户之间距离较远(图2-1-26)。

通天河流域的聚落选址及民居建筑的选材不同程度受到了自然地理环境的影响。首先,村落在获得良好的通风和采光环境的同时还要抵抗风沙的侵袭,多会选址于背风向阳的山坡或者河谷地区。而受制于河谷地区的地貌特点,可供村落选址布局的土地面积较小且不连续,因此该地区的村落多呈散点状分布。其次,自然地理环境对民居单体也产生了一定影响。在民居建筑的选址时,为了争取获得更多的阳光,建筑的朝向多选择最好的南向布置,也有部分选择东向布置,从而形成坐北朝南或坐西朝东的民居建筑格局。建筑材料也是就地取材,以当地山上的片石或河里的鹅卵石为主,配合以少量的生土和木材。为适应高寒气候,建筑形体规整,内向封闭,外窗尺寸较小,减少室内热量散失的同时又有

(a)高原山地聚落

(b)高原牧居聚落

图2-1-26 三江源地区传统聚落

(a) 适应地形的山地聚落科玛村

(b) 适应地形的山地聚落卓木其村

(c) 适应气候的直门达村直本仓

(d) 适应气候的德达村碉房

(e) 就地取材的聚落营建

(f) 就地取材的帐房牧居

图2-1-27　通天河流域传统聚落与民居

(a) 山顶型聚落

(b) 山腰台地型聚落

(c) 河谷河岸型聚落

图2-1-28　马可河流域传统聚落选址

一定的防御功能，可应对匪患及虫兽侵袭等安全问题（图2-1-27）。

与玉树州通天河流域聚落多选址于河谷地带不同，果洛州班玛境内马可河流域有大片原始森林，加上毗邻四川，气候湿润，夏季、汛期较多降雨。为防止房屋被水损毁、防御野兽和外敌，早期聚落选址多位于地势较高处（图2-1-28a），降雨直接沿陡峭的山壁流入低洼地带。随着防御功能的弱化、对便利生活环境的追求和排涝知识的增加，聚落选址从山顶逐渐转移到较为平缓的山腰台地（图2-1-28b），再到地势平缓的河谷河岸处（图2-1-28c），即使暴雨袭来，设置有专门的排水沟来分流，也不会对房屋造成损坏。

第二节　自然资源与聚落类型

地理环境由地理位置、地貌特征，以及气候、河流、湖泊、自然资源等因素所组成，直接影响地理单元内的聚落类型与特征。远古时期，人们的营造手段较少，对大自然的控制水平较弱，先民通常无能力改善生态环境，只能努力地去适应求生存。因此，传统聚落营建从选址、选材、建造均受到不同地区自然资源的限制，也更加体现出青海省传统聚落的地域适应性。

青海省属高原大陆性气候，日照时间长、辐射强；冬季漫长、夏季凉爽；气温日差较大，年差较小；降水量少，地域差异大，东部雨水较多，西部干燥多风，缺氧、寒冷。因此土地资源、水资源、草原资源是决定青海聚落类型的重要影响因素：如土地资源丰富、宜于耕种的河湟地区多以农耕型聚落为主；而在柴达木地区，由于荒漠干旱，水资源是制约聚落生存的根本要素，绿洲聚落为这一地区的主要聚落类型；而草场资源丰富的环湖地区和青南地区则以游牧聚落为主。

一、土地资源与农耕聚落

从地理角度来讲，河湟地区是青藏高原和黄土高原的连接区域也是过渡地带，该地区的土壤主要是栗钙土，水源充足，适宜耕种，适宜聚落的发展，是青海省农耕聚落的聚集区。河谷地带的传统聚落以自给自足的生活方式，形成了特色鲜明的农耕村落。

根据青海省第二次土地调查数据，截至2009年12月31日，河湟地区耕地共49.99万公顷（749.9万亩），其中水浇地13.05万公顷（185.7万亩），旱地36.95万公顷（554.2万亩）。

如前节所述，河湟地区与其他三区最明显的地表差异是分布广泛的黄土及黄土地貌。本区的黄土主要分布在黄河沿岸和湟水流域，大通河流域多为高山地区，仅在门源盆地有少量黄土分布，河湟大部分地区地表覆盖了一层很厚的风成黄土，经长期流水冲刷作用和其他外应力的剥蚀作用，发育成为黄土丘陵地貌景观。本区黄土层覆盖厚度一般为15~20米，个别地区厚薄不一。黄河及湟水的河谷两侧，多为梁峁、残塬低山丘陵，是典型的黄土沟壑地形，其上覆盖着马兰黄土。当地丰富的黄土资源为建造庄廓提供了良好的条件，再结合沙石等自然材料，形成了独特的聚落形式（图2-2-1）。

该区整体地形分布呈现"四山夹三谷"的地貌特点。"四山"是指由北向南的祁连冷龙岭、达坂山、拉脊山、阿尼玛卿山，"三谷"是指四山相间的大通河谷地、湟水谷地、黄河谷地。

河湟谷地处于黄土高原向青藏高原的过渡区，西南高、东北低，呈倾斜状，是青藏高原地势最低的地区，除个别山峰外，现代冰川与积雪比较少见。河湟谷地农耕村落人口密集，可耕地有限，村落结构紧凑，院落面积较小，村落呈现出组团密集型特征。

从该区地表土质看，广布的黄土是其主要土壤类型。黄土的分布并不像陕甘地区那样均质，河湟地区的黄土主要分布在河湟谷地及其两岸，位于高山地区的往往是草原和高山岩石。受"四山夹三谷"地貌影响，大面积的河谷黄土地貌与高山山梁草甸交错并存。河谷地区多开垦为农田，绝大多数为水浇地，习惯称"川水地"，是青海最好的农耕地，也是主要的粮食产区。青海东部农业区呈阶梯式的地貌特征。因海拔高度不同，耕作环境分为脑山、浅山、川水地带，各具特色。

川水区位于盆地中部的湟水河谷地带，由多级阶地组成，村庄、工厂、城镇、铁路、公路、农田等都坐

（a）黄土地貌

（b）黄土庄廓院落

图2-2-1 河湟地区土地资源

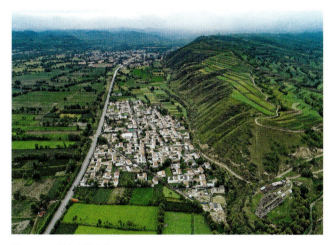
图2-2-2 川水农耕聚落

图2-2-3 浅山农耕聚落

落于Ⅱ～Ⅲ级阶面上，土壤以栗钙土为主，人多地少，劳力丰富。海拔在1650～2300米之间，气候温暖，水源充足，引湟灌溉历史悠久，是青海省蔬菜、油料、果类的主要生产基地之一，自古以来农耕文化比较发达（图2-2-2）。

浅山区位于海拔1800～2800米之间的梁峁地区，切割深度达600米，谷坡30°～60°，高山平地和阴坡为农耕区。河谷切割深度大，冲沟横断面多呈"V"形，沟间形成狭长的梁峁地形，滑坡、崩塌等物理地质现象经常发生，是现代侵蚀作用极为强烈的地段。由于植被稀疏，沟深坡陡和地层本身抗侵蚀能力弱，经水流的切割冲刷，水土流失严重。浅山区属黄土高原低山梁峁丘陵区，土层深厚，植被稀少，沟壑纵横，水源贫乏，地力瘠薄，灾害频繁，暴雨集中，贫困人口集中、贫困面大、贫困程度深，社会经济基础薄弱（图2-2-3）。

脑山区海拔在2700～3200米之间，切割深度250～400米，谷坡10°～20°，山脊山梁坡度5°左右，上覆黄土，是谷宽沟浅的低山丘陵，山体浑圆，波状起伏，冲沟切割不深，沟谷横断面积呈"U"形和半弧形。沟底较平坦，土壤、地形、气候均适宜农耕，农民种植油菜、豌豆、马铃薯、青稞等农作物。其特点是：脑山区为湟水支流源头地区，面积约占总面积的三分之一，山地地貌，植被较好，局部山坡生长次生林，放牧草场占很大的比重，耕垦轻微，地广人稀，降水丰富，也是流域地表水主要产流区和湟水支流的发源地（图2-2-4）。

河湟地区农耕聚落多分布在自然地理资源条件优越的地区，而地形复杂、交通不便和饮水困难等条件较差的丘陵山区聚落分布较少。"山林围护、田地环绕、耕地优先"是农耕聚落的首要选址因素。民居多选择向阳的坡地进行营建，山地的坡度及海拔高度也对聚落的选址有着重要的影响，通常海拔低、坡度缓的地区，聚落分布较多，反之聚落分布较少。河湟地区民族多元，自古以来就纷争不断，防御性也是聚落营建考虑的重要因素，因此聚落多布置在距水源较近的坡地上，背靠山体且布局紧凑。

由于河湟地区聚落空间形态受到地形地貌限制较大，土地资源相对匮乏，所以只要有可利用的土地，人们便尽可能多地开垦成农田，农田布局形式虽因聚落形态及周边山水格局的不同而有所差异，但总体说来，基本位于聚落的外围，在山体、水系及聚落之间。

山体、水系、林地、耕地及居住单元要素，共同构成了河湟地区传统农耕聚落基本的聚落空间格局，耕地是聚落中最重要的生产用地，层次跌落的梯田、壮阔宽广的草场林地为乡村聚落营造了独具特色的自然景观。山体，作为聚落抵御自然严寒最天然的屏障，也为当地居民最大限度地获取日照提供了得天独厚的地理条件。水系是确保聚落内人们正常生活及生产的基础，不仅仅包括河流、湖泊、池塘、泉眼等天然形成的水体空间，同时也包括人工挖掘的水井、水池等水体空间。

不同的山水格局使农耕聚落呈现出不同的空间格局，根据对河湟地区传统农耕聚落的实地调研及整理分析，发现其空间格局主要受地形及坡度影响，依据其特点可将其分为：聚落沿河一侧，耕地近水；聚落分布于河流两侧，耕地绕村；聚落位于山顶，耕地在村外围三种形式。

1. 聚落沿河一侧，耕地近水。

浅山山腰、浅山台地型聚落多采用此类聚落空间格局。聚落依山势，位于山谷河道一侧的坡地或台地上，呈线性或片状分布，由于用地面积限制，布局相对紧凑。耕地位于河流两侧，河流与村落有一定距离。如尖扎县昂拉乡牙那东村，选址于山坡地，村西有昂拉河流过，东侧草山环抱，聚落耕地位于河流两侧，便于农作物灌溉（图2-2-5）。

2. 聚落位于河流两侧，耕地绕村。

聚落多位于坡度较缓的山麓地区，呈团状或片状分布，地形限制小且土地面积相对充沛，河流从村内穿过，耕地分布在村落外围且距水源较近的缓坡地上。如宁巴村，聚落三山环绕，背靠坡地呈片状布局，宁则曲

图2-2-4 脑山农耕聚落——尖扎洛哇村

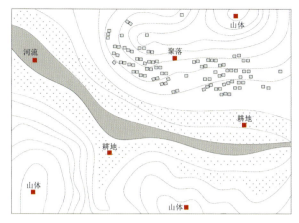

图2-2-5 聚落耕地位于河流两侧

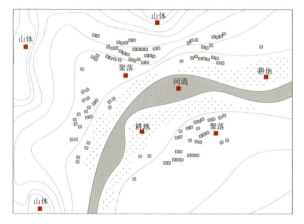

图2-2-6 聚落耕地绕村分布

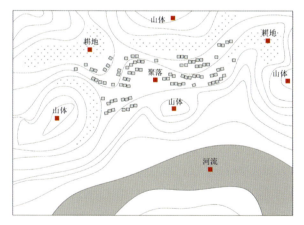

图2-2-7 农田分布于山顶上

河从聚落中间自西向东顺山势而下，在村落东部汇入道帏河，河谷土地平坦，土壤肥沃，可耕种土地面积大（图2-2-6）。

3. 聚落位于山顶凹洼之处，农田绕村，河流位于山下。

此类聚落多呈散点状分布在山顶的谷地，形成山体—聚落—田—山体—水系的格局。由于山顶地形较为平坦，村落多呈团状或片状分布，耕地大都分布在村落周边的山地上，水系通常距村落较远，不利于农业和生活用水。如海东市乐都区马营乡龙王岗村，属于脑山山谷型聚落，东面龙藏岭下岭与西塔洼岭将村子环抱，夹沟自北向南贯穿整个村庄，聚落整体呈现"人"字形分布，民居依山而建，部分位于洼地平整处，农田分布于村庄周边的山顶上（图2-2-7）。

自然条件的差异性，导致农耕聚落空间形态的不同。自然条件优越，更能吸引人口的聚集，聚落内建筑排布紧密，尺度适宜，整体结构紧凑，空间形态规则；而自然条件较差的山地，人口则分布较少，建筑分布离散程度较高，聚落边界模糊，呈现出不规则形态。

农耕聚落空间形态的形成与发展与土地资源密切相关，土地资源的差异性直接决定了聚落不同的空间形态特征、交通组织方式及功能分区的布局，同时也对当地人们意识形态的形成产生一定程度的影响。聚落空间形态规则的农耕聚落，村落布局更紧凑，秩序性强，土地利用率高且住耕分区较明确；而聚落空间不规则的农耕聚落，建筑离散程度高，土地利用率较低且住居与农耕分区模糊。

二、水资源与绿洲聚落

水资源是柴达木盆地绿洲生态系统形成、发展、演化和稳定的基础,也是最关键的生态环境影响因子。在柴达木区域中,常年有水的较大河流约有30条;多年平均径流量超过1.01亿立方米的河流有11条。这众多的河流均发源于盆地四周的山脉,主要发源于昆仑山和祁连山的冰山峡谷之中,靠冰雪融水补给。柴达木盆地四周连绵的高山雪峰,是一座座天然巨型固体蓄水库。根据对祁连山冰川现状的考查资料,青海境内拥有4个冰川区,8个冰川群,30个冰川组,共160条冰川,加上昆仑山北坡的冰川,柴达木地区的冰川的总面积达1358.46平方公里,储水量约1.135亿立方米,年融水量9.18亿立方米[1],占全区河川径流补给量的20.04%。另外,盆地内河流的补给来源还有降雨补给、消冰补给(指隆冬季节地下水在河槽中冻结,到来年气温增高冻水消融所产生的径流)和地下水补给等。

本地区的主要河流按径流量大小顺序依次为:那棱格勒河、格尔木河、香日德河、哈尔腾河、巴音河、诺木洪河、察汗乌苏河、鱼卡河、塔塔棱河、斯巴利克河、阿达滩河、沙柳河和乌图美仁河等。这些较大的河流发育在盆地四周的高山地区,均呈放射状指向盆地中心。

柴达木盆地内绿洲一般都分布在盆地与山麓交接的洪、冲积扇地带,这里水量充足,地势平坦,为聚落的形成提供了首要条件。因此聚落空间分布与河流发育的绿洲分布存在较高的耦合性。对绿洲区形成影响较大的河流主要有那棱格勒河、格尔木河、巴音河、香日德河、察汗乌苏河等。城镇的发展与绿洲有着密不可分的关系,河流形成的绿洲的分散性决定了城镇空间分布的分散性。

巴音河流域绿洲小区位于柴达木盆地北缘。聚落主要分布在巴音河出山口山前洪积扇后缘—冲洪积平原区(图2-2-8)。德令哈市区以及柯鲁克镇、怀头他拉镇、尕海镇就位于这一冲积平原上。

察汗乌苏—夏日哈流域绿洲小区位于柴达木盆地东南隅。其中上游地区为高山峡谷,下游山口前以剥蚀堆积的河谷阶地和两岸高大陡峻的山体为主,形成间断分布的河谷盆地,出山口以下是察汗乌苏—夏日哈河冲洪积平原,山前冲洪积扇绿洲是绿洲区聚落的主要分布区(图2-2-9)。

格尔木河流域绿洲小区位于柴达木盆地南缘,南依昆仑山脉,北临察尔汗盐湖,绿洲中部为冲洪积平原区,格尔木冲洪积扇是昆仑山前平原中发育规模较大、形态完整、结构清楚的典型洪积扇,格尔木市主要城区和工业园区就位于冲洪积扇轴部地带冲洪积平原上。冲洪积细土平原呈现典型的荒漠绿洲景观,是聚落的主要分布带(图2-2-10)。

诺木洪河流域绿洲小区位于柴达木盆地的东南缘,南依昆仑山脉,北为冲洪积倾斜平原区。在地貌上呈一大型洪积扇,洪积扇扇面由南向北倾斜,扇根、扇中、扇前发育完整。扇前细土平原带集中诺木洪绿洲区聚落分布如图2-2-11所示。

香日德河流域绿洲小区地处柴达木盆地东南缘,东部与南部高山山前堆积了深厚的洪积、冲积物,北、西部形成大的冲积、洪积平原和湖积平原。河谷地带受"流水侵蚀—堆积作用",细土带北沿形成一条风积地貌形态,是该片区聚落的主要分布带(图2-2-12)。

都兰—赛什克河流域绿洲小区位于柴达木盆地东部,三面环山,西部与柴凯湖谷地相连,是一呈北西向

---

[1] 数据来源:根据中国科学院兰州冰川冻土研究所《柴达木盆地现代冰川的分布及其数量统计》,柴达木盆地冰川储水量110.6369立方千米,据杨针娘计算,柴达木冰川年融水量11.42×10^{8}立方米。

图2-2-8 巴音河流域绿洲区

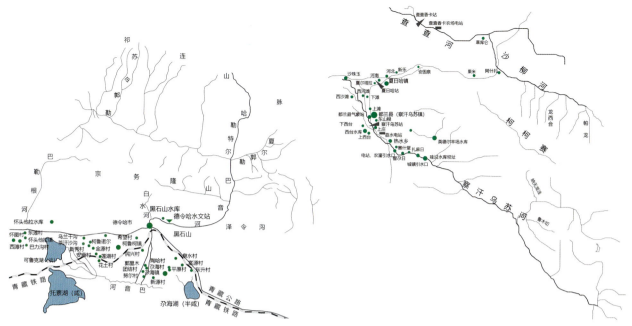

图2-2-9 察汗乌苏—夏日哈河流域绿洲区

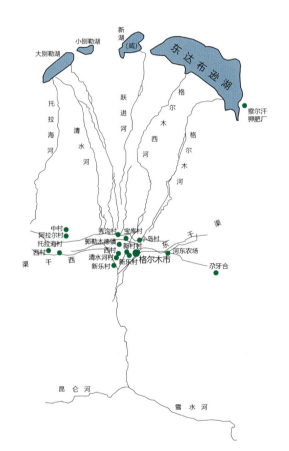

图2-2-10 格尔木河流域绿洲区

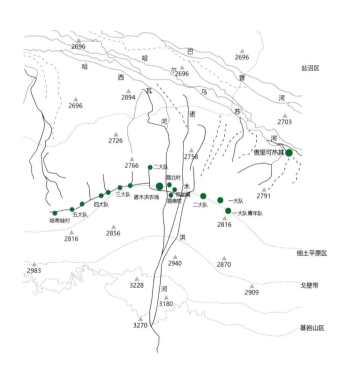

图2-2-11 诺木洪河流域绿洲区

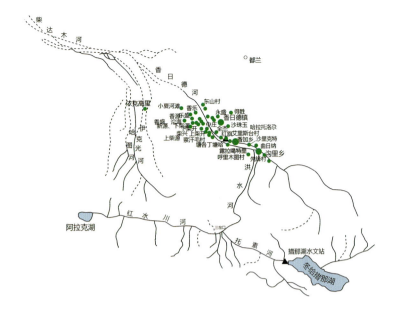

图2-2-12 香日德河流域绿洲区

图2-2-13 都兰—赛什克河流域绿洲区

狭长形断陷山间盆地。因处于大陆腹地，为旱化明显的半荒漠景观，其地貌类型呈环带状结构，从盆地边缘到中心，依次为高山—中低山—洪积、冲积平原—湖积平原—盐湖沉积平原。洪冲积平原是盆地内聚落的主要分布带（图2-2-13）。

由此可见，绿洲区内聚落的选址和聚落空间分布及形态特征，与绿洲区内水资源的分布及人类对水资源的控制和调度有极大的关联。河流在出山口形成的冲积扇和冲积平原，是绿洲聚落的主要分布地段，而地表径流与地下水的共同作用，是聚落历时性发展的重要因素。

三、草原资源与游牧聚落

中国是世界上草原资源最为丰富的国家之一，有着丰富的植被生态类型和草原景观类型，并且拥有大量世界著名优质牧草的野生种和伴生种。草原总面积近4亿公顷，约占全国土地总面积的40%，形成了内蒙古、新疆、西藏与青海四大牧区。

作为四大牧区之一的青海牧区主要由青南高原和环湖地区组成，土生土长、自然形成的游牧聚落创造了适应雪域高原独特地理环境和历史文脉的文化价值，既完整展现了藏族等游牧民族历经千百年所形成的生存智慧、自然生态观、宗教信仰、生活生产、民俗文化等诸多方面，又深刻体现了游牧文化的历史演变。

青海牧区面积辽阔，聚落除了在整体上表现为水平空间分布的规律性和立体分布的差异外，山地、高原、丘陵、台地、谷地、山顶、山腰、山麓、草场等都可以作为聚落所依附的地势。盘山蔓延，或顺溪延伸，或随着草场丰美的地方向四面扩展等都是游牧聚落的延伸方式。不同的地势及气候、主导风向等因素共同决定了聚落的总体格局和形态特征。也正是因为此，造就了青海牧区各传统游牧聚落与自然环境融合的聚落空间。

青海牧区独特的地理环境决定了其传统聚落的独特性，为适应高寒的气候而形成以"逐水草而居"为主的游牧生活方式，聚落也形成了依山而建、顺应地形的营建之道。独特的自然风貌、自然资源造就了牧区不同于农耕区的传统聚落及其景观形态，而自然灾害频发也一定程度上影响了其聚落的发展（图2-2-14）。

（一）草原资源

游牧主要的生产空间——草场，按照不同的类型主要可以分为草滩、草山和草原。

1. 草滩：不同季节下，青海牧区的水文环境会呈现不同的自然景观，在海拔相对较低、两山所夹的河谷

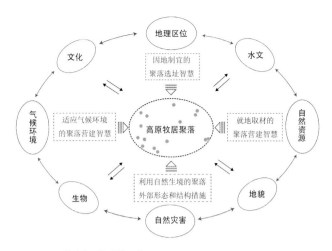

图2-2-14 草原资源与游牧聚落

川道区尤为明显。此地区常年的状态多为大面积的滩地，只有夏季丰水期会形成明显的径流。由于山区谷地海拔较低，且水分充足，适宜草本植物及灌木生长，因此便形成了适宜放牧的"草滩"。

2. 草山：在青海牧区有着大面积的山地，由于其坡度大、海拔高、气候条件特殊，因此不适宜耕种农作物，但却保留着完整、原生态且大面积的草场和林地，也由此形成了水草丰美的自然草山景观。相应地草山也为游牧民提供了安身之所，为依山而建的传统聚落和游牧生产提供了充足的草场资源。

3. 草原：在青海牧区的三江源高原、环湖地带和柴达木地区有广袤的草原地带，成为高寒地区的主要草场类型（图2-2-15）。

（二）游牧聚落

青南高原地貌为近东西走向的宽缓河谷、湖泊及和缓的高海拔丘陵和小起伏高山组成的波状高原面。辽阔的草原遍布其间，是藏区重要的畜牧业基地。牧民在选址和布局中因地就势，充分利用自然潜力和生态环境来满足牧民的生产、生活需求。逐水草而居的游牧方式，造就了牧居选址于水草肥美之地，散点分布在草原中的

(a)河湟谷地草滩（来源：马国忠 摄）　　　　　　　　（b)青南地区草山

(c)青海湖草原

图2-2-15　三种草场类型

景象。

青南高原属于高寒大陆性气候，东南部为山地寒温半湿润气候类型，西部则是高寒半干旱气候类型；降水量集中于夏季，充足的降水量，孕育出牧草肥美的草原，藏族人民因势就利，从事畜牧业，产生了不断迁移的游牧生活方式，黑帐篷牧居在这样的迁徙中产生发展并逐渐成熟。

选址上游牧聚落遵循"依山就势，背阴背风，争取日照，临近水源，坡地搭建"的原则。既满足采光要求，又利于排水，保证安全性与人畜用水的充足。当地藏族牧民讲究"东如开放，南象堆积，西如屏障，北象垂帘，靠山高低适中，正前或左右，有一股清泉流淌"。此外，草原上不同的季节，牧人的选址标准也会变化。如在夏秋季节选址相对较高，且河水多在前方；而在冬春季节选址时，倾向于阳光充裕且临近水源的山坳。

牧居单元多是以血缘关系为纽带组合而成的生活互助合作小组。每个牧居家庭由两到三顶不同功能的帐篷组成的"帐圈"构成。通常在帐篷外延空间中会分隔出一块区域，用于白天生产作业的区域，晚上则作为家畜安置的场所，包含牦牛、藏羊、藏獒等。有的家庭还会在主要居住的黑帐篷旁边搭建相对较小，更为轻便的白布帐篷，作为辅助用房使用，这些辅助帐篷与主要居住功能的黑帐篷共同组成了帐篷组团。由于黑帐篷的结构形式需求使其周边拉结绳索分散较远，占地面积较大，相对分散。帐篷组团外搭建经幡，经幡通常临近神山，建在帐篷聚落便于到达的位置，无固定方位（图2-2-16）。

青南高原地势平坦广阔、湖泊棋布，年平均气温低，适宜多年生、耐寒的草本植物的生长，由此形成高山草甸草地类型。畜牧资源丰富，林业资源匮乏，因此缺乏建造材料，只能从动物身上获取建造材料。在远古时期，藏族先民利用打猎获得的动物皮和树枝盖起简陋的帐篷，随着畜牧业的发展，以及编织工具与技术的成熟，牦牛作为主要家畜，牛毛具有防潮、防腐、防晒等特点，出现了以树枝和兽皮做简单掩体发展演变而来的游牧帐房民居。

高原牧区牦牛资源丰富，可从养殖的黑牦牛身上获取建筑材料。而黑帐篷建造所需的木梁、木楔子，在游牧搬迁中被反复利用，可减少对木材的需要。此外牛毛、牛皮可作为织物制衣、褥等生活用品，而牦牛肉富含大量的蛋白质与能量，又成为居无定所的牧民果腹的最佳选择。

帐篷是先用牦牛毛纺成线，织成宽约30厘米，长1~2米的粗氆氇，然后将氆氇一片一片拼起来，缝制成帐篷，一般一顶帐篷需二三十片、四五十片不等。因为牛毛多为黑色，故牧区帐篷一般均为黑色，又称"黑帐篷"。

（a）牧居组团　　　　　　　　　　　　（b）帐圈

图2-2-16　游牧聚落

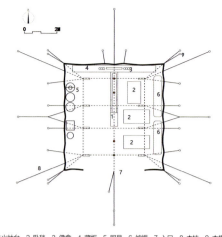

1.生火灶台 2.卧毯 3.佛龛 4.藏柜 5.厨具 6.被褥 7.入口 8.木柱 9.木楔子

（a）黑帐篷平面

（b）黑帐篷内部

（c）黑帐篷外观

图2-2-17 青南高原牧居黑帐篷

居用帐篷的平面形式受自然环境资源的限制，一般约为长7米、宽6米的长方形，篷顶呈坡面，有翻跟斗式、马脊式、平顶式、尖顶式四类，搭建时用木棍支撑高约2米的框架，上覆黑色牦牛毛毡，四周用牛毛绳牵引，并固定在地上。帐篷内部以中轴线一分为二，中间为灶台，左边部分（阳帐）卧毯、被褥等，右边部分（阴帐）是妇女打酥油、制作奶酪和做饭的地方。黑帐篷立面上没有窗户，在帐篷顶留有长方形天窗，用于采光和安置通风烟囱。若遇雨雪天气，可将天窗遮盖起来。由于自然环境和建筑材料的限制，牧民的黑帐篷上几乎没有或少有装饰图案（图2-2-17）。

藏族因自己所处的特殊地理与环境，把自己与山水紧密联系，牛羊、草原、雪山、水草都具有了生命与灵魂，牧民与它们和谐共处，融为一体。在牧民的山水宇宙观中，草原是黑帐篷的依靠，黑帐篷是家的象征，家是身体的寄托，身体是灵魂的借宿。牧民以"客人"的姿态面对草原。黑帐篷每一次迁徙前，牧民都会将自己住过的地方收拾干净，并且要在灶台里或在经常作为祭台的地方点燃柏树枝等进行煨桑，以示对当地山神、土地神的感谢；迁徙到新的地方，都要以"借宿"的形式向地方进行祭祀，认为这种格局是长期以来与自然建立的联系，需要尊重地理环境中的自然布局，不能破坏。牧民敬畏自然，主动让位于自然，恪守自然生态的完整性和原真性，在人与牲畜草场间寻找到了一个平衡的支点——四季轮牧，确保高原的生态平衡，符合藏族轮回观，孕育了青海牧区特殊的游牧文化。

黑帐篷牧居是高原藏族游牧生活的象征，是长期以来与当地地形、气候、资源等相适应后的结果。藏族牧民在面对严酷的气候与匮乏的资源条件下，经过长期实践积累的建造技术是民间智慧和知识力量的集成。天然的保温材料黑牦牛毛毡与易于搭建与拆卸的帐篷框架结合，形成适应游牧的生活居所，体现了黑帐篷与藏族山水文化、游牧文化、宗教文化内在的和谐统一。

第三章

青海人文环境与传统聚落

第一节 青海历史文化特征

青海历史文化是青海历史发展过程中创造的不同时期文化和不同地域文化的集中和总和。青海历史文化资源是一个庞大的、内容丰富的文化体系，按照文化形态对其划分，可分为物质形态历史文化遗产和非物质形态历史文化遗产；按照地域划分，可分为河湟文化、环湖文化、柴达木文化、三江源文化；按照民族划分，可分为汉族历史文化、藏族历史文化、回族历史文化、土族历史文化、撒拉族历史文化、蒙古族历史文化；按照历史发展时期，可分为从石器时代到民国时期的各个不同阶段。[①]本节根据青海历史发展的阶段，将青海历史文化按照历史发展时序，划分为不同时期，结合该时期的文化遗存进行描述。

一、青海历史文化发展历程

（一）丰富多彩的考古文化与文化遗存

考古发掘证明，三万年前柴达木盆地曾经是青海先民生存的地方，六七千年前采集农业已经在贵南出现，新石器时代就有先民在青海境内从事原始的农耕与狩猎活动。史前时期的生产生活方式决定了人们自然崇拜、图腾崇拜、祖先崇拜的原始宗教意识。青海新石器时代文化丰富多彩、光辉灿烂，以广泛分布在青海东北部等地的马家窑文化为代表。

马家窑文化的先民以氏族为单位过着以原始农耕为主的定居生活，辛店文化、卡约文化、诺木洪文化时期的农业生产工具除石器、骨器外，青铜刀、镰等大量出现，显示已经进入青铜文化时期。各种青铜文化的遗址与出土文物表明居住在这一地区的人们因族属不同、部

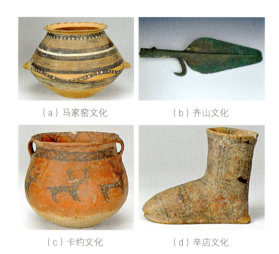

(a) 马家窑文化　　(b) 齐山文化
(c) 卡约文化　　(d) 辛店文化

图3-1-1　文化遗存（来源：青海省博物馆）

落有别，在文化上存在差异。

卡约文化时期，较大规模的畜牧业经济产生，青海广阔丰美的草场资源得以利用，这是青海先民适应自然、征服自然能力提高的表现。青铜时代的以湟中县卡约村命名的卡约文化、柴达木盆地发现的诺木洪文化，均为与羌人有关的青海古代文化，反映了以古代羌人为主体兼有其他民族和部落的多种文化共存、青海古代文化与中原古代文化之间的密切联系的现象（图3-1-1、表3-1-1）。

从图3-1-1和表3-1-1可看出青海东部地区不同时期的文化遗址在分布区域上出现了重叠，进一步说明该地区绚烂的史前文明一直在发展与延续。

（二）两汉时期羌汉文化交融与古城遗址

两汉时期，羌文化是青海地区最有特色的文化，生活在青海的羌人游牧部落有数十个，互不统属。中西部地区的羌人主要从事狩猎及原始畜牧业、农业生产，东

---

① 王昱. 青海历史文化与旅游开发[M]. 西宁：青海人民出版社，2008.

青海东部地区史前文明类别及年代　　　　　　　　　　　　　　　　　　表3-1-1

生产力水平	文化类型		起止时间	社会状况
新石器时代	马家窑文化	马家窑类型	公元前3230~前2690年	母系氏族公社
		半山类型	公元前2625~前2455年	
		马厂类型	公元前2590~前1990年	母系氏族公社向父系氏族公社过渡
铜石并用时代	齐家文化		公元前2880~前1865年	
青铜时代	卡约文化		公元前1185年	父系氏族公社
	辛店文化		公元前1085年	
	诺木洪文化		公元前2120~前900年	

（来源：黄荣海. 中国地理百科丛书：河湟谷地[M]. 北京：世界图书出版公司，2015：145.）

部河湟地区的羌人过着农牧兼营的生活。自汉武帝时起，中原汉文化开始深入青海河湟地区，羌汉文化碰撞、交流、融合。文化共融也推动了生产力的发展，随着大量的中原移民进入青海河湟流域以及牛耕铁犁的农业技术的传入，河湟地区的原始农业开始向传统农业发展，社会生产力水平得到提高。

尕海古城是环青海湖古城池中的五城之一，位于海晏县甘子河草原的东部腹地，周围是丰茂的湖滨草原，地处海晏通往刚察的必经之路，这里历史上曾经是羌人活动的中心地带。为开通河西走廊，隔绝羌人与匈奴的关系，汉武帝时期实施了北却匈奴、西逐诸羌的战略，致使湟水流域许多羌人被迫迁往青海湖北部，尕海古城就在这个时期建成。古城东西长435米，南北宽436米，呈正方形。城墙宽12米，高4.8米，夯土筑，夯土层厚6厘米，城四面各开一门，门宽约7米，城内南高北低，东北部为一平坦的广场，西南部较高，为原来的房屋基址（图3-1-2）。

（三）魏晋南北朝时期南凉文化和吐谷浑文化与古城遗址

魏晋南北朝时期，政局长期分裂混乱，民族不断

图3-1-2　海晏县甘子河乡汉代尕海古城遗址

迁徙，人口流散，加速了民族间的融合与交流。除羌文化外，该时期青海最具特色的是南凉文化和吐谷浑文化。吐谷浑政权仿效中原王朝的政治制度，将羌人部落统属于其政权之下，形成民族融合体。南凉王国时期大力兴办学校，用儒家文化教育南凉贵族子弟，用中原封建礼教治理国家，汉文作为官方文书，选用汉人做官吏，巩固了政权，促进了社会经济的快速发展。但是，南凉王国进入鼎盛时期后，穷兵黩武，四处征战，南凉也迅速衰败灭亡。位于共和县石乃亥乡的伏俟城俗称铁人加古城，受汉文化影响，格局方正、中轴对称，体现城郭制度，是吐谷浑文化的重要遗址（图3-1-3）。

图3-1-3 共和县石乃亥乡伏俟城遗址

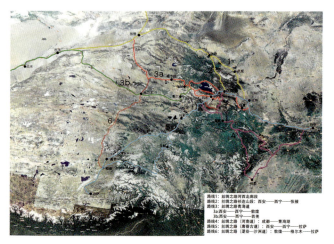

图3-1-4 唐蕃古道示意图（来源：青海省文化遗产地图）

（四）隋唐时期吐蕃文化和隋唐文化与文化遗址

唐代高度发达的封建文化与吐蕃文化相互交融。隋唐时期，耕除草、施肥、除虫灭蝗、粟麦麻菽轮作倒茬等先进技术普遍推行，铁犁形制得到改进，河湟地区渠道建设有新的发展，可灌溉面积有所增加，生产力水平有了较大提高。

隋唐之际，中央王朝与吐谷浑、吐蕃先后通过征伐、会盟、联姻等方式密切往来。光化公主、弘化公主远嫁吐谷浑王；文成公主、金城公主远嫁吐蕃赞普。联姻不仅加深了中原和高原之间的文化沟通，也促进了民间的文化交流和贸易活动。唐开元二十年（公元732年），唐、蕃以赤岭（今日月山）为界，就地互市，以中原的丝织品、茶叶等物品交换吐蕃地区的马匹及畜产品，互通有无，在唐与吐蕃之间开拓了一条延续千年的唐蕃古道（图3-1-4）。唐蕃古道架起了一座文化金桥，成为中原地区与青藏高原联系的要道。文化遗存如唐代始建的称多嘎白塔和古渡口，至今仍为通天河流域的重要文化空间节点（图3-1-5）。

（五）宋元时期多民族文化格局形成与寺庙建筑

宋元时期青海的经济主要是农业和畜牧业。青唐政权统治时期，河湟吐蕃已经普遍信奉佛教，青唐城内塔庙众多，建筑形式多样。青海境内同为藏传佛教的寺庙

（a）古渡口

（b）嘎白塔

图3-1-5 称多嘎古渡口与白塔

图3-1-6 玉树当卡寺

图3-1-7 循化旦麻村旦麻古塔

图3-1-8 玉树结古寺

建筑，如宋始建的当卡寺（图3-1-6）、宋代旦麻古塔（图3-1-7）、元代始建的尕藏寺和结古寺（图3-1-8）等，规模、形制却不尽相同。

元代是青海多民族格局开始形成的时期。藏族分布在青海全境，汉族主要分布在河湟地区。蒙古人随军南下进入青海，使青海有了蒙古族。蒙元时期，大量中亚、西亚穆斯林迁入中国。元末，青海东部回族有了广泛的分布。蒙古军西征时，原居西突厥乌古斯部撒鲁尔部落中的尕勒莽率族东迁，定居在今循化一带，发展为今撒拉族。原居青海的霍尔人和留居在此的蒙古人，经过长期密切的交往，发展为今土族人。各民族通过长期交融共处，加强了民族间的经济、文化、语言的交流，为青海多元文化的形成奠定了基础。

（六）明清时期多元文化发展下的建筑特征

明清时期青海的经济仍以农业、畜牧业为主。东部农业区以国家屯田和封建地主、寺院的土地占有制为主要形式，以零星的自耕土地为补充。明朝时期在青海地区设立了卫、所两级军事单位兼摄地方行政，并推行了土官制度，以加强对青海的统治、维护地区的安宁。由于自元朝以来青藏高原上围绕着对藏区的统治权、对牧场资源的占有权以及朝廷巩固边地大一统的军事斗争连年不断，明朝时，朝廷在青海地区派驻了大量军队，并都把屯田作为解决军队粮饷的重要手段。起初是军屯，后逐步转化为民屯。伴随着屯田制度的推广，全国各地不少汉族人因随军调拨、充军、发配等进入青海（主要在河湟地区）从事屯田或戍守，后定居下来，成为青海新居民。到清末，汉族人在青海已占大半比例。

这一时期青海地区与内地的物资交易也得到进一步发展，尤其是茶马贸易空前繁荣。商业贸易的扩大带动了青海与内地的社会交流，促进了经济的发展，手工业也开始萌芽。一批匠人从内地到青海经营发展，如山西酿酒匠人在互助的"威远烧酒"。尤其在青海地区的一大批藏传佛教寺院建设中，朝廷从内地调征大量工匠前往应役，如修建乐都瞿昙寺、湟中塔尔寺等，这在客观上把内地先进的建筑技艺带到了青海，对促进青海地区土木建筑水平的提高具有深远意义，也对青海境内其他寺、观、祠庙的营建产生重要影响。如西宁东关清真大寺、循化清真寺建筑群等，这些众多的寺、观、祠庙是当时生活在青海地区的汉族、藏族、土族、蒙古族、回族、撒拉族等各族人民进行宗教活动和文化活动的重要场所。同仁隆务寺（图3-1-9）、玉树新寨嘉纳嘛呢石经城（图3-1-10）、循化科哇清真寺（图3-1-11）、西宁大通广惠寺（图3-1-12）、贵德玉皇阁（图3-1-13）均为当地重要的文化活动场所，由此形成了多元宗教文化交融并存的格局。

图3-1-9　同仁隆务寺

图3-1-10 玉树新寨嘉纳嘛呢石经城

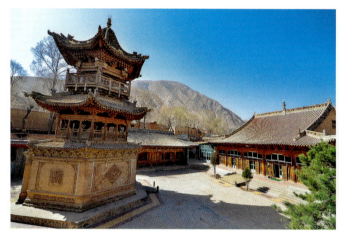

（a）唤礼楼

（b）大殿

图3-1-11 循化科哇清真寺

（a）入口

（b）大殿

图3-1-12 西宁大通广惠寺

图3-1-13 贵德玉皇阁

(a) 学堂　　　　　　　　　　　　　　　(b) 古城城门

(c) 老县衙入口　　　　　　　　　　　　(d) 老县衙内院

图3-1-14　同仁保安古城（明）

虽然当时青海的各民族教育水平与内地相比还有明显的差距，但是由于民族杂居，地方文化也呈现多元的特色，尤其是河湟地区汉族人口的大幅度增加，明清时期开始开办儒学、社学、书院，后改为中小学堂。如明代修建的同仁县保安古城城内设有县衙、学堂等公共建筑（图3-1-14）。

一些文人创编修志，明万历二十四年（1596年）刘敏宽、龙鹰纂修《西宁卫志》，后有清顺治《西宁志》，康熙《碾伯所志》，乾隆《西宁府所志》《循化志》等，成为今天宝贵的文化遗产。

（七）民国时期历史文化与建筑特征

民国时期，马氏集团掌握着青海的军政权力，凭借青海地区特殊的地理位置，实行独裁的军事专制统治，

图3-1-15 循化文都乡十世班禅故居

图3-1-16 湟源福音堂（来源：商选平 摄）

垄断青海的经济贸易，掠夺和积累巨额财物，化为己有，致使青海社会经济文化发展缓慢。农业区土地制度为封建地主占有制，牧业区土地制度是封建领主、寺院占有制。此时期工业开始起步，交通、邮电有了一定的发展，教育文化事业发展缓慢。国民政府扶持藏传佛教，不断修建新的寺院，并修葺扩建原有寺院。伊斯兰教也有所发展，清真寺数量增多；基督教、天主教传播范围为青海东部农业诸县。解放战争的胜利，使得马氏集团土崩瓦解，青海全境获得解放，青海历史翻开崭新的一页（图3-1-15、图3-1-16）。

二、青海历史文化特点与价值

青海历史的发展，既与中国历史发展有着高度的整体性和关联性，同时又具有自身鲜明的地方民族特点。在漫长的历史发展过程中，青海先民创造和孕育出璀璨的历史文化，凝聚为丰富的历史文化资源，主要表现为：多民族聚居，多元文化共融，东西部农牧经济互依互补，历史上战争较为频繁，行政管理上长期实行农牧区分治制度等。

青海东部出土的彩陶既是实用的生活器具，又体现了精神生活的审美追求（图3-1-17）。明清时期对民族地区采用招抚、分封蒙藏首领和宗教上层的手段，推行

图3-1-17 青海东部彩陶

的千、百户制度，委任土官、土司等措施体现了浓厚的地区和民族特点。

青海数千处历史遗址中，有大量不同类型的古遗址、古墓葬、古建筑、古石刻等。非物质文化遗产有特色鲜明的传统表演艺术、传统手工技能等。青海也具有重要的战略地位，遗存的明清时期西宁卫边墙是规模庞大的防卫工程，发挥了重要的防卫作用，烽火台遗址在战争时期承担着传递军事信息的重要任务。

位于海西蒙古族藏族自治州都兰县热水乡的唐代早期吐蕃大型墓葬群"热水墓群"也是重要的历史遗址。墓群均有封土堆，以沙石夯层和夯土层组成墓墙，每隔1米左右铺设柏木。墓葬中出土大量的丝织品、金银器等，证明了古老的"青海道"为丝绸之路的畅通和东西方经济文化的交流曾经做出了重大的贡献（图3-1-18）。

丰富多彩的民族宗教文化也是青海历史文化特色所在，众多寺庙建筑的选址布局与装饰无不体现虔诚的精神追求与高超的营造技艺。如依山而建的佑宁寺（图3-1-19a）和宁巴寺（图3-1-19b）、环水而建的噶丁寺（图3-1-19c）、建于悬崖顶上的噶尔寺（图3-1-19d）等。

图3-1-18　都兰"热水墓群"

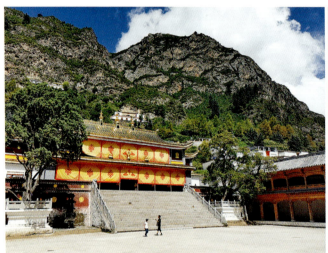

（a）海东佑宁寺

（b）循化宁巴寺

（c）玉树噶丁寺

（d）囊谦噶尔寺（来源：安旺才仁 摄）

图3-1-19　青海寺庙选址

(a) 科哇清真寺大型龙凤壁　　　　　　　　　　　　　　　　（b) 孟达清真寺屋脊雕刻

图3-1-20　清海清真寺装饰

喇家遗址、手抄本古兰经、七角星几何图案青铜镜等均是青海历史文化独特性、唯一性的体现。多元文化的交流共融不仅体现在社会生活中，也体现在建筑艺术中，如撒拉族的清真寺吸收了汉族宫殿建筑和蒙藏寺院的装饰艺术风格；清水清真寺架梁汲取了藏色特色。除此以外，科哇清真寺的大型龙凤壁（图3-1-20a）、孟达清真寺大寺屋脊金顶两边的巨龙（图3-1-20b）也体现了文化的交融现象。

我们可以归纳青海的历史文化特点为"历史悠久、类型多样、内涵丰富、品质独特、多元互补"二十字。青海历史文化中物质形态的文化遗产，是青海历史发展的实物见证；青海历史文化中的非物质形态文化遗产，保留着青海各民族传统文化成分的原生状态，是文化生动的多样体现。经过漫长的历史岁月，流存到今天的青海历史文化遗产是弥足珍贵的，具有历史价值、文化科学价值、经济价值和教育传承价值。

第二节　青海多元文化特征

一、山水文化共融与聚落选址

汉文古籍皆称"河出昆仑"，长江、黄河、澜沧江也皆出自昆仑。青海地处山宗水源之地，在漫长的历史发展进程中，形成特有的昆仑山系文化和江河水系文化。

中国古文化中有着深厚的大山崇拜心理，昆仑山被称为"龙祖之脉"，与江河源头长江、黄河紧密相连。昆仑山系蜿蜒2500公里，在青海境内雪峰林立、冰川密布，先民们沿山系求生存、求发展，尊重自然的同时力求与自然相适应。

对昆仑文化的研究，缘起于昆仑神话传说，如"共工氏怒触不周之山""女娲炼石补天和抟土造人""西王母与周穆王相会于瑶池之上""大禹治水"等神话传说。

(a) 尕朵觉沃神山

(b) 年保玉则神山（来源：衣敏 摄）

(c) 阿尼玛卿雪山（来源：安旺才仁 摄）

图3-2-1 青海神山

将神话故事结合考古、史学综合分析，推测神话传说发生的地点与《山海经》《汉书》《淮南子·天文训》《禹贡》等文献中相关记载的推断也并不一致。但上述神话传说反映了在自然环境发生突变时，人类如何适应自然环境，体现了人与自然和谐的生态人文理念。

我们应正确理解"昆仑文化"和"崇山心理"。昆仑山系文化的本质揭示了人与自然的密切关系，对昆仑山系文化的理解，是对整个青海高原的山山水水到人文生态逐步认识的过程。[①]

藏族尊奉"神山崇拜"。青海境内，最为著名的神山有尕朵觉沃神山（图3-2-1a）、年保玉则神山（图3-2-1b）、阿尼玛卿雪山（图3-2-1c）等。位于巴颜喀拉山脉的尕朵觉沃神山是藏区四大神山之一，它位于玉树藏族自治州称多县，海拔5470米，康巴藏族群众崇拜这座神山，每年都举办祭祀山神的仪式，祈求平安。果洛藏族自治州久治县境内的年保玉则神山主峰海

---

① 谢佐等. 中国地域文化通览·青海卷[M]. 北京：中华书局，2014：223-232.

拔5369米，主峰由三座雪峰组成，消融的冰川形成160个大大小小的湖泊，神山圣湖，这里也被称为是果洛游牧文化的发源地。果洛藏族自治州境内的阿尼玛卿山主峰玛卿岗日海拔6282米，周边山峰环绕，冰川密布，水资源丰富。

长江、黄河、澜沧江均发源于青海南部高原，故称之为青南地区或三江源地区。黄河河源段有一级支流54条，其中流域面积在1000平方公里以上的一级支流有3条，面积在500~1000平方公里的一级支流有4条，面积在300~500平方公里的一级支流有2条，二级及二级以下的支流众多。河源地区河流密布，孕育了独特的黄河源文化，随之产生农耕文化、游牧文化等（图3-2-2）。

长江源头有正源、南源、北源之分，正源为沱沱河，南源为当曲河，北源为楚玛尔河（图3-2-3）。长江三源之河汇入通天河，通天河两岸共有一级支流101条，其中流域面积在1000平方公里以上的一级支流有6条，面积在300~1000平方公里的一级支流有3条。通天河上段区间流域内有湖泊3110个。通天河流域历史

图3-2-2 黄河源　　（a）国家地理标志　　（b）河源涓涓流水　　（c）黄河源标志

图3-2-3 长江第一湾（治多县立新乡）
（来源：彭措达哇 摄）

文化悠久,人们沿通天河水系求生存,众多唐代佛雕及石刻等历史遗迹表明这里是唐蕃古道的必经之地。

澜沧江中国境内河长1612公里,干流在江源区分三段河流,一级支流50条,其中流域面积在1000平方公里以上的一级支流有3条,湖泊206个。澜沧江流域众多的寺庙建筑也是江河源文化生态传承的物质载体。

三江源地区宗教文化与民间文化艺术创作相融合。玉树地区的康巴藏族文化特色以康巴歌舞最为出名,康巴歌舞反映的就是历代先民热爱当地的神山圣水,向往美好生活的内容。

三江源地区的聚落选址多沿河流分布,朝向神山,形成以流域为聚居单元的聚居模式,如通天河流域、澜沧江流域、马可河流域是三江源地区传统聚落分布最密集的区域。

二、农牧文化交织与聚落类型

青海特殊的自然地理环境使得牧业区的游牧文明与农业区的农耕文明相互交织、相互影响、相得益彰而共同发展。

(一)农耕文化影响下的传统聚落

青海省农耕型乡村大多分布在河道两岸狭窄的河漫滩平原上以及山脚缓坡地带,形态为明显的条带状。因为这里海拔相对较低,热量较充足,而且土壤肥沃,水源充足,农作物长势良好,故适宜聚落的发展。河谷地带的各族人民以自给自足的生活方式常年营建着自己的家园,形成了特色鲜明的传统村落(图3-2-4)。

青海河湟谷地位于黄土高原向青藏高原的过渡区,西南高、东北低,呈倾斜状,是青藏高原地势最低的地区,除个别山峰外,现代冰川与积雪比较少见。青海东部河湟地区为青海四大区中面积最小、多元民族最为集中的地区。各民族共同面对河湟地区的特殊自然气候环境,创造出"庄廓"民居建筑类型,成为西北乡土民居建筑类型中独具特色的高原民居。河湟谷地农耕村落人口密集,可耕地有限,村落整体布局紧凑,院落面积较小,村落呈现出组团密集型的风貌特征。

(二)游牧文化影响下的传统聚落

传统的畜牧业是最古老、最基本的经济形式,其最大优势是在极端气候条件下为牧民提供层次低、稳定性高的生活生产资料。小规模、大迁徙构成了游牧文化的基本特征,因此也形成了"大分散、小聚合"的聚居模式。民居聚落的营建反映出牧民对自然和文化的独特认知,成为传统聚落主要的景观意象之一。

"逐水草而居"的生活模式下,牧民营造出"帐篷"

(a)循化合然村

(b)化隆尕吾塘村

图3-2-4 河湟地区农耕型传统聚落

(a)帐篷

(b)冬居点

图3-2-5 青海牧区聚落景观意象（来源：闫展珊 绘）

图3-2-6 黑帐篷

和"冬居点"这两种特殊的传统聚落民居形式，也因此形成了移动性强的帐篷聚落和冬季使用率高的冬居点聚落（图3-2-5）。

青海游牧聚落主要分布在环湖地区牧场和青南高原牧场。青南高原孕育了独特的高寒草原，适宜牦牛畜养，形成独特的游牧生活，从而创造出游牧生活的载体——黑帐篷。黑帐篷在千百年来的发展演进中，与当地的自然山水、民族文化与宗教信仰相互交织，共同书写着草原牧居文明（图3-2-6）。

黑帐篷，以其制作简单、经久耐用、搭拆方便、适于搬迁等特点，为游牧在青南、环湖草原上的藏族同胞们提供了可移动的温馨家园，这也是牧居在这里的人们在千百年的生产生活中，为适应当地的生态、环境和生产方式，而孕育出的生活居住智慧。

环湖地区牧区聚落多分布于高原海拔较低的高山冲积平原与河谷地带，放牧点十分分散，即使在草场较好的地区，每个放牧点的间距也在40公里左右。如今乡镇大多位于公路周边，形态往往沿公路线状展开，呈带

图3-2-7 多种帐篷形式

状发展。牧区的乡镇规模一般不大,例如祁连县的阿柔乡包含3个自然村,人口0.33万人。每个自然村一般由4~9户构成,每一户都有属于自己的大片牧场,因此乡村形态布局自由松散。聚落形态与游牧方式紧密相连,这与青海东部农业地区有显著区别。

环湖地区有藏族、蒙古族等,帐房形式多样,蒙古包、黑帐篷、白帐房、花帐房点缀在草原上,使环湖草原景观层次丰富,湖天相映、景色宜人(图3-2-7)。

(三)半农半牧型传统聚落

半农半牧型乡村一般位于由平原、丘陵向高原、山区,或由半湿润、半干旱地区向干旱地区过渡的地带,位于农区与牧区的中间接壤地带。在过渡带内,种植业和草地畜牧业在空间上交错分布,在时间上相互重叠,一种生产经营方式与另一种生产经营方式混合交替。这种混合型生产方式致使村落空间松散、民居与牲畜圈舍混合,呈现出居住与生产性空间协同共生的风貌特征。

青海省果洛州马可河流域乡村聚落为青藏高原典型的半农半牧型乡村(图3-2-8)。村落选址有些位于河谷处,有些位于山腰,有些则处于山顶。多以小型聚落出现,或零散稀疏,或疏密有致,或紧密相连。

这里的居民自古以来就有崇拜神山、守护圣水、关爱生命的意识,他们"逐水草而居",遵循着草原游牧文化传统,形成了自己特有的生存智慧和生产生活方

图3-2-8 半农半牧型乡村——班玛亚尔堂乡王柔村

式。长期生活在此的藏民们逐水草而居,在冬春季会居住在定居村落的碉房中,而夏季则会随着牧场向四处迁徙,以帐篷作为居住点。游牧帐篷和青海牧区的一样,均为黑帐篷。

碉房聚落按空间布局划分,可分为离散型聚落和聚合型聚落两类。离散型聚落主要分布在地势较高的山腰或山顶上,体现出较强的防御性,一般建造年代较早;聚合型聚落主要分布在地势较低的河谷或平坦的山腰处。民居类型主要为2~3层的石砌碉房和游牧帐篷。碉房外墙由片石砌筑且有收分,部分碉房石墙有外围木构围廊,具有突出的地域特征(图3-2-9)。

青海河湟地区以农耕文化和河湟文化为主,三江源地区以游牧文化和山水文化为主,环湖地区以山水文化和游牧文化为主,柴达木地区以绿洲文化和游牧文化为主。居住在青海的各族人民经历了几千年的时间洗礼,与高原生态的环境和谐共生,孕育了人与自

图3-2-9 马可河流域碉房(来源：余晓辉 绘)

然和谐的生态文明。传承诞生于此、流传于此、交融于此的传统生态文明，不仅需要科学生态知识的引导，也需进一步发掘传统聚落中蕴涵的生态理念和生态智慧。

三、多民族文化交融并存与聚落特征

青海自古以来是多民族文化的发祥地之一。青海地域文化是居住在青海地区的各族人民群众共同创造的，青海的历史文化资源也是青海各民族历史文化资源的集合体。从战国到清代，先后有羌、汉、匈奴、月氏、氐、鲜卑、回纥等20多个民族生活在青海这片土地。经过千百年的融合演变，上述民族有的已经消亡，到元明时期，青海形成了汉族、藏族、回族、土族、撒拉族和蒙古族六个世居主体民族。六大世居民族各自都有深厚的历史根基、丰富的文化底蕴、独特的风俗习惯和多彩的审美情趣。

从民族学的角度，青海文化可分为汉族文化、藏族文化、回族文化、土族文化、撒拉族文化和蒙古族文化等。汉族文化与各少数民族文化相互影响、相互渗透，各民族文化取长补短、密不可分，形成了多民族文化交融并存的局面。

青海各时期考古出土的文物体现出各民族文化相互包容、交融的光彩，也显示了青海多元一体的文化特质。如贵南县拉乙亥出土的打制石器，大通县上孙家寨和同德县宗日遗址出土的舞蹈图案彩陶盆，柴达木盆地都兰县诺木洪塔里他里哈出土的石器、陶器、铜器、木器、装饰品，海晏县出土的汉代西海郡新莽时期的虎符石匮以及西宁北禅寺石窟，平安寺台尕寺石窟，夏宗石窟，隋、唐、宋、元不同时期的壁画岩画遗存等（图3-2-10、图3-2-11）。

(a) 玉树热振寺绿度母

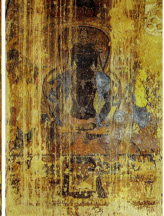
(b) 称多娜维拉康南壁壁画

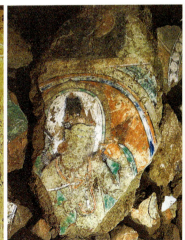
(c) 囊谦达宁日青寺文殊菩萨壁画

(d) 囊谦五祖殿北壁残图

图3-2-10 青海壁画遗存(来源：甲央尼玛 摄)

(a) 玉树巴塘岩画　　(b) 称多木苏岩画　　(c) 曲麻莱宗青岩画　　(d) 治多觉恬岩画

图3-2-11　青海岩画遗存（来源：甲央尼玛 摄）

青海有民族特色鲜明的地方戏剧及曲艺，包括平弦曲艺、平弦戏、眉户戏、藏戏、寺院马背藏戏、西宁贤孝、越弦、下弦等。有风格独特的民族民间歌舞，如各民族群情激昂的花儿会、河湟社火（高跷、跑旱船、舞龙狮等）、六月歌会、藏族民间歌舞（卓、依、拉伊、酒歌、逗曲等）、撒拉族民间歌舞（迎亲、宴席曲等）、土族民间歌舞（纳顿、安召、於菟古风舞等）、蒙古族民间歌舞（牧歌、长调等）、回族民间歌舞（宴席歌舞）等。不同民族的优秀文化孕育、催化了灿烂的民间文学艺术硕果，如民歌《上去高山望平川》、小调《孟姜女》、土族花儿《红花姐令》、回族宴席曲《一山的松柏》等，跨越社会区域和社会群体在民间传唱。还有形式独特的各民族习俗，如婚嫁习俗、礼仪习俗、服饰习俗、丧葬习俗、传统节令和饮食习俗等。

多民族交融发展是青海文化集中体现的亮点。如循化县道帏藏族乡宁巴村有穿藏袍讲藏语的汉族；青海"托茂人"吸收了蒙古族文化，却保持着伊斯兰教的信仰；河南蒙古族自治县四个乡的蒙古族，黄南州同仁县上、下吾屯村的土族受藏文化影响而普遍通晓藏语；化隆回族自治县卡力岗地区的回族是一个着藏服、说藏语、到清真寺做礼拜的群体；黄南州河南县的蒙古族、海晏县的蒙古族兼通兼容蒙、藏、汉三种语言及文化；青海回族通用汉语文，在宗教生活和日常生活中仍保留一些阿拉伯语、波斯语词汇；撒拉族语言属阿尔泰语系突厥语族西匈语支，多数人撒拉语、汉语兼通；海西州和海北州的蒙古族通用蒙文，兼通藏、汉语言。青海各民族既彼此贯通，又各具特色，形成求同存异、多元一体的格局。

土族关帝塑像上戴着藏族、蒙古族习用的礼仪象征物哈达，庭院竖起高高的经幡，具有浓郁的道教和藏传佛教结合的特色。西宁东关清真大寺的大殿脊顶中心，竖立着三尊鎏金金筒，这是拉卜楞寺僧侣赠送的礼物（图3-2-12）。

汉族从西汉以来不断从中原地区迁徙到河湟流域，从事农耕生产，兼营手工业、商业等，成为青海人口最多的民族。早期青海的古代藏族主要生活在今青海西部黄河源及通天河一带，以牧业生产为主，少量分布在河湟地区与其他民族杂居，从事农业生产。元代大量回族集体移居至河湟地区。明清以来，从陕西、甘肃、宁夏等地移居到青海的回族不断增多，主要分布在东部和东北部的河湟谷地一带。青海回族的分布具有大分散、小集中的特点。撒拉族先民13世纪取道撒马尔罕，长途

图3-2-12　东关清真大寺大殿

迁徙到循化定居，目前主要集中在海东的循化县、化隆县甘都镇和甘肃积石山县，信仰伊斯兰教，擅长园艺业、商业、餐饮业。青海土族的族源有三种说法：一说以鲜卑支系吐谷浑人为主，融合其他民族成分发展形成；二说是沙陀突厥后裔；三说是蒙古人与霍尔人融合而成。其主要聚居在民和、互助、门源等地。土族居民原信奉多神教，也有一些人信奉道教，明以后普遍信仰藏传佛教，但民间信仰仍然存在。青海蒙古族主要分布在海西蒙古族藏族自治州，海北州海晏县、门源县，黄南州河南蒙古族自治县等地，主要从事畜牧业。

青海各个民族在历史发展的过程中，发挥各自的特点，青海地区逐渐形成了汉族、土族以经营农业为主，藏族、蒙古族以经营牧业为主，回族、撒拉族以经营农业和商业见长的这样一种既分工又合作的社会经济布局，农业、牧业、手工业、商业成为一种相对稳定的经济联合体。

四、多元文化和谐共处与建筑特征

青海是多民族、多宗教的省份。早期青藏高原本土产生了"仲、氏、苯"原始宗教，后河湟流域受到北方萨满教的影响并有这一宗教的遗俗在民间长期流传。佛教自魏晋南北朝传入青海，到唐朝时期已经盛行，尤其是藏传佛教自宋元时期在青海传播，到明清时期盛行，对生活在青海地区的藏、蒙古、土、汉等各民族产生了重要的文化影响。伊斯兰教自元代以来大规模在青海地区传播，青海回族、撒拉族受到伊斯兰教文化的影响。青海汉族受多种文化影响，有信仰道教者、信仰伊斯兰教者。清朝末期天主教、基督教传入青海，部分群众信仰这两种宗教。还有民间信仰关帝、土地、龙王等。

汉传佛教传入青海的时间最早可以追溯到东晋太元年间（公元376～396年），再经十六国中前凉、后凉、南凉和吐谷浑多个历史时期的演进，佛教便开始在湟水流域盛行。青海地区存有多处佛教寺院，最早的是位于西宁市2400米海拔的北山北禅寺，初建于北魏明帝时期（公元106年）。建筑多以早期的石窟、佛塔以及汉式对称的木构建筑为主。由于道教的兴起和佛教的衰落，该寺后来被改为道教寺庙（图3-2-13）。

公元7世纪中叶佛教传入吐蕃地区，经历了前弘期和厉弘期后到公元9世纪、佛教又逐渐在吐蕃复兴，并在传播中逐渐吸收了中原和青藏高原地域文化内容，发展形成独具高原民族特色和藏传佛教，到11世纪时，

图3-2-13 北禅寺

先后形成宁玛派、萨迦派、噶举派、噶当派、格鲁派等教派。明代以后,青海地区出现了瞿昙寺、塔尔寺等大批藏传佛教寺院(图3-2-14)。

明清时期,随着汉族人口在河湟地区的增加,道教也开始在青海地区盛行,各地建立道观。青海境内现存道观如北山土楼观、乐都石沟寺、乐都昆仑道观、互助五峰寺、湟中南朔山道观、大通老爷山道观等(图3-2-15)。很多道观每年举行庙会,如西宁北禅寺农历三月三的庙会、大通老爷山农历六月六的朝山会等。

蒙古人西征带来的人口文化迁移,让伊斯兰教文化进入河湟地区并不断发展,形成现在海东地区特有的回族和撒拉族文化圈。在伊斯兰教在河湟地区传播的700多年时间里,建立了数量较多的清真寺,如西宁清真大寺、循化下张尕清真寺、孟达大庄清真寺、科哇清真寺等。

在青海地区,多民族融合、多元文化及多重宗教对生活在这里的各族人民生活产生了重要的影响,反映在建筑上则更为明显,尽管在建筑风格上都基本遵循了传统建筑的技巧和思想,但也突出了该地域的民族的特点。

河湟地区受中原文化的影响,这里的衙署、庙宇多采用汉族传统的中轴对称布局,宫殿式建筑结构较多,如湟源城隍庙、乐都瞿坛寺等(图3-2-16)。

而民居建筑,无论汉族、藏族、土族、回族、蒙古族、撒拉族等民族,均采用青海地方特有的四合院——庄廓院形式;在青南牧区,建筑多采用藏式平顶建筑,如藏式碉楼建筑。而反映在庙宇上,则是汉藏结合的建筑形式;在农业区和牧业区交汇的海东、海北、海南、黄南等地带,无论是藏传佛教建筑、伊斯兰教建筑,还是道教建筑,普遍采用汉族传统建筑与藏式建筑交错使用的方式在民居建筑中,则对河湟庄廓形式有了更加广泛的应用。

(a)白塔　　　　　　　　　　　　(b)入口

图3-2-14 青海藏传佛教寺庙塔尔寺

(a) 乐都昆仑道观　　　　　　　　　　　　　　　　(b) 大通老爷山

图3-2-15　青海道观

(a) 湟源城隍庙

(b) 乐都瞿坛寺

图3-2-16　河湟地区宫殿式建筑特征

第四章

青海传统聚落特征

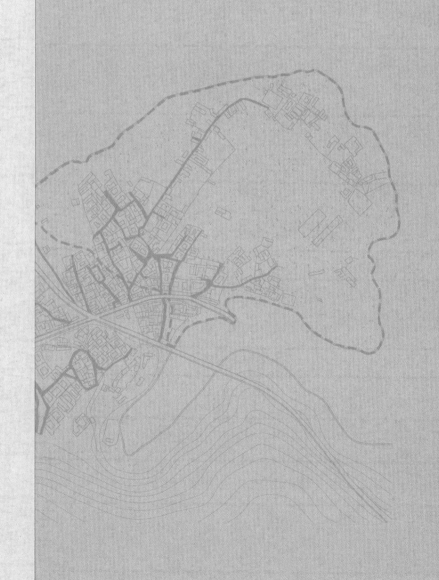

第一节 聚落选址与布局特征

一、聚落分类依据与类型

根据第二章青海省自然地理分区与聚落分布，将青海分为河湟地区、环湖地区、柴达木地区、三江源地区。河湟地区主要为庄廓聚落，环湖地区主要为牧居聚落，柴达木地区主要为绿洲聚落，三江源地区主要为碉房聚落（图4-1-1）。

依据生产方式不同，青海分为农区、牧区和半农半牧区，海拔较低、地势较缓、水源相对充沛的川水及浅山地区聚落以农耕产业为主，海拔较高、地势复杂的脑山聚落及高山草甸则以畜牧业为主（表4-1-1）。

（a）河湟庄廓聚落（循化张沙村）

（b）环湖牧居聚落

（c）柴达木绿洲聚落（宗家镇路南村）

（d）三江源碉房聚落（称多卓木其社）

图4-1-1 青海四区聚落类型

依据生活方式聚落分类表　　　　　　　　　　　　　　　　表4-1-1

生产方式	主要民族	聚落布局特征
畜牧业为主	藏族、蒙古族	多位于高山草甸地区，游牧为主
农耕业为主	汉、回、土、撒拉族	山林围护，田地环绕聚落，耕地优先原则
半农半牧	藏族、蒙古族	近水且地势平坦处为农田，山地为草场

青海省属于多民族聚居区，传统聚落的聚居模式多以宗教为核心。以民族和所信仰的宗教对聚落进行类型划分：汉族聚落、藏族聚落、土族聚落、回族聚落、撒拉族聚落、蒙古族聚落等（图4-1-2）。

（a）汉族聚落（循化唐洛尕村）

（b）藏族聚落（化隆塔加村）

（c）土族聚落（互助五十村）

（d）回族聚落（平安洪水泉村）

（e）撒拉族聚落（循化下河滩村）

（f）蒙古族聚落（门源北山村赛马会）

图4-1-2　青海多民族聚落

根据聚落的功能还可分堡寨型聚落、商贸军事型聚落，而堡寨型聚落又可分为寺堡型聚落和军堡型聚落（图4-1-3）。

根据地貌形态分类，青海省主要地貌类型有山地、高原、盆地和河谷地四大类。根据地形地貌对四个区域的传统聚落进行划分，河湟地区可以分为川水型聚落、

(a) 堡寨型聚落（起台堡城墙）

(b) 堡寨型聚落（永安古城城墙）

(c) 堡寨型聚落（黑古城城墙）

(d) 堡寨型聚落（张沙寺城墙）

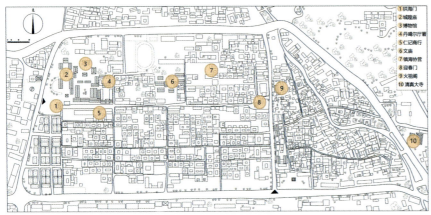
(e) 商贸军事型聚落（丹噶尔古城）

图4-1-3 不同功能类型聚落

浅山型聚落、脑山型聚落；环湖地区牧居聚落选址主要考虑水草肥美之处；柴达木盆地绿洲聚落主要依水系选址；三江源地区传统聚落选址除了近水源，还要考虑防御性，主要分为河谷型聚落、山腰型聚落、山顶型聚落。

二、聚落选址与分布特征

聚落营建的首要步骤为选址，传统聚落选址要综合考虑其所在区域的自然地理环境、生活生产方式和宗教文化等影响要素。青海传统聚落选址注重借助自然山水之势、地形地貌条件，将建筑与自然山水等要素有机结合在一起，利于生活、方便生产、且能抵御寒冷和风沙（图4-1-4a）。

青海独特的地理环境造就了高原聚落的选址与营建智慧："临水而居、依坡而建；背阴面阳，争取日照；抵御风雪与冰雹、少占草地与耕地。"这与青海独特的自然地理环境具有极强的关联性（图4-1-4b）。

依据农耕型、游牧型聚落的生产方式不同，聚落选址也各有侧重。农区主要考虑水源耕地和耕种距离，牧区以传统游牧为主的牧民逐水草而居，每年会随着季节的变换而迁徙，四季的草场各有特点且分布不同，牧区的聚落选址主要考虑水草丰美，且流动性较强（图4-1-4c）。

青海是多民族聚居区，不同民族的聚落选址也充分体现出其民族文化特征，如信奉藏传佛教的民族在选址上注重自然条件，"天人合一"的自然观深深地影响着聚落的选址理念，根据藏传佛教寺庙与聚落的关系，分为上寺下村型、上村下寺型聚落；信奉伊斯兰教的民族则把古兰经中描述的境界作为选址理念，把绿草如茵、水丰草茂、土地平坦、河流纵横、森林茂密、草场莽莽等自然要素的组合当作梦寐以求的定居场所，信仰伊斯兰教的聚落多形成围寺而居的聚落形态。

青海传统聚落主要分布在河湟地区和三江源地区，近水源、御风寒的河谷地带成为传统聚落选址的首要条

（a）与自然要素有机结合的尖扎俄什加村

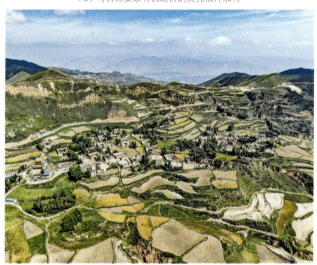

（b）临水依山而建的尖扎拉夫旦村

（c）逐水草而居的牧居聚落

图4-1-4 典型聚落选址

件。河谷地貌属于流水作用的外应力地貌，流水作用一般是指河流在构造隆起地区以侵蚀作用为主形成的侵蚀地貌，而河谷地貌是流水侵蚀作用所塑造的负地貌形态。这些河谷地貌地带，大都地势较低且较平坦、土层厚且较肥沃、水量较充足，宜于居住。河湟地区传统聚落主要分布在黄河流域、湟水河流域、隆务河流域宜农宜牧的河谷地带；三江源地区传统聚落主要分布在通天河流域、澜沧江流域、马可河流域的高原河谷地带。

三、河湟地区聚落特征

河湟谷地境内地貌以山体、丘陵、河谷为主，按地貌特征和海拔高度划分主要分为川水地区、浅山地区、脑山地区和高山草甸四种类型。川水地区是黄河、湟水流域河流冲积、淤积形成的河谷平原，地势较为平坦宽阔，是农业种植最好的区域，海拔在1650～2300米之间；浅山地形为河滩与山地的中间地带，地势较平缓，属于半干旱丘陵山区，产业以半农半牧为主，平均海拔1700～2800米；脑山为河湟谷地的山地地形，地形复杂多变，地势相对较高，属于高寒山区。畜牧业为主导产业，海拔在2700～3200米之间；高山草甸地区，海拔高于3200米，游牧方式为主，定居聚落较少。依据海拔将河湟地区传统聚落分为川水型聚落、浅山型聚落、脑山型聚落（表4-1-2）。

依据海拔河湟地区聚落分类表　　　　　表4-1-2

海拔（米）	地貌类型	聚落类型	聚落特征
1650～2300	川水	川水型聚落	聚落规模大且数量多，布局自由，靠近水源、农田绕村
1800～2800	浅山	浅山型聚落	聚落规模较大，受地形限制小，背山面水，半农半牧
2700～3200	脑山	脑山型聚落	聚落规模小且多呈散点分布，受地形限制大，远离水源、耕地面积少
3200以上	高山草甸	——	

1. 川水型聚落

川水地区属于河谷平原地带，与浅山、脑山及高山草甸所属的山地地理单元有着本质的区别，界限明确，易于划分。如哈达亥村位于青海省海东市循化撒拉族自治县查汗都斯乡，位于循化县最西端公伯峡大坝下游，村落选址北侧为黄河、南侧为乌突四山，东西侧为规整农田，景观环境优越，整体形态呈现集中式团状聚落，位于道路一侧（图4-1-5）。

2. 浅山型聚落

浅山型聚落又可分为浅山河谷型、浅山山腰型、浅山山麓型三种。

浅山河谷型聚落常处于背靠大山，面向河谷川道的台地上，临近河谷一侧常因陡坎而形成自然边界。台面

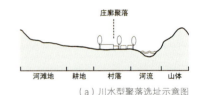

（a）川水型聚落选址示意图

（b）循化县哈达亥村

图4-1-5　川水型聚落选址

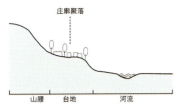
（a）浅山河谷型聚落选址示意图

（b）循化县多哇村

图4-1-6　浅山台地型聚落选址

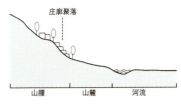
（a）浅山山腰型聚落选址示意图

（b）化隆县上尕洞村

图4-1-7　浅山山腰型聚落选址

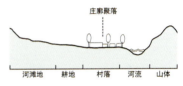
（a）浅山山麓型聚落选址示意图

（b）循化县贺庄村

图4-1-8　浅山山麓型聚落选址

坡度小，面积大，耕地多，交通便利。聚落呈团状发展，居高临下，田地环绕，是同时满足"生活需求"和"防御需求"的选址类型。如循化县多哇村，背山面水，坐落于坡度较小的台地上，视野开阔，两侧环绕梯田，梯田层叠沿坡地蔓延（图4-1-6）。

浅山山腰型：聚落多呈团状，位于向阳山坡腰地，沿等高线自然拓展，场地分层筑台，庄廓院落布置在不同高程的小台地上，呈现出依地形层层跌落的聚落形态。聚落内地势坡度大，"S"形道路组织空间，增加了庄廓和山体形态的有机融合，较好地保持了原生态的自然环境风貌，利用坡地形成丰富的山地聚落形态。如化隆县上尕洞村，村落倚山面水，层层叠叠的沿等高线分布于山腰上（图4-1-7）。

浅山山麓型：聚落常处于河谷川道两侧坡度较小、较稳定的山麓地带，聚落呈团状布局、依山伴田、山林围护、流水环绕。如循化县贺庄村，村落坐落于山丘延伸出的山麓地带，坡度较小。枕山面水，面向河谷，三面均有农田环绕，视野开阔（图4-1-8）。

3. 脑山型聚落

在海拔较高的脑山地貌中，聚落主要分布在山谷两侧的坡地上，呈团状布局，坐北朝南，背风向阳，围绕水源向外扩散，依地形层层跌落，规模较大时可延伸到

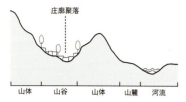

(a) 脑山山谷型聚落选址示意图

(b) 乐都区龙王岗村

图4-1-9 脑山山谷型聚落选址

谷底。也有少数聚落为争取到更大的耕地面积，缩小聚落到耕地的距离，将聚落选址在山顶或山脊等不利的山位当中（图4-1-9）。

河湟地区不同民族由于宗教信仰不同，聚落所形成的宗教空间形式也有所不同，藏族、土族及蒙古族信仰藏传佛教，宗教空间一般游离于聚落之外，位于附近的神山之上，既保持了宗教空间的神圣性又与聚落保持一定的联系，因此聚落呈现出"上寺下村"或"上村下寺"的空间形态；撒拉族和回族信仰伊斯兰教，宗教空间则位于聚落的中心位置，民居围绕寺院向外逐渐发展，呈现出"围寺而居"的结构形态；而在汉族聚落，宗教活动则不频繁（表4-1-3）。

河湟地区传统山地聚落空间依据不同的地形地貌显现出不同的形态特征，在地势较为平缓的山麓及台地地带，道路布局受地形限制较小，多呈网状或枝状分布，主干道贯穿整个聚落，次干道及宅前小路布局则相对自由，依据地势及民居布局自主干道分散延伸至各宅院及周边耕地内部；而受地形限制程度较大的山腰及脑山山谷型聚落，道路则多沿等高线排布，呈"S"形或"之"字形布局，道路数量和层级相对较少，除了主路，次路及户间小道多不连通，具有一定的局限性。聚落内部及周边树木密植、草山环抱，草山基本位于聚落依附的山体上，而树木分布的数量及位置则根据聚落空间形态的不同而有所差异（表4-1-4）。

河湟地区传统聚落选址与布局主要受地形地貌的影

依据民族的聚落分类表　　　　　　　　　　　　　　　　　　　　　　　　表4-1-3

宗教信仰	民族	聚落分布	聚落特征
藏传佛教	藏族	聚落多分布在浅山及脑山地区	地缘关系形成聚落，以宗教空间玛尼房为核心，"上寺下村"聚落布局，选址受风水文化影响
	土族	川水、浅山及脑山均有分布	宗族或地缘关系形成聚落，以宗教空间为核心，形成"上寺下村"的聚落形态，选址受风水文化影响
	蒙古族	川水、浅山及脑山均有分布	地缘关系形成聚落，以宗教空间为核心，形成"上寺下村"的聚落形态
伊斯兰教	回族	聚落多分布于川水地区	地缘关系形成聚落，以宗教空间为核心，形成"围寺而居"的聚落形态
	撒拉族	聚落多分布于川水地区	地缘关系形成聚落，以宗教空间为核心，形成"围寺而居"的聚落形态
儒道学说	汉族	川水、浅山及脑山均有分布	宗族或血缘关系聚集而形成聚落，没有宗教核心空间，选址讲究风水

河湟地区聚落选址与类型　　　　表4-1-4

分类	村落	选址特征	聚落形态	图示	航拍
川水	循化县查汗都斯乡红光上村	位于"川水地区",黄河与积石山之间,呈负阴抱阳之势	"L"形布局		
川水	循化县查汗都斯乡阿河滩村	选址于黄河环抱之地,黄河绕其而过,一面为山	布局规整,呈现团状布局	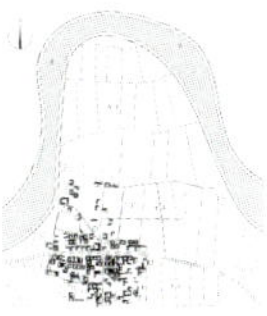	
浅山	循化县尕楞藏族乡洛哇村	山腰台地之上,北侧有扎加山,南侧有诺金山,西侧有南塘山,三山相夹	团状布局的基础上南北狭长,顺应地形布局		
浅山	循化县道帏藏族乡德曼村	位于还给山坡地区、清水河东侧,周边农田环绕	团状布局,顺应山势		
脑山	循化县白庄镇强宁村	位于山顶台地之上,东侧山脉名为日诺吾	带状布局,顺应山势布局		
脑山	循化县道帏藏族乡起台堡村	三面环山,道帏河从村落西南侧流经	共有三座城,分别为主城、下关城和东关厢城,呈"厂"字形布局		

响,由于山地和高原地势起伏大、海拔高,主要分布在地势相对平坦、水文交通条件较为优越的川水地区和浅山山麓地区,其次是浅山山腰,脑山山谷型聚落数量最少。聚落空间形态顺应地势自由布局,临水依山而建,抵御风寒,获取日照,充分体现了人与自然和谐共生的人居理念。

四、三江源地区聚落特征

作为国家生态安全屏障的重要区域，青海三江源地区有着极其独特的地理位置、气候条件、文化生态体系。地域资源特征约束下产生并存于此的传统乡村聚落中蕴含了大量的生态智慧与营建智慧，在聚落选址、空间布局、建筑造型、材料运用、文化价值等各个方面充分体现了对地域资源的适应性，是自然、社会、人类和谐共生的实证。

三江源地区不同于其他区域，境内平均海拔4493.4米，自然灾害和严酷的生存环境给人居环境提出了挑战，居住在这里的人们要充分考虑到如何利用有利的环境因素，如何克服不利环境因素，如何战胜或回避自然灾害，如何努力地去适应自然环境，并与之相协调，因此不同的生产方式产生不同的聚居方式，高寒牧区的黑帐篷、河谷地带的夯土碉房、石砌碉房由此而生，充分体现了生态、生产、生活的三位一体的人与自然共生理念。如前所述，三江源地区传统聚落主要分布在通天河流域、澜沧江流域、马可河流域的河谷山地（图4-1-10）。

三江源地区游牧聚落有着悠久的历史，是与该地区高寒气候相适应的一种生活方式，也是构成高原文化重要的一部分，居住在这里的藏族祖辈们大部分过着无固定居点的、逐水草而居的游牧生活。这种游牧方式，保证了不同区域的草地在不同季节得到休养生息，也让牲畜及时地利用生长期的牧草，在有效利用草地资源的同时，达到了既保护水草又保证牲畜生长的目的。[①]

游牧生产方式使得藏民四处迁徙，形成了以黑帐篷作为牧民的主要居住单元的游牧型村落。黑帐篷耐磨、防风、便于支拆搬运，与游牧民的生活方式十分契合。随着时间的推移，游牧文明逐渐受到了农耕文明的冲击，农业在三江源地区有了一定的发展，一部分藏民由游牧转向农耕并定居下来，四处迁徙的游牧民在高海拔高寒的青藏高原地区也会选择在冬季水草稀少时定

（a）通天河流域　　　　　　　　（b）澜沧江流域　　　　　　　　（c）马可河流域

图4-1-10　三江源地区聚落

① 苏永杰. 试论藏族传统文化与青藏高原游牧经济的相互影响[J]. 西南民族大学学报（人文社会科学版），2011，32（06）：162-165.

(a)游牧聚落(久治县) （b)碉房聚落(班玛县)

图4-1-11 不同生产方式的聚落

(a)离散型聚落(班玛碉楼) （b)聚合型聚落(巴塘乡岔来村)

图4-1-12 不同分布特征的聚落

居下来，三江源地区逐渐出现了定居的碉房村落（图4-1-11）。

碉房聚落分布极具多样性，有些位于河谷处，有些位于山腰，有些处于山顶；有些零散、稀疏，有些疏密有致，有些紧密相连；按空间分布特征，又可分为离散型聚落和聚合型聚落（图4-1-12）。

离散型聚落主要分布在地势较高的山腰或山顶上，建造年代较早，聚落密度较低，每户相距较远。聚合型聚落主要分布在地势较低的河谷或平坦的山腰处，聚落多呈带状或团状布局（图4-1-13）。

三江源地区传统聚落选址考虑的主要因素为：气候环境、氏族关系、安全等级、产业结构和交通运输等，这也反映出人们对生存的需求和智慧。三江源地区的传统藏族聚落有着丰富的文化遗存和活化的历史遗产。这里作为康巴藏族的主要聚居地之一，在日常习俗、人文特色以及聚落风貌上都有着特色的地域识别性和历史文化价值。

三江源地区不仅仅有着雄伟的山峦、壮阔的河流、多种多样的生物资源等宝贵的自然景观，还孕育着藏族的历史、文化、宗教、艺术等人文文化结晶。传统

图4-1-13 不同形态特征的聚落

藏族聚落在漫漫的历史长河中与该地区的生态环境形成了一种相互适应、相互协调的状态，从聚落选址、空间格局到建筑材料的使用，都充分考虑生态安全以及合理利用自然资源，体现了藏族先民朴素的生态观念。三江源地区传统聚落是居住在这里的藏族人民尊重自然，适应、利用自然生态过程中形成了自己的宗教文化系统、生产生活方式以及聚落营造智慧。

通天河流域在海拔较高的高原草原地区形成了与之适应的游牧聚落，在高山河谷之间的定居聚落则充分利用相对分散的小块农田采用半农半牧的生活方式。依据选址要素的不同将该流域藏族传统聚落分为山麓缓坡型、山谷河岸型、山麓河谷型、山脚临水+山顶集聚型聚落四种类型。

澜沧江上游地区藏族传统村落由于地形环境复杂多变，当地村落多依山傍水而建。依据选址要素的不同将该地区传统聚落分成山脚临水型、山麓缓坡型、山腰台地型以及山顶集聚型四种选址类型。

马可河流域地形条件复杂，山势陡峭，高差变化较大，聚落选址面对不同的地形环境，主要选择适宜聚落生存和发展的临近水源，地势较为平缓的河谷、山腰台地、山顶台地而建。依据地形地貌特征分为山脚临水型、山谷河岸型、山腰台地型、山腰陡坡型四种类型。

第六章分三个流域结合选址类型选取典型聚落，详细论述三个流域传统碉房聚落的选址与布局特征（图4-1-14）。

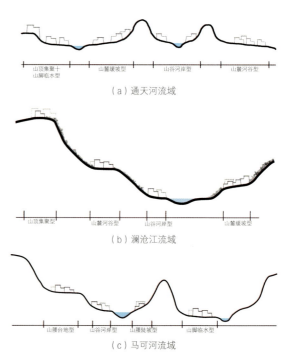

图4-1-14 三江源地区传统聚落选址类型

第二节 聚落景观特征

青海传统聚落景观特征是由聚落外部自然空间与内部组织及空间形态相互作用下共同形成的，聚落景观特征的形成和发展受当地生存环境的影响和制约。

青海面积辽阔，聚落除了在整体上表现为水平空间分布的规律性和立体分布的差异外，山地、高原、丘陵、台地、谷底、山顶、山腰、山麓、草场等都可以作为聚落所依附的地势，盘山蔓延，或顺溪延伸，或随着草场丰美的地方向四面扩展等都是聚落的延伸方式，不同的地形地势及其相伴气候、主导风向等因素共同决定了聚落的总体格局和形态特征。

1. 人与自然和谐的"山水林田湖草冰沙"整体格局

青海聚落的山水人居格局，不仅仅是自然环境和聚落物质空间的组合，而且是对整个自然环境系统的综合考量，对于其内在的"山水""冰川""湖泊""聚落""草场""耕地""林地""沙地"等各要素的规模、尺度、位置的把握与界定，同时还需判断各要素之间的相互关系与影响作用。

2. "择水而居，营造良好的用水环境"的选址特征

水是人类的生命源泉，对青海传统聚落而言也至关重要、不可或缺。水资源充沛且优良，土地及草场自然十分肥沃，农牧民们围绕水资源进行着聚落布局，或沿河分布，或在溪流周围。由此可见，聚落近水而建是农牧民及其生产资料得以生存的必要因素。择水而居不仅体现了农牧民的生存智慧，也决定了聚落外部自然空间的重要特征，在一定程度上引导、决定着聚落的空间形态和自然风貌。

3. "依山就势，顺应地形"的布局特征

青海传统聚落"依山就势，顺应地形"的营建智慧来源于对神山信仰与崇拜的朴素的自然观。在这种敬畏心理的影响下，农牧民对于神山采取尽可能少干预、多保护的态度，减少对地形的破坏、少动土方，禁止挖草地、砍伐树木等自然禁忌都保障了山体在聚落营建时不被过度改变，也促使了传统聚落与山脉具有较高的契合度，形成顺应山势的聚落景观格局。

传统聚落景观的营造需要同当地的地域文化相结合，要对其具有保护价值的文化进行保护与传承。民居与聚落作为人们最直接接触和使用的物质环境，是民族群众依照自己的生活习俗、宗教信仰和生产方式的需要，为适应自然环境、经济条件，因地制宜地构筑起来的生产、生活环境，也是当地居民对建筑技术和建筑艺术的理解、探索、创造和发展。

聚落选址、布局均以当地的自然地理环境为依托，顺从、顺应于自然规律，因地制宜，充分发挥和利用自然潜力以及生态环境的条件，来满足人们的生产、生活需求。青海是多民族聚居区，由于文化、宗教信仰和民族的社会背景不同，影响着各民族的聚落选址与聚落营造理念，在创造生活、生产环境空间时，同时注重自然景观形象和信仰宗教文化的教义道德，以质朴、亲和、尊善、爱美的环境精神，营造聚落环境的精神意象，形成了各具特色的聚落景观特征（表4-2-1）。

本节按生产方式将青海传统聚落分为农耕型聚落和游牧型聚落，选取河湟地区山地庄廓聚落和青南地区高原游牧聚落为代表阐述其聚落景观特征。

各具特色的聚落景观特征		表4-2-1
上寺下村型		
	塘龙社坐落于山涧中，被两山相夹，属于典型的河谷平地型聚落选址，位于三条河流（唐曲河、噶曲河、甘曲河）的交汇处，聚落沿河谷线性展开，水草充足，为聚落日常生产生活提供基本资源，背山朝南，光照充足，遮蔽寒风。塘龙社的聚落空间形态遵循着"上寺下村"的总体空间格局形态，塘龙寺位于传统聚落东北部山涧的山腰处，传统民居聚集区位于山腰底下	
围寺而居型		
	俄家村位于循化县道帏乡南片，该村处于浅山地区，海拔2500米左右，村落位于山脉一侧的台地上，受地形限制，省道从村落中穿过将村落一分为二。村落整体呈条带状布局，建筑之间联系紧密，清真寺位于村落中心位置，民居围绕其布局，村落景观丰富	

一、农耕聚落景观特征

青海河湟地区位于中国的农牧交错带上，半农半牧，海拔较低的川水及浅山地区以农耕业为主，海拔较高的脑山和高山草甸以畜牧业为主。

青海省河湟地区的农耕聚落总体呈现出"大散居，小聚居"的态势。汉族多是以同姓或单一家族发展起来的聚落，也有亲族个体家庭杂居在一个地缘内的亲族村落。与汉族聚落以血缘为纽带，以宗祠为聚落结构核心，宗法制度为维持聚落内部日常秩序、等级关系的力量不同，居住在这里的少数民族在地缘文化影响下多呈现出以宗教文化为聚落精神核心，以父系家族成员组成群体居住形式，以宗教寺庙为聚落结构核心的聚居形式。如循化县道帏乡德曼村，该村顺应山势布局，位于清水河东侧，海拔2600米左右，气候干燥，较为干旱，村落位于山坡地区，周边农田环绕，顺应山势布局，民居错落分布；化隆南滩村，耕地环绕四周，白塔居于较高地势，民居沿道路两侧布局，景观丰富（图4-2-1）。

河湟地区汉族及少数民族聚落的选址、布局以及整体景观都以当地的自然地理环境为依托，人为的顺从景观、适应自然规律。在构筑人与自然和谐共生的空间机制中，合理确定土地的用途，尊重自然、顺应自然、因地制宜，以充分发挥自然的使用潜力和生态环境条件，与居民生产、生活的需求相结合，依山就势、筑宅建院、引水修渠、随坡开田、就近放牧。如循化县尕楞藏族乡洛哇村，地处山腰台地之上，北侧有扎加山，南侧有诺金山，西侧有南塘山，三山相夹。村落整体大致呈团状布局，道路从村落中间穿过。整个村落南北狭长，顺应地形布局（图4-2-2）。

根据组成空间的主要功能和作用，可将聚落内部组织分为生产空间、居住空间、宗教空间和交通空间。这四大空间在聚落的基本空间形态是以生产空间为主；居住空间呈"大分散、小聚居"的空间形态，或组团型，或带状，或离散型自由布局在生产空间内；宗教空间作为精神信仰，分布在聚落的中心或重要位置；交通空间主要起到连接各个空间及外界的作用。它们共同组成了相对独立、完整的聚落组织结构，促使聚落内部物质自我循环、交换机制更替的能力，并得以稳定发展。

由于山地庄廓聚落景观构成要素的多元化，使得山地聚落景观出现多景象的特征，主要表现在有自然山体景观，河流等水体景观，建筑群景观，建筑群与山体相互叠和、相互映衬的景观，人工建筑物与自然地形相适应的堡坎、边坡等设施景观，呈现出动感、势感、维度感、纵深感、接地形式丰富、高度体量多变等复合表象（图4-2-3）。

（a）循化德曼村

（b）互助寺滩村

图4-2-1 农田环绕、白塔与民居交相辉映的农耕聚落景观

图4-2-2 尊重自然、顺应地势的农耕聚落景观

图4-2-3 与自然山水和谐的聚落景观

依据坡度的山地聚落分类　　　　　　　　　　　　　　　　表4-2-2

坡度	地形类型	聚落类型	聚落特征简述
3%以下	平坡地	平坡地聚落	道路和民居形态自由，聚落多呈团状或带状分布
3%~10%	缓坡地	缓坡地聚落	道路及民居布置自由，不受地形约束，道路没有梯级，聚落多呈团状分布
10%~25%	中坡地	中坡度聚落	建筑布局受地形限制，车行道多平行等高线，道路有梯级，聚落多呈线性发展
25%~50%	陡坡地	陡坡地聚落	道路与等高线呈较小的锐角布置，民居布局受地形的约束较大
50%~100%	陡坡地	数量极少	道路与民居布局均受地形限制，聚落呈散点状布局
100%以上	悬崖坡地	—	

图4-2-4　缓坡地聚落（相玉村）　　　　　　　　　　　图4-2-5　陡坡地聚落（俄什加村南哇社）

　　山地庄廓聚落景观由于地形的多变性而呈现出边界、布局多层次的景观特征。

　　独特的自然地理环境，使山地聚落的轮廓线形成层次丰富、富于变化的景观形态。山地庄廓聚落的自然地形决定了道路采用自由布置的形式，街巷蜿蜒曲折，民居与道路、等高线的关系协调一致，随地形较自由的排列组合，创造了丰富多变的山地聚落空间效果（表4-2-2）。

　　循化县相玉村由东西两座狭长的山峦所包围，地形起伏比较缓，沿主要道路向上有一定的坡度，田地主要分布在山脚下的平缓地区。村落整体与相玉沟平行呈条带状布局，村内仅有一条主要道路，民居主要分布于主要道路两侧。尖扎县措周乡俄什加村位于半山腰，坡度较陡，民居顺应山势层叠布局，道路呈"S"形布局（图4-2-4、图4-2-5）。

　　青海河湟地区山地庄廓聚落的选址理念需要满足适宜生存生产和精神需求两方面。但聚落选址是一个动态过程，不同时期人们对聚落选址理念存在差异。随着生产力水平的提高和人类社会的发展，聚落选址中的自然因素和精神要求的影响作用趋于减弱，而社会经济因素的影响将进一步增强。因而，从社会发展历程来看，聚落选址的理念呈现出随社会发展而变化的动态演进过程。

1. 自然地理环境影响下庄廊聚落特征

在青海河湟山地环境中，由于海拔较高，太阳高度角较小。山地庄廓聚落冬季采暖的主要方式之一是充分利用阳光资源，所以山地庄廓聚落多分布于山体的阳坡上。

1）气候条件

青海河湟地区属半干旱大陆性气候，大部分地区温差较大，冬天严寒。庄廓内向封闭的形态特点可以抵挡冬季外界的寒风，使庄廓院内保持温暖的小环境。并且，高大的生土庄廓墙具有较好的保温性，使冬季室内外温差较大时，可以减少室内热量通过热传递的方式散失。

在夏季湿热气候区，人们希望接受凉风加强热空气的对流和带走湿气。而青海河湟地区夏季凉爽、冬季干冷，冬季聚落的保温防风是主要需解决的问题，山地庄廓聚落选址常考虑利用地形遮挡冬季季风和山地环境的地形风。一般来说，庄廓聚落常利用自然地形抵挡冬季西北向的寒风，也造成了庄廓墙"北高南低"的形态特点。另外，山地庄廓聚落选址一般不选在山顶、山脊，这些地方风速往往很大，也避开隘口地形，在这种地形条件下，气流向隘口集中，形成急流，流线密集，风速成倍增加，成为风口。

青海河湟地区降水少，年平均降雨量为300~500毫米，小于蒸发量。庄廓屋顶基本上以平坡或者缓坡屋顶为主。同时，由于山地地区海拔高度的变化，降雨量也随之变化。如河湟地区北部门源、互助等地海拔较高，降雨量相对较大，随之，庄廓屋顶坡度也较大；南部循化、同仁等地海拔较低，降雨量相对较小，随之，庄廓屋顶坡度也较小（图4-2-6）。

2）地形地貌

在青海河湟地区的山地环境中，地形地貌形态丰富。人们为了生存，需要面对不同的地貌类型，在传统社会受生产力经济水平的限制，大多只能"被动地"调节村落中要素的布局形式以及建筑的布局形态和建造方式，以便适应不同的地形环境。

图4-2-6 平缓屋顶的庄廓聚落景观（循化宁巴村）

在建筑与自然环境融合方面，传统聚落与民居建筑给予我们众多有益启示。多数青海东部地区乡村聚落，因地制宜建在不适宜耕作的坡地上，通过对地形的处理，将庄廓民居院内布置与地形结合。

青海河湟地区冬季高海拔地区降雪之后，山中融化雪水较多，同时，青海东部地区山体连绵，连续的降雨影响，容易使其发生滑坡、泥石流等自然灾害。因此在该地区山地聚落中多根据地形条件，建立多层次相互衔接的排水系统，来防止发生自然灾害。

适应地形和功能的需求，形成独特的山地空间秩序建立完善的立体道路系统，构建聚落空间的结构骨架，做到每户门前通有路，并且可以形成主干道次干道的多层级乡村道路，建立自然化的聚落景观体系。无论是远观层层叠叠依山地坡势而建的庄廓民居，或者是沿着等高线布置的婉转的道路，庄廓民居聚落顺应山势，最大限度地与黄土大地融合在一起，形成典型的"山屋共融"景观（图4-2-7）。

3）自然资源

能够结合地域自然资源营造的地域建筑才是真正的"绿色建筑"。受降雨量少，干旱蒸发量大的影响，仅有的树木只能在山体阴面和谷地生存，因此木材资源整体相对稀少。青海河湟山地黄土广布、土层较厚，在土多石少的山地环境中，人们以生土为建筑材料的主体，营造纯土庄廓民居；在海拔高、土层较薄、石材多的山地环境中，人们则用片石砌墙，营造多石少土的庄廓；在靠近河滩，地处山麓的庄廓聚落中，由于河滩卵石较多，人们用土作为黏合剂，砌筑卵石营建庄廓墙。

青海河湟地区山地聚落，聚落的北高南低取决于聚落所处的山位。山地庄廓聚落常选址于背山向阳的坡地上，随着山坡沿等高线建设。河湟山地可耕种土地资源缺少，在资源环境承载力低下，山地庄廓聚落依山就势、层层叠叠的营建方式，单体互相之间保证了日照的

图4-2-7　山屋共融的庄廓聚落景观（化隆下路护藏村）

图4-2-8　依山而建的山地聚落景观（尖扎尖藏村）

情况下又节约了建设用地，不论居于山坡高处还是坡底，都可获取充足的日照。营造拥有充沛的阳光、空气和绿化的聚落景观环境（图4-2-8）。

2. 宗教信仰影响下的村寺相依的聚落景观特征

在青海河湟地区的少数民族聚落中，宗教信仰对聚落的布局影响较大。如信仰伊斯兰教的回族和撒拉族聚落，每天要按时进行6次礼拜，所以聚落大多以清真寺为中心向外蔓延，形成围寺而居的聚落形态。信仰藏传佛教的藏族、土族和蒙古族等聚落，由于青海藏区历史

图4-2-9 上寺下村的聚落景观

上长期实行的"政教合一"制度，寺院既需要对聚落进行管理，又需要有脱离尘世的环境清心修持。因此，寺院与聚落大多呈现"若即若离"的状态，既离开了村落，又方便联系、管理村民，反映在山地庄廓聚落中，多形成了"上寺下村"的布局形式，这也体现了寺庙崇高的地位。如拉木龙哇村受地形、宗教限制因素，分为两区。寺庙分区地形略高于居住分区，形成"上寺下村"的分布格局（图4-2-9）。藏族聚落中还常常在村中修建玛尼康作为村民日常礼拜的场所，聚落也常常围绕这样的宗教核心空间向外生长。

3. 农耕产业影响下聚落景观特征

在农耕聚落中，打麦场是农业地区重要的产业景观，它是青海农耕地区聚落空间形态的重要构成要素。打麦场多紧邻庄廓民居，与规整的庄廓相比，麦场形态各异大小不同，完全适应地形地貌特征，聚落形态自由变化。庄廓院落、街巷、打麦场共同组成传统农耕聚落的典型特征。以农耕为主的聚落，在庄廓形态上的影响表现在需要更多的功能空间，晾晒粮食的平屋顶和院落，储存秸秆柴草的库房等。

山地庄廓聚落利用坡地营造了独特的生产景观，如梯田景观是在坡地上或山体上沿着等高线进行分段建造并具有阶梯式的农田景色。青海河湟地区浅山地居多，农耕区为了有更多的农田可以进行种植，因此多在山地上开垦出沿等高线线性台地式耕种区（图4-2-10）。

（a）古城乡木厂村耕地景观

（b）化隆县尕吾唐村沿等高线分布的聚落与耕地

图4-2-10 梯田与聚落景观

二、游牧聚落景观形态

高原传统游牧文化、游牧生活、游牧生产的生态性，使得生活在高原地区的游牧民自古以来与山水草原和谐共生，牧区的生态景观、生活景观、生产景观、宗教景观四大景观要素共同构成了高原独树一帜的牧区聚落景观（图4-2-11）。

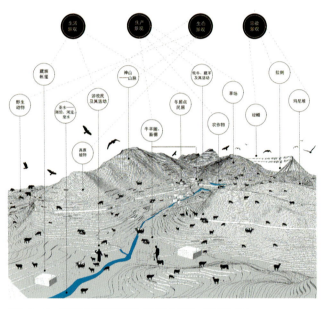

图4-2-11 青海牧区聚落景观构成要素（来源：闫展珊 绘）

（一）生态景观

牧区的生态环境为牧民提供了赖以生存的物质基础，构成牧区生态环境的地形、土壤、水源、气候、动植物等诸多要素，也影响着该地区游牧文化的形成与发展。在历史前进的长河中，青海牧区的游牧民族经历了从狩猎到游牧到定居、从单一畜牧业到多种经营等多次文化选择过程，但不论如何变迁，生活在这里的人们都始终坚持以保护生态环境为根本，因此形成了极具高原特色和游牧文明的生态景观。青海牧区的生态景观与其所处的自然环境紧密相关，山、水是构成牧区生态景观的主要要素，影响着聚落的选址、形态、朝向等特征，野生动物和植物也是构成高原牧区聚落生态景观不可缺少的生态景观要素（图4-2-12）。

1. 山与聚落朝向

青海牧区山脉连绵不绝，众多山脉共同组成牧区外在边界与轮廓，成为青海牧区的主要景观。高原之上，遥望巍峨耸立、洁白纯净的雪山主峰，俯视延绵起伏的草原。山脉和草原在不同的季节会呈现出不同的景色，甚至每天的景色都有所不同。

"神山"在当地文化中是指奇特高耸、"拥有神力

图4-2-12 青海牧区聚落生态景观（来源：尼玛 摄）

(a) 草场茂盛　　(b) 临近水源

图4-2-13　青海牧区聚落选址特征（来源：尼玛　摄）

与灵气"的山。"山神"是一座山的"灵魂"，象征着其精神生命，而山脉是"山神"的寄托体。[1]世世代代生活在青海牧区的游牧民，他们生于山间，在山间游牧，在山间生活，时刻都能感受到山在保护和养育着他们，他们崇拜神山，因此在聚落选址中离不开神山的影响。

聚落选址离不开神山，或依附于它，或处于它之中，又或在它对面，聚落与山密不可分，神山成为构建聚落空间形态的重要组成部分。神山是象征着一种宗教信仰支柱，为游牧民提供了人与神对话的场所，也代表了聚落的精神中心。不同的山脉下形成不同的聚落布局与景观形态，影响其空间形态。对神山的崇拜与景仰，使得牧民习惯于朝向神山的方向。牧区的聚落，无论是冬居点还是帐篷聚落多面向神山，目的是便于朝拜山神，并由此得到其庇佑（图4-2-13a）。

2. 水与聚落布局

在青海牧区分布着许多大大小小的湖泊，以及无数的山泉和河流。这些湖泊、山泉、河流是牧民生活最基本的依靠和需求。在牧区广袤无际的草原上，湖泊就像是晶莹剔透的宝石镶嵌在绿色草地上，是聚落最为灵动的景观资源，也是最重要的生态景观。

生活在藏区的牧民对水都有一种崇拜——无论是湖泊、河流还是泉水，在他们的意识中都可以称之为圣水。圣水不仅寄托了生活在其周边的传统部落和牧民的精神信仰，而且还居住着守护着其神灵龙神，几乎遍布湖泊、泉水、河流之中，给人们带来吉祥。[2]

在游牧民聚落选址中，首要条件就是选择临近水源的地方，这样可保证游牧民、牲畜等都有水喝、有水用。青海牧区传统游牧生活依旧是保持原始的用水生活状态：妇女会在一早去河里打水，会在河边洗衣服，牛羊也会在河边饮水。聚落的走向、布局方式顺着河流而走，两者基本呈一致性。正是基于这样的生态观使得聚落旁边的水源干净、清澈，对生态环境保护发挥着重要作用（图4-2-13b）。

3. 野生动植物

野生动物是牧区传统聚落景观重要组成部分。在夏季的高寒草场，大量野生岩羊、黄羊与家畜遥遥相伴[3]。物种多样性成为高原牧区自然景观的重要因素，

---

[1] 南文渊. 高原藏族生态文化[M]. 兰州：甘肃民族出版社，2002.
[2] 同[1].
[3] 同[1].

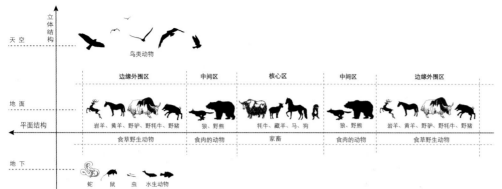

图4-2-14 青海牧区动物分区示意
（来源：闫展珊 绘）

而牧区的动物分布是有层次的（图4-2-14）。

青海牧区由于地域辽阔，南、北植物景观差异性较大，青海北部牧区分为"青东森林、草原景观地带"和"环湖草甸、草原景观地带"两类，青海南部牧区分为"青南高寒灌丛草甸景观地带"和"青南高寒草原景观地带"两类（表4-2-3），青海牧区植物主要有耐寒特质，形成的景观风貌也主要以高寒草甸、草原、沼泽草甸为主。

（二）生活景观

游牧民"四季轮牧"的生产生活方式产生了帐篷和冬居点民居两种高原游牧聚落，而独特的帐篷和定居点民居以及游牧民及其活动则成为生活景观中最重要的组成部分。

1. 藏族帐篷

在一望无际的青海牧区，藏族游牧民与牦牛、羊群以及高原羚羊等野生动物朝夕相处。各式各样的帐篷是牧民们的庇护所和栖息之地，草原文明产生在这里，同时形成独特的高原文化和牧区景观（图4-2-15）。

青海牧区特殊的自然环境决定了牧区特殊的生产方式，而特殊的生产方式又促成了极具雪域特色的生活方式，形成了青海牧区可移动的居住建筑——帐篷。帐篷主要是藏族游牧民夏秋两季的住所，一般会从每年的6月使用到11月，它与游牧民的生活最为密切，是为了满足游牧的生活方式应运而生的轻便移动式居住形式。

帐篷的大小、款式的制作，均视其主人的家庭经济状况、家庭人口及社会地位而定。小的帐篷可容纳三五个人，中等帐篷可容纳十余人，大型的可容纳数十人乃至上百人。传统帐篷主要分为黑帐篷、白帐篷、黑白帐篷三类，在色彩的选择上除了传统黑色以外，就以白色为主，这与藏族崇拜的色彩有关系，在自然色彩中白色为纯洁、吉祥的象征（图4-2-16）。

2. 藏族冬居点

青海牧区特殊的自然环境造就了藏族帐篷成为其主要的生活景观之一。每年秋季之后，地处青藏高原的青海牧区就逐步进入了寒冷冬季，暴风雪开始成为日常气候，牧草开始枯黄，牧人需要为牛羊及自己找到能够躲避自然灾害的、安全温暖的住所，冬居点应运而生，并构成游牧聚落生活景观的重要组成部分。

冬居点又称"冬窝子"，藏语称"耿剌儿"，是藏族牧民冬季放牧时的住所。虽然它是牧民每年冬季的临时住所，但仍在各牧户的草场范围内，因此也具有一定的稳定性。冬窝子的选址与帐篷一样，多建在临近水源、避风向阳的饲草丰盛、较低海拔的河谷之地，主要是为了应对冬季的极端气候。冬居点主要由游牧民的居住用房和牛羊圈、畜棚三大部分共同构成，牛羊圈里通常种植着春夏季播种的牧草，以供牛羊过冬时食用。牧

表4-2-3

区位	名称	地理位置	海拔、高度	植物类型	景观风貌
青海北部牧区植物分类及其景观概述	青东森林、草原景观地带	祁连山东中部南面边缘地带黑河、大通河上游区域	中部山峰在4000米以上,谷地2000~3000米	西北针茅、短花针茅和冷蒿	以青海云杉为种群的针叶林分布在阴坡,以祁连圆柏为种群的草原多分布于阳坡,构成独特的森林草原景观风貌
	环湖草甸、草原景观地带	从哈尔科山—青海南山西端—鄂拉山一线以西,中间有青海湖盆地	山地大部分在4000米以上,山间谷地和盆地约3000米	针茅和芨芨草等植被;蒿草为主的高寒草甸	形成以干草原、高寒草甸为主的景观风貌
青海南部牧区植物分类及其景观概述	青南高寒灌丛草甸景观地带	主要分布在青南高原南部,包括玉树藏族自治州东南部、果洛藏族自治州东南部以及黄南藏族自治州的河南蒙古族自治县及泽库县、海南州兴海县、同德县	4000~4600米	小蒿草、蓼及杜鹃等高寒草甸和灌丛	山坡上形成高寒草甸景观,河滩低地分布着由大蒿草和西藏蒿草组成的沼泽草甸景观风貌
	青南高寒草原景观地带	分布在唐古拉山及昆仑山东段之间,居长江、黄河上游通天河、澜沧江流域	4200~4700米	以紫花针茅、小蒿草为主	高寒草原景观分布较广,高寒草甸景观在垂直带中亦占有一定地位

(来源:根据资料整理绘制)

图4-2-15 青海牧区帐篷聚落景观(来源:索才 摄)

(a)黑帐篷

(b)白帐篷

(c)黑白帐篷

图4-2-16 青海牧区帐篷

图4-2-17 青海牧区冬居点（玛多县）

图4-2-18 青海牧区与牛羊相伴的孩子

民居住用房面积一般都在50~70平方米，单层，二到三间房屋不等，面南背北，多为"一"字形平面布局，土木或石木结构。大大小小的牛羊圈分布在房子周围，房屋周边往往搭设彩色经幡（图4-2-17）。

与农业区民居相比，冬居点民居的建筑外部、建筑形式、室内陈设较为简单，但却满足了经过数千年游牧生活方式的探索对住所的基本需求。世代生活在这里的牧民有着类似的历史文脉、文化背景、生活方式、道德规范和宗教信仰，大家都遵循着同样的生活法则，游牧聚落的生长模式是共有的生活观念的自然转化。

3. 游牧民日常活动

游牧民日常的生活、生产的行为活动是聚落生活景观的重要组成部分。牧区老人除日常的交往、休息活动之外，其他时间多在附近寺庙、佛塔念经祈福；成年人的生活主要围绕牧业生产进行；草原上的孩子，在草原、山坡、溪流旁等地自由玩耍，与牛羊为伴，到上学年龄去乡镇读书（图4-2-18）。

4. 节日庆典等仪式活动

藏族游牧民的节日庆典、婚丧嫁娶、宗教祭祀等仪式都是游牧民对自然环境的崇拜和敬畏之情，藏族牧人十分重视仪式，每到重大节日场面都比较宏大，构成牧区聚落的重要景观（图4-2-19）。

（a）赛马会

（b）舞蹈

图4-2-19 青海牧区节日庆典

(a) 夏季草场　　　　　　　　　　　(b) 秋季草场　　　　　　　　　　　(c) 冬季草场

图4-2-20　青海牧区草场

（三）生产景观

生产景观是青海牧区传统聚落景观重要构成要素之一。生产景观主要包括草场、牦牛和藏羊及牛羊圈及畜棚、农作物等要素，这些要素是保证游牧民日常生活的必要条件。

1. 草场

对于游牧民来说草场不仅仅是最主要的生产资源，同时也是组成游牧生态系统中最重要的要素之一。青海牧区多山，山地上部与阴坡以高寒草甸为主，山地下部的阳坡和河谷宽隙地以草原为主，山地下部阴坡以灌丛类为主。游牧民遵循草场的生长规律，根据青海牧区的自然季节划分为夏季、秋季和冬春这三大草场（图4-2-20）。

夏季草场，又称为高寒草地，放牧时间是6~8月三个月，海拔最高，通常在3000米以上，主要是背阴面，但6~8月份已是该草场的暖季，草场上的草已长成熟，早晚气候凉爽（平均气温在5℃以上）。夏季高寒草地主要类型为高寒山地草甸类、沼泽草甸类、灌丛草甸类草场。

秋季草场是地势较为陡峭且高的坡地草场，主要使用时间为9~10月。由于秋季气温下降、天气转凉，高寒地带的草场几乎都被利用，但半山坡秋季草场资源依旧长势喜人，因此在这个区域形成秋季草场（图4-2-20）。

冬春草场是海拔相对最低的草场，主要时间为11月到次年5月，主要特点为向阳、背风、气候温和，多在较低海拔的平地或山沟，因此也有平地、山沟草地之称。冬季草场的牧草多为早生多年生禾本科，这种牧草的优势在于青草期长、草质柔软。[①]经过温暖的夏秋两季，冬季草场的牧草已长到20~30厘米高，足够帮助牲畜度过漫长的冬季。

2. 牛羊及牲畜棚圈

在几千年的游牧历史长河中，与游牧民、与草原文明联系最紧密的要素就是牛羊。游牧民的生产活动都围绕着牲畜展开，放牧不仅是当地牧民最主要的生产活动，其畜品也是他们赖以生存的最基本的生活资料，牛羊棚圈也一同构成了生产景观（图4-2-21）。

3. 农作物

在青海牧区的河谷地段形成的河谷盆地，气候湿润、温度适宜，海拔相对较低，依然分布着小范围的农业种植区，依照着生态环境呈现立体布局。受到这种立体生态结构的影响，形成了在川水地耕地，在浅山地区耕地与牧草地共存，在脑山地区放牧形成一种垂直立体的农牧林交错景观特征（表4-2-4）。

---

① 南文渊. 藏族牧民游牧生活考察[J]. 青海民族研究，1999，01：46-54.

(a)夏季　　　　　　　　　　　　　　　(b)冬季

图4-2-21　青海牧区牛羊相伴

青海农牧区的农业立体分布表　　　　　表4-2-4

海拔	名称	位置	特征	农业分布
1500～2500米	川水地区	河流两岸滩地	阶地较宽，土壤肥沃，水源充足	田地之间种植果树、杨树或是柳树，河岸边一般为小片森林与草地
2000～2500米	浅山地区	河谷两岸的低位山地带	呈丘陵沟壑状，气候暖和但干旱缺水	田地种植耐旱作物，而同等面积的草地用来放牧
2600～3200米	脑山地区	高位地带	坡度较陡、阶地较窄	一般为草原牧场灌丛，森林地带，在一些低洼河流谷地阶地上也有少量的农业种植，以青稞等无霜期短且耐寒的作物为主
3200米以上	高山地区	高山	高寒、不宜种植	多为积雪、冰川或裸岩地带

（来源：根据资料整理绘制）

（四）宗教景观

青南牧区以藏族为主体，受藏传佛教影响，拉则、经幡、嘛呢堆等宗教景观也成为高原牧区聚落景观的重要组成部分，它们和生态景观、生产景观、生活景观共同构成了传统藏族游牧聚落的景观形态。

1. 拉则

拉则在青海牧区主要分布在山口、山坡、主峰、边界、草场等处，是用土石等堆成石堆，在上面插入长箭、长竹竿、长木棍等，并在上面挂满印有经文的彩色经幡。拉则主要是表达对山神的敬仰与尊重，祈求山神能够保佑部落和牧民家庭平安、家畜兴旺（图4-2-22）。

2. 经幡

在青海牧区广袤的草场、远处的山脉中最常见的藏族宗教性景观为经幡。牧民们通常将经幡张挂在山隘路口、房前屋后及帐篷上，以求驱凶消灾。经幡的材质通常为轻薄的布，色彩五彩缤纷，有白色、红色、蓝色、绿色等，上面通常会印有藏文的祝愿祷词。牧人将经幡挂起，让它随风飘逸，他们认为经幡每飘动一次，就祈祷了一遍上面的祷词。各式各样、色彩斑斓的经幡成为青海牧区聚落一道靓丽的风景线，同时起到空间引导的作用（图4-2-23）。

图4-2-22 青海牧区拉则景观

（a）山口经幡　　　　　　　　　　　　　　　（b）山顶经幡

（c）水边经幡　　　　　　　　　　　　　　　（d）帐篷经幡

图4-2-23 青海牧区的五彩经幡

图4-2-24 青海牧区嘛呢石堆

3. 嘛呢石堆

嘛呢石堆是藏族宗教文化的典型代表，它是由石块和石板垒砌成长方体、圆柱体的石堆，上面刻着藏文的六字真言或经文。嘛呢石堆的方圆、大小、高低等形态并无明确的要求，一般都是由众多牧民随机堆垒。当牧民路过嘛呢石堆时，为了体现对神灵的尊重和信仰，通常会一边念着六字真言，一边往上面增添一两块刻着经文的石板。在牧区，大小不同、形态各异的嘛呢石堆代表着幸福祥和，象征着安宁幸福（图4-2-24）。

第三节 聚落营造特征

一、气候适应性

青海是青藏高原的组成部分，青海的气候具有青藏高原的共同特征，属于高原大陆性气候。青海平均海拔在3000米以上，青南地区超过4200米。省内地貌类型复杂多样，从而造就了气候类型的复杂多样性，从温带到寒带、从半湿润到极干旱气候类型均有分布。

青海气候特征可概括为：平均海拔高，含氧量低；太阳辐射强，光照充足；平均气温低，日较差大；降水量少，地域差异大，雨热同季；气象灾害多，危害较大。地区气候环境是影响人居环境地域特色形成的重要因素，青海传统聚落与自然环境共存，很好地适应了这些气候特点，在聚落选址和民居营造等方面具有适应气候、独具特色的营建智慧与生存智慧。本节主要从气温、日照、降水、风力四方面阐述青海传统聚落对青海高原严寒、日照充足、干旱少雨、风大风多气候特征的适应性。

（一）气温特征及适应策略

青海地区气温特征归纳为高原寒冷、气温日较差大、气温年较差小、气温垂直变化大，这些是有别于我国其他地区的重要气候特点。地区气温变化是客观自然现象，变化较大的室外气温环境并不能满足人们的生理需求，人们只能通过探索适宜的营造方式去适应复杂多变的外部自然气候条件，营造良好的居住环境。

从青海地区气温变化特点的角度，归纳总结青海地区传统聚落营造的应对方式，主要体现在：形态规整、宽厚墙体、内聚向阳、南向开窗、适应生产、类型多样等来适应复杂的气温环境。

1. 形态规整、宽厚墙体

为适应青海冬季气温较低的特点，青海民居建筑必须具有蓄热保温的功能，以减少建筑内部热量的损耗。当地居民总结出形态规整的民居，体形系数小，更有利于应对严寒，民居建筑形态趋于规整，多为正方形和长方形，很少有凹凸变化的建筑外观，东部庄廊和青南地区碉房均选择形态规整的平面布局（图4-3-1）。

青海东部庄廊和青南地区碉房，虽然建筑材料不同，但都有厚重的墙体作围护结构。宽厚的墙体可以更好地保暖蓄热，减少室内温度波动，满足人们生活需求。庄廊以当地生土为原料，碉房以当地砂板岩为原料，生土与石材均有良好的热稳定性，经日间高原阳光照射，宽厚墙体可储蓄较多热能，待夜间释放热量，从而取得相对稳定的室内温度，可有效地适应青海昼夜温差大的特点（图4-3-2）。

（a）庄廊平面布局

（b）碉房平面布局

图4-3-1 形态规整的平面布局

图4-3-2 宽厚墙体的青海民居　　　　（a）土墙　　　　（b）石砌墙体

(a）东部庄廓民居

(b）青南碉房民居

图4-3-3 内聚封闭的青海民居

(a）庄廓

(b）石砌碉房

(c）牦牛帐篷

图4-3-4 青海民居类型

2. 内聚向阳、南向开窗

从青海气温年较差小、春秋季短的气候特点出发，青海传统民居对气候的适应性创造出内聚向阳的建筑特征。不论是夏季还是冬季，"蓄热保温"贯穿于始终。青海传统民居整体规整封闭、四周厚重墙体、正房向南、内聚向阳（图4-3-3）。

3. 适应生产、类型多样

青海地区气温垂直变化大，为适应这种变化，聚落呈现类型多样的应对方式。如在青海东部多为庄廓民居，适应农耕生产方式；在海拔更高的青南玉树、果洛地区，灌溉农业作物在这里不能有效生长，居于高山谷地的牧民以碉房为主要居住形式；在高山草甸地区，牧民因放牧生产需要，以牦牛帐篷民居为主要居住形式（图4-3-4）。

（二）日照特征及适应策略

与严寒的气候相比，高原赋予了青海充足的阳光。青海省太阳能年辐射总量为5680～7400兆焦耳/平方米·年，仅次于西藏地区，居全国第二位，属于太阳能资源富裕区。青海太阳辐射总量自东南向西北递增。东南和东北部山谷地带大都在6100兆焦耳/平方米·年以下，柴达木盆地为6900兆焦耳/平方米·年；青南高原大部分地区在6300兆焦耳/平方米·年以上；青海湖周围为6400兆焦耳/平方米·年。青海太阳辐射总量夏季大，冬季小，春秋两季居中，以12月与次年1月最小，这是与冬至前后太阳高度角处于最小的情况相一致。

青海年日照时数居全国之首，日照时数最长地区出现在柴达木盆地，年日照时数最高可达3550.5小时，青海平均年日照时数为2200～3600小时，日照百分率为50%～80%。青海日照时长分布趋势自东南向西北递增，这与年辐射总量分布特点相一致。

青海日照时数多，太阳辐射强，太阳能资源丰富，大大弥补了高原温度低的不足，这为青海地区建筑的蓄热保温提供了难得的自然资源。从青海地区日照分布特点，归纳总结青海地区传统聚落适应日照的营造策略。

1."北高南低"的山地聚落形态

聚落北高南低，选址于背山向阳的台地上，随着山坡沿等高线建设，不论居于山坡高处还是坡底，都可获取充足的日照（图4-3-5）。

在向阳背山的山坡建房是青海地区传统聚落的普遍规律。即使在相对平坦的地带建房也非常重视日照间距，一层居多，一般不超过两层，居住用房必然远离前户院墙，确保年日照时数的最大化。如青海东部地区上下院的庄廓民居，即为典型的北高南低的建筑形态，下院两层上院一层，巧妙地利用地形的同时获取了充足的日照。

2."大面宽、小进深"的民居建筑平面形态

青海传统民居尽量做到减少阴影区，增加采光面，这与炎热地区有显著区别。青海东部庄廓民居，正房多为三至五开间，大户人家有七至九开间不等，开间多为3米，面宽可达到15~20米左右，大面宽确保每个房间都能获得阳光。庄廓正房进深多为6米，居住房间进深多在4.2米，小进深的房间使得阳光在冬季可直接照射到北墙上，增加了冬季日照面积。青南地区的碉房形体封闭、内向独立，四面皆有房间，居住房间多布置在南向，并且多将南向各房间合并，组合成一个面宽较大的居住房间，其进深同样较小，争取更多的日照（图4-3-6）。

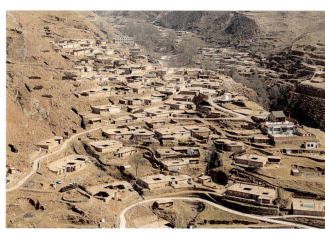

（a）向阳背山的聚落选址　　　　　　　　　　（b）依山而建的山地聚落

图4-3-5　北高南低的山地聚落形态

图4-3-6　大面宽的民居建筑形态　　（a）贵德千户院　　　　　　　　（b）通天河流域石砌碉房

图4-3-7 本土蓄热材料在聚落营建中的运用

3. 充分利用本土蓄热材料

对青海干旱寒地自然环境而言，本地区的黄土和石材是主要的建筑材料。青海传统民居充分利用土、石的蓄热功能，使房屋冬暖夏凉，适应高寒气候环境。

青海是我国日照最为丰富的地区之一，当地民居采用生土和石材，并将墙体加厚，冬季日间经太阳蓄热，夜间释放热量，提高了房屋冬季夜间的室内温度，减少建筑冬季夜间的采暖能耗。同样，夏季青海昼夜温差大，7月日较差为10~16℃，夜间温度接近10℃，厚重的墙体依然起到白天蓄热、夜间释热的作用。在传统社会外墙保温材料匮乏的条件下，青海本地区土、石在民居蓄热保温方面发挥着极为重要的作用（图4-3-7）。

（三）降水特征及适应策略

青海年降水量总的分布趋势是由东南向西北递减，东南部的班玛、达日、囊谦、久治等地年降水量在500毫米以上，东部的门源达坂山、祁连大通山等地400~500毫米，西北部的柴达木盆地年降水量在100毫米以下，盆地西部不足20毫米，是全省降水最少的地区，省内三分之二的面积年降水量不足400毫米。

青海降水的季节分配不均匀，干湿季节分明，雨季时雨量相对集中，占全年总降水量的90%左右，如5~10月西宁降水占全年的91.72%，格尔木占90.12%。雨季结束，11月至次年4月半年以上基本为无雨期。青海大部分地区年蒸发量大大高于年降水量，青南班玛和囊谦等地年蒸发量在700~1000毫米左右，青东达坂山、大通山在1000毫米以上，在西部柴达木盆地年蒸发量最大，年蒸发量多在2000毫米以上。由此，青海总体干燥度较高，属典型的干旱和半干旱地区，青海西

干燥度与农业灌溉方式　　　　　　　　　　　　　　　　表4-3-1

干燥度	水分保证情况	农业利用评价
>4.00	干旱（荒漠）	没有灌溉就没有农业，农作物及树木均需要灌溉
2.00~3.99	干旱（半荒漠）	基本没有灌溉就没有农业，旱作物极不报收
1.50~1.99	半干旱	农业受干旱影响大，没有灌溉时，产量低且不稳定
1.00~1.49	半湿润	防水不足，旱作物季节性缺水
0.50~0.99	湿润	旱作物一般可不需要灌溉，灌溉限于水稻
<0.49	很湿润	平地注意排水

（来源：刘明光. 中国自然地理图集[M]. 北京：中国地图出版社，2007：44.）

部柴达木盆地至青海湖以西干燥度在3~20，青海湖以东和青南北部干燥度为1.5~3，仅在班玛、达日、囊谦等地干燥度小于1.5，属半湿润地区（表4-3-1）。

干燥少雨年蒸发量大的气候环境反映在民居建筑上最显著特征是屋顶平缓。从北方严寒地区各类民居分布图来看，青海与新疆平顶房占各类房屋类型的90%左右，而同样属于严寒地区的吉林和黑龙江平顶房只占10%和18%，同样从中国年干燥度分布图也可以看出青海、新疆大部分地区位于我国最干旱的地区，这说明干旱少雨的气候条件促成了当地平缓屋顶的形成。

河湟地区庄廓民居多为平缓屋顶，坡向内院，坡度角多在1~2度，雨水排向内院，但受青海地区降水量南北空间分布变化的影响，屋顶坡度及形式也存在一定的差异。相同屋顶坡度及形式的庄廓民居主要分为两大地区，坡度较小的平屋顶庄廓主要分布在黄河谷地两岸至湟水南岸，称之为单坡平屋顶式庄廓。随着达坂山、大通山地区降水的增加，屋顶坡度从黄河流域到大通河流域由南至北逐渐增高，出现双坡式庄廓。不论单坡和双坡，屋顶坡度一般不大，呈现平缓放坡的特点，人可行走其上，俗称"房上跑马"。如在达坂山以南互助和大通地区庄廓民居，多以双坡屋顶为主，雨水分内排和外排，内排至庄廓院内，由院内排水井沟引出院外（图4-3-8）。

青南果洛地区年降水量在500毫米左右，但该地区年蒸发量却高达700~1000毫米，碉房民居仍普遍采用平屋顶，屋顶形成晒台，可晾晒存放粮食（图4-3-9）。

（四）风力特征及适应策略

青海是全国大风（在气象学上大风是指8级即风速17.2米/秒以上的风）较多的地区之一。年平均大风日数以青南高原西部最多，达100天以上；祁连山地和青南高原东部次之，为50~75天；柴达木和东部河湟谷地最少，也达到25天左右。青海各地最大风速在15.0~32.0米/秒之间，自东南向西北逐渐增大，冬季风速较大，夏季风速较小。

青海高原地区多高山大川，地形复杂，这里多有地方性风系，如山谷风和湖陆风。山谷风是由贴近山坡和远离山坡的空气增热和冷却不均所形成的。青海湖泊众多，经常会产生大量的湖陆风，并与山谷风相结合，形成多变的局部地方风系。春季高原气温回升，但暖湿气流未至，空气湿度低、降水少、地表干旱，且境内和邻近省区多为戈壁和荒漠，在大风期间，强劲风速卷土扬尘，瞬间飞沙走石形成沙暴。柴达木南部的沙漠，使诺木洪等地平均沙暴日数达13天，最多年份可达23天；黄河流域贵南县以北木格滩沙漠的影响，周边地区年沙

图4-3-8 庄廓民居平缓屋顶

(a) 碉房平屋顶　　　　　　　　　　　　(b) 碉房屋顶佛堂与晒台

图4-3-9 碉房民居平屋顶

（a）西北方向种植防风林　　　　　　　　　　　　　　　（b）庄廓与树木

图4-3-10　庄廓聚落选址特征

暴日数达14天，个别年份可达26天。[①]

青海聚落分布的密度与风力呈反向趋势，年均大风日数最高的唐古拉山、五道梁等地区为无人区，青南高原地区聚落密度较小，而在风力相对较小的东部河湟谷地是聚落分布密度最大的区域。

青海聚落多分布于山间河谷地区，青海山系的基本走势是西北东南方向，由此形成大量西北方向的山风，对传统聚落选址、形态的形成产生重要影响。应对青海的风力特征，传统聚落营造的主要策略主要为：聚落选址背山向阳、遮避风沙；民居建筑形态规整封闭、开窗受限。

1. 聚落选址背山向阳、遮避风沙

青海传统聚落应对山风和沙暴，首先体现在聚落选址上，背山向阳是其显著特点。传统聚落选址多位于河谷地带两侧的台地上，这里多为丘陵坡地，选择背山向阳的山凹处是其最佳位置。日间可获得大量日照，同时北高南低的聚落形态，可在夜间有效抵挡山顶吹下的寒冷山风。除聚落背山向阳的选址策略，居民多会在聚落西北方向种植高大树木，形成抵御山风的绿色屏障，调节聚落微气候（图4-3-10）。

2. 建筑形态规整封闭、抵抗寒风

青海传统民居的两种主要形式庄廓和碉房，平面多为"L"形和"凹"字形。这两种平面形态平面布局多面南背北，将封闭转角对着西北方向吹来的寒风，而相对开敞的一面朝向阳光。

在寒冷干旱气候影响下，庄廓院墙高大封闭且不对外开窗，面向内院内向开窗，也有效应对了青海风沙大的气候特征。庄廓民居首先要解决蓄热保温，利用内庭院进行单向开窗，即可解决房屋通风问题。院落布局中，庄廓西北角的房间多设置为厨房或储物间，庄廓院落西北角与西北寒风直接接触，形成寒冷气温的阻尼区，有利于主要生活空间的防寒蓄热（图4-3-11）。

[①] 西北师范大学地理系，青海师范大学地理系. 青海省地理[M]. 西宁：青海人民出版社，1987：78.

(a)内向封闭的庄廓院落

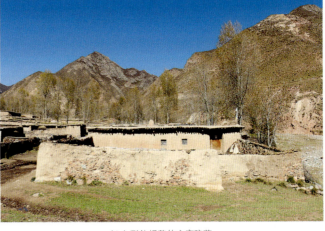
(b)形体规整的庄廓院落

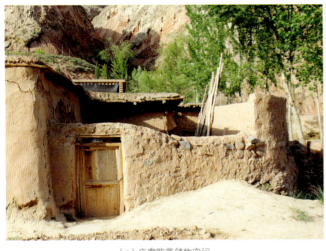
(c)庄廓院落储物空间

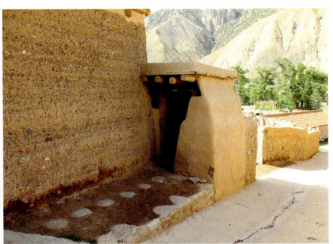
(d)庄廓院落辅助空间

图4-3-11 庄廓院落形态

  青南地区碉房民居平面布局紧凑，不设内院，多为东南向小尺寸外窗和顶部天窗，满足采光通风需求。北向房间一般作为厕所和杂物间，西向房间常作为客厅，南向和东向房间多作为居室（图4-3-12）。

  气候条件是聚落营建首先要应对且不能改变的自然条件，它影响着人们对居住空间使用品质的追求。在极端的气候环境下以及社会技术水平条件制约下，气候条件决定了人们对建筑形式的选择，而聚落和建筑形式也客观反映了该地区的气候特征。青海东部庄廓、青南碉房从平面形态、外观造型、屋顶形式、材料运用均体现对高寒干旱气候的应对。

图4-3-12 碉房形态

二、资源适应性

建筑作为物的存在，离不开物质构成。从原始人类在莽苍的自然环境中构筑第一个遮蔽所开始，建筑就与其所在地方的自然资源不可分离。在漫长的历史发展中，地方材料和资源特色为地区建筑提供了条件和限制，它们是造就地区建筑风格的重要物质因素。[1]

充分利用地区自然资源是传统聚落营造的必然选择。在传统社会经济条件下，交通不便、技术条件有限，无法耗费大量物力人力从别处获取建筑材料。因此依靠长期积累的本土营造经验，就地取材，发挥本土自然资源的优势，是传统民居适应地区资源环境、气候条件，满足生存之需的有效途径。

青海气候环境高寒，大山纵横交错、交通闭塞，常规建筑资源如木材极为匮乏。居住在这里的人们在相对恶劣的生存条件和有限的技术条件下，充分利用本土建筑材料，结合地区充足的太阳能等可再生资源，创造性地建造自己的家园，积累了丰富的营建智慧与经验。传统聚落营造在利用本土资源方面，主要体现在有效利用本土建材、合理利用水资源、积极利用清洁能源三方面。

（一）建材资源特征与利用

青海省是我国"两屏三带"生态安全屏障的重要组成部分，生态地位极其重要，生态保护是首要责任。虽然青海自然风光独特，生物多样性丰富，但传统建筑资源极为匮乏且单一。

受自然气候环境影响，木材资源极为短缺，青海省森林覆盖率仅为0.26%，约250万亩，分布零散。[2] 青海东部多为黄土地貌，中部为高山草甸，西部和南部为戈壁荒漠和高原，受干旱蒸发量大的影响，仅有的树木只能在山体阴面和谷地生存，木材资源整体来讲相对稀少。因此青海东部虽黄土广布，但木材短缺，同时石材也难觅踪迹，建筑材料相对单一。青海传统聚落对本土建材资源的有效利用主要表现为：就地取材，物尽其用。

---

[1] 张彤. 整体地区建筑[M]. 南京：东南大学出版社，2003：36.
[2] 青海省地方志编纂委员会. 青海省志（自然地理志）[M]. 合肥：黄山书社，1995：166.

1. 就地取材、本土营建

在有限的本土建造资源限制下，合理、有效、积极地利用本地区的自然资源，充分发挥其材料特性，建造出适应当地自然环境、气候条件的传统聚落，是生活在这里的人们的生存智慧和生态理念的综合体现。

在青海东部地区，适应其黄土广布且木材短缺的特点，人们以生土为建筑材料主体，建造出庄廓民居建筑类型；在青南玉树地区，适应多石少木的资源条件，石砌碉房作为当地主要的居住建筑形式；在青南果洛班玛，降水较多、森林覆盖率较高的地区，人们将木材和石材相结合创造出擎檐柱式碉房；在祁连山和大通河流域的门源、互助等，人们就地取材以山谷冲刷下来的砾石为墙基、生土为墙身、木材为檩，有效利用"土、木、石"资源建造双坡式庄廓民居（图4-3-13）。

2. 物尽其用、生态环保

由于青海木材资源相对缺乏，同时生态环境保护责任重大，木材的使用受限。但营建民居中，木材不可完全缺失。因此人们会对木材资源重复利用，如将旧房拆下的木料，由专门匠人进行判断其是否能够继续使用，若不符合主要承重受力要求，也可以用作门窗构件，不仅能达到物尽其用、生态环保的目的，同时还可降低建房成本。

在青海牧区，畜牧资源丰富，林业资源匮乏，因此缺乏建造材料。黑帐篷的产生即为适应游牧生活下本土建造资源的充分挖掘和利用，牧民以黑牦牛毛制成毛毡、牛毛布、绳子，牛毛、牛皮可作为织物制衣、褥等生活用品，牛骨可做楔子，实可谓物尽其用。黑帐篷建造所需的木梁、木楔子，在游牧搬迁中也被重复利用，尽量减少对木材的需求（图4-3-14）。

（a）班玛石木民居　　　　　　　　　　（b）互助哇麻村土木民居　　　　　　　　　（c）互助土木石民居

图4-3-13　建筑材料选择

  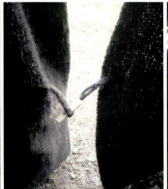 

图4-3-14　黑帐篷搭建杆件

（二）水资源特征与利用

青海省地处青藏高原，蕴含着丰富的水资源。目前青海省内已建有龙羊峡、拉西瓦、李家峡、公伯峡、积石峡等国家级大型水利工程，位于高山谷地众多河流水系，水力充足、资源丰富，传统聚落营建合理利用了地区丰富的水资源，建立各种水利设施，具有独特巧妙的营建智慧和生态智慧。

青海水资源可分为地表水资源和地下水资源，以地表水资源为主，其由河川径流、湖泊、冰川水资源组成。青海河流一般河床较陡，落差较大，水力资源丰富，流量在1立方米/秒以上的干支流共计243条，河流年平均流量为631.4亿立方米，约占全国河流总径流量的2.33%。径流量时空分布不均匀，夏季径流占全年的30%，秋季占45%，春季占15%，冬季占10%；地区分布上，黄河流域年径流量达225亿立方米，占全省的35.7%，长江流域为176.1亿立方米，占全省27.9%，澜沧江流域为108.4亿立方米，占全省的17.1%。[1]

传统社会由于生产技术有限，并没有大型发电水库，传统聚落中的水利设施都是基于传统人工建筑，为解决基本生产、生活用水所需而建。灌溉水渠多分布在河谷谷地以及青海西部戈壁的部分绿洲地区，村民依据水位高差修建水渠，一方面给地势较高的田地供水，另一方面把水引入村落，为村民提供生活用水。

如位于黄河青海段下游的循化撒拉族自治县，这里谷地平均海拔1900米，地势较低、地面平坦，地下水资源丰富，人们引黄河水灌溉农田，依泉井建村定居。人们合理利用地区水源优势，在村中修建小型沟渠，沟渠穿街走巷，两旁种有茂密树木，不仅解决生产、生活用水，同时形成良好的村落景观。

青海传统聚落利用众多河道水利资源，建有各具特色的水利设施，水磨坊是其中典型代表。如青海东部互助县土族乡村，利用村边河谷流水，多建有水磨坊。水磨坊以大型石材为基础，土木为建筑主体，由引水槽、水轮、磨轴、石磨盘、磨坊、粮斗等部件组成。俗称"磨引溪流，水自推"，借用水力冲击水轮，引擎石磨，昼夜不停运转，可日磨千斤，且环保节能、无污染（图4-3-15）。

水磨坊在青海游牧民族聚落也多有存在，如在玉树州通天河河谷支流，藏族定居牧民建有水磨坊满足当地青稞打磨成面，体现出各族群众利用水力进行生产生活的生存智慧（图4-3-16）。

（a）湟中西两旗村　　　　　（b）互助索卜滩村　　　　　（c）互助哇麻村

图4-3-15　青海东部水磨坊

---

[1] 史克明. 青海经济地理[M]. 北京：新华出版社，1988：8.

图4-3-16 青南水磨坊

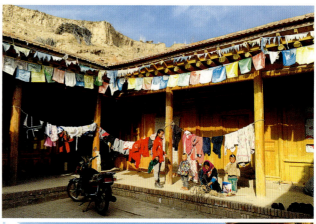

图4-3-17 庄廓院檐廊空间

（三）清洁能源特征与利用

太阳能在全国分布最广泛，生物质能在广大乡村最丰富，太阳能和生物质能是我国乡村最容易被利用的清洁能源。

1. 太阳能利用

青海太阳能资源富集，前节所述为了获取更多的日照，传统聚落营建选址背坡向阳，民居多坐北朝南，以争取更多的日照。传统庄廓民居中多设有檐廊空间，作为室内外的过渡空间，承载了多种功能。近年来，随着经济水平的发展和生活空间的多种需求，人们自发对檐廊空间进行改造，形成阳光房（阳光暖廊）。一方面可以防止墙面受到自然因素的侵蚀，同时也可以提升房屋的保温性能，增加檐廊空间不同季节的使用率（图4-3-17）。

2. 生物质能利用

生物质能在青海主要包括牲畜粪便和农业秸秆，牲畜粪便作为燃料。青海由于海拔高、辐射日照强，牛羊牲畜的粪便晒干后，除做肥料以外多作为燃料，且燃烧后没有异味。牲畜粪便的使用在青海东部农业区用作肥料使用，在青南牧区牦牛粪晾干后，作为燃料使用。整个青藏高原牲畜粪便作为燃料普遍存在，极具高原用能的地域特色，堆放的牛粪也形成独特的高原艺术品（图4-3-18）。

独立旱厕收集肥料：在农耕地区传统民居在庄廓院墙紧邻道路一侧角部常建有独立旱厕，用以收集肥料。旱厕多凸出于外墙，建筑地平略高，与院外道路地面形成一定高差，同时旱厕多与牲畜棚毗邻，方便填土堆肥（图4-3-19）。

农业秸秆综合利用：农业秸秆是农业生产废弃物，也是农业地区重要的生物质能资源，在传统农业社会循环综合利用农业秸秆，是支撑乡村可持续发展的重要自然资源。青海农业秸秆多分布在青海东部海拔较低的川水和浅山农业地区。秸秆可作为多种用途，一是做燃料，在农作物收割后收集堆放，满足日常家庭的生火做

图4-3-18　牛粪艺术

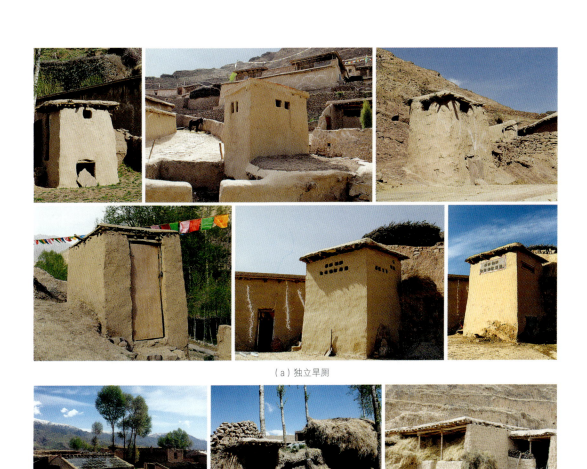

（a）独立旱厕

图4-3-19　独立旱厕与牲畜棚　　（b）牲畜棚　　（c）牲畜槽及草堆　　（d）草料棚

（a）燃料　　　　　　（b）墙体填充材料

图4-3-20　秸秆利用

饭煨炕及取暖；二是将秸秆粉碎做肥料，农户将部分秸秆与牲畜粪便组合，堆沤成有机肥料增加肥力；三是可做牲畜饲料，民居中多有牲畜棚，秸秆可供牛、马、羊等大型牲畜食用，并将其粪便收集还田，形成良性生物质资源的循环利用；四是可将秸秆与黄土拌和成草泥，用于建筑的内外墙抹灰，以及民居屋顶的找平或面层，还可以用秸秆草泥制作生土砖坯，用作房屋墙体砌筑（图4-3-20）。

青海独特的气候条件和地理环境决定了其资源特点，人们在建造资源相对缺乏的条件下，合理利用生土和块石、片石、动物皮毛、农业秸秆等本地资源建造房屋；有效利用水资源和地势高差，引水挖渠解决聚落基本生产生活需求；积极巧妙地利用动物粪便、植物秸秆等作为燃料，提供能量抵抗极端的生存环境。在相对匮乏的建造资源和极端的生存条件下，人们充分利用自然潜力来满足生产、生活的需求，是青海传统聚落营造中资源适应性的集中体现。

三、技术适应性

技术适应性是在气候适应性、资源适应性的基础上，形成的传统营造技术体系。传统聚落营造技术是人们建造房屋过程应对自然及人文环境智慧的集中体现。它反映出在传统经济社会时期人们在处理建筑与环境关系过程中，经过长期实践探索积淀出的地方营造智慧。传统营造技术在地域建筑创作、民族文化传承等方面具有极其重要的启示和借鉴价值。

传统民居是具有地域特征的居住建筑，其营造技术具有在传统生产生活背景下建造、与环境协调、由地方工匠和村民自行建造的特点。青海地域广阔，传统民居建筑类型多样，本节主要阐述青海东部河湟地区传统庄廓民居、青南山区传统碉房民居、高原牧区传统帐篷民居三种传统民居营造技术类型。

（一）传统庄廓民居营造技术

庄廓民居位于我国西北黄土高原和青藏高原过渡地带，这里黄土资源丰富，为庄廓营造技术的形成提供了必要的物质条件。传统庄廓民居营造技术是西北生土民居营造技术体系的一种表现形式，其建筑围护结构分为夯土墙、土坯墙、篱笆墙三种形式，这与西北地区其他生土民居既有联系又有区别。

1. 夯土墙

夯土营造技术历史久远，是目前我国西北及其他地区乡村民居仍在广泛使用的民间营造技术。夯土墙施工方法称之为版筑法，俗称"干打垒"，模板由木板或竹胶板组成。每层夯筑时将覆土压平再用夯锤夯击，先夯边缘，后夯中间，往复循环直至夯实。一层夯筑完，将模板上移后再次固定，用同样的方法继续夯筑，夯土墙由下至上做收分处理，逐层夯筑。

庄廓建造顺序为"开挖基槽—夯实地基—夯填基础（砌筑墙基）—夯筑墙体—建造房屋"，庄廓院墙多为夯土建造而成，多为村民互助自建。夯土墙营建主要分为备土和夯筑两大环节（表4-3-2）。

为防止墙体受潮，庄廓多选址在地势较高的台地上，院墙墙基处多选用河谷冲刷下来的石材作为墙基材料，并高出地坪500毫米左右。土墙底部宽度约

夯土墙建造流程　　　　　　　　　　　　　　　　　　　　　　　　　　　　　　　　　表4-3-2

步骤	营建工序
备土	①采土（运送） ②存放 ③配比：选择合适的土质，要求黄泥和细沙土的比例大概在3∶7为宜，无合适沙土以供挖取，则需要两地分挖，按照比例搅拌均匀 ④搅拌：加入适量的水进行搅拌，搅拌完成后醒土，使其"手握成团，落地开花" ⑤醒土（约24小时）：用于夯土的土料应是潮湿状态，加适量水搅拌，搅拌均匀后宜静置约一天后再进行夯筑
夯筑土墙	①开挖基坑：开挖基础深度和宽度约1米 ②砌筑石头基础：首先将基坑中表面虚土夯实，然后铺一层石块约0.2～0.25米，土层约0.1～0.15米厚，一层石头一层土，用夯锤夯实，基坑中未铺石头处均用生土填充，反复这样往上铺，最后一层为生土层并达到地坪高度 ③立撑杆，支模板：将撑杆立于要夯的土墙两侧，并用绳子连接在一起，撑杆固定收分，端模板侧模板支起 ④供土，层层夯筑：夯筑时一人或二人立在两板（侧板与端板形成的空间）内执夯锤，另一人用簸箕往板内倒土（预先和好的土），土要布匀，夯锤要打匀，用力要均衡 ⑤拆除模板 夯筑完成需要闲置3个月到半年

（来源：根据资料整理绘制）

土坯墙营建流程　　　　　　　　　　　　　　　　　　　　　　　　　　　　　　　　　表4-3-3

步骤	营建工序
制坯	①选土：选择土质纯的，并含有少量细沙，沙的含量占到土质三成比例比较合适 ②和泥：将已经选择好的土质铺放在空地上，铺0.3～0.5米厚扫平，用锄头将土质原料过细，均匀；加入草茎或者麦糠，再加入适量的水至饱和状态，然后来回踩踏至产生足够的黏性，最后用铁抓子将踩踏合适的黏土推成泥堆，放置2～3天"醒土" ③制坯：撒一层细沙或麦壳，放置模具加入制作好的泥土原料和稻草、竹筋等，按实、用手抹平，然后拆模 ④干燥：将刚制成的土坯平放在宽敞平整的场地上，直至其干燥到一定程度，一般在晾晒7天后，要将土坯翻转立起来，以使其各个面晾晒充分，晾晒至七成干即可以收起来，堆在较为阴凉、干燥的地方，放置约半年即可砌筑墙体
砌筑	①基础：夯实土，采用素土夯实，这种办法最简单；土石混合，即通过土层与石层的混合夯实；石基础、石块相互挤紧，抗压力强。这三种基础中石基础是最好的。还有一种不单独做土坯隔墙下的基础，可从夯实紧致的土台上直接垒砌 ②土坯砌筑：土坯墙通过土坯逐层砌筑而成，土坯之间主要用泥土进行粘结，砌筑时，遵循错缝搭接的原则，一般搭接长度不小于土坯砖长度的三分之一，泥浆缝的宽度一般在20毫米左右 常采用五种方式：侧丁与平顺交错、侧顺与平顺交错、侧丁与平顺交错、侧顺与平丁交错以及全顺丁砌筑

（来源：根据资料整理绘制）

800～1200毫米，墙体顶部宽400～600毫米左右，墙高多为3米。

2. 土坯墙

土坯即未烧制的土块，其性能与普通烧结砖接近。作为生土建材的衍生品，土坯加工简便，同时砌筑方法易行，其可作为建筑墙体、屋面、围墙甚至炕、灶的主要建材，使用范围十分广泛。土坯加工工艺极其便捷，所需的模具体形小巧、结构简单，易于加工。土坯的大小、形状并不完全一致，多为350毫米×300毫米×65毫米。土坯制作可分为草泥坯和夯土坯两种，草泥坯制作时先预制木模，在黄土中加入3～5厘米长度的麦秸秆，然后放置两到三天，和成泥填入模中压实，脱模晾干后即成草泥土坯。夯土坯制作时将黄土放入木模成型，放置在平整地面，使用重物夯打，脱模后堆架风干。土坯墙砌筑主要分为制坯和砌筑两大环节。（表4-3-3）

3. 篱笆墙

篱笆墙又称篱笆抹泥承重墙，其一般做法是在墙

图4-3-21 篱笆墙体

篱笆墙体营建流程　　　　　　　　　　　　　　　　　　　　　　　　　　　表4-3-4

步骤	营建工序
篱笆墙营建	①备料、处理材料：在孟达山林中，选择笔直无节、木质坚硬并且直径在0.01～0.02米之间的忍冬木（金银花）、红端木作为笆条，选择杨树、柳树等木料作为篱笆套架。将笆条的表皮处理干净，打磨光滑，静置于阴凉处，让其表面水分自由挥发 ②制作篱笆框架：锯成隔板，刨光加工，画出凿孔榫卯线，并凿孔制作榫卯；套架加楔子整修边框，榫卯内安置横桩 ③编笆：剁齐修整篱笆条，将主干插入凿好的孔卯中，再将篱笆编制条与主干垂直，呈波纹席状 ④安置篱笆墙 ⑤将三合草泥掷向笆条，使泥土惯性进入笆条缝隙，最后用泥刀在篱笆墙内面抹上褐色泥土，白色泥面两层草泥 ⑥抹平收光墙面

（来源：根据资料整理绘制）

体内密排木枝、柳条，间距多在5厘米左右，编织成篱笆状，再在其上抹草泥面，形成厚达20厘米左右的墙体，该营造技术带有土木混合的结构特征。依据不同地区气候变化，篱笆墙抹泥做法不尽相同。在气候较为寒冷地区，篱笆墙两面抹泥，墙体也较厚，外观与其他夯筑墙体相似，其蓄热保温效能相对增加。在气候相对温和地区，篱笆多外露或一面抹泥，以便增加散热通风的作用（图4-3-21）。

篱笆墙营造技术体现了就地取材的原则，充分利用青海东部本土丰富的黏土资源，结合韧性较强的麦秸秆和木枝柳条，增加黏土的强度。青海庄廓民居多在二层建有篱笆墙，一层仍多为夯土砌筑，二层由木质良好的原木做框架，墙体用木枝条编织，抹泥方式灵活多样，由此形成的篱笆墙具有冬暖夏凉、透气性强、有效地利用本土资源、墙体重量轻等建筑特点。（表4-3-4）

（二）传统碉房民居营造技术

青海碉房主要分布在海拔较高的青南地区，按照结构形式不同，可分为石砌碉房和石木碉房。

1. 石砌碉房墙体营造技艺

青南山区石材形状多为片状，稍加修饰即可排列砌筑墙体，这与西藏拉萨地区较大的石材形状有所不同，青南碉房的石砌墙体外观呈现"横长竖窄"的密实片状肌理。传统碉房营造过程不绘图，不吊线，

图4-3-22 石砌碉房

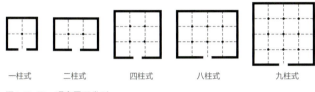

图4-3-23 碉房平面类型

也不用脚手架支撑，全凭经验建造，其墙体仍然保持形体规整、墙角笔直的效果，石砌技艺十分精湛（图4-3-22）。

传统碉房的建筑尺度把控用人体的手、肘和膝的长度作为参考单位，由此推算碉房整体尺寸及柱间距的基本模数。碉房民居柱距多为2.3～3米，平面布局中开间与进深的尺度基本一致，柱网分布有"十"（一柱式）字形的、"回"（四柱式）字形的，也有尺寸较大的网格状（九柱式）布局平面。室内层高多在2.2～2.5米，一层牲畜间室内层高多在2米以下（图4-3-23）。

墙体砌筑过程，首先是开挖近两米的基础沟槽，铺砌较大石材组成碉房基础。之后将片状石材层层堆砌，配合草泥填缝，草泥是将青稞秸秆、草藤与黄泥按比例混合搅拌成型砌石泥浆，与片石组合以便增加墙体密实度。墙体自下而上砌筑并作收分处理，但并非两面同时收分，而是"外收内直"，内墙仍与地面保持垂直。随着层高的加大，在墙内的立柱之上搭建木梁、木檩，其上布置木片层，然后是石板，再者是铺土夯实，有条件的室内地面也多铺设木地板（表4-3-5）。

墙体内设置木质拉筋。由于墙体所使用的片石体型较小且形状不一，易坍塌，当地多将长2.5米左右的木料镶嵌墙内，起到拉结墙体整合受力的作用，达到建筑抗震的目的。一层墙基厚度可达1米左右，依据建筑规模不同墙体厚度还会有所增加，一方面是抗震的需要，同时也是应对地区严寒气候的一种建筑策略，厚实墙体可保证室内温度的相对稳定。碉房墙体"下实上虚"，下端厚重密实，基本不开窗，最多是开设小型通风孔，由下到上"实"的成分逐层减弱，二层可开窗，窗洞尺寸较小，且"内宽外窄"，即室内一侧的窗洞较大，室外一侧的窗口较小，剖面形式也有收分，可减少对墙体抗震的削弱，又可获得较大的室内采光。在三层部分墙体已经由石材转变为木材，墙体构造形式多为井干式，在较好的建筑整体稳定性的同时，每层的空间功能合理划分，解决了不同生活功能所需要的空间。

石砌碉房墙体营建流程 表4-3-5

阶段	步骤	营建工序
基础处理	平地基础	①对确定的基础范围进行开挖 ②底部土地整平 ③用大块石铺垫，并用碎石填补完成后加土夯实
基础处理	山地基础	将石材铺设在坚固的山体岩石之上，通过泥土填埋对局部不平整的位置再进行修补、铺垫及找平等，进而修筑成坚实且平整的基台，便于后期砌筑上层墙体
石砌墙体		①砌筑完基础后，再次拉线定位，确定墙体位置 ②用片石或泥浆在基础的大块石上进行一次铺设，进行找平 ③水平、上下错缝搭接，砌筑片石 ④用碎石或泥浆进行填塞灌缝修补缺漏 ⑤在砌筑完成后在石墙内侧均匀地涂抹一层泥浆 此外，砌筑时要预留门窗洞口的位置；砌筑中间的墙体时，要依据两端的墙角进行收分，每砌筑三层片石后均会手用铅锤（线坠）对垂直度进行校对，在整个砌筑的收分工序中，外墙壁向内收分，内墙壁不做收分保持垂直

（来源：根据资料整理绘制）

2. 石木碉房墙体营造技术

石木碉房所处地理环境木材资源相对丰富，与青南其他地区碉房建筑形态不同，在石砌建筑主体的周边建有檐廊木质框架，称之为"擎檐柱式碉房"。如将外围檐廊去掉，建筑形态与木材资源较少地区的碉房基本相似，内部石木结构形式基本相同。擎檐柱式碉房主要分布在果洛马可河流域，林木茂密为这类碉房的出现提供了必要物质条件（图4-3-24）。

该地区碉房建筑形体主要由石砌建筑主体和外围木质檐廊两大部分组成。与马可河下游四川大金川地

图4-3-24　马可河林场资源

图4-3-25 碉房檐廊空间

木碉房墙体营建流程　　　　　　　　　　　　　　　　　　　　　　　　　　　表4-3-6

步骤	营建工序
基础砌筑	石墙体埋于地下的部分最厚，一般宽80～90厘米，位于地面上的墙脚略窄，约宽70厘米
石砌外墙	方式一：大石块砌筑，在大石块的周围以小的片石垫缝填实并且找平，多用于砌筑墙基础
	方式二：全以尺寸大小不一的片石砌筑；整个石砌墙体自下而上做2%～3%的收分，外壁向内收，内壁不收分，注意石材的上下错缝搭接，并且以泥浆灌缝。通常墙体上放置一些横木增加整体性，防止不均匀沉降，砌筑好的石墙内侧还要均匀涂抹上7～8厘米厚、拌有秸秆的草泥，这也是重要的保温措施
檐廊搭建	柳枝编制篱笆墙体，搭建围栏；厕所处抹泥处理

（来源：根据资料整理绘制）

区"挑廊、挑厕、挑楼"的藏族碉房建筑形体不同，青南碉房檐廊立柱直接立于地坪，逐层搭建，并与石砌墙体穿插融合，形成完整的建筑结构体系。檐廊的围挡多用当地丰富的木材柳枝编制，类似青海东部的篱笆墙，只是围挡墙面抹泥情况较少，只有架空厕所为了隐私才做抹泥处理。檐廊多布置在建筑的西侧，厕所也设在这里，东侧和南侧檐廊多作为晾晒、休憩等生活空间使用。檐廊木枝框架长时间会受到风吹日晒，常有老化腐烂现象，木料等建筑构件替换十分灵活，一般是将老料保留，在其旁边另加入新木料，所以会看到外围檐廊的一处柱位，由两根或者多根擎檐柱支撑的现象（图4-3-25）。

擎檐柱式碉房墙体砌筑过程与石砌碉房的基础砌筑、墙体砌筑的工序完全一致，砌筑工艺也是匠人结合石材材质的不同略有差异，墙体砌筑完成后进行檐廊搭建（表4-3-6）。

3. 传统黑帐篷民居营造技术

在青藏高原帐篷类型多样,而牛毛帐篷最具地区特色,也是当地最经济、最适用的一种类型,该类型帐篷多用黑牦牛毛编织而成,俗称"黑帐篷"。帐篷取材牛羊毛,生活燃料来源牛羊粪,建筑布局及建造对环境影响极小,可以说帐篷是传统民居中最为朴素、环保的"绿色建筑",是青藏高原广大牧区最为普遍且历史久远的民居建筑类型(图4-3-26)。

黑帐篷是手工编制,编制人席地而坐,先把牛羊毛原料收集好,开始编织的帐布宽约25厘米,然后将各块帐布统一缝制成帐篷。帐篷结构形式相对简单,主要由"帐布、绳索、支撑木柱木梁"三大部分组成。搭建时将帐篷顶部四角缝绳拉向远处,系于地上的木橛子,然后在帐篷中架起一根木杆做横梁,将篷顶撑开,用两根木立柱支撑横梁两端,然后用木橛子固定帐篷四壁底部,帐篷搭建完成(表4-3-7、图4-3-27)。

图4-3-26 牧区帐篷毛帐建造技术

黑帐篷营建流程　　　　　　　　　　　表4-3-7

步骤		营建工序
选址		①临水:前方或左右有河水流淌 ②向阳:夏季选择地势较高处,冬季选择阳光充裕的山坳
粗牦牛织物		①剪下牛毛并洗刷干净 ②分离毛和绒,进行梳毛和卷毛 ③捻线和铺线 ④编织帐篷
搭建帐篷	撑起帐体	①铺开帐体,用中间的绳子将两片帐体连接到一起 ②将帐体上部四角的绳子牢固地系在木橛上(也可以使用铁柱或较直的羊角)钉入地面,相对的两个木橛保持对称
	帐篷立柱	①将立柱缠在四条绳子的合适位置上,立起四角支杆 ②支撑梁的里柱从帐幕里面顶起横梁
	固定绳子	①撑起帐幕的顶部后,调整四角的绳子的高度和松紧,使四角处在同一平面上 ②将帐体两边外拉绳子、门前向外拉的绳子、背后向外拉的绳子拉好,保持帐体丰满形态,又注意拉力的平衡和力度 ③用木橛将帐篷下边绳扣固定好
拆除帐篷		①先将柱子和梁卸下 ②放倒帐篷外围的立杆 ③解开所有绳环 ④叠捆帐体

(来源:根据资料整理绘制)

| （a）帐篷分离毛和绒 | （b）帐篷排线 | （c）制作立柱 |

图4-3-27　牧区帐篷建造技术

图4-3-28　黑帐篷

牦牛毛具有防腐、防晒、防潮等性能，帐内有牛粪火塘，牧民做饭取暖时室内经常是烟熏火燎，加之高原日晒及风吹雨淋，帐篷仍能适用十年之久。由于牦牛编织的帐布在天气晴朗干燥时，毛织线松弛，帐布孔隙增大，增强了账布的透气性；而在天气降雨雪湿润时，毛织线膨胀，帐布孔隙收缩减小，毛织账布紧密，有效地防止了雨水渗透，且具防寒保暖的功能。黑帐篷在保温避风的基础上具有较好的透气性，室内帐帘、通风天井等建筑部件，使得室内气温可控性强，很好地适应了高原昼夜温差大的气候特点，因此，牛羊毛编织的黑帐篷具有其特殊的地域建筑特征（图4-3-28）。

极端的气候环境，造就了适应高原严寒、日照充足、干旱少雨、风大风多的建筑形式，匮乏的资源条件，最大化获取日照、合理利用本土建材、有效利用水力资源，积极利用清洁能源、充分发挥本土自然资源的优势，造就了青海传统聚落的地域风格，并由此形成了传统营造智慧的适应性技术。

高原传统聚落的营造技术，是人们在特定的地理、气候、资源条件下长期探索总结，逐步形成的生存智慧。它是充分利用地域资源，适应气候环境，解决居住问题最为经济和有效的技术手段。其中所蕴含的大量生存智慧和营建智慧，值得我们重视、研究和传承。

第五章

河湟地区传统聚落

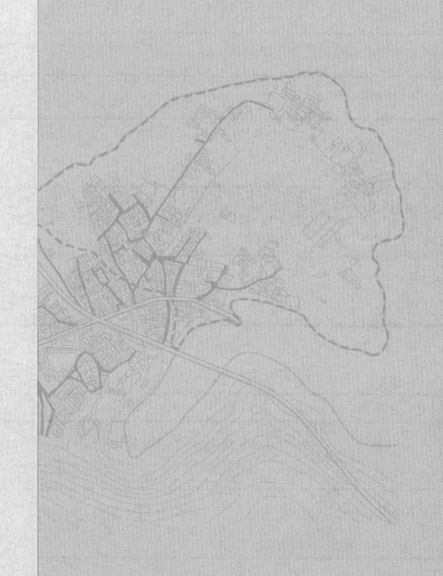

第一节 河谷型聚落

河湟地区河谷地带气候温暖,林木繁茂,适宜农耕定居,村落较为密集地分布在海拔高度1800~2100米的区域。本节主要介绍位于循化撒拉族自治县的5个河谷型聚落:"撒拉族河湟谷地聚落——三兰巴海村、团结村""撒拉族临水坡地聚落——大庄村""撒拉族河谷台地聚落——塔沙坡村""回族黄河滩地聚落——瓦匠庄村"(图5-1-1)。

图5-1-1 河谷型聚落分布示意图

一、撒拉族河湟谷地聚落——三兰巴海村、团结村

(一)基本概况

1. 区位

三兰巴海村、团结村均位于海东市循化撒拉族自治县街子镇,距循化县城6公里,距街子镇政府驻地2公里。两村南北相连,黄河一级支流街子河由南至北穿村而过(图5-1-2)。

三兰巴海村北接团结村,东临三立坊村、沈家村,南连上房村、马家村,西与乌土斯山相望。三兰巴海村东西宽约800米,南北宽约745米,村域面积0.41平方公里(图5-1-3)。

2. 历史沿革

三兰巴海村是撒拉族的发源地,"三兰巴海"撒拉语意为"撒拉人的系带"。13世纪,撒拉族祖先尕勒莽和阿合莽率领本族170多户,从中亚撒马尔罕一带东迁至此,定居下来。

随着三兰巴海村人口的增长,村落不断向外延伸,形成"六门八户""四房五族"和"撒拉八工"的布局。

为了方便行政管理,将三兰巴海村向北衍生的部分划定为团结村。团结村南接三兰巴海村,东连三立坊村,北临大别列村,西与托龙都村相连,团结村东西宽约750米,南北长约950米,村域面积0.63平方公里(图5-1-4)。

三兰巴海、团结两村历史悠久,文物古迹众多,代表性的有全国重点文物保护单位:街子拱北(图5-1-5a),青海省重点文物保护单位街子清真大寺、骆驼泉(图5-1-5b)、撒拉千户院(图5-1-5c)等。2007年,三兰巴海村被青海省旅游局命名为文化旅游村。2014年11月,三兰巴海村、团结村同时被住房城乡建设部列入第三批中国传统村落名录。

3. 产业发展

20世纪70年代末,在人均耕地不足的情况下,三兰巴海村部分村民组成工程队,在海西、玉树、果洛等地区从事建筑业;另一部分村民靠骡马走南闯北贩卖货物。凭借着善于经商的传统和吃苦耐劳的精神,部分村民开始集资购买客车,从事客运服务,组建联运公司,动员全村积极入股,参与客运,还带动了许多人从事汽车修理、餐饮等相关行业,这是三兰巴海人第一次产业转型。

随着青藏高原铁路、航空等立体化运输体系的日臻完善,公路运输业受到巨大的冲击。一部分人把自己的运输车辆更新为挖掘机、翻斗车等,投入到西部大开发的建设之中;另一部分则走向东南沿海地区,从事拉面等饮食服务行业,这是三兰巴海人的第二次产业转型。

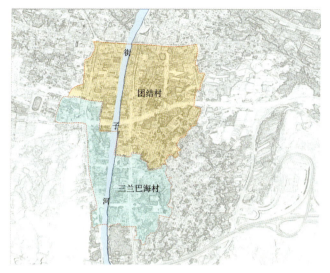

图5-1-2 三兰巴海村、团结村位置关系示意图

图5-1-3 三兰巴海村

图5-1-4 团结村

  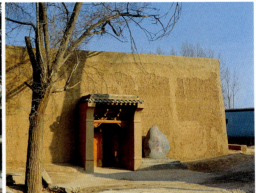

(a) 街子拱北　　　　　　　　　(b) 骆驼泉　　　　　　　　　(c) 撒拉千户院

图5-1-5　三兰巴海、团结两村文物古迹

近年来，在青海省沿黄经济产业带的开发带动下，三兰巴海人迎来了第三次产业转型。依托骆驼泉、清真大寺、十世班禅大师故乡、孟达天池等周边旅游名胜，大力发展乡村旅游业。

（二）聚落选址与布局

1. 聚落选址特征

三兰巴海、团结两村均位于街子河下游、乌土斯山与北孟达山之间的河谷地带，循同公路和街子河穿村而过，形成了"两山夹一河一川"的基本地貌特征（图5-1-6、图5-1-7）。两村占据山间河谷中完整的平坦地带，水土优渥，加之临近山地地带，有日照充足的生产耕地，形成河湟谷地典型的团状密集型聚落空间形态。

2. 聚落布局特征

三兰巴海村落的中心是街子清真大寺，骆驼泉和墓地在其周围，在外环绕着一个个由庄廓院构成的居住组团，形成了"围寺而居"的"同心圆"村落空间格局。以街子清真大寺为中心向外发散连接各个居住组团的道路是村落的主要巷道，居住组团之间相互连接的道路是村落的次要巷道，组团内部的道路则是村民的入户巷道。主要巷道、次要巷道与入户巷道共同形成三兰巴海村的交通骨架（图5-1-8）。

团结村整体空间布局可分为南北两个部分，南部依然延续三兰巴海村的空间肌理，庄廓民居环绕着街子清真大寺呈团状聚集；北部沿着街子河、循同公路呈带状分布。团结清真寺位于村庄西南角的街子河东侧，临近街子河，是南北两部分的交点，村庄东北面是临山近水的农田区（图5-1-9）。

图5-1-6　聚落地形特征示意图

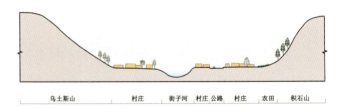

图5-1-7　聚落选址竖向空间分析

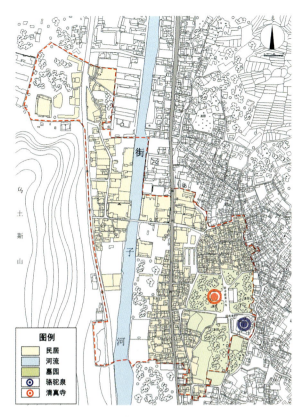
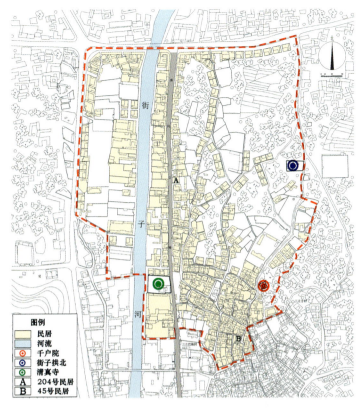

图5-1-8 三兰巴海村空间格局　　　　　　　　　　　图5-1-9 团结村空间格局

（三）历史环境要素

1. 寒都空间

传统撒拉族聚落中都会有至少一个"寒都"。"寒都"空间有两种释义：一是指一种巷道，通常一个寒都中居住有一个"孔木散"①，"寒都"也就成为"孔木散"之间的自然地理界限；另一种则是指村民相聚、聊天的地方，即为族人们进行各种日常活动的公共空间，承载着村民日常交流、休憩、娱乐等功能。

2. 骆驼泉

骆驼泉位于三兰巴海村东南角，街子清真大寺南侧。现统一管理，设骆驼泉景区，景区面积约3500平方米，平面呈长方形，入口位于其西北角（图5-1-10a），入口大门为三开间硬山顶建筑（图5-1-10b），内有一平面呈骆驼形的水池（图5-1-10c），池边有两座六角盔顶景亭，分别为听铃亭、祈雨亭（图5-1-11）。池后有撒拉族篱笆楼民居，是从现存唯一的篱笆楼村落——孟达大庄村整体搬迁而来，用于展示（图5-1-12）。1986年骆驼泉被青海省人民政府列为第四批省级文物保护单位。

骆驼泉是撒拉族传说中的一处圣迹。相传，有一神奇的白骆驼，随撒拉族祖先驮着故乡的水土和《古兰经》，自中亚撒马尔罕东迁，途中白骆驼走失，后发现白骆驼已卧在一眼清泉中化为白石，将这清泉命名为"骆驼泉"，遂修建白石骆驼伫立泉旁，昂首挺胸、栩栩如生。

---

① "孔木散"：撒拉语意译，亦作"库木散"，中国撒拉族穆斯林历史上的家族组织和社会基层组织。

（a）鸟瞰　　　　　　　　　　（b）入口大门　　　　　　　　　（c）内部水池

图5-1-10　骆驼泉

（a）听铃亭　　　　（b）祈雨亭

图5-1-11　骆驼泉景亭

图5-1-12　骆驼泉篱笆楼

（四）街巷空间

四通八达的道路网络体系以及沿路蜿蜒曲折的水体体系构成了街巷空间。水系、古树、道路以及院墙的组合方式丰富了街巷的空间结构。

作为街巷的边界，道路与院墙是组成街巷的重要因素，共同限定街巷空间。

整个区域的水系源自骆驼泉，按照区域的地形地貌以及街道布局走势，挖渠开槽。同时，还承担着排污散雨的作用，构成完整的排水系统。

最能体现街巷空间历史价值的是街巷体系中的树木，古树苍劲挺拔，见证着村落的历史。

村落街巷空间类型有以下几种形式：墙—路—渠—树—墙；墙—路—树—渠—墙；墙—路—渠—树—路—墙（图5-1-13）。

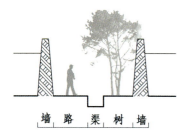  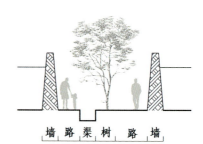

图5-1-13　街巷类型示意图

（五）传统建筑

1. 宗教建筑

1）街子清真大寺

街子清真大寺是撒拉族的祖寺，历史悠久，建筑宏伟，位于三兰巴海村中心，与骆驼泉相邻，西面是乌土斯山，北面是汹涌澎湃的黄河，交通方便，是规模仅次于省会西宁东关大寺的全省第二大清真寺。

街子清真大寺，初建于明洪武三年，曾有三次扩建，原有礼拜殿面积达1000多平方米，可容纳1500多人排班礼拜，气势雄伟，后来被毁。现存建筑为1982年重新修建，新建的清真寺为砖混结构，全寺占地约4050平方米，整座建筑群规模宏大，礼拜殿坐落于寺院的西侧，殿前设广场，南北两侧建二层楼房（现已拆除）作为讲经堂、会客室、寺管会办公室和阿訇、满拉住室之用。礼拜殿正对面是撒拉族先祖尕勒莽、阿合莽的墓地，紧邻墓地的是藏经馆，唤礼楼建于藏经馆之上，藏经馆内藏《古兰经》手抄本，是我国现存年代最早的手抄本。2009年6月，国务院批准手抄本《古兰经》入选第二批《国家珍贵古籍名录》。

（1）礼拜殿

礼拜殿东西向长30米，南北向长27米，建筑面积约810平方米，可容纳1200人。礼拜殿由前廊、外殿、内殿三部分组成，面阔九间，进深十间（带檐廊），三面回廊，东侧为尖券式开敞廊道，其余两侧为封闭走廊。尖塔由塔身和塔顶两部分构成，四角阁楼高于中间大穹顶，五组建筑交相辉映。

殿内设置4根大柱，以此支撑着49间方格组成的殿顶，西墙上设置半圆形"米哈拉布"，南北墙上设置尖券形玻璃窗，使殿内空间明亮开阔。

（2）藏经馆与唤礼楼

藏经馆与唤礼楼位于礼拜殿对面，两者呈殿楼结合式。藏经馆平面为矩形，高四层。唤礼楼建在藏经馆之上，平面六边形，每层带收分，各层六面开设尖券式窗户。

（3）尕勒莽、阿合莽墓

尕勒莽、阿合莽墓位于街子清真大寺礼拜殿正对面，尕勒莽墓位在南，阿合莽墓位在北，两墓相对，都是鱼脊形封堆，并用砖垒出长7.10米、宽6.25米、高3.30米的一面开门、三面设窗的围墓墙，墙上雕刻花卉图案，围墙内各有一棵参天大榆树，覆盖未封顶的墓地。

2）街子拱北

"拱北"（阿拉伯语音译）是对中国伊斯兰教先贤陵墓建筑的一种称谓，原意为"拱形建筑物"或"圆拱形墓亭"。拱北平面形制有四边形、六边形、八边形三种，其中以六边形、八边形最为普遍，其结构近似中国的塔。庐身以上为木质结构或仿木结构的重檐六角楼阁建筑，一般两到三层。墓庐屋顶统一采用举折、屋檐起翘的六角盔顶式阴阳布瓦顶或绿琉璃瓦顶的形式。

街子拱北始建于清宣统年间，原在街子公墓中，1951年迁于现址，后被毁，1981年重建。占地2亩，内有八角亭1座，房屋20余间，分前后两院，前院亭内有两个墓（图5-1-14）。2013年，街子拱北被国务院列为第七批全国重点文物保护单位。

图5-1-14　街子拱北

2. 传统民居

三兰巴海村、团结村的传统民居,均为夯土墙与木构相结合建造的庄廓院落,是撒拉族传统民居类型之一。撒拉语称庄廓为"巴孜日",基本组成由外而内依次是:黄土夯实的方形院墙与雕刻丰富的敦实大门(图5-1-15)、种植花草的庭院(图5-1-16)、土木结构的平屋顶正房(图5-1-17)与厢房(图5-1-18)。

庄廓院落布局以庭院为中心,正房为主体,体现出封闭性、内向性和秩序性的特点。常见的院落布局有以下几种形式(图5-1-19):

图5-1-15 庄廓大门

图5-1-16 庄廓庭院空间

图5-1-17 庄廓正房

图5-1-18 庄廓厢房

"一"字形平面：以正房为主体，坐北朝南，沿院墙单侧建房；

"L"字形平面：由正房和单侧厢房组成，沿院墙相邻两边建造；

"凹"字形平面：由正房和两侧厢房组成，沿院墙相邻三边建造；

"回"字形平面：以正房为主体，沿院墙四边围合建造，院落中央形成天井式庭院。

1）撒拉千户院

千户院位于团结村东部，是传统庄廓院落。建筑主体一层，局部二层，夯土墙体，辅以木柱木梁承重，屋顶为木架覆土辅以瓦，木雕装饰精美。正房坐北朝南，单坡屋顶，三开间土木混合结构，开间2.7米，进深为两跨，平面呈"凹"字形。正房的梁、柱、檩、椽及门窗构件均为木质（图5-1-20）。2008年，街子撒拉千户院被青海省人民政府列为省级文物保护单位。

"一"字形

"L"字形

"凹"字形

"回"字形

图5-1-19　庄廓院落布局类型示意

（a）鸟瞰

（c）正房

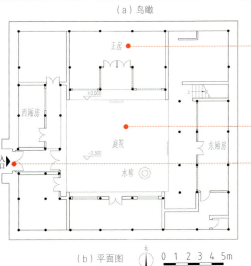
（b）平面图

（d）庭院

（e）入口立面

图5-1-20　千户院

2）团结村45号民居

团结村45号民居位于村东南角，是传统庄廓四合院建筑，正房始建于清代，为两层建筑，开间约2.7米，进深两跨，平面呈"凹"字形，坐北朝南，单坡顶。正房的梁、柱、檩、椽及门窗构件均为木质，雕刻精巧。正房是主要的居住和礼拜场所，房内设两个土炕（图5-1-21）。

小结：

三兰巴海村、团结村受其民族信仰和社会组织结构的影响，形成"围寺而居"、"聚族而居"的村落格局；宅前环绕的水渠与苍穹有劲的古树、庄廓院墙、道路共同构成类型多样的街巷空间；厚重的夯土庄廓院墙、精美雕刻的松木大房与种植花草的内院共同营造出适宜的撒拉族居住文化空间。

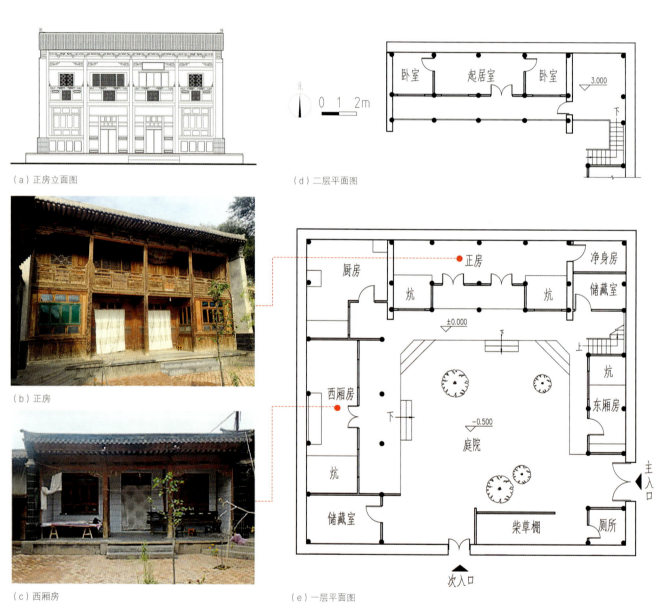

(a) 正房立面图
(d) 二层平面图
(b) 正房
(c) 西厢房
(e) 一层平面图

图5-1-21　团结村45号民居

二、撒拉族临水坡地聚落——大庄村

（一）基本概况

1. 区位

清水乡大庄村位于海东市循化撒拉族自治县，地处东经102°39'，北纬35°51'。全村村民为撒拉族，一村三社，村域面积为6平方公里，村庄占地面积252亩，国道G310（原省道S201）穿村而过，村落距县城仅约20公里。全村海拔1820~1900米，年平均气温6℃~9℃，年降水量259毫米。

2. 历史沿革

大庄村为村落行政名称，村落与孟达峡、孟达天池、孟达山地理位置关系紧密，因此村民也称村落为孟达大庄村，撒拉语"孟达"意为"这里"。村落所在地自汉代以来便是茶马古道的必经之地，设有驿站；在元代之前，驻边穆斯林官兵在此修建清真寺；元初，撒拉族先民自故乡萨尔赫斯几经周转，最终驻留于此繁衍生息；元、明时由撒拉族土司管辖；清为孟达工属地，由撒拉族下四工世袭土司千户管理。

2008年，建于明清时代的孟达撒拉族古民居群被列为省级文保单位，2013年被列为第七批国家级文保单位。大庄村于2012年入选第一批中国传统村落名单，2014年入选中国历史文化名镇名村第六批名单。

3. 产业发展

大庄村共有4个合作社，其中半数外出务工，主要从事交通运输业、商业、餐饮服务业等。村内总耕地面积510亩：水浇地358亩、浅山地152亩，主要经济作物为油麦、花椒等，特色经济作物主要为核桃、花椒等。

（二）聚落选址与布局

1. 聚落选址特征

大庄村地处积石峡中部、黄河臂弯处的河台半岛川地上，东接旱平村，西靠山崖黄河，南邻孟达国家级自然保护区，北与专堂村隔黄河相望（图5-1-22）。

村落选址南有大庄山，北有黄河环绕，村落依山就势建于石坎坡，三面环水，且南面有土丘与山体相隔，可归纳为枕山、环水、面屏的选址特征。

除地势优势外，村落选址因素还包含有：一、应历代皇朝安边守疆之需，军队戍边在此；二、孟达山区、黄河给予村民足够的自然资源；三、当地气候给予村落阳光充裕、四季分明的耕种条件。整体"山、水、林、田"的格局体现着村落取于自然、融于自然的特征。

2. 聚落布局特征

大庄村属于山坡台地型组团聚落，高低错落呈阶梯状分布，村落由西向东沿公路形成组团式布局形态。国道G310（原省道S201）将整个村落分为上庄村和下庄村两部分，并形成沟通南北的主要街道空间。

撒拉族信仰伊斯兰教，宗教文化对村落布局有着至关重要的影响。清真寺不仅是宗教场所，也是他们的社会活动中心，因此清真寺在村落布局中有着重要的地位（图5-1-23）。

村落建立初始以清真寺为中心，围绕清真寺展开。由于山地地形影响，逐步向周边沿河发展。村落原有入村道路位于村落南部，整体呈南北线形布局，民居位于河台半岛川地上。G310国道贯通后，村落被道路分割为南北两部分，北部整体地势较低，与黄河河岸水位临近。而后由于积石峡库区的建立，使得地势较低的近河岸部分处于淹没区，村民迁移外出，村落向南收缩。

图5-1-23 大庄村全景

图5-1-22 大庄村全景

图5-1-23 大庄村"围寺而居"示意图

现今村落居住区东西长约2公里，南北宽约3公里。巷道空间以清真寺为中心向外辐射，紧邻墓园，与清真寺结合，形成"山体—民居—墓园—清真寺—民居—黄河"的空间格局。

3. 聚落景观特征

大庄村地处甘青通道积石峡，所处地域为黄土高原与青藏高原的过渡地带，地势南高北低，垂直差异明显，黄河宽谷地带由北向南海拔逐渐升高，村落属于河谷地貌特征。村落处于黄河谷地，周边村落亦大多处于河谷地带，沿河传统聚落景观丰富多彩，黄河古道遗留有众多人工或天然的景观，孟达自然保护区位于村落周边，景观特征独特。

由于在积石峡口修建了积石峡水库大坝，曾经积石峡内的许多景观已淹没于积石峡的库区内，过去"层岩峭举，壁岸天阶，悬岩之中，多石室焉"的景观也已大部分淹没于库区水中。

（三）聚落内部空间

大庄村整体布局由环境空间、宗教空间、居住空间、门户空间、巷道空间五个基本布局要素构成。

1. 环境空间

环境空间的形成来自于自然要素对村落的围合，表现为河谷台地、滨水靠山、依山而建、面水而居的传统村落选址特征。

2. 宗教空间

宗教空间主要由清真寺和墓园构成。清真寺作为村落的宗教中心和村民的精神中心而成为村落重要的空间节点，居住建筑向"心"而居，是整个村落的中心点。墓园毗邻清真寺是撒拉族人进行安葬的场地，四周墙体围合，撒拉族葬礼从速从俭，采取土葬，墓园属于禁止建设用地。

3. 居住空间

居住空间作为村落空间要素中最核心、最基本的构成要素，因其聚居的特性呈组团状绕清真寺布局。（图5-1-24）。依据地形和道路，居住空间可划分为多个组团。

4. 门户空间

门户空间位于村落交通中心，村民利用当地的传统材料和传统工艺建成篱笆门楼（图5-1-25）。

图5-1-24 大庄村居住空间

图5-1-25 大庄村门户空间

图5-1-26 大庄村巷道空间

5. 巷道空间

巷道空间宽高比约为1.5，尺度亲切，形成"墙—水渠—树—路—墙"的空间层次（图5-1-26）。

大庄村巷道空间格局为南北大道，东西分巷。贯穿村落的一条村级主要道路宽约6米；村内次要道路宽度为2~3米不等；为避免冬季冷风袭击，村中巷道较为狭窄，且多数为尽端路（图5-1-27）。

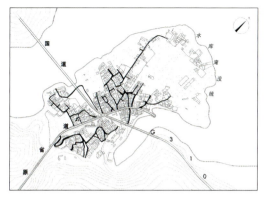

图5-1-27 大庄村街巷格局示意图

村落巷道多有命名，包括有：衙门巷、牦牛巷、五尺巷、长道巷、中场巷、新庄巷、台子巷以及上庄巷等。村内巷道空间类型众多，其中无明显标识的居住组团入口承载着转换过渡作用；在巷道转角处，民居的院墙进行削减错位处理，使空间缓和；由于地形限制，部分巷道与周边建筑墙体通常有一定的高差。在巷道交汇处，退让出部分空间，从而产生缓冲区域供村民休息；村内部分巷道沿河，从而产生临水空间（图5-1-28）。

（四）历史环境要素

村落内部的古民居、清真寺、街巷、古树、古泉、耕田、水磨房、打麦场、卡尔等要素，共同组建村内的景观节点。

1. 古树、古泉

村内有百年古核桃树、栾树和柳树等65株。其中位于清真寺门前的古榆树、清真寺礼拜殿以北的一棵栾树以及马有功家的核桃树最为有名。村内古泉有少女泉、上泉、渠口泉、珍珠泉、药水泉等，其中少女泉最负盛名。

2. 水磨房

村内有三处沟壑，其中水磨沟长20公里，下半部为

(a) 入口空间

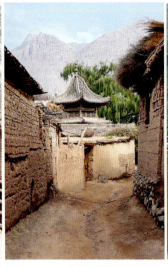
(b) 转角空间

(c) 单向高差空间

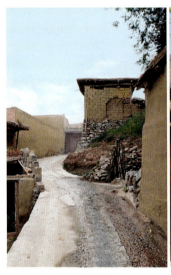
(d) 双向型巷道空间

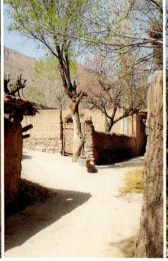
(e) 巷道交汇空间

(f) 巷道临水空间

图5-1-28 大庄村街巷类型

花椒林；拉春沟长约10公里；汉平沟长12公里，沟中生长有野果野杏、山丹花、刺梅花、丁香花等。大庄村先后在沟壑中修建有五座水磨房，水磨房多为2至3间，两层，土木结构，平顶房，上层正面开单扇板门和窗，周围安置木板壁，左右两墙用土块砌成，后墙用篱笆编制。

3. 打麦场

村子分布有大虎里、曲里高里、恰若里、奥拉格里等麦场。麦场在冬春两季闲置，经常用作孩子的娱乐场地，夏秋季节用作晒麦捆、碾场等，是村内极为重要的生产和公共交流场所。

4. 卡尔（较高的宽阔地）

村内卡尔为村民进行宗教活动的场地，位于村南部荒滩上，约3000平方米，正方形，外围用夯土筑起。每逢开斋节和宰牲节，村内男子在阿訇引领下，来此进行念经、演讲、礼拜、祈祷等活动。

（五）传统建筑

1. 宗教建筑

撒拉族清真寺古建筑群，作为明、清时期的古建筑，见证了撒拉族的历史。2013年5月13日由国务院核实并公布为第七批全国重点文物保护单位。在这些清真寺古建筑群中，清水、孟达、塔沙坡、张尕、科哇五大清真寺建筑群最具有代表性。

孟达清真寺是撒拉八工之一的孟达工的主寺之一（海依寺）。孟达清真寺在1984年维修时，在后窑殿南壁装板背面曾发现有"大明天启年月日"题记，据此推断，该寺应建于大明天启年间（1621-1627年）。初建时工匠就近取用木材，砖瓦构件就地建窑烧制，礼拜殿、北配房、牌坊由汉族木匠建造，清朝年间曾四次重建，扩建礼拜殿前廊、唤礼楼、南配房、拱北等建筑。

清真寺整体平面布局为东西向长方形，占地面积1344平方米，建筑面积992平方米，全寺由礼拜殿、唤礼楼、南北配房、两座牌坊门、影壁、拱北、沐浴室等建筑组成（图5-1-29）。

建筑群以轴线展开，东西轴线上唤礼楼与礼拜殿东西对峙而建，南北轴线上南北配房相对而建，形成典型的四合院院落式格局。清真寺朝东落建，东向开门两座结构对称的牌坊门南北横向排建，唤礼楼及其两侧檐翼矗立在中央。

孟达清真寺在清代即为循化县撒拉族12座清真寺（中心寺）之一。作为撒拉族始建最早的清真寺之一，孟达清真寺是中国传统宫殿建筑和伊斯兰特色建筑融为一体的典型代表。

（1）寺门

寺门为木结构，四柱三楼牌楼式，柱内外两侧用戗木斜支。两根中柱头弥接1米高的短柱，柱上托桁，桁的上面整齐排列着6棱饰椽。山门顶部呈现"人"字

（a）鸟瞰

（b）入口空间

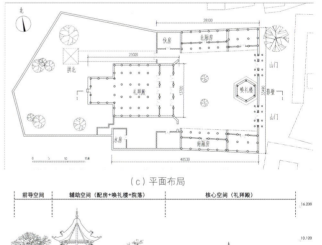
（c）平面布局

（d）空间序列

图5-1-29 孟达清真寺

(a) 外观　　　　　　　　　　　　　　　　　　　　(b) 装饰斗栱

图5-1-30　孟达清真寺寺门

形，为两面坡样式（图5-1-30）。

（2）唤礼楼

唤礼楼建于高80厘米的台基上，形如楼阁，三重檐六角攒尖顶，六个通柱为轴心，砖木混作。为使下雨时楼顶的积水直接落到地面，三层的顶椽朝外伸展20厘米，形成底小顶大的瓦脊飞檐，楼顶装有宝瓶。二、三层的围栏上雕有装饰方格以及花卉纹的透雕。楼内倾斜放置台式的板梯，板梯设计为盘旋而上，满足登高、唤礼、望月的需要。

楼体底层的砖饰精巧。西侧一面墙中央开一小拱门，上方阳雕《古兰经》古美术体"特思米"，两边雕内容为花瓶的装饰图案。东侧一面墙代作影壁，壁上雕有"升龙凌空""鹿鹤蝙松""双鹊春梅"等图案，上下竖边四角雕饰蟠叶、回纹，而其余四面墙的墙胸为圆形、六角几何图形，雕刻着树木、花卉等自然纹样。

六角围檐在这里对斗栱起装饰作用，上压耍头，其上装饰有飞檐椽，再上则是底层楼体的木檐飞椽，上覆盖筒滴瓦件，形成双层檐面（图5-1-31）。

（3）礼拜殿

礼拜殿在全寺建筑中位于主体地位，东西朝向，面东背西，建在高40厘米的台基上，高达16米，建筑面积约为360平方米，由前廊、前殿、后窑殿组成，

图5-1-31　孟达清真寺唤礼楼

平面呈"凸"字形布局，前殿面阔、进深皆5间，前带廊，五架梁，减柱造；后窑殿面阔、进深皆3间，斜插梁做出井字藻井式，柱头、补间为五铺作斗栱。

礼拜殿整体造型中间高，前后低矮，殿内有殿。前廊与后窑殿屋顶皆为卷棚式，与前殿组成多脊式歇山式屋顶。檐面成攒，排布有序，十攒叶拱的每攒内外双层，共12踩，上压耍头，雕刻鲜活。

礼拜殿前廊殿堂内墙面上绘制有花卉、各种名树、《古兰经》经文图案，在梁枋上绘制有大金点旋子彩画等，殿内绘明清旋子彩画，是江南苏式彩画的风格。檐柱所绘图案主题为牡丹、菊花等自然纹样。

礼拜殿用中国传统的殿堂壁画艺术彩饰前廊殿内墙面木构架件，椽体刷以天蓝、土红；斗拱、昂头、驼峰绘作方纹彩色；桁、柱、板面、墙壁绘作各种名树、花卉以及《古兰经》经文图案（图5-1-32）。

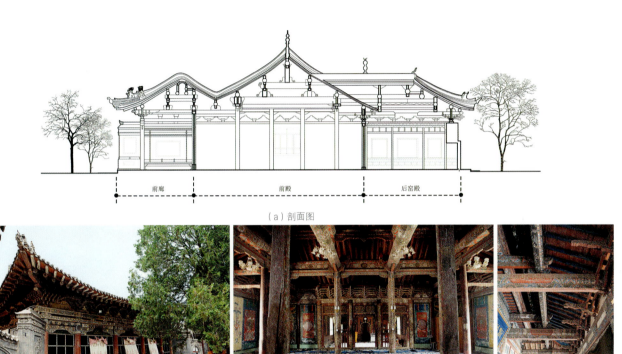

（a）剖面图

（b）外观　　　　　　　　　　（c）殿内彩绘　　　　　　　　　（d）前廊彩绘

图5-1-32 孟达清真寺礼拜殿

2. 传统民居

2008年6月，撒拉族篱笆楼营造技艺被列入第二批国家级非物质文化遗产名录。现村内遗存传统篱笆楼22处，其中明清至民国年间遗存18处，4处被列为第七批国家级文保单位。为更好地保护与宣传传统篱笆楼营造技艺，2处篱笆楼已被整体迁往骆驼泉景区内展示，1处已迁往北京民族博物馆展示（图5-1-33、图5-1-34）。

1）内部功能

篱笆楼民居院落布局为合院式（图5-1-35）。篱笆楼修建形式为平顶二层以廊室带前廊做法，除正房外，一楼其他房间则用作厨房、仓库、茅厕、畜圈，二层为卧室、浴室等（图5-1-36）。

图5-1-33 已迁至骆驼泉的大庄村清代篱笆楼

图5-1-34 篱笆楼墙面

图5-1-35 传统篱笆楼内院

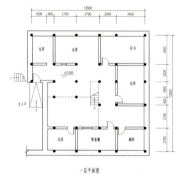

图5-1-36 篱笆楼典型平面测绘图

（1）北房

撒拉族人的长幼秩序在平面上有所体现，篱笆楼作为北房，是整个庄廓的主体建筑，坐北朝南，轴线对称布置，一般为二层，三至五开间为"凹"字形平面。

（2）东房、西房

一般作为厢房使用，形式多采用"一"字形或"L"字形，也设有檐廊。从位置和风俗上考虑，西房比东房更重要。

（3）净身房（浴室）

净身在撒拉族人的生活中是每天必做的，也是一种生活习惯。做礼拜、婚丧、节庆、远行时均需净身。净身房一般都设于居室一侧，或设在居室连着的角房中。

（4）厨房

大多数设置在院落西北角或东北角落，其大小取决于相邻房间的进深尺度，一般屋面通常朝向庭院一侧倾斜，便于排水。在庭院和厨房常设置天井，可有效改善厨房的采光和通风情况。天井多设有水池和水井，其次在天井内设置火炕的炕洞，也有将这一角房建成两层，一般楼下作厨房，楼上住人。

（5）茅厕、牲畜棚

穆斯林做礼拜时要面朝西方圣城麦加的方位。因此，在撒拉族院落中厕所和牲畜棚的位置常设置在东南角。

2）院落空间

由黄土夯筑而成高大方形的庄廓院墙使民居院落与外界隔绝，抵御外来侵害。沿墙体内向四周布置房间，形成内向封闭院落空间。院落中种植花卉和各种果树，充分表现撒拉族人崇拜自然、融入自然的生态精神。

大庄村有"L"形、"口"形、"T"形、长方形等

152

平面形式的庭院，一进院落较多。院落布局一方面受当地自然条件和气候的影响，另一方面则体现出撒拉族长尊幼卑的伦理观念。入口和巷道的关系可分为直入型与间入型。院落地面通常为原始的生土地、水泥铺地或砖铺地。

建筑挑檐充分适应当地日照条件，既可对抗当地紫外线，又可适当开窗，满足室内采光和冬季取暖需要。篱笆楼是院落中的主体建筑，两层篱笆楼挑檐最高，二楼廊道成为一楼挑檐，其他房屋挑檐高度一致（图5-1-37）。

3）营建技艺

篱笆楼民居为土木结构，黄土墙围护，墙体底层以石头起砌，上部为夯土墙，地基以大石构筑，其上按水平线以行为单位排布十片，自小至大筑起，最终以衬石填补石间空隙，草泥抹平凹凸部分。室内一般为穿斗式木构架，双檐檩，竖排椽体，厚木板铺成鳞状网板，每间柱子上部为雀替，檐面的花牙子、楣子、额坊上均雕刻花草纹理图案。墙体一层室内用草泥全抹墙面，二楼墙面用灌木树（忍冬、红端木）条编成篱笆，形式多为横桩竖编，使墙面形成席状水波体，墙内用草泥抹平装

（a）房顶挑檐　　　　　（b）二楼廊道

图5-1-37　传统篱笆楼挑檐

饰，防火隔声，冬暖夏凉（图5-1-38）。

篱笆楼大门形式有随墙大门、独体大门、楼底通道大门等。篱笆楼采用单扇户枢方式木板大门、泥石混作榫头、以"凸"形木质的抽锁闩门，部分居民会将房屋周边整齐堆放烧柴及青草，作"口"字形，天寒之时用于生活取暖，喂养家畜。

篱笆楼建筑均为二层，上下带前廊，土平顶做法

图5-1-38　传统篱笆楼墙面营建技艺

(图5-1-39)。屋顶木构架为横梁纵檩,梁底撑随梁,两间通用双条檐檩,竖排椽体。上下两层通过木梯连接(图5-1-40),为减轻自重,二楼楼板为木板铺装,栏杆为花纹木雕装饰。

篱笆楼的雕刻装饰艺术,体现了撒拉族能工巧匠高超的雕刻技艺。篱笆楼体的檐面、雀替、板壁、枋板、廊栏、大门楣板、门簪等木架构件,不做任何彩画,均以镂、浮雕形式雕刻装饰,图案多为花卉、树木、器具、瓜果、云波纹体、几何文字类。

楼栏的装修在篱笆楼中颇为精致,明末清初的装修形式是在楼体二层通面阔檐柱间装修寻杖花格栏杆或罩式栏面。栏杆分上下两式,上部方杆中雕饰盆唇,下部板格雕饰花树纹体。清末民初年间的装修形式为平板枋下栅栏式。

小结:

在村落发展演变过程中,孟达清真寺在村落中的相对位置不断改变,但大庄村一直保持"围寺而居"、"聚族而居"的村落格局;环绕村落三面的黄河与延绵不断的山体共同构筑了丰富的山水景观;独特的编织技艺为适应气候的篱笆楼奠定了营建基础。

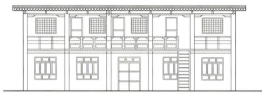

(a)正立面图

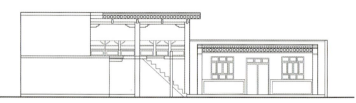

(b)侧立面图

图5-1-39 传统篱笆楼立面

图5-1-40 传统篱笆楼木梯

三、撒拉族河谷台地聚落——塔沙坡村

（一）基本概况

1. 区位及产业发展

塔沙坡村位于海东市循化撒拉族自治县清水乡东部，距清水乡人民政府25公里。村落始建于明代，三面环山，一面临水，以清真寺为中心，庄廓民居围寺而建，是典型的撒拉族河谷台地团状聚落（图5-1-41）。塔沙坡村周边草场分布密集，利于畜牧业发展。村民靠养骡子，搭载孟达天池景区的游客，发展旅游业。2019年6月，塔沙坡村被列入第五批中国传统村落名录。

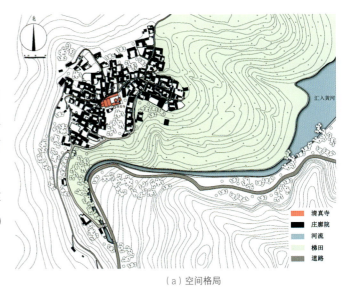

（a）空间格局

（b）航拍

图5-1-41 塔沙坡村

2. 历史沿革

《禹贡》记载："导河、积石，至于龙门"，即说是大禹治水，疏导黄河从积石峡开始到达龙门山。塔沙坡村正位于黄河积石峡中下段南岸。元初，当撒拉族先民尕勒莽、阿合莽一行从中亚迁徙至循化定居后，随着人口的增多，部分撒拉人从街子、孟达一带迁移到塔沙坡，先后入驻的有韩家、草高、棕苦令、庞峡家族；又经过婚姻搭桥，融入其他氏族，如保安族。塔沙坡村逐渐发展成一个完整的、有一定规模的村落。

（二）聚落选址与布局

1. 聚落选址特征

塔沙坡村选址于积石峡水库以西的阳洼上，背依大山，东北面黄河环绕，南眺孟达国家级自然保护区，具有浓郁的高原山水风光乡村景观特征。虽邻近黄河但村落选址地势较高，可有效防止洪涝灾害（图5-1-42、图5-1-43）。

图5-1-42 塔沙坡村

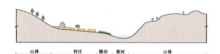

（a）竖向空间分析　　　　　　　　（b）坡地聚落

图5-1-43 塔沙坡村选址

图5-1-44 塔沙坡地形特征示意图

图5-1-45 塔沙坡村古树

2. 聚落布局特征

受地势北高南低的影响，塔沙坡村依山而建，位于山地缓坡地段。撒拉族先民充分利用自然高差，通过塔沙坡沟将水排向村南的低洼地带。塔沙坡清真寺、庄廓民居与曲折的巷道、苍劲的古树，共同构成山地聚落的空间格局（图5-1-44）。

（三）历史环境要素

塔沙坡村内历史要素众多，遍布村内的古树（图5-1-45）是历史悠久的见证，除此以外还有作为村落生存之源的古泉，以及埋葬着先贤的撒拉族公墓等。

（四）街巷空间

塔沙坡村街巷多平行于等高线布置，与蜿蜒曲折的水系构成了独特的水陆并行的空间系统。庄廓院墙、古树、水系构成了独具特色的街道空间，是塔沙坡村传统村落风貌的具体表现（图5-1-46）。

（五）传统建筑

1. 公共建筑

1）塔沙坡清真寺

塔沙坡清真寺始建于明成化十六年（1480年），清乾隆二十年重建（1755年），距今已有近270年的历史，较好地保存了最原始的建筑风格。

清真寺位于村中央，坐西向东，沿东西中轴线布局，主要建筑依次为照壁、牌坊楼、唤礼楼、礼拜殿，

图5-1-46 塔沙坡村街巷空间

以及两厢的学房、灶房、水房等。总体布局均衡，建筑形体多变，砖刻木雕细致，彩绘艺术精美，是典型的中国传统宫殿式建筑风格，建筑整体庄重而富有变化，雄健而不失雅致。2013年5月，循化撒拉族清真寺古建筑群被列为第七批全国重点文物保护单位，塔沙坡清真寺是其中的古建筑之一（图5-1-47、图5-1-48）。

（a）清真寺与山体的关系

（b）鸟瞰

图5-1-47　塔沙坡清真寺

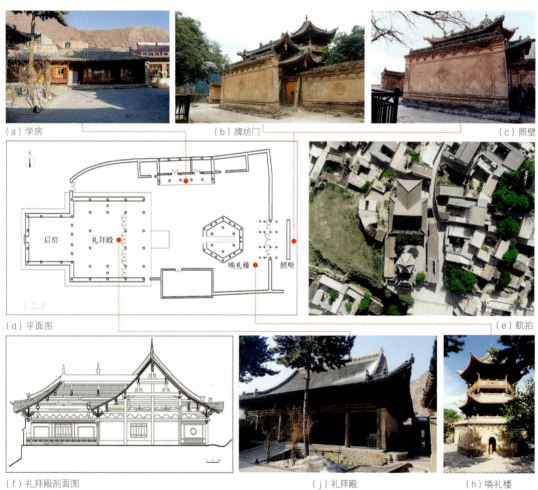

图5-1-48　塔沙坡清真寺空间序列

（1）照壁

位于寺东门前的照壁，宽10米，厚0.8米，高6米，青砖灰瓦砌建，壁底为须弥座，砖面雕饰八宝图案，壁胸以青方砖立砌，中央饰菱形花卉砖雕，壁顶呈"人"字形，瓦顶宝瓶脊。

（2）牌坊门

牌坊门东开，建作四柱三楼式木结构，中高边低，庑殿顶，楼顶屋脊置花卉图案的高浮雕，两边置盘龙体圆雕。牌坊门正中开双扇高阔大门，两边置小门，楼体檐面饰置十一踩重翘斗栱，斗栱形体不大，但出挑很长，形成庞大构架。牌坊门内接面阔三间进深一间的一面坡瓦顶廊道，牌坊门两边建山花墙，正反面凸雕树木、花草、奔鹿、凤凰、飞龙等图案。

（3）唤礼楼

院中东部矗立唤礼楼，建筑面积65平方米，周长18米，六角攒尖顶六根通造柱，楼阁式三重檐，宝瓶顶。底层以青砖砌饰墙面，内用土坯砌实，基部饰成须弥座形，每面均有砖雕图案。西开拱形洞楼门，门边饰花瓶、花卉等图案装饰，二、三层装饰内外双层围栏，三层楼内顶部装修精雕藻井，结构重叠复杂。

（4）礼拜殿

礼拜殿位于唤礼楼西面，坐西向东，建在高1.3米的土台阶上，为前大后小的"凸"字形平面布局。礼拜殿面积537平方米，是整座清真寺的主体建筑，由前廊、前殿、后窑组成。前殿面阔五间进深三间，后窑面阔三间进深三间。殿顶为前歇山后庑殿式形制，前后殿开东廊做法，高17米，大式木瓦作，十二脊殿顶，其上置一道小梁架形式。殿内墙面有奇石、菊花、牡丹、帆船等内容的彩绘。后窑采用井架式梁架形式，内壁地板都以木板装修，面壁正中拱形壁龛外围雕刻木质高浮雕大烟纹、花瓶、花卉等图案。

（5）学房、灶房、水房

内院的北面是学房，砖木结构，单面坡屋顶，出檐带廊共5间，供阿訇休息和满拉学经之用；南面则是灶房，双坡"人"字形屋面，共4间；水房置于东北角，单坡屋面，砖混结构。

2）传统服饰展示馆

塔沙坡村原为篱笆楼村落，但现已无从找寻，仅有的一座篱笆楼是撒拉族服饰的国家级传承人马建新为展示传统服饰新建的。篱笆楼利用地形高差修建，建筑两层，三开间矩形平面，南北两面设门，一层设于南，二层设于北。一层作为仓库，二层作为展示空间，室内设有火炕（图5-1-49）。

2. 传统民居

91号庄廓院位于清真寺北侧，院落平面呈不规则长方形，入口朝向东南，入口东侧为储藏间。正房位于大门正对面，厢房则居于正房左侧，庭院居中，并结合

（a）民俗馆

（b）国家级非遗（撒拉族服饰）传承人马建新和他的篱笆楼

图5-1-49 塔沙坡传统篱笆楼

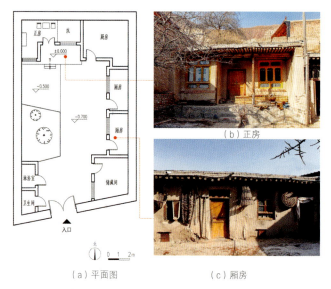

图5-1-50 马建新庄廊院

西院墙做花园。正房三开间"钥匙头",居中开门,设有火炕。正房与厢房之间的角房,作厨房之用。整个老院夯土墙围护与木构架承重相结合,木制门窗,与当地自然环境融合协调(图5-1-50)。

(六)非物质文化遗产

塔沙坡村代表性的非物质文化遗产是撒拉族传统服饰,村民马建新是第五批国家非物质文化遗产(撒拉族服饰)传承人。撒拉族服饰是根据所处时代和环境的差异,以及不同的经济生活方式乃至不同的气候特点而创造出的具有特色的民族服饰。

撒拉族男子头戴黑、白色圆顶帽,身穿白汗衫,外套黑坎肩,腰系以黑红两色为主的布绸带,下身穿黑、蓝色大裆裤,脚穿布料鞋,寒冬季节则大都身穿白板羊皮短式皮袄或羊毛织的褐长衫,脚着轻便结实、御寒保暖的牛皮毡靴"骆缇",而富有者会穿上绸缎或搭上布面的羊羔皮皮袄。做礼拜时,撒拉族老年男子有一套特定服饰,一般是头缠白色头巾"答斯达尔",身穿礼拜服"中拜"长衫。

撒拉族妇女多穿长衣,戴盖头,头部仅露出面庞。年轻姑娘和结婚不久的妇女盖头为绿色,结婚时间较长或生过孩子的妇女盖头为黑色,50岁以上的妇女或家中父母、丈夫去世的妇女盖头为白色。撒拉族妇女喜欢戴手镯、耳环和戒指等首饰,劳动时都以青布缠头,在喜庆节日还会披上带有花边的宽敞披风(图5-1-51)。

撒拉族服饰中既有从古代保留下来的突厥、蒙古等民族服饰的特点,又有农耕文化的特点,作为民族文化的重要体现,是研究撒拉族族源及其民族性的重要依据。

小结:

塔沙坡村地理位置优越,近水利而避水患,体现出传统选址观;砖木结合的清真大寺,布局合理、造型优美、雕刻精巧;传统民居围寺而建,沿等高线排布,梯田环绕,形成了典型的撒拉族河谷台地聚落。

图5-1-51 撒拉族服饰
(图片来源:国家级非遗传承人马建新 摄)

四、回族黄河滩地聚落——瓦匠庄村

（一）基本概述

瓦匠庄村坐落于海东市循化撒拉族自治县城郊，距离县城1公里（图5-1-52），紧临黄河、交通便利、地势平坦，地下水资源丰富。瓦匠庄村以回族为主，现有9个村民小组。村民从事农业为主，主要种植小麦、玉米、大豆等。此外，也有部分村民选择外出务工、经商等谋生方式。

清乾隆年间，来自陕甘等地的泥瓦匠在草滩坝筑土城，定居于此，形成村落。最初只有高姓、绽姓两户人家来此定居，随后汉族孙、马姓两户也来此定居。瓦匠庄村从最初的4户人家发展到今天的规模。瓦匠庄村意为工匠之村，因村内泥瓦匠、烧瓦匠等手工艺人众多而得名。

瓦匠庄村历史悠久，有瓦匠庄清真寺、苏菲先贤陵园（拱北）、湿地公园"神蟾泉"、"吉福祥"故居以及百年古树群等历史文物古迹。2016年12月，瓦匠庄村被列入第四批中国传统村落名录。

（二）聚落选址与布局

1. 聚落选址特征

瓦匠庄村东临下草滩坝村，西临河北村，北为黄河湾，南接积石镇东西向主路——积石大街。清朝雍正年间，兰州府总督建循化城时，测算县址，因该地南面为垭口，不宜选址县城衙门，故向东移1公里，形成传统黄河滩地型聚落选址格局（图5-1-53）。

2. 聚落布局特征

瓦匠庄村土地肥沃、水源充足，村落以清真寺为中心，以街巷路网为骨架，庄廓院落围绕清真寺而建，依街巷排布。村落的东南是墓地，与清真寺、庄廓院落、街巷等基本要素共同构成聚落空间。

（三）历史环境要素

1. 神蟾泉

神蟾泉位于县城西部的瓦匠庄村生态湿地公园的一

图5-1-52　瓦匠庄村地貌特征示意图

图5-1-53　瓦匠庄村

片古树之中，在村民居住区的北面，与神奇的"骆驼泉"相媲美，是循化县的两大名泉之一。其平面呈圆形，泉边水草丰茂，泉水潺潺，连接整个村中水系，是瓦匠庄村的取水之源，因而村民立碑纪念此泉。

相传远古大禹治水时期，循化等地是一片汪洋之水，称之西海。后洪水泛滥，大禹到此治水，由于积石峡阻塞，洪水无法疏通，淹没下游百姓。此时被玉帝下贬到西海的仙女玉媛变为蛤蟆在此等候大禹，帮助大禹治水，立功赎罪，大蛤蟆用神力凿通积石峡，顿时一片汪洋大水，倾泻而下，显露出青藏山川之地，循化成为一片沃土，蛤蟆立功返回天庭，但她看到一片美丽之地，随即摇身一变钻入一眼清泉之中，因此，该泉因神蟾化入泉中而得名"神蟾泉"（图5-1-54）。

2. 古树

村中古树遍植，沿水系或街巷生长，苍穹有力（图5-1-55）。

（四）街巷空间

瓦匠庄村街巷分为主要巷道、次要巷道和入户巷道，主要巷道有东西、南北两条巷道，以清真寺为中心；次要巷道由两条主要巷道分出岔道形成，入户巷道一般直接面对入户大门。整个街巷空间，直巷与曲巷相连，宽巷与窄巷相接，空间起承转合、丰富多变。水系临院墙而建，古树依水系而生。街巷高宽比约为1，尺度宜人。水系、古树与院墙共同形成丰富的街巷空间结构（图5-1-56）。

图5-1-54 神蟾泉

图5-1-55 瓦匠庄村水渠与古树

图5-1-56 瓦匠庄村巷道

(五) 传统建筑

1. 宗教建筑

1) 瓦匠庄清真寺

瓦匠庄村清真寺始建于民国初年，为中国古典式木构架，前后大殿均为飞檐斗拱木架结构建成，工艺精巧。大殿前庭两侧的八字花墙采用传统手工雕刻砌成，图案精美，古典玲珑（图5-1-57）。

2) 苏菲先贤陵园（拱北）

瓦匠庄村历史上出了一位"高六十七苏菲大师"。高六十七阿訇去世后弟子们和后人为纪念其功德，在村域西北处湿地内建造了一座伊斯兰教苏菲陵园。

陵墓为中国传统式砖木雕花结构，主体架构以八卦亭、分岭两坡式、四方木雕亭组成，飞檐斗拱，雕梁画栋，砖雕、木雕工艺精致，青砖灰瓦与木雕交相辉映，气势古朴典雅（图5-1-58）。

2. 传统民居

瓦匠庄村民居是土木结构的四合院庄廊，院落由门楼、正房、厢房、角房与院墙共同围合而成。建筑材料多取材于当地，门窗、墙面均为木雕花窗、手工砖雕装饰。

回族庄廊院的空间秩序分明。中央庭院是庄廊院最主要的室外空间，通过布置中央花坛，与高大精巧、布局对称的正房相呼应，形成院落的空间轴线，体型相当的东西厢房强化了院落空间的对称性。入口处窄小的空间与开阔宽敞的中央庭院形成先抑后扬的空间对比，进一步强化庭院空间。

回族庄廊院的空间处理巧妙。院落转角位置通常设置狭窄的天井，天井与庭院之间通过园林式门洞相连，在空间上既形成反差，又相互渗透，形成丰富的空间层次。朝向庭院的檐廊是厅堂与庭院之间的过渡空间，舒适的尺度将室内外自然贯通，雕琢精巧的木质隔扇将室外景色引入室内，产生视觉的连续，营造出层次丰富的空间拓展和渗透效果。

现在保存较完整的传统民居，有相当一部分为民国时期古民居，主要集中分布在清真寺周边。

如瓦匠庄村东有一座明清时期的四合院民居，保存较为完好。该民居主人马瑞斋系循化县城"吉福祥"字号商贾，其经商遍布西北各地及上海等地，家族崇尚教育、经商，族人品行良好，在当地群众中口碑较好。

"吉福祥"故居为明清四合院式建筑，雕梁画栋，窗格玲珑，古朴精美，幽雅传统。特别是门道走廊内的一面砖雕花墙，堪称"循化一绝"。花墙高约5米，宽约3.5米，花墙四周均为砖雕图案，中央有一个1米多宽的草体"福"，笔法遒劲有力，富有神韵，雕工

图5-1-57 瓦匠庄清真寺礼拜殿

图5-1-58 瓦匠庄村苏菲先贤陵园

(a) 正房

(b) 门楼

图5-1-59 瓦匠庄村民居正房

精美（图5-1-59、图5-1-60）。

小结：

瓦匠庄村是典型的滨水型聚落，坐落于平坦的黄河滩地之上，临近黄河，水土肥沃，适宜居住；村落以清真寺为中心，庄廓院落环绕在清真寺周围，形成"围寺而居"的空间格局。

五、河谷型聚落特征

河谷型聚落主要分布于黄河及黄河支流两岸的平坦地区，因地就势形成不同的聚落类型。撒拉族、回族等信仰伊斯兰教的民族受宗教文化和社会组织结构的影响，聚落形态均为团状。以清真寺为代表的宗教空间居于聚落平面的核心位置。在竖向空间上，清真寺对聚落的空间结构同样具有统领作用，从而形成空间上的"聚族而居"。在宗教洁净观影响下，街巷空间古树点缀，水系环绕，形成了明显的"水陆并行"的空间结构关系，民族特征鲜明。

图5-1-60 "吉福祥"故居

第二节　山地型聚落

一、浅山河谷聚落——塔加村

（一）基本概况

1. 区位

塔加村隶属于青海省海东市化隆回族自治县塔加藏族乡。该乡位于化隆县最东部，东邻民和回族土族自治县杏儿乡，南望循化撒拉族自治县清水乡，东西窄南北长，平均海拔2800米，区域总面积193.87平方公里。全乡辖曹旦麻、上工什加、牙什扎、白加拉卡、白加吉、德扎、塔加一村、塔加二村、孖洞9个行政村，共13个自然村。①塔加村周边旅游资源丰富，其中较为著名的有夏琼寺、旦斗寺、李家峡水库等。塔加村行政区划分为塔加一村与塔加二村，两村均于2016年12月入选第四批中国传统村落名录（图5-2-1）。

2. 历史沿革

塔加乡因该区域内的塔加村而得名，"塔加"据说

图5-2-1　塔加村

---

① 化隆回族自治县地方志编纂委员会. 化隆县志[M]. 西安：陕西人民出版社，1994.

为"百马"。史料记载，塔加地区一直为藏族居住地，明时为西宁府中马番族二十五族之一的革咂族居住地。藏族学者才旦夏茸所著《丹斗寺志》《喇勤贡巴绕色传》《化隆县志》等著作，都有化隆地区藏族源于吐蕃将领后裔一说。

民国12年（1923年），国民政府命令各地改厅州为县。巴燕戎格厅为戎县，设知事，属甘肃省西宁道管辖。藏族分16个部落，其中的羊尔贯族即位于科巴尔堂族之北的塔百加一带，也就是现在的塔加藏族乡。

3. 社会经济

塔加一村村域面积约为9平方公里，居住区面积约为0.43平方公里。塔加二村约为7平方公里，居住区面积约为0.34平方公里，现共有120户，510人。

该地区属于高位浅山地带，寒温湿润气候区，宜农牧并举，兼营林业。两村主要种植的农作物有小麦、青稞、豌豆、马铃薯、油菜、胡麻等；牧业草场在村落北部，名为龙马大沙，主要以饲养牦牛、藏系羊为主，另外家家养驴，主要用作驮物。

村内全民信仰藏传佛教，煨桑、念经、转经等宗教仪式活动已成为居民日常生活的重要组成部分，家家拥有煨桑炉，村村设有嘛呢康。

4. 民俗文化

每年春回大地时，塔加村的村民都会举办开耕节，预示着新的一年又开始了，村民们身着盛装前往田间参加春耕仪式，当犁头翻开沉睡一冬的土地时，男女老少呐喊着劳动号子，挥动着耙子，平整田地，将新年的第一粒种子深埋在疏松的土地中，共同祈祷风调雨顺、五谷丰登。

（二）聚落选址与布局

1. 聚落选址特征

高原地区地形、地势、水源、交通等因素均影响村落选址与营建。塔加村位于群山之中，平坦的河谷和山腰缓坡是村落营建的最佳地带，近水源与交通便利也是其选址的重要因素。

塔加村四面环山，地势险要，具有良好的防御性。村落选址在平坦河谷地带和山腰缓坡地带，坐北朝南，位于农田与牧场之间，既满足生产生活的便利性，又获得充足的日照和良好的通风条件（图5-2-2）。

塔加村位于高寒干旱地带，降水量少且分布不均。塔加村有泉水和河水两种水源，保证了当地居民生产生活的用水需求（图5-2-3）。

平缓地造就农田，山坡地造就牧场。塔加村优越的地理条件使得先人在此定居。村落大部分民居建立在山腰缓坡地带，对下接近水源和农田，对上接近山林牧场，使半农半牧的生产方式得到极大便利（图5-2-4）。

塔加村选址于交通便捷的区域，可更好地与外界进行交流，目前有巴燕镇到官亭镇的三级公路通车，通村公路也基本完善，加强了村内与外界的联系（图5-2-5）。

图5-2-2 农田与牧场相拥的塔加聚落

（a）塔加沟河　　　　　　　　　　　　　　（b）村民取水、用水

图5-2-3　塔加村水源

（a）村落梯田　　　　　　　　　　　　　　（b）牧场

（c）青稞晒场　　　　　　　　　　　　　　（d）生产生活工具

图5-2-4　塔加村的农田与牧场

（a）塔加一村　　　　　　　　　　　　　　（b）塔加二村

图5-2-5　塔加村公路

2. 聚落布局特征

从整体布局形态上看，塔加村属于典型带状布局形态（图5-2-6）。村落地处沟壑交错地带，地势北高南低，其中塔加一村背山面水，民宅依山就势呈阶梯状修建，逐级而上，属于山腰缓坡型选址格局；塔加二村则属于山麓河谷型选址格局，村落位于被河流冲刷出的两侧平坦区域，大量庄廓院落沿河流走向依次排布（图5-2-7）。

塔加一村所处的山腰缓坡地带山坡较多，背靠大山，前依山涧河水，可获得充足日照；民居沿等高线布置，纵横交错，既顺应原有地形走势，又可使民居院落之间互不遮挡，为每户民居争取了更多有利的自

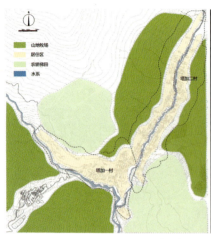

图5-2-6 塔加村空间格局图（图片来源：青海省测绘科学技术研究院）

图5-2-7 塔加一村、二村聚落整体风貌

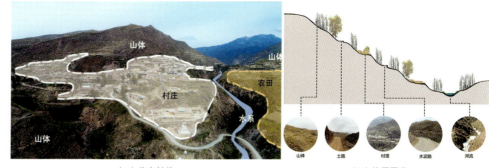

图5-2-8　塔加一村聚落山水格局　　　　（a）分布结构　　　　　　　　　　　　（b）格局要素

图5-2-9　塔加二村聚落山水格局　　　　（a）分布结构　　　　　　　　　　　　（b）格局要素

然条件（图5-2-8）。

塔加二村选址于开阔的山脚河谷地带。由于地形狭长，民居建筑基本沿河谷线性排布。随着人口增多，沿河有效居住用地逐渐变少，居住区域逐渐向山上发展，逐渐成为现在的塔加一村（图5-2-9）。

3. 聚落景观特征

塔加村整体风貌保存完好，是河湟地区较少见的景观形态丰富并且保存完好的传统村落之一。村内山环水绕，融雪清泉形成的溪流穿村而过，汇入村口的河道中。塔加一村庄廓沿等高线排列在山坡之上，呈现层层叠叠的聚落景观（图5-2-10）。塔加二村庄廓布局受地形的限制较小，排列较松散，村落中心河谷滩地泉眼密布，形成风景优美的景观廊道（图5-2-11）。

（三）历史环境要素

塔加村历史环境要素主要有神山、龙马大沙、古树、泉眼、麦场等。

1. 神山

塔加村依山而建，阿米尤合郎山、阿米康家山两座山被村民视为神山，受到供奉，此外还有赛布山、阿尼措嫚贾母山、哲那曲山、阿米亚龙山、夏日宗山、都合加给依山、阿米拉鲁山等。塔加村村民每年都要祭祀山神。

阿米尤合郎山位于塔加村西部，是塔加村村民的主供神山。传说阿米尤合郎原为塔加村先祖卫藏阿米仁青加的护卫长，名叫扎西多旦，去世后被封为地方山神名曰阿米尤合郎。该村寺院塔加寺殿堂有阿米尤合郎山神塑像一尊，供信众膜拜。

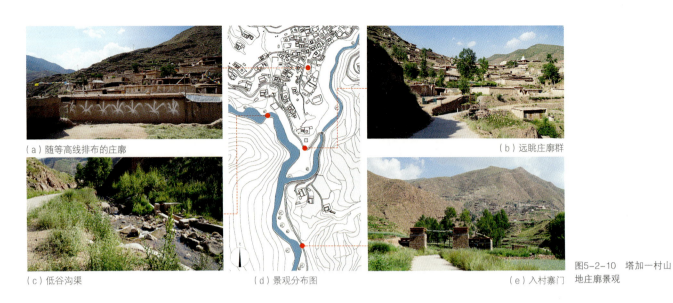

(a) 随等高线排布的庄廓
(b) 远眺庄廓群
(c) 低谷沟渠
(d) 景观分布图
(e) 入村寨门

图5-2-10 塔加一村山地庄廓景观

(a) 茂密林地
(b) 岸边民居
(c) 田园生活
(d) 景观分布图
(e) 穿村而过的生态廊道

图5-2-11 塔加二村河谷廊道景观

阿米康家神山位于汉藏交界地带，古时西面是藏区，东部为汉地，阿米康家神山绵延数里。传说阿米康家原为西安一员大将，受皇命驻守边关，死后被汉藏信众封为山神（图5-2-12）。①

2. 龙马大沙

龙马大沙意为村落牧场，塔加一村与二村拥有各自的龙马大沙，均在居住区域的北侧。龙马大沙内建有庄廓院，供放牧村民休息使用（图5-2-13）。

3. 古树

塔加村以前是多林地带，原林业资源丰富，后因滥砍滥伐林木几乎绝迹，只有北部山上零星散落，其余地方林木基本消失。村中唯一古树在村落最边缘的纳嘎家族门前，据说已有300年历史，成为抵挡外部力量入侵的标志。此树经历多次社会变革，在村民心中是保村落

---
① 青海省海东市化隆县塔加乡塔加村档案

（a）阿米尤合郎山

（b）阿米康家神山

图5-2-12　塔加村神山

（a）塔加二村龙马大沙

（b）牧场庄廓

图5-2-13　塔加村龙马大沙

平安祥和、五谷丰登、六畜兴旺的神树（图5-2-14）。

4. 泉眼

塔加村有三条涧溪自该村主供神山流出，泉眼众多。据调查，最为著名的是名为"霞曲"和"宙曲"的两处泉眼。"霞曲"藏语，意为鸟鸣泉，此泉眼位于塔加二村中部路边，原来在山坡下的村民民居屋底，后由于路基所占，在泉眼处建管道从路基地下延伸至塔加沟。"宙曲"意为雷声泉，泉水只有到响雷的季节才能涌出。塔加村民每年都会在这两处泉眼举行隆重的祈雨仪式，祭祀水神，祈祷风调雨顺（图5-2-15）。

图5-2-14　塔加村古树

图5-2-15　塔加村泉水

5. 麦场

塔加村属半农半牧区，村中农田较多，在几户之间一般都有一片麦场。（图5-2-16）农忙时，是打麦、打青稞、晒麦捆的地方，农闲时作为村民娱乐休闲场地（图5-2-17）。

（四）聚落内部空间结构

1. 内部空间结构

塔加村被三条公路和两条河流划分成了三部分：北侧山脉、中部村落、南侧山脉，受地势影响，形成一村

（a）宅前麦场

（b）屋顶晒台

（c）村民晒材草

（d）村民扎胡麻

图5-2-16 塔加村生产生活

（a）塔加二村16号民居　　　（b）塔加二村14号民居

图5-2-17 塔加村麦场

(a) 门户空间　　　　　　　　　　　(b) 宗教空间　　　　　　　　　　　(c) 打麦场

图5-2-18　塔加村内部空间节点

高，二村低的布局，对比明显。

塔加村整体结构可以划分为三大空间节点和两条垂直轴线：门户空间节点、宗教空间节点、公共空间节点（图5-2-18）；西北—东南短轴线、东北—西南长轴线。

由地形所形成的轴线关系为两条互相垂直轴线，两条轴线分别代表了塔加一村和塔加二村的布局走向，形成了"V"形平面形态，依地形沿缓坡排布。在两条轴线尽端形成了村落的主要空间节点，也是整个村落的边界区域。轴线垂直处最南端则形成了村落内宗教活动的最主要节点，此处是嘛呢康所在地，也是村域范围的核心。公共空间节点由麦场和街巷路口构成，麦场是重要的生产空间，平时除了进行农业生产和集体劳作之外，还可做村民们娱乐休闲场所。街巷路口除作为交通空间以外，还承担着村民互相交流的功能（图5-2-19）。

2. 内部空间构成元素

塔加村空间基本构成要素由院落、巷道、水系、广场等要素所构成。

1）院落

塔加村院墙为全石墙，底部宽约0.5米至1米，宽底窄顶。墙内房屋为两层木楼，呈合院式。由于宅基地存在高差，塔加村居民巧妙地利用高差顺应地形走势排布民宅，向阳面互不遮挡，争取有利朝向，背山面与民宅后墙结合，既不用大动土方筑墙，节省劳动力，又加强了房屋整体结构强度，结实耐用。民居均为方形平屋顶，其上既可供人休憩娱乐，又可晾晒谷物，而山地民居前后有较大高差，因此许多房屋屋顶与屋后巷道接壤，增强了村民之间的联系（图5-2-20）。塔加村院落布局大致分为三种类型，不同的类型拥有不同的内外庭院布局形式（图5-2-21）。

村内家家户户的墙上、塔上都要绘制一种特殊符号，当地村民解释该符号的含义为宗喀巴大师，涂画这个符号的含义主要是为了纪念宗喀巴大师。每年的符号都要重新绘制，并且要在农历十月二十五之前完成。

塔加村院落布局大致分为三种类型，三种类型均为方形，院落内布局可分为：①内院"口"字形、外院"L"形，②内院"凹"字形、外院"方"形，③内院"口"字形、外院"方"形三类。

2）巷道

塔加村道路分为三个等级：主要道路、次要道路、宅前路。作为对外通车的主要道路宽度为4米，而次要道路和宅前路约为2～3米，主要承担村民日常行走和牲畜活动的功能。

村内巷道呈不规则形状，街巷高低不平，路面一般都是石子、沙土。除现在规划建设的硬化路外，一般宽度均为2米左右，巷道两边是夯土墙（图5-2-22、图5-2-23）。

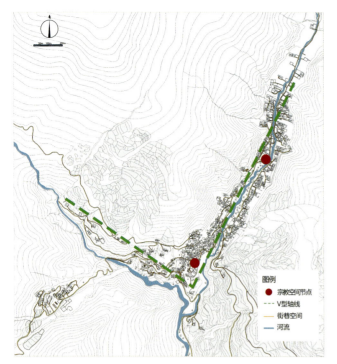

图5-2-19 塔加村节点位置示意图

图5-2-21 塔加村院落布局类型

（a）塔加一村民居

（b）塔加二村民居

图5-2-20 塔加村民居院落空间

3）水系

塔加村所辖两条大的山沟均有河流，源自主供神山——阿米尤合郎山和康家神山，而村庄内有多处泉眼流出，水系与神山形成山水合一的格局（图5-2-24）。

4）广场

每逢传统节庆、婚嫁喜庆时，当地村民都会组织锅庄舞表演，锅庄舞是塔加村民不可缺少的一项民俗娱乐活动，2014年由政府投资修建的广场即为锅庄舞的活动空间。

广场位于村落中心，临近主要道路，交通便利，位置优越，背靠山体，面向穿村而过的河流，视觉景观良好。广场平面形态为规整的矩形，长30米、宽15米。北靠山体，南临入村道路并设置入口，东西两侧由地势相对较高的庄廓民居建筑限定，形成一个下沉式活动空间。

（a）主要道路

（b）次要道路之一

（c）次要道路之二

（d）宅前路

图5-2-22　塔加一村道路

（a）主要道路

（b）沿河道路

（c）次要道路

（d）宅前道路

图5-2-23　塔加二村道路

(a)塔加一村水源　　　　　　　　　　　　　　(b)塔加二村溪流

图5-2-24　塔加沟河

（五）传统建筑

1. 宗教建筑

塔加村主要宗教建筑有塔加寺、嘛呢康、白塔、本康等。

1）塔加寺

塔加寺位于塔加村西侧，塔加寺称"塔加贡巴扎西三旦林"，意为"塔加吉祥静虑洲"，亦称"塔加夏智林"，意为"塔加讲修洲"，位于塔加村西北部。由第一世塔加夏茸格敦尖措活佛创建于明嘉靖元年（1522年），寺主塔加夏茸。塔加寺最早建于现在塔加二村的"贡巴秀"（意为寺院遗址）的地方。1958年该寺建有砖木结构二层藏式经堂1座，计64间，主要供奉释迦牟尼佛、宗喀巴师徒三尊、一至三世达赖喇嘛等像11尊，度母、马头明王等卷轴刺绣画10余幅，《甘珠尔》《丹珠尔》《宗喀巴师徒全集》等藏文经典及其他文物法器。另建有读拉院（诵经院）14间，伙房4间，客房6间，菩提塔一座，活佛昂欠一座24间，僧舍30院，600余间。当时有僧侣83人。寺内一切教务活动有塔加夏茸活佛主持，下设"格贵"、"翁则"各一人，"扎干"2人。以上僧职均经僧众推选后，由塔加夏茸活佛任命，任期一年，于每年农历十二月二十九日改任。宗教活动主要有四月份的供养法会，六月夏季法会等，香火庄就是塔加一村和二村。

2）嘛呢康

塔加一村、二村各有一个嘛呢康，每年夏冬两季各举办一次为期七天的重要法会，每月初十举行"才具"法会一次，一般多读平安经。

塔加一村嘛呢康始建于元至正年间（1341~1368年），现嘛呢康是由原址迁建而成，并于其上建阁楼式经堂一座，主要供有活佛、释迦牟尼、宗喀巴大师像等。

塔加二村嘛呢康是二层石木建筑，殿内有"俄巴"念经的座位，经堂内有塑像、唐卡、壁画等佛像。

3）白塔

塔加一村与塔加二村各有一座白塔。一村白塔位于一村入口处（图5-2-25），二村白塔位于二村嘛呢康后一处坡地上（图5-2-26）。白塔整体分为塔身和基座两个部分，塔身形式为覆钵式佛塔，基座与转经筒相结合且四角出檐，在塔下形成一圈回廊，以供藏民在此转经祈福。

4）本康

本康意为"万佛房"，多在村落边缘，以矮形土木建筑为主，不设门户，意在压伏邪恶，征服地祇。塔加

图5-2-25 塔加一村佛塔

图5-2-26 塔加二村嘛呢康前佛塔

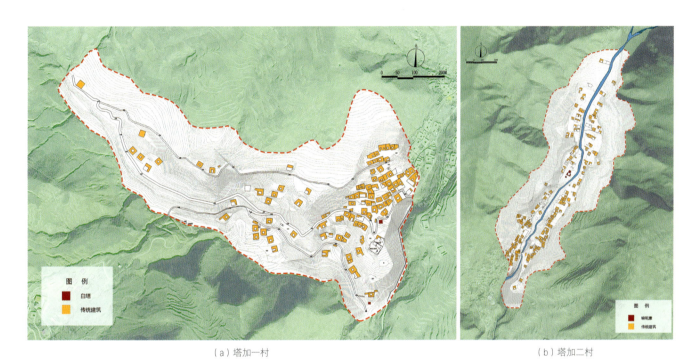

(a) 塔加一村　　　　　　　　　(b) 塔加二村

图5-2-27 塔加村传统民居分布图

村共有三座本康，各处均保存完好。

2. 传统民居

1) 外部形制

村内民居建筑的总体空间布局沿两侧山体等高线呈台地式布局，其中东部沿沟谷地带民居较为集中（图5-2-27）。

传统民居在外部造型上体现着此地区民居的共同特征：四面围合空间、平屋顶、外部封闭、内部灵巧、内外对比明显、造型简洁明了。当地民居注重住宅入口、檐口及窗楣的外部处理，整体建筑风格简洁大方，并具有一定的耐久性，充分体现藏族村落建筑特色。当地民居同时具有独特的门楼入口空间，随地势而变化，大多门楼与道路形成一定角度而开，具有隐蔽性，并不直接对街

图5-2-28 随地就势的入口空间

图5-2-29 塔加村民居外观

（图5-2-28）。

村落民居基本多为土石木结构，墙体由附近山上开采出来的片石砌筑，底部较厚，上部较窄，外部由黄草泥包裹，屋顶由相互垂直的小圆木构成，中间夹杂干草和木板，防止向内部空间漏水。近年来在新建的民居屋顶上加入了瓦片，防雨功能更佳。房屋主要承重结构为内部的木柱网，基本为等距柱距，按照现代建筑结构来看属于木框架结构，村落内有大量的民居采用此种形式，抗震性能好，有很多几百年老房子依旧坚固，充分体现了藏族人民的智慧（图5-2-29）。

目前村内保存相对完好的传统庄廓院有近20座，据说有的已有百年历史。院墙为全石墙，开窗较小，这与当地历史上的早期防御功能有关，楼顶为平顶，供瞭望、晾晒所用（图5-2-30）。

部分村民对房屋进行了改造，对传统民居窗户狭小、采光性能欠佳的缺陷进行修正，将窗户放大，很好地解决了房间的采光问题。二楼四面都是回廊，回廊栏杆和墙裙雕刻花鸟，图案精美，雕工精细。

2）内部功能

藏传佛教中的宗教法则将世界分为神、人、畜三

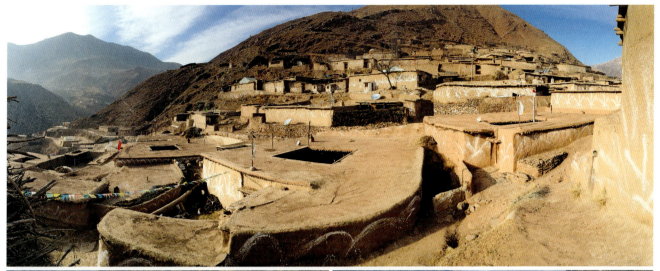

图5-2-30 塔加村平屋顶

界,并体现在民居营造上,因此藏族人民所建造的民居在平面功能上大致有以下几种:牲畜圈、厨房、客厅(年康)、卧室、经堂、储藏间(图5-2-31、图5-2-32)。

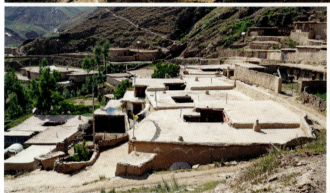

(a)塔加一村24号民居

(b)塔加二村34号民居

图5-2-31 塔加村传统民居平面布局示意图

（1）"年康"

"年康"指房中最大的房间,面积约50平方米,是集厨房、客房、卧室、餐厅于一体的多功能房间。内部为全开放式"锅台连炕"的格局,锅台一般高70厘米,宽70厘米左右,长2米,放置两个锅灶的台子,连接炕的隔断长度与锅台、炕一样为2米左右,全木板不封闭,方便从锅台直接向炕上的老人或客人递茶水。炕面材料是塔加村当地产的石板,上面用泥浆抹平,灶烟从炕底经过。

（2）卧室

卧室形制一般为两开间一进深,个别为三开间一进深,均位于二层。除了年康里的炕供主人休息使用之

图5-2-32 塔加村传统民居功能房间

外,一般还会有一两间单独的卧室,面积较小,内部空间也很简单,只作为休息使用。在四面围合的封闭空间内,卧室占据着南侧采光的有利位置,开木格窗,装饰精美。

(3) 经堂

塔加村全民信仰藏传佛教,经堂是家庭成员们心中的精神场所。经堂内部的布置和装修都很讲究,一般铺地砖或者铺毯子。

(4) 厨房(面房)

青藏高原海拔高,气温低,所以生火做饭和室内取暖常常结合在一起,上文提到的年康空间里的"锅台连炕"是典型的例子。除此之外,紧挨年康旁边还会另开一间房作为面房,制作当地居民日常食用的"馍馍",面房还会兼有储藏面粉的功能。

(5) 储藏间

在藏式传统民居中,储藏空间是很重要的功能组成。由于塔加村藏民采用农牧结合的生产方式,因此需要大量空间储藏谷物、耕种农具和草料等。一般两层住宅将底层部分空间当作储藏间使用,与牲畜圈共同布置。

(6) 牲畜圈

在塔加村民居中,牲畜圈多设置于住宅底层。现在因生活条件的改善,新建的民居会将牲畜圈和人居住空间平行设置,做到人畜路线分离。牲畜圈由一门进入,墙体不开窗,有时会在墙体上开小洞进行采光和通风,层高约为2.3~2.6米。

塔加村传统民居形制是根据实际使用空间需求和建造材料选择形成的,由于是木结构承重,根据当地木强度和尺寸确定了房间空间大小,各房间使用功能不同,开间大小不同,面积大小也不尽相同,最终形成集多功能于一体的方形庄廓(图5-2-33)。

3) 地方材料应用

(1) 石材

塔加村传统民居使用石材建造外墙围护结构,石材

(a) 航拍

(b) 院内庭院

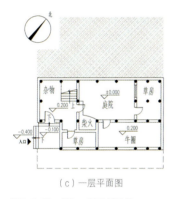

(c) 一层平面图　　(d) 二层平面图

图5-2-33　塔加一村59号民居

出自塔加村周围石山，开采出来后无需加工直接用于砌筑墙体。这里需要提到的是塔加村一项引以为荣的石砌技艺，当地人称之为"塔加干木奏"，具体做法是采用当地开采出来的石块直接砌筑墙面，无需用泥巴。当地工匠手艺高超，无论石块形状和大小，都可以砌筑成墙，整个过程十分流畅，一气呵成。

（2）黄土

塔加村拥有丰富的黄土资源，因此广泛用于塔加村民居的建造，这里黄土的运用方式有别于其他地区建造的生土墙结构，主要运用在外墙和屋顶上。外墙上的运用是指在砌好的石墙面用草泥抹平；屋顶上的运用是指将屋顶结构搭建好之后，在其上覆盖一层草泥层，多人共同协作将屋顶找平，经过反复晾晒，再继续压实，定期用石碾在屋顶上拖动，彻底将屋顶整平，从而达到防水防霉的效果。

（3）木材

塔加村属于浅山河谷地带，曾经林业资源丰富，境内乔木灌木丛生，大量的木材资源成为村民们建房的优选材料，因此塔加村民居的主要结构体系为木框架结构体系，使用粗壮的圆木进行柱网排列，再将稍细的圆木作主梁，最细的用作次梁，最后用木板铺设在上面，覆盖小木条等，完成房屋主体结构的搭建。柱梁之间用榫卯搭接，坚固耐用，各承重部位受力均匀，结构整体性强。

塔加村民居不仅在结构体系上运用木材，也用于隔墙、门窗和栏杆等部位，由于卧室空间需要采光，南侧外墙一般不再使用敦实厚重的土石墙面，取而代之的是木板墙，房间内侧墙面也全部使用木板分隔。

小结：

塔加村依山而建，错落有致，群山环绕，至今仍保留着比较原生态的生活方式，保持着恬静的田园生活状态。村庄内有藏传佛教寺院塔加寺、嘛呢康建筑以及大量保存完好的传统民居建筑，巷道众多，多以石板、石子铺就。融雪与山泉形成的溪流穿村而过，形成别致的生态景廊。

二、浅山山麓聚落——尖巴昂村

（一）基本概况

1. 区位

尖巴昂村位于青海省黄南藏族自治州尖扎县昂拉乡西南侧，距县城9公里，东与措加村相连，南与如什其村接壤，西与能科乡下扎村相连，北与牙那洞村相接，县乡公路马尖公路（马克唐镇至尖扎滩乡）南北向穿村而过，交通便利。

村落由两部分组成，一、二社为一个自然村，是村庄的主体，格日社为一个自然村，是村庄的一个小聚居点，位于主村落西南侧约2公里处。村落沿戈失河北岸布局，建筑背山面水沿等高线排布，形成了良好的居住环境（图5-2-34）。

图5-2-34　尖巴昂村

图5-2-35　尖巴昂村与周围环境关系图

尖巴昂村村域内平均气温8℃～9.6℃，年平均日照时数2650～2850小时，年总辐射量149.5千卡/平方厘米，光热资源可满足两季农作物生长需求。年均降水量340～380毫米，雨热同期，春旱频率较高。

2. 产业发展

尖巴昂村均为藏族。农业主导产业已初步形成相对经济优势，小麦青稞等粮食种植、蔬菜种植、牲畜养殖等构成当地的产业结构。近年来，尖巴昂村以发展种植业、畜禽养殖业、小型加工业为主，经济实力逐年上升。

3. 历史沿革

昂拉乡的名称来历有两种说法：一是相传在吐蕃赞普赤松德赞时期，一名叫噶叶西达日杰的大臣到多麦地方征税，他在河东（黄河）筑一马棚，叫"达拉卡"，在黄河北有一条大沟，他在沟中又重修一个马棚，称"囊拉"，后来人们称作昂拉。二是传说该村从卫斯藏的昂拉地区迁居此地而得名。随着历史的发展，形成村落。

2014年尖巴昂村被列入第三批中国传统村落名录，2014年被列入首批中国少数民族特色村寨名录。

（二）聚落选址与布局

1. 聚落选址特征

村落处于黄河西岸的河谷浅山地区，黄河的支流戈失河沿村落南缘自西南向东北流过，在牙那洞村附近汇入黄河，村落南北均有山体，坐落于戈失河川道中，村落周边植被茂密、环境宜人，尖巴昂村平均海拔为2100米，依河谷呈北高南低、西高东低的自然地势，自西向东布局，东西高差约14米。村落选址特点是：建在河岸台地上，背山面水，民居坐北朝南，能有效防御自然灾害，获得充足的阳光和水源（图5-2-35）。

图5-2-36 尖巴昂周边黄河谷地

（a）航拍

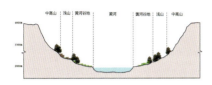

图5-2-37 高原河谷区域竖向空间格局图

2. 聚落布局特征

1）空间格局

黄河在尖扎县昂拉乡境内由西北流入，在牙那东村转向南，并向南流出。整个昂拉乡坐落在黄河西南的山前缘的台地上，尖巴昂村落周边地形起伏有序，自黄河往西地势逐渐提升，呈现黄河谷地—川水—浅山—脑山的地形格局，而气候、地貌、植被、景观、产业与海拔高程之间具有的显著相关性决定了景观面貌多样、层次分明的空间特色（图5-2-36、图5-2-37）。

2）村落肌理

昂拉千户庄园位于村落中部，庄廓院落围绕昂拉千户庄园依次展开布局，依形就势，讲求主从有序，同时注重绿化和开敞空间的构建，形成开合有序、富有变化的传统村落空间秩序。院墙多取用天然黄土夯筑，保持材料的自然色彩，与周围环境浑然一体，相辅相成。

村落肌理的多样性体现在庄廓空间的组合模式上。庄廓院落平面形式包括"一"字形、"L"形、"U"形和"口"字形，不同形式的院落结合地形，错落有致（图5-2-38）。

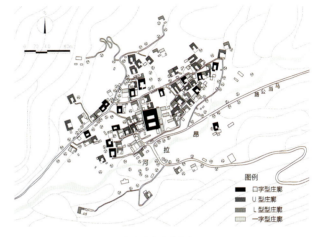

（b）庄廓院落分布

图5-2-38 尖巴昂村聚落肌理

（三）街巷空间

村落道路主要走向为东西向，呈不规则网络状，竖向上略有起伏，纵横交错，形成四通八达的路网系统，马尖公路连接对外交通。道路主要分为三个等级：主要道路、次要道路、宅前路。对外通车的主要道路，宽度为5米；次要道路约为2~4米，主要承担村民日常行走和牲畜活动的功能；宅前路宽度2~3米，连接入户。部分巷道两侧直接与建筑相邻，形成相对封闭的巷道空间，部分巷道则较为宽敞，合理利用地形局部高差形成开敞空间（图5-2-39）。

戈失河位于村落南侧，戈失河水通过水渠流入村落，调节村落生态环境。

(a)次要道路　　　　　　　(b)宅前路　　　　　　　图5-2-40　尖巴昂村古树

图5-2-39　尖巴昂村街巷空间

古树是传统村落的重要有机组成部分，尖巴昂村中有两棵古树，树龄已达三百多年历史（图5-2-40）。

（四）传统建筑

1. 昂拉千户庄园

昂拉千户庄园始建于清代，原为居住在尖扎地区昂拉千户的宅院。据记载，昂拉千户是吐蕃王朝赤热巴坚的后代，为了守卫边界的征税，公元492年吐蕃王朝赤热巴坚大臣贡叶西达杰（译征税者）到这一地区居住生活，成为尖扎黄河两岸的头人。1657年清朝乾隆年间将他的后代之一祖多杰封为昂拉千户，到1949年中华人民共和国成立前夕，昂拉千户已经世袭至第七代——项谦东智。现在的昂拉千户庄园是项谦东智继位后于1941年重建，到1949年竣工落成。

昂拉千户庄园是青海省旧宅中保存较为完善的藏式庄园之一，是了解尖扎和平解放和尖扎社会经济发展的重要场所，有很重要的文化遗产价值和历史价值。昂拉千户院于1998年12月22日被列为第六批青海省文物保护单位，于2019年被11月被国务院列为第八批全国重点文物保护单位。

昂拉千户作为一个地区有影响的大贵族家庭，先后出了7名活佛，其中五世东科·索南嘉措及其侄子二世嘉木祥·久美旺博负有盛名。这两位叔侄的故居与昂拉千户庄园一字排开相连。位居中间的东科活佛故居已经被毁，而在东侧的久美旺博故居基本保留完整。

昂拉千户庄园是院落式建筑，坐北朝南，四周全是封闭式夯土大墙，高达7米有余，既安全牢固又威严气派。

昂拉千户庄园总占地面积为4600余平方米。内分上、下两院和佛殿三层，以二进式雕梁画栋四合二层木质结构建筑为主，完全采用木质结构，两院三层共97间房屋，2700平方米，设有佛堂、办公室、会客厅、卧室等。千户院沿中轴对称，坐北朝南，自南向北的空间序列主要由入口照壁、大门、下院、上院、佛堂及角楼构成，秩序严谨（图5-2-41）。

1）入口空间

庄园的大门前正对着砖雕照壁，照壁上刻有67组正方雕花，其中间都是倾斜的"卍"字符。下半部分则是26块砖雕，另加两个半块砖雕，底部也是青砖，共有四层，叠层突出，整齐划一。

入口大门设有两层馆阁式门楼，正门门楼是前后开门，两扇又厚又大的朱红大门庄严肃穆；正门的两侧还有砖木雕刻，雕刻为六瓣莲花，其旁边也是稍大一些的砖雕。穿过正门，中间是两间房子大小的门厅，实为整个庄园的底层部分，门厅二楼是管家房。

2）下院

下院为藏式平屋顶土木结构二层楼，四面环立。前

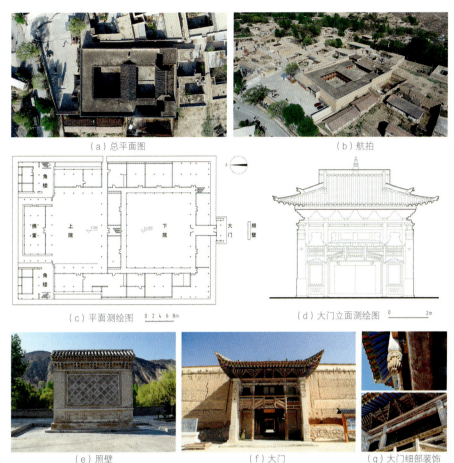

图5-2-41 昂拉千户庄园空间序列
(a) 总平面图　(b) 航拍　(c) 平面测绘图　(d) 大门立面测绘图　(e) 照壁　(f) 大门　(g) 大门细部装饰

院的一层房间主要是各类财物的储藏室，也包括设在房角的马厩等。前院的二层楼厢房，都是纯木房屋、格子窗，是千户头人及内眷的起居室，千户的办公室、接待室、会客室也都在二楼厢房内（图5-2-42）。

3）上院

上院和下院之间，正中间有重门相通（图5-2-43a），恰好是一层房屋的高度，一个楼梯从前院的一层连通后院，并与前院的二层楼连接（图5-2-43b）。楼梯口设有栏杆和平顶木门，藏语为"南果"，即"天门"，可以在紧急时或夜间关闭。同时，前、后院各设角房楼梯，通达二楼和房顶，而正房和厢房也均有木梯或横架相通，使整个庄园有机地连接在一起。从正中间的楼梯上到上院及后院，左、右两面各建有平顶式土

(a) 院落空间
(b) 连廊整体外观　(c) 廊下空间
图5-2-42 昂拉千户庄园下院

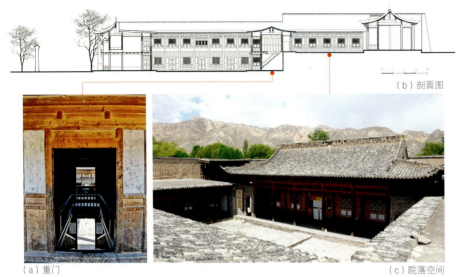
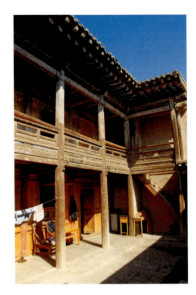

图5-2-43 昂拉千户庄园上院　　　　　　　图5-2-44 昂拉千户庄园角楼

木结构厢房，一面4间，共8间，是千户的办公室（图5-2-43c）。

4）佛堂及角楼

上院的正面，在不太高的台阶上建有佛堂，两院三层结构由此而来，标志着屋主的地位和身份。佛堂是单层砖木结构，面宽五间，进深三间，房屋中间有四根大柱子。佛堂两侧设有回廊，并各有一座小角院，墙角各建一处独立的两层角楼，为上下各三间半，上下层之间有木梯相通，并从二层直接通到下院房屋的平顶。其中北侧的角楼用于接待活佛高僧和贵宾，南侧角楼专门用于庄园内专职宗教人员诵经（图5-2-44）。

5）雕梁画栋

房屋的斗栱、飞檐上，雕刻着大量的花纹图案，以花草、鸟兽为主，形态生动，雕工精细，分布均匀，是藏族艺术和汉族艺术的完美结合。庄园的壁画艺术也独具特色，木材和墙面的彩绘壁画，图案均以花卉为主，活泼生动。

2. 更钦·久美旺博昂欠

更钦·久美旺博昂欠为嘉木祥二世活佛的故居，建于清代，2004年5月10日被列为第七批青海省文物保护单位。大师故居的大门门顶是以藏式传统方式装饰的柔和旗。故居的主体建筑与昂拉千户院的风格一样，是一座藏式平顶土木结构二层楼，正房一排6间，每间宽度2.6米，正房两侧各连着两间房（图5-2-45）。上下两房也由一根柱子相通，正面皆为木板，楼梯为木梯。

正房的一层是家人生活用房，二层是故居的佛堂，也是当年久美旺博大师修行学经的地方。佛堂内供有泥塑佛像和唐卡，主要供奉的是弥勒佛五岁像。左侧是龙王像，右侧塑有久美旺博大师的身像。

建筑二层结构细部为精美木雕，且部分为彩绘，色彩艳丽，保存良好。

佛堂左面的两间房屋被隔开，靠外的房门上写着汉文"禅室"二字，落款为"大清乾隆十五年　毛敏学题"。这在其他藏传佛教大师故居是很少见的，显示着这位大师与汉族文人之间的友谊。

室内最边上建有通间的煨炕，是当年大师给弟子和信徒讲经说法的场所。煨炕以外的一间，是弟子听经和随从服侍的活动场所，墙面有各色哈达包围的佛龛，里面供奉着"贡宝夏周巴"，即"六臂怙主"。

(a) 鸟瞰

(b) 主体建筑

图5-2-45 更钦·久美旺博昂欠

佛堂另一侧置放一台法床，法床上的靠背放着二世嘉木祥活佛灌顶、讲经用的遗物。佛堂的二层木廊可以通往院内其他三面的平顶土木房房顶，南侧的房顶与其侧的东科五世故居之间的墙体上，留着当年开槽通道的痕迹。

3. 传统民居

尖巴昂村村落建筑采用了河湟地区独具特色的传统民居形式——庄廓。当地庄廓民居为独院独户，互不共墙，正方形的庄廓为土夯院墙，房倚墙而立，一般为土木结构的平房，屋顶覆土代瓦，分正房和厢房。有的人家在大门内一边盖数间简易土房为畜舍，立院建房比较考究，院墙高而厚，平整光洁，大门门冠多有雕花装饰。房屋用木构架承重，黄土屋面，带有檐廊，使房屋与庭院融成一体。

1）民居形制

正房一般迎门而立，正房间数以院宽为数，一般为七间。右三间为一室，藏语称"木昂"即厨房，门开在第三间，靠里一间为火炕，炕沿边四分之三用炕墙相隔，以防烟尘。靠屋檐一边开有横拉式两扇窗，一为木格糊纸窗扇，一为装板窗扇，两扇窗可以推拉置换使用。此窗既为窗又带门，十分方便。屋内其余墙下三分

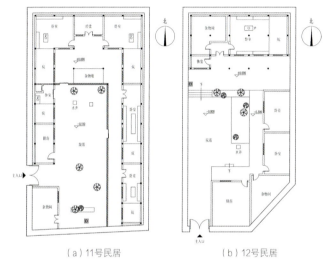

(a) 11号民居　　(b) 12号民居

图5-2-46 尖巴昂村民居测绘平面图

之一多数人家均用木板镶嵌，檐墙则上下全用小板。后墙上三分之二装有无门碗柜，置放碗碟器皿。正房多数人家都铺设木地板，以柏木为上，防潮耐腐。厨房是家人聚集、吃饭、取暖和接待客人的场所。厢房多少、大小根据需要而建，一般为青年夫妻和未成年子女居所（图5-2-46、图5-2-47）。

2）夯土墙

夯土墙下部厚约1.5～2米，上部厚约0.6～1米，整个墙体高约4～5米，向上倾斜收缩，传统的庄廓墙体

（a）卧室

（b）阳光房

（c）经堂

（d）厢房客厅

图5-2-47 尖巴昂村民居各功能房间

都是用版筑法夯土造墙，墙体外观整齐，模板印由下往上清晰可见，经济环保，美观大气。

3）大门

庄廊的外观是质朴的，唯有大门是装饰的重点。大门通常采用砖木结构，为木质双扇门，常用砖雕和木雕进行装饰。

4）屋顶

屋顶都是平顶，最上层涂抹一层草泥。构造从下至上依次为椽子或者望板、树枝木片、干铺麦草层、100毫米湿黄土层、50毫米草泥面。

5）廊檐

通常在主房前设置廊檐，作为室内外空间的过渡，廊檐通常采用木质结构，也是装饰的重点，夏为纳凉憩息之地，冬为晒太阳取暖之所。

6）窗户

民居窗户多为平开式的木质结构。常见的形式有上下三格中四格的木质窗棂，并采用图案装饰，精细讲究（图5-2-48a）。

7）建筑装饰

主要是房屋檐下、门窗等处的木雕以及大门汉砖柱等处的砖雕，檐下的木雕最为丰富，窗格图案样式有菱形、方格形、条纹形等几何纹样，也十分精美（图5-2-48b）。

8）空间装饰

民居院落内部有经幡柱，上面挂有经幡，经幡是作为福运升腾的象征物（图5-2-48c）。

村内几乎每家每户都备有煨桑炉，煨桑是藏族最普遍的一种宗教祈愿礼俗，是宗教场所不可或缺的形式之一，燃起的桑烟有清香舒适之感（图5-2-48d）。

民居门帘也具有独特之处，多用布料制成，上面绘有藏族特有的符号或吉祥图案（图5-2-48e）。

（五）非物质文化遗产

尖巴昂传统村落非物质文化遗产与村庄居民世代相承，与生活密切相关，主要包括民间音乐、舞蹈、手工技艺和民俗等。

1. 民间音乐

尖扎藏歌：州级非物质文化遗产，用于节庆助兴，传承人自小时候听母亲传唱，以录音、录像、图片及文字说明形式保存。

伊：州级非物质文化遗产，主要在民间流传。

勒：主要在喜庆、过年、射箭等各种仪式中演唱。

2. 民间舞蹈——则柔

主要在节庆、节假日、婚庆、过年、宴席、射箭仪式的时候进行表演。

3. 民间手工技艺

刻版印刷、唐卡制作等均属于国家级非物质文化遗产（图5-2-49）。

4. 民俗

射箭：属于州级非物质文化遗产项目，为大型、综

（a）木窗　　　　（b）木雕细部

（c）经幡柱　　（d）煨桑炉　　（e）门帘

图5-2-48　尖巴昂村民居细部

图5-2-49　刻版印刷

合性民间节日活动，每年秋收后举行。

昂拉毛兰木：赛康寺的佛寺活动，每年举行。

服饰：藏袍是藏民的平常衣着，也是区别于其他民族最显著的特征。

小结：

尖巴昂村村落布局巧妙利用地形山势，沿坡地台地布置、背山面水，并充分结合周边自然生态环境共同构成了适合传统生活方式的居住环境，形成了舒适的、极具特色的村落人文景观。村落历史悠久，地域民族文化、历史文化丰富，有昂拉千户庄园、久美旺博昂欠两处省级文物保护单位及丰富多彩的非物质文化，蕴含了丰富的历史内涵，体现了人类物质文明、精神文明与大自然的平衡与和谐。

三、浅山山麓聚落——兔尔干村

（一）基本概况

1. 区位

兔尔干村是湟源县日月藏族乡行政村，距湟源县城约23公里。村域面积为4.2平方公里，居民以汉、藏为主，还有少数蒙古族。村落位于日月山脚下，地形复杂，周边山多地少，沟壑纵横，平均海拔3100米，地势由西北向东南倾斜。村落北与前滩村相邻，东与大、小茶石浪村接壤，南近若药堂村，东西宽而南北狭长，G6京藏高速和国道109线穿村而过。

兔尔干村地处重要地理位置，是海藏咽喉、草原门户，也是唐蕃古道重要的节点和驿站，即唐之纥壁驿。村落位于羌中道、丝绸南道上，同时是农业区与牧业区、黄土高原和青藏高原、季风气候和非季风气候的分界点。受其地理位置影响，兔尔干村成为一个汉藏混合、宗教多元、农牧业结合的村落。

2016年12月9日，兔尔干村被列入第四批中国传统村落名录。2017年列入青海省历史文化名村，2019年7月28日，兔尔干村入选全国首批旅游重点村名单。兔尔干村周边旅游资源丰富，其中较为出名的有丹噶尔古城、日月山、东科寺、宗家沟、华石山、哈拉库图古城遗址、石堡城遗址、湟源城隍庙等。

2. 产业发展

兔尔干村位于青海省农业向牧业区过渡的地带，是一个典型的农牧业结合区，主要产业为农业、畜牧业，种植青稞、油菜、青饲料等作物。依托县域丹噶尔古城、日月山，以及村域的东科寺、全神庙、活佛住所遗址等旅游资源，G6、G109国道的便利交通条件，旅游业也较为发达（图5-2-50）。

图5-2-50 兔尔干村周边风光（来源：张小强 摄）

图5-2-51 兔尔干村社火

3. 文化特征

兔尔干村始建于清朝，是全乡政治、经济、文化中心。村西侧的东科寺为省级文物保护单位，村中的全神庙为县级文物保护单位。村落因寺聚集，高原适宜的环境和文化积淀，给这里的人们带来了人本意识和宗教的依托感、归宿感，产生了多元的文化融合。非物质文化遗产代表性项目有兔尔干村社火、焜锅馍馍、腊八献冰、青苗会、祭俄博等（图5-2-51）。

（二）聚落选址与布局

1. 聚落选址特征

兔尔干村依山而建，村落南面溪流由寺滩沟流出，沿村流过，向东汇入村东湟水河支流药水河，山上冰雪雨水流下，水质清澈，一年四季水源不断，满足了兔尔干村村民日常生产和生活需求（图5-2-52）。村落西北方向的高山阻挡了西北寒风的侵袭，同时东北两翼有山丘环抱，南面敞开对外，形成背山面水、东北低西南高、临近水源的聚落布局特点（图5-2-53）。

图5-2-52 药水河谷（来源：张小强 摄）

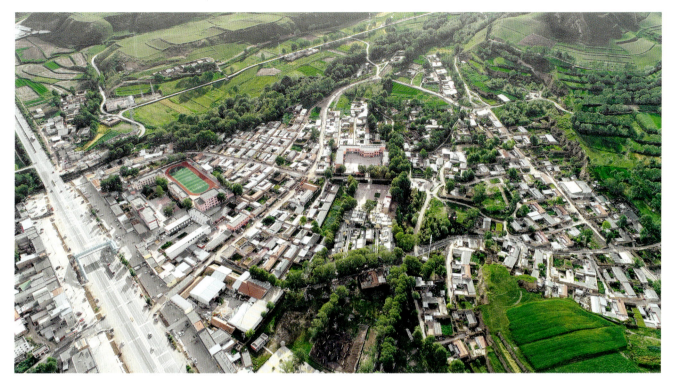

图5-2-53 兔尔干村整体风貌

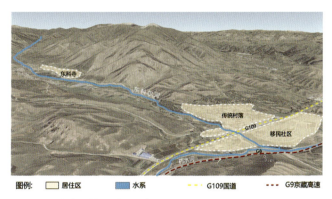

图5-2-54 兔尔干村空间布局示意图

2. 聚落布局特征

兔尔干村整个村落主要由三部分组成：东科尔河台地上的传统村落、村落西侧的东科寺以及109国道东侧的移民搬迁新型社区。村落依自然山水，构成了以山为背景、田为基质、水为纽带、林为屏障、寺为核心、村为拱卫的山水格局特征。传统村落居住用地较分散，全神庙位于核心位置，是村民们逢年过节去拜佛祈求平安的圣地（图5-2-54）。

（三）街巷与院落空间

1. 街巷空间

兔尔干村街巷整体自然延伸，结合建筑的进退错落形成丰富的空间层次。兔尔干村的肌理主要由街巷构成，街巷依据地形走向，排列自然有序，高低错落有致，富有韵律感。

2. 院落空间

河湟谷地是适合聚居之地，兔尔干村虽处在边缘地带，久而久之也形成一定规模的聚落。为了古时的防卫需求，村民建起一座座庄廓。一座庄廓即一座古堡，有很强的防御性。古堡是缩小了的城池，而庄廓则是缩小了的古堡。

庄廓院落是村民生活居住的主要空间，由高大厚实的夯土墙、户门与街道空间分隔开来，街道之间的区域宅院紧密相邻，从而形成封闭的巷道空间界面。作为居

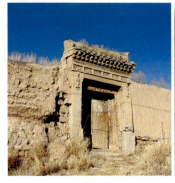
（a）门楼

（b）外观

（c）院落空间

图5-2-55 兔尔干村院落空间

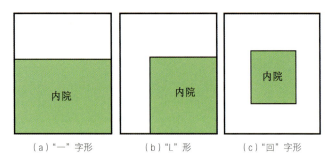
（a）"一"字形　　（b）"L"形　　（c）"回"字形

图5-2-56 兔尔干村院落布局类型

住空间的庄廓院建有厚重的夯土外墙，有较高的防护性能。该地村民"近藏风而有汉俗"，使得庄廓院呈现出明显的汉族特征，形制为四方合院（图5-2-55），布局形式有"一"字形、"L"形、"回"字形等。受用地影响，庄廓院呈现出不规则形态，显得自由、灵活。庄廓院采用高墙封闭，形成独特的边地宅院。庄廓院落的入口一般设置在东南和西南向，庄廓院落内部正房一般与入口大门相对（图5-2-56）。

传统庄廓民居体现了对地形的适应，村落中四四方方的庄廓民居有机组合，同时又各自结合所处的具体地形环境，依山就势分布。民居院落主要由北房、东西厢房、牲畜棚、草料棚、旱厕组成，依附地形走势，各个功能空间合理分布，形成半农半牧地区典型的完整院落空间组合形式。

（四）传统建筑

1. 宗教建筑

1）东科寺

东科寺（又名"东科尔寺""洞阔寺"）属藏传佛教格鲁派寺院，创建于清顺治五年（1648年），位于兔尔干村西侧三公里处。清顺治五年（1648年）东科寺由四世东科尔嘉羊木措建于丹噶尔城东西石峡口，建造历时三年，建筑式样为藏式。清雍正六年（1728年），青海蒙古和硕特部首领罗卜藏丹津反清，将该寺院化为灰烬。清雍正十一年（1733年）五世东科尔索南嘉措将东科寺移建于现在的位置。所建正殿大经堂五间，耳殿两间，正门五间，柏木地板，松板天花，门扇一律兽头铜环，金钉镶嵌，佛祖释迦牟尼、文殊、普贤菩萨及宗喀巴金身，均系镀金雕塑[①]。殿柱赤底以金龙缠绕，仅从北京购请大小镀金铜佛就达数千尊，以骆驼取道绥远、包头至寺院，特建楼阁供奉。乾隆皇帝特赐金匾"特普天邪丹书林"，又赐名"嘉善寺"。此后，清廷特定东科寺为钦差大臣每年七月十五日祭海会盟之所。寺内有五世、七世东科尔活佛的银制灵塔等文物。

东科寺初建时规模较大，包括现在湟源县西南大部分土地及海晏、共和、贵德等一部分土地。宗教制

---
① 参阅. 青海湟源宗教历史文化概述[J]. 青海社会科学，2011，（6）：190-195.

图5-2-57 东科寺依怙殿

度改革中,珍贵文物和档案经卷大多失散,寺院主要建筑也被拆毁,1985年寺院重新开放,新建了大经堂。1998年青海省政府公布其为省级文物保护单位。

现主要建筑有大经堂、估主殿、小经堂等。大经堂,亦称"绿瓦大殿",坐落于东科寺东北角,为前后两进院落式的布局,四面均布置有转经筒,方便信众进行佛事活动。估主殿坐落于东科寺西北角,东科寺建筑遗存以估主殿为典型,保存最为完整。小经堂坐落于东科寺东南角,一进院的布局,坐北朝南布置(图5-2-57)。

2)全神庙

兔尔干村的全神庙(亦称"火神庙",县志称"火德真君庙"),据传建于明代洪武年间,原位于现址东侧约200米处,1921年移至本处。现占地800余平方米,筑有正殿及两侧厢房,建筑面积约200平方米。我国自上古便崇拜火神,为对光明温暖生命之崇敬,诸地火神庙的修建历史都可追本溯源。全神庙前对称种植古树两棵,庙内供奉诸神,汉藏都供,房檐雕刻精美绝伦,重大节日村民均来供奉(图5-2-58)。

最隆重的是每年正月十五的兔尔干火神会,也是当

(a)外景

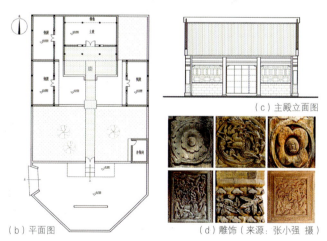

(b)平面图　　(c)主殿立面图　　(d)雕饰(来源:张小强 摄)

图5-2-58 兔尔干村全神庙

地最热闹的风俗活动，火神会上有盘龙、舞狮、踩高跷、抬花轿、跑旱船、跳藏舞、打太平鼓和威风锣鼓等活动，内容丰富，汉藏结合，非常热闹。活动从全神庙出发，沿村巡演，吸引周边十里八乡的村民都来观赏。

2. 传统民居

1) 外部形制

青海省东部地区年均降雨量不足400毫米，而年均蒸发量却在1000毫米以上，属于典型的干旱地区，因此，当地庄廓民居也普遍采用平缓屋顶的形式，坡度为4%~6%，这是青海省东部（河湟）庄廓民居的一大特色。这种形式既可以节约材料，降低建造成本，也可在平屋顶上晾晒农作物，满足居民基本的生产生活需要。

门斗是庄廓院落重要门户，传统庄廓规整方正，使用黄土夯筑成封闭围合的实心院墙，封闭的界面、敦厚的造型、朴素的黄土色以及粗犷的肌理是庄廓院的直观印象，而配有精雕细琢的木雕或者精美砖雕装饰的大门，丰富了夯土院墙古朴豪放的性格，成为庄廓院的点睛之笔，也顺应了"讲究门面、注重家风"传统文化。虽然在门楼装饰方面各民族有自身特色，但砖木门楼的整体类型相同，成为传统庄廓民居的典型特征之一。

2) 内部功能

兔尔干传统村落内的民居建筑以庄廓建筑为主，其院落内建筑主要由正房、东西厢房、南房、角房分布于四周围合而成，各个房间紧凑地布局在院落四周，中间庭院多以煨桑炉、花池为主，形成独立性很强的院落。正房坐北朝南，为建筑的核心，位于院落的中心轴线上。正房的两侧为东厢房西厢房，分别为卧室、厨房或佛室，南房多用作储藏室。角房一般位于庄廓的角落，一般为厕所或柴草房（图5-2-59）。

民居廊檐通常设置在正房前，作为室内外空间的过渡，廊檐通常采用木质结构。近些年，许多村民为了使

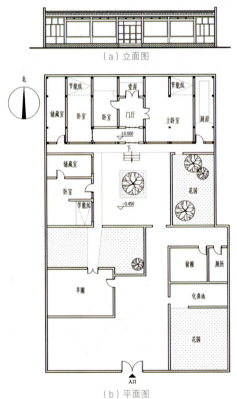

图5-2-59 何存堂民居测绘

图5-2-60 兔尔干村民居精美雕饰（来源：张小强 摄）

（a）木雕纹样

（b）木雕

（c）砖雕

图5-2-61 兔尔干村阳光暖房

图5-2-62 兔尔干村民居材料（来源：张小强 摄）

图5-2-63 兔尔干村民居营建过程

房屋节能保暖，采用铝合金玻璃框将廊檐罩住，俗称阳光暖房。建筑雕饰主要为正房屋檐下及门窗等处的木雕以及大门汉砖柱等处的砖雕，檐下的雕刻最为丰富，窗格图案样式也很精美（图5-2-60）。

阳光暖房的建造对处在青藏高原寒冷地区且采暖措施并不充分的乡村确实起到了一定的保温作用，虽然安装的"玻璃框"对建筑外观原有的风格有影响，但仍然受到了广大农村牧区居民的喜欢。如何在不破坏传统风貌的前提下使传统建筑提升节能保暖品质应成为建筑专业技术人员的新课题（图5-2-61）。

3）地方材料应用

兔尔干村传统庄廓民居建筑材料为土、石材、木材以及其他建材，其中土木为主要材料。传统土木结构使用寿命较长，具有墙倒屋不塌的优点。在兔尔干村，传统庄廓的建造工艺有毛石砌筑技艺、夯土墙体夯筑技艺、土坯砖砌筑技艺等（图5-2-62、图5-2-63）。

在青海省住房和城乡建设厅、科技厅主持下，西安建筑科技大学在兔尔干村开展国家"十二五"科技支撑计划项目绿色庄廓示范民居工程，为青海河湟地区庄廓民居的发展起到了较好的引领效果。

小结：

兔尔干村处于青藏高原和黄土高原的过渡地带，是一个融合农业耕作与游牧放养的地区。村落位于药水河上游的川水脑山地，河流绕村而过，背靠照壁山，南望日月山，农田散布周边，具有山高、水长、田广的特点，这些独特的特点造就了具有强烈田园气息的"山水绕田村"的空间结构。

四、浅山台地聚落——洪水泉村

（一）基本概况

1. 区位

洪水泉村位于青海省海东市平安区洪水泉回族乡东北部山梁一低洼地带，属黄土浅山丘陵区，距离平安区约30公里。村域面积为10.5平方公里，村庄占地面积678亩，村民收入主要靠种植业、养殖业和劳务输出。2013年洪水泉村被列入第二批中国传统村落名录。

洪水泉村自明代洪水泉清真寺建成以来就已形成，有着古老而悠久的历史渊源。洪水泉村是一个回族村落，在其发展的历程中，形成了回族独特的地域文化特征，如宗教信仰、民居建筑以及饮食文化等，并传承至今（图5-2-64）。

2. 产业发展

1）种植业

洪水泉村主要种植小麦、青稞、油菜、燕麦、土豆、豌豆等，农作物产量基本取决于当年自然气候与降水条件，土地生产力比较薄弱。洪水泉村拥有着独特的富硒土壤资源，但由于农业生产基础差，当前开发利用暂时没有发展。

2）养殖业

洪水泉村主要养殖羊和黑牦牛，养殖业在洪水泉村兴盛的主要因素如下：第一，养羊是回民的传统产业，回民在养羊方面积累了深厚的经验；第二，市场面向全国，需求量大；第三，洪水泉村所处的海东地区由于自然气候、海拔等原因，较为适合养殖业发展，是青海省育肥羊和牦牛的基地。

村落养殖业的前期模式是村民每家每户分散的牲畜圈养，但由于对环境影响较大，所以在政府的支持下，在村落东面设置养殖场，进行集中养殖，方便管理和运输（图5-2-65）。

3）旅游产业

回族村落体验旅游在洪水泉村有很好的发展前景，

图5-2-64 洪水泉村

首先,洪水泉村独特的浅山区地理环境及其四季分明的大地景观为周边城市提供了一个游憩场所。其次,洪水泉村在漫长的发展历程中,形成回族独具特色的生活传统和地域文化,成为洪水泉村重要的人文旅游资源。此外,青海省重点文物保护单位洪水泉清真大寺更是体现了回、汉两个民族深厚的文化底蕴和精湛的建造技术,是周边地区回民重要的祭祀礼拜场所,无疑是洪水泉村重要的宗教观光旅游资源。

(二)聚落选址与布局

1. 聚落选址特征

洪水泉村地处拉脊山北侧的半脑山半浅山地带,北侧浅山下是湟水谷地。村落选址考虑了地形地貌、气候、水系等影响因素。

村落最高海拔2725米,最低海拔2203米。村落地势中部高,四周低,由北向南依次分布有若干冲沟,形如鱼骨状,其中东部和西南各有一条较大的沟壑(图5-2-66)。村落属于干旱——半干旱性高原内陆气候,日照时间长,太阳辐射强,年平均日照2810小时。村落受高原季风和南部山区地形影响,降水在季节上有明显差异。

村落东、西的沟壑,只有雨季才会形成短暂的季节性河流,水量不大,村落南侧有一处坑塘(图5-2-67)。

2. 聚落布局特征

村落分为四个社,由东北向西南依次排开,其

图5-2-65 洪水泉村养殖

图5-2-66 洪水泉村周围环境

图5-2-67 洪水泉村整体风貌

中，一社和二社分布较为分散，三社和四社紧紧相连，由此形成了三个居住组团。村落布局自由灵活，顺应浅山地势，每户庄廓用地形状各异，村民自建砖木结构民宅，呈现出大分散、小集中的"围寺而居"的村落布局模式。

（三）聚落内部空间

洪水泉村整体空间结构以洪水泉清真寺为中心，村庄南北向主要道路为连接带，中部、西南部、东北部综合居住区为三个组团。中部组团以大清真寺为核心，民居围绕其呈放射性的空间状态；东北部组团以小清真寺及周边院落、林地为该组团核心空间；西南部组团以坑塘为中心，坑塘在历史上也是村民的水源地，现为牧羊饮水的主要取水点。

洪水泉村空间基本构成要素为公共空间、巷道、院落等。

1. 公共空间

洪水泉村的主要公共场所为清真寺礼拜场所和劳动生产场所：打谷场、水塘、养殖场等。由于村民日常生活与礼拜活动联系紧密，清真寺及其门前广场成了村民日常交往的主要空间。打谷场是以农业为主的现代公共场所，随着社会功能不断完善，洪水泉村新增加了小学、篮球场等公共场所，为村民的日常生活提供了新的活动空间（图5-2-68）。

2. 巷道

村落主要道路走向为南北向，贯穿整个村落，并且通往外界，同时向耕地或自然生态涵养草地延伸，宽度为3~5米。村落内的次要道路宽度为2~4米，入户道路宽度为1~3米，村落道路不仅可以承担村民日常行走还可以满足单向通行手扶拖拉机的需求。

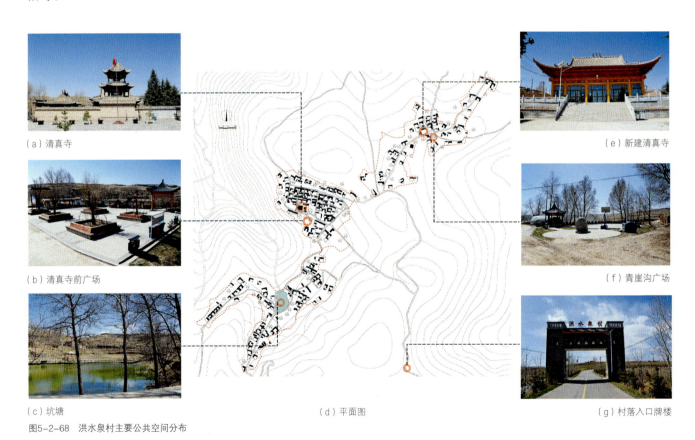

(a) 清真寺　　(b) 清真寺前广场　　(c) 坑塘　　(d) 平面图　　(e) 新建清真寺　　(f) 青崖沟广场　　(g) 村落入口牌楼

图5-2-68　洪水泉村主要公共空间分布

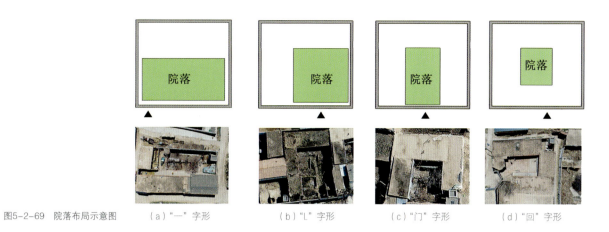

图5-2-69 院落布局示意图　　(a)"一"字形　　(b)"L"字形　　(c)"门"字形　　(d)"回"字形

3. 院落

洪水泉村的院落多呈合院式，院落空间元素主要为夯土墙体、建筑立面（门窗）、檐廊空间、植物、农用工具等（图5-2-69）。

院落由水泥硬化地面和土质地面划分空间，土质地面多种植花草，以调节院落微气候和观赏，水泥硬化的地面为院落内的交通和休闲放置桌椅等提供了方便。

（四）传统建筑

1. 宗教建筑

1）洪水泉清真寺

洪水泉清真寺始建于明代，清乾隆年间扩建形成现在规模（图5-2-70）。洪水泉清真寺是保存完好的古清真寺建筑遗存，据记载由晋陕工匠修建，其建筑技艺

图5-2-70 洪水泉清真寺

融合了汉族、回族和藏族文化。2013年5月，国务院公布其为第七批国家重点文物保护单位。

洪水泉清真寺位于洪水泉村中部组团当中，占地5000余平方米。洪水泉清真寺的整体方位是传统汉式古建筑坐北朝南的格局，并且在寺门前设置照壁。进入寺院内被东墙的影壁和唤礼楼组成的前院引向后院，这里的轴线变成了东西方向，在后院中轴线上布置着礼拜殿，方位又恢复到伊斯兰教建筑坐西朝东的方位。这个方位的变化成为洪水泉清真寺的布局特点（图5-2-71）。

（1）礼拜殿

礼拜殿坐西朝东，为寺院的核心主体建筑。大殿面阔五间，进深九间，五开六抹双扇门，为一座歇山顶汉式宫殿式建筑，屋脊为镂空琉璃砖花脊与宝瓶。大殿前面为前廊，后面连接后窑殿，前廊顶部做内卷棚，后窑殿前承大殿，为重檐歇山顶十字脊。整个后窑殿用木构件夹杂木雕工艺装饰成一座天宫楼阁式建筑，最为精致的是后窑殿内部壁画及殿顶中间用木条嵌成的一八角藻井，其形状犹如一把张开的巨伞，民间俗称"天落伞"，造型极为优美。后窑殿周围则用隔扇板壁装饰，分上下两部分处理。上部作天宫楼阁式，有三层栏杆、格门、斗栱，上承天花藻井。下部全用格门式屏风装饰。格心雕刻两首阿文诗词、四首汉语诗词及"三潭印月"、"雷峰塔"等西湖山水景致，裙板雕刻24个不同篆体的"寿"字，其下须弥座雕有"暗八仙""琴棋书画"等纹

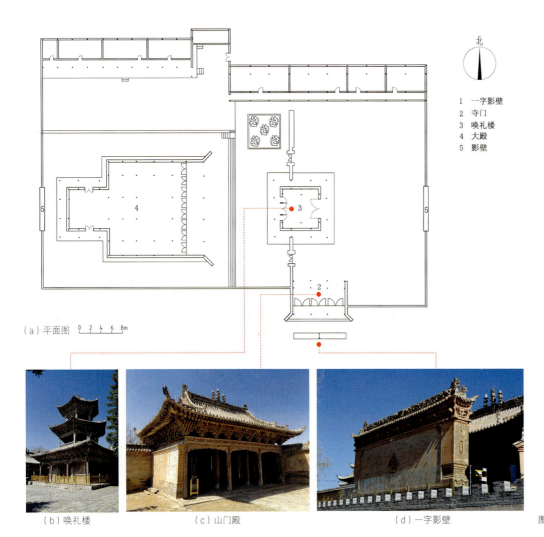

图5-2-71 洪水泉清真寺空间序列

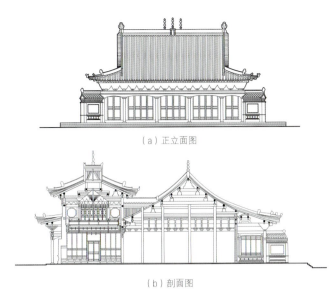

图5-2-72 洪水泉清真寺礼拜殿测绘图
(a) 正立面图
(b) 剖面图

5-2-73d)。

(2) 唤礼楼

唤礼楼处于寺院前后院之间,为三层楼阁,底层为四方形,二、三层为六边盔顶楼阁。底层东西金柱间安装前后二道门,前为实扇大门,后为四扇格子门,底层四周均做砖雕墙。其形式与廊心墙相似,中心堂子有的雕猫蝶图,寓意"耄耋延年",有的雕兔子白菜,寓意"宏图有财",是民间常见的吉祥图案。唤礼楼南北有两根内柱,为三层通柱,以增强高层建筑的稳定性,每层檐下均施七踩斗栱,整体极为精致美观。二层和三层设有环廊,外柱安木栏杆,做"步步锦"图案,内柱间安门窗,二层槛窗做六边形,窗心棂条亦做六角图案,十分罕见。三层槛窗做圆形,窗心做"八卦锦"图案,二层和三层楼板中心做六边井栏式天井,一是美观,二是唱经时有好的音响效果。唤礼楼大木结构复杂紧凑,斗栱密致,装修精美,木雕砖雕风格独特,从底层通过天井可直接看见三层顶部的雷公柱。

样。西面正中为圣龛,边缘雕刻卷草纹饰,衬托出花纹的丰富美丽(图5-2-72)。

大殿前檐廊柱头上用托木承担梁架与灵活多变的斜式斗栱,体现了藏式建筑风格(图5-2-73a)。前檐圈口牙子上嵌有巨型镂空木雕"二龙戏珠""凤凰展翅"等图案(图5-2-73b)。礼拜殿前廊两侧廊心墙做四条砖雕屏,内容为民间常见的"喜鹊登梅""孔雀戏牡丹""仙鹤莲花"和博古图案,寓意喜庆福贵长寿,是一种美好心愿的表达(图5-2-73c)。礼拜殿前两侧砌干摆八字影壁(俗称水磨砖八字墙),砖面平如镜,雕花婉转玲珑,达到了传统建筑砖砌墙体的最高等级(图

(3) 山门殿

山门殿位于前院南侧,但不在中轴线位置。山门殿面阔、进深各三间,单檐歇山顶,四面无廊,平板枋上置五踩斗栱。内檐四角用抹角梁,抹角梁上置交金墩,老角梁后尾压在交金墩下,交金墩上为踩步金。该殿进深尺度小,金柱顶不施五架梁,而将柱头斗栱挑尖梁后尾穿出金柱,悬挑两出垂莲柱,垂莲柱擎起三架梁,三

(a) 柱头

(b) 木雕

(c) 砖雕 (d) 八字影壁

图5-2-73 洪水泉清真寺礼拜殿细部

架梁上立脊瓜柱承接脊檩。这种俗称"猴子担水"的无梁做法，适合于梁架跨度小于丈二（3.6米）的小殿堂。山门殿前后廊心墙及前面八字影壁均作砖雕，体量虽小，工艺精湛。左侧雕"鼠偷葡萄"，右侧雕"蝙蝠桂花"，与福谐音，寓意福贵。

山门殿前五步，正对砖雕大照壁，干摆做法，宽9米，高4.8米，做工极为精美。大照壁由下肩、上身、檐头三部分组成，下肩两端雕束腰，前后匀列花卉小堂子，上身池子边雕福贵不断图案，池子内通雕绣球花图案，乍看一片锦绣，细看每个绣球内花苞均做不同花蕊。

百花图是采自青海东部地区馒头、月饼的图样，极其罕见。照壁檐头部分仿木结构雕五踩斗栱，有飞椽，有椽头，顶部仿歇山瓦顶，吻兽俱全，甚为美观。照壁背面中心堂子雕"凤麟呈祥"，四岔角为卷草。一个山村之中的小清真寺为何使用这样的图案，包括为何礼拜殿廊柱额枋（托木）之上出现龙凤雕图案，前院遗存的碑亭基础之上原来有什么样的碑文，都有待后人去考证。

洪水泉清真寺的价值一是建筑艺术的完整性。其不仅几个主要殿堂做工精美，而且规划严谨，平面方正，做工堪比官式建筑，就连照壁、院门、隔墙、台阶、庭院也精工细作，由此打造了一个值得记述的美丽清真寺；二是建筑艺术的包容性，汉、回、藏建筑文化技艺同时出现在一座清真寺中，体现了青海各民族之间友好来往的关系和各民族文化技艺相互学习借鉴、共存共荣的发展历史；三是建筑艺术的创新性，在当时当地的条件下将多种文化技艺融会贯通到一组建筑中去，巧夺天工，匠心独运，令人佩服（图5-2-74）。

2. 传统民居

民居建筑依地形而建，梯次分布，轮廓分明，错落有致。民居建筑由庄廓院墙、大门、民居及必要的生活设施组成，以木料和黏土或红砖为主要建筑材料。

1）民居形制

第一，民居的建造多讲究左右对称、东西平行、其

图5-2-74　洪水泉清真寺建筑外观

图5-2-75 洪水泉村民居平面形制图　(a)"虎抱头"式　(b)"檐廊"式　(c)"一出檐"式　(d)"钥匙"头式

图5-2-76 洪水泉村民居测绘平面图

样式有"虎抱头"式、"檐廊"式、"一出檐"式、"钥匙"头式等（图5-2-75）；第二，素以清洁、文明著称，习惯在庭院内栽种各色观赏型的花草树木；第三，洪水泉村民居建筑多以红褐色夯土、砖块砌筑墙体，外粉白色涂料，局部线脚配材料呈黑色，庭院内部则种植绿色植被。

2）建造方式

一部分传统民居体现了青海民间传统的建筑艺术水准，以木料为材，采用梁、柱、檐、椽搭建而成，四周用土坯垒筑，采用了河湟传统民居的建筑风格和建筑技术。后续砖木和砖混结构民居的兴建，砖木结构民居内部空间结构依然继承了传统民居的建筑风格和技术（图5-2-76）。

（五）非物质文化遗产

1. 宗教活动及传统节日

洪水泉村村民日常宗教活动为每日从早上六点到晚上九点要进行五次礼拜活动，男子到清真寺中礼拜，女子礼拜则在家中进行，儿童到十二岁后，每日由阿訇带领念诵经文。洪水泉村有三大节日庆典：开斋节、古尔邦节、圣纪节。

2. 服饰特色

回族男子多戴白色或黑色、棕色的无檐小圆帽，妇女多戴盖头。少女及新婚妇女戴绿色的，中年妇女戴黑、青色的，老年妇女戴白色的。

3. 饮食习惯

青海省回族主食以面食为主，副食则以牛羊肉和土豆为主。

小结：

洪水泉村作为青海省浅山台地聚落的典型代表，延续了当地乡土文化、保护了特色景观环境、维护了文物生存环境、推进了现代农业发展、改善了乡村人居环境。洪水泉清真寺中多元民族文化的融合，是河湟地区古往今来各民族团结共融、和谐发展的实物见证。

五、浅山山腰聚落——宁巴村

（一）基本概况

1. 区位

宁巴村地处循化撒拉族自治县道帏藏族乡向南2公里，距循化县城约32公里。东北以贺隆堡、贺塘、比隆、贺庄、上古雷等村为界，南与甘肃省夏河县甘加乡接壤，西北同多什则、俄家、多哇等村为邻，临平公路（甘肃临夏至青海平安）纵贯其境（图5-2-77）。

宁巴村村域面积约5平方公里，海拔2680米。村落村民以藏族为主，少数为汉族。主导产业为农业耕种、畜牧养殖、藏式建筑施工等。宁巴村于2019年被列入第五批中国传统村落名录。

2. 历史沿革

宁巴村距今已有600多年历史，最初由白庄镇山根村1户人家与科哇村的3户人家搬迁至此定居，随后与周边部落融合发展形成。

据道帏乡宁巴村已故老人谢热介绍，从前道帏沟有四个噶哇部落，即宁巴、贺庄、吾曼道、德斯道，其中贺庄噶哇部落的始祖为霍·俄项东智，他受藏传佛教噶举派第四世活佛噶玛·乳必多杰（1340～1383年）委派从西藏来到道帏传法收徒。其后裔智华东智等三个儿子，分别驻牧于比隆、贺隆堡、贺庄，形成三个部落。时过不久，贺庄部落被委任为噶哇"洪保"，意为"头人"。头人之子许配给宁巴伙仓部落为婿，这一势力逐日增强，凌驾于周围各部落之上，并建有城郭，明廷便赐封"噶哇"以敕书。

（二）聚落选址与布局

宁巴村处于一阳面山坡之上，"宁巴"藏语意为"阳面"，宁巴村名即得阳面之意。村落地处浅山山麓，整体呈南高北低走向，三面环山，形成特殊的簸箕型选址

图5-2-77　宁巴村

图5-2-78 宁巴村聚落形态

类型。村落南面山峰为"吉措神山",是守护宁巴村的神山,该山是村民拉则节、春节期间煨桑的主要场地。南侧宁则河流经整个村落,为村民灌溉和牲畜所用,流入道帏河,最终汇入流经循化县清水乡的黄河之中(图5-2-78)。

宁巴村所处的坡地两侧均有十几米高的陡坎,唯有村落东面缓坡可以进入,防御功能优越;村下河谷土地平坦、土壤肥沃,可耕种土地面积大;村落背靠草山,牧草丰美,森林茂盛(图5-2-79)。

(三)历史环境要素

宁巴村主要历史文化要素有河流、古树、神山、麦场、道帏"石头帐篷"等(图5-2-80)。其中河流为宁则河,由西而东穿过宁巴村,汇入道帏河;树龄百年以上的古树存有3棵;石桥一处;还有多处神山。"道帏"在藏语里是"石头帐篷"的意思,巨石形状如帐篷一般,横卧在宁巴村的河滩里,道帏藏族乡也因此而得名。

(四)聚落内部空间

宁巴村内部空间较为丰富,有寺院、嘛呢康、佛塔组成的宗教空间,打麦场、村民文化广场组成的广场空间,还有变化丰富的街巷空间,公共空间与民居建筑及周边山水环境形成完整的村落格局。嘛呢康、白塔、打

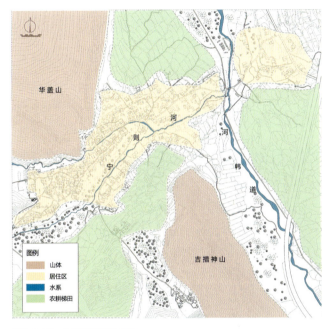

图5-2-79 宁巴村空间格局图

麦场、村民文化广场等分布于村落内部,为村民的日常活动、宗教活动以及螭鼓舞祭祀仪式服务。

1. 街巷

宁巴村建筑沿等高线排布,街巷顺势成树枝状分布,形成"树枝形"路径组织形式(图5-2-81)。村落道路主要呈现两级,主次分明,主要巷道贯穿整个村落,承担主要的交通功能,宽3.5~4米;次要巷道由主要巷道分化而来,是主要的入户途径,宽2~2.5米。

（a）宁则河　　　　　　　　（b）古树　　　　　　　　（c）石桥

（d）吉措神山　　　　　　　（e）华盖山　　　　　　　（f）石头帐篷

图5-2-80　宁巴村历史环境要素

图5-2-81　宁巴村街巷

2. 广场

广场是村落的重要公共空间，每逢重大节日，村民均会在广场进行螭鼓舞表演。宁巴村共有三座广场，其中一座为村民文化广场，剩下两座为打麦场。除螭鼓舞表演和秋收季打麦，广场为村民提供了日常活动交流场所。

3. 院落

宁巴村庄廓院落平而规整，内向封闭，院墙均为石砌基础、土夯墙身，并形成了系统、独特的宁巴石砌技艺，传承至今已有600余年的历史（图5-2-82）。

院墙平面形态呈正方形，一般高3~4.5米，高出院内建筑0.5~1米，藏式民居平顶房；墙基多以石头砌造，结构匀称、坚牢，墙体以黄土夯筑，墙顶面部多置宝塔形白卵石，围墙四角顶置白石。院门过去多为单扇木门，门边装有木锁，木匙开启，现在多为双扇门（图5-2-83）。门顶置野牛头骨或羚羊头骨，用以避邪。

（五）传统建筑

1. 宗教建筑

宁巴村落内有噶哇庙、宁巴寺、嘛呢康、多日托尕庙及三座藏式佛塔。宁巴寺院坐落于村落的视觉焦点——吉措神山山麓，嘛呢康处于村落中心，噶哇庙坐落于村下旧城堡内。三座白塔分别位于村落上部、下部和神山山麓。村落肌理保存完好，庄廓民居均独立营建，阶梯状分布于浅山山坡上，鲜有"连庄连廊"的情况。

1）噶哇庙

噶哇庙建造年代久远，据藏文史料记载，寺庙由噶玛噶举派四世活佛若贝多杰在此传法收徒定居后，由其后裔所建。噶哇庙几经变故，经历沧桑，殿堂建

图5-2-82 宁巴村庄廓院

图5-2-83 宁巴村庄廓门楼

筑荡然无存，但院落庄廓依然较完整，保存良好。院墙高8~10米，底宽3米，顶宽1.5米，周长140米。村民自发筹集资金，重修大殿，砌墙技艺精湛，木质构件雕梁画栋，金碧辉煌，再现了往日的风采（图5-2-84）。

2）宁巴寺

宁巴寺位于村落南侧，地势平坦，旁有青山松林，风景十分优美，与村落形成藏族典型的"上寺下村"式布局形式。寺院全称"自江寺吉祥修法洲"，因"自江"藏语地名而得寺名，据传宁巴寺最初是该村信奉宁玛派的噶玛部落的修行院，大约在1705年左右，同仁隆务寺活佛宗格麻尼哇喜晓扎西来此建寺，在修行院的基础上创建宁巴寺。1922年在二世样增活佛的主持下，从原地往下移一公里，重新修复宁巴寺。宁巴寺是四世嘉木样活佛经师样增拉仁巴丹增嘉措幼年出家拜师学经的寺院。寺院原占地面积50亩，有寺院建筑经堂1座，佛堂1座，僧舍25户150间，昂欠1院68间。古迹文物有护法殿、古唐卡释迦牟尼千座佛像殿、《甘珠尔》经典等1600余卷（图5-2-85）。

3）嘛呢康

嘛呢康于2017年建成，位于村落中心。为村民转经、念经活动的宗教生活场所（图5-2-86）。

4）多日托尕庙

多日托尕庙位于宁巴村西侧山脊处，是除宁巴寺外村落的制高点，以其所处的山体多日托尕山而得名。该场所主要有供奉的神像、本康、煨桑台，为村民进行转经、煨桑活动提供场地（图5-2-87）。

(a) 航拍

(b) 大殿

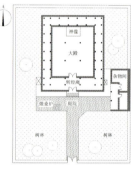
(c) 平面图

图5-2-84 噶哇庙

图5-2-85 宁巴寺

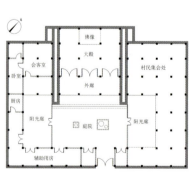

图5-2-86 宁巴村嘛呢康平面图

图5-2-87　宁巴村多日托尕庙

2. 传统民居

宁巴村庄廓民居由道帏河河滩向上延伸至山坡，层层叠叠，利用浅山地貌形成了丰富独特的生活空间和生产空间。

1）内部功能

宁巴村庄廓民居多结合台地分上、下台两院，台上住人，台下圈畜。房舍主要有"年康""尼康""依冈"以及佛堂等（图5-2-88）。"年康"藏语意为客厅；"尼康"藏语意为伙房。伙房设"锅头连炕"，炕与灶用板壁相隔，灶膛火焰通过炕道直通烟囱，既可做饭又可取暖；"依冈"，藏语意为卧室，多为1室3间，靠墙的一面依次装有碗架、壁柜、毛毡架，屋内铺木地板，松木修建，木质良好，做工精细；佛堂，一般设1间，多位于伙房与客房的中间，只供佛，不住人。

南向屋前设进深约2米的檐廊，用以晾晒谷物、避风御寒。民居前檐高后脊低，雨水排于后脊筒槽。檐椽上平铺薄石板，突出15厘米左右，作滴水以保护椽头。富有人家屋壁以朱红色油漆，内壁为乳白色。房窗为花格式、方格式的玻璃窗，还在窗子内壁两侧装有推拉开闭的擦窗（图5-2-89～图5-2-91）。

2）石砌技艺

石砌作为藏民族原始而古老的一种建筑方式，不仅延续着石砌文化的内在魅力，还记录了这种特殊建筑其复杂的砌碾程序和完美的造型结构（图5-2-92）。

循化石砌技艺对外主要工作对象是寺庙和佛塔，在20世纪80年代初期，道帏乡宁巴村等藏族群众第一次组成藏式建筑施工队，在甘肃、四川以及青海省的藏区修建藏式古建筑。民间有个流传很广的说法，"宁巴村的石匠、白塔寺的木匠、吾屯村的画匠"，被誉为安多藏区的三大绝技。宁巴村靠精湛的民间石匠技艺赢得口碑。该地区的石砌匠人每一道工序都井井有条，所砌石块之间相互连贯而不紊乱，相互作用而不矛盾，整个建筑看上去庄严肃穆而朴实无华，材料简单而质量稳固，能够经历百年风雨而屹然不动。

宁巴村砌墙技艺是结合卫藏砌墙法和四川阿坝石砌法，加之当地人在此基础上长期实践摸索形成的。其适应青藏高原自然环境和生产生活方式，成为当地人主要的经济收入来源之一。

宁巴村的砌墙技艺的神奇之处就在于：整个墙体呈现出视觉上的平整美感，可它的平整不是来自人工切割机对石材的加工，而是通过对不同石材的分类，根据它的硬度、形状、大小、平整度进行千变万化的随机组合，这就考验石砌匠人的技艺，全凭着石匠的手量、目测，靠着他们习得的古老技艺和经年累月历练出来的眼力来完成石墙的砌筑。

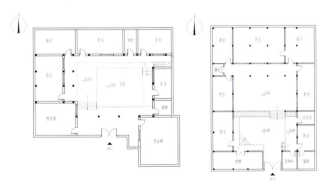

图5-2-88　宁巴村民居测绘平面图

(a) 玻璃木窗　　　　　　　　　　　　　　　　(b) 檐廊

图5-2-89　宁巴村民居装饰细节

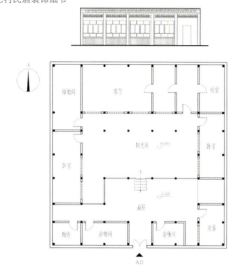

图5-2-90　宁巴村45民居平、立面示意图　　　图5-2-91　宁巴村82号民居平、立面示意图

　　藏族由于宗教信仰的缘故，民间普遍认为，修建寺院和佛塔是在做一件有功德的好事，故从选址到用石块砌筑墙体至工程竣工，都有一套严格缜密的步骤，并伴以各种仪式活动。

　　青海省循化县道帏乡宁巴村藏族寺院垒石砌墙技艺历史悠久。改革开放之后，整个青、甘、川藏区急需寺院重建，宁巴藏式砌墙建筑队组织老艺人组建团队，承建各大寺院的重建工程，相继承建了甘肃省夏河县拉卜楞寺大经堂、印经院、贡塘塔、甘肃省合作市九阁殿、青海省循化县文都大寺、十世班禅大师纪念塔、文都乡康莫寺大经堂、道帏乡古雷寺大经堂、甘肃省拉卜楞寺小金瓦寺、四川省阿坝州阿坝县各莫寺的佛学院和各莫寺赞康等建筑，这些寺院的成功复原和修建使宁巴藏式建筑队的声誉名震四方，在安多藏区藏式建筑界享有独树一帜的美誉（图5-2-93）。这支团队于2016年10月正式成立青海藏建藏式建筑工程有限公司。

　　以循化县宁巴村藏族寺院垒石砌墙技艺为代表的循化藏族砌墙技艺，于2018年被青海省人民政府列为青海省第五批省级非物质文化遗产代表作名录。宁巴村才让南杰和公保扎西作为青海藏建藏式建筑工程有限公司的首席技术工匠，是藏式砌墙技艺非物质文化遗产的代表性传承人。

　　小结：

　　宁巴村顺应所处的山地地形，依山而建，三山围绕。村落整体风貌保存完好，空间结构清晰，村落街巷尺度、界面、铺装等历史特征良好，公共空间功能、尺度、类型多样且地域、民族特色明显。庄廓民居由道帏河河滩向上延伸至山坡，层层叠叠，并利用浅山地貌形成了丰富独特

图5-2-92 宁巴村石砌技艺

六、山地型聚落特征

河湟地区整体地形呈现"四山夹三谷"的地貌特点,其中的"四山"是指由北向南的祁连冷山岭、达坂山、拉脊山、阿尼玛卿山。山体作为聚落抵御自然严寒最天然的屏障,也为当地居民最大限度地获取日照提供了得天独厚的地理条件。山地型聚落选址遵循"依山就势,背阴向阳,少占耕地,临近水源"的原则,通常海拔较低、坡度较缓的地区聚落分布较密集。浅山山腰、浅山台地型聚落,由于用地面积限制,布局相对紧凑。聚落多依山势,位于山谷河道的坡地或台地上,呈线状或片状分布。坡度较缓的山麓地区,聚落形态多呈团状或片状,地形限制小,整体布局呈规模性集聚态势。另有部分聚落位于山顶谷地,规模较小呈团状分布。山体条件的差异直接决定了农耕聚落的空间形态和布局方式。

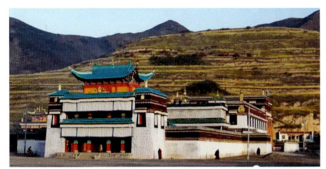

(a) 甘肃碌曲西仓寺落成

(b) 正在施工的石砌团队　　(c) 宁巴石匠

图5-2-93 宁巴石砌团队(来源:仁青才让 摄)

的生活空间和生产空间。宁巴村的庄廓民居院墙均为石砌基础、土夯墙身,并形成了系统、独特的宁巴石砌技艺,而且传承至今。可用十六字概括宁巴村的特点:藏地浅山、阶梯布局、石匠世家、石墙技艺。

第三节 村寺相依型聚落

一、上村下寺聚落——拉代村

（一）基本概况

拉代村位于青海省循化撒拉族自治县文都藏族乡。该乡距县政府直线距离15公里，位于以相玉沟、拉代沟、中库沟为主的河谷及山地缓坡地段。拉代村村域面积为2.7平方公里，主要居住区占地约0.1平方公里，其余均为旱地农田、林场及草场。文都乡属半干旱大陆性气候，以高寒、干旱为基本特点，平均气温2℃～7℃，降雨量250～320毫米，无霜期120～180天，作物生长期180～220天。

中华人民共和国成立前，拉代村为边都乡辖地，1950年始设文都乡，1958年与街子乡合并成为永丰公社，1961年设立文都公社，1984年改设文都藏族自治乡，拉代村为文都乡下辖行政村。拉代村于2018年入选第五批中国传统村落名录（图5-3-1）。

村落产业以农业为主，畜牧业为辅，主要种植青稞等耐寒作物（图5-3-2）。

（二）聚落选址与布局

1. 聚落选址特征

1）地理气候环境特征

文都寺与拉代村选址在海拔2500多米的浅山缓坡地带，较小的高差适宜寺院和村落的建设与发展。村落东南侧较低平台上为寺院，形成上村下寺的格局。对面为海拔2800米的神山，两处山体成为文都寺与拉代村的天然屏障，使其隐匿在自然环境之中；同时两山汇聚成拉代沟，融化的积雪形成扎马河，山水自然环境使寺与村趋利避害，在抵御恶劣环境的同时能够隐于环境之中。

图5-3-1 文都寺与拉代村关系

(a) 梯田

(b) 青稞地

图5-3-2 拉代村农田

图5-3-3 文都寺与拉代村选址布局分析图

图5-3-4 背山面水的生态格局

2) 藏族风水学说——萨谢

在藏语中，"萨谢"有明辨土地、观察土地之意，即对基址进行仔细勘探。在早期的藏族社会中，萨谢是营建的必要步骤，大到寺院选址，小到民居、白塔、本康的方位，都需要经过"萨谢"。在漫长的岁月中，藏族社会中的"萨谢"逐渐演变，受到汉地风水堪舆思想的影响，在处理建筑与环境的关系方面产生了诸多共通之处，譬如交通便利，向阳光而避寒风，近水源而绝水患等传统的汉地堪舆基本条件也都与高海拔地区基本生产生活需求相符[①]。

结合汉地堪舆思想，藏族"萨谢"将东侧为路、南侧为水、西侧为林、北侧为山作为基本的选址思想。而文都寺与拉代村的选址与方位基本对应"萨谢"，基址东北侧为村道，东南侧为扎马河，西南侧为树林，西北侧为山（图5-3-3）。

2. 聚落布局特征

1) 背山面水的生态布局

文都寺与拉代村位于浅山地带，周边地势复杂、高差起伏。文都寺是循化地区最大的寺院，该寺在山中台地坐西向东，依山而建，背山农田连片，与南面台地上的拉代村相对，东面照山为自然林区，一片苍翠。寺院和村落所在台地相对平缓，位于山腰与山脊之间，可避免拉代沟的洪水灾害和拉代山顶的寒风侵袭，同时还能够在冬季获得充分的日照（图5-3-4）。

---

① 蒲文成. 文都寺概述[J]. 中国藏学, 1991 (01): 95-104.

2）山水寺村田林的自然格局

在文都寺与拉代村组成的共生系统中，半农半牧是最基本的生产方式。文都寺与拉代村顺势而为，充分利用地形，以山水为背景、以田林为基础要素进行发展。最大的缓坡台地上是文都寺；村落居住区位于次要的台地之上，根据高差变化营建庄廓民居；基址东南向与西南向高差较大处为依据等高线布置的层层山地旱田，进行基本农作物生产；其余陡峭难行之处均为草地与林地，作为四季放牧草场。

寺与村结合环境，强化山水背景、协调林田要素，与寺—村营造出共生的空间布局形式，形成"山水寺村田林"的自然山水格局（图5-3-5）。

3）上村下寺的宗教布局

传统的藏族聚落普遍存在着"一村一寺"的基本格局。与一般寺村格局不同的是，拉代村与文都寺形成了"上村下寺"的布局，用地的限制与佛教清修的思想

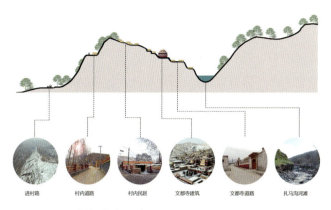

图5-3-5　山水寺村田林的自然格局

主导了这种宗教布局。据寺院年长的僧人和村中老者所述，早年拉代村只有零星几户，择址在现寺院位置，寺院仅存一座小经堂，待寺院逐步发展壮大，村落搬迁到现今高处，形成了如今的"上村下寺"的布局形态（图5-3-6）。

（a）航拍

（b）竖向空间分析

图5-3-6　上村下寺的宗教格局

3. 空间结构演变

1）初具雏形

文都寺的历史，最早可以追溯到元代以前。据住在该寺的老僧劳志尖措等人介绍，早年在寺院现址曾建有一座小经堂，有宁玛派僧人在此居住活动。元代萨班·衮噶坚赞（1182~1251年）时期，萨迦派僧人曾在今积石镇西约5公里的街子村建一座护法殿，称作"官康"，该"官康"护法殿被迁移至今文都寺所在地，即今文都寺护法殿的前身。随着萨迦派大黑天护法殿的入驻，宁玛派僧人一部分出走，一部分变成农民还俗定居在附近形成拉代村。此时，寺院信奉萨迦派，尚未形成完整的寺院，但是寺与村的关系已初步建立。元初，萨迦人阿什旦（即后来文都千户第一代）率族来循化地区，阿什旦有二子，一子占据今文都地区，一子名扎历占据中库地区，成为以后文都寺的主要经济支持者。

2）村寺扩张

明建文（1402年）年间，文都寺成为正规寺院，开始逐步建立"拉康"，扩张地域范围，周边土地、山林、草场均归寺院所有，"扎厦"数量也有所增加。拉代村也由最初几户发展成几十户，形成"上寺下村"的村寺格局。这一格局延续时间不长，寺院极速扩张导致拉代村只能搬迁到西侧高处台地上，演变为"上村下寺"的村寺格局。

3）村落扩张，寺院拆除

1958年宗教改革后，提倡"以寺养寺"的策略，寺院原有的农田、山林、草场均归拉代村所有，仅留寺僧7人驻寺。1967年，文都寺部分被拆除。

4）寺院重建，结构稳定

1980年7月25日，文都寺重新开放，并恢复寺管会制度，陆续修复大经堂和其他众多"拉康"，村寺关系逐步恢复。

（三）村落—寺院共生关系

拉代村与文都寺的共生关系形成于藏族地区特殊的自然与人文背景之中，其表现出的独特共生模式离不开精神文化层面和物质空间层面的影响。

村落与寺院在精神意识、社会文化形态方面存在共生关系，是受宗教文化影响而产生的村寺共生关系，这种关系在藏族的"却拥关系"、传统文化节日以及日常的生活中表现出特有的模式。

1. "却拥关系"下的共生

藏语"却拥"，意为"供施"，即指受供养者和供养施予者，"却拥关系"可以理解为村落中的信众供应僧人经济物质上的资源，僧人们以佛缘产生的福报来回馈施主，由此建立起寺—村相互依赖的互惠性关系。

2. 文化节日下的共生

各种传统文化节日活动均有僧人及村民信众的参与，如文都寺正月祈愿法会、四月守斋戒会、夏季学经期会、坐夏、秋季学经期会、十月二十五供法会，拉代村年终供养会、锅庄舞、青克、插箭、藏戏等（表5-3-1）。

3. 日常生活中的共生

转经是拉代村中村民日常化的宗教仪式。转经作为体现宗教虔诚的一方面，村民只要有空就会去寺院转经，一般为一圈，如果时间和精力允许，就会转三圈甚至五圈。转经的路线是确定的，从家出发，以顺时针方向绕寺院转经；路上的节点也是固定的，依次有转经廊、转经房、白塔，最后到达寺院。转经通过转经道这一无形的细节，将寺和村串联，融入到了拉代村民的日常生活中（图5-3-7、图5-3-8）。

寺与村的文化节日活动　　　　　表5-3-1

主体	主题	主要内容
文都寺	正月祈愿法会	藏语意为"加洛曼兰"。自宗喀巴大师在明永乐年间首次举办，这便成了格鲁派寺院最主要的法会。文都寺正月法会从农历正月初三伊始，至十五日结束，为期十三天。法会期间，"措钦""拉康"陈展各种法器、唐卡，昼夜燃酥油灯以供佛、法、僧。众僧每日聚会诵经祈祷三次，并有辩经、晒佛、跳欠、护摩等活动。拉代村全部信徒都会参与其中，同时也会朝拜、转经，另外，乡上的所有村落都会前来参与
	四月守斋戒会	当地藏语称为"玉维娘"。这是藏区僧俗信徒中普遍流行的一种斋戒苦修仪式，但各地进行的时间并不统一。文都寺于农历四月初七、初八两日举行，要求寺僧"以饥行病住"，整日诵经，禁止饮食说话。届时，拉代村信徒也会闭斋禁食，时间是农历四月十四、十五两日
	夏季学经期会	当地藏语叫"雅尔曲"或统称"曲拓乎"。农历四月十五日开始，五月十五日结束，为时一月，学僧参与集中学经和辩经活动。其间，四月十五日普遍认为是佛祖释迦牟尼诞生、成道、人灭的日子，设千供来供养诸佛，众僧祈祷诵经。村民信徒则以煨桑、转经的形式参与其中
	坐夏	汉译为"住夏"，藏语称"雅尔尼"。农历六月十五日结夏，八月初一解禁，安居四十五天，坐禅修学，诵经修行，禁止外出
	秋季学经期会	当地藏语叫"端曲"，农历八月二十五日开始，九月十五日结束，众僧集中学经二十一天
	十月二十五供法会	当地藏语称作"居维安却"，是为了纪念格鲁派宗师宗喀巴圆寂涅槃而举行的法会，也称之为"燃灯节"。以农历十月二十五日起至十一月一日，为期七天。寺院所有僧人集聚大经堂念经。颂扬大师弘法功德，祈祷宗喀巴教法永远弘扬。夜燃忌灯，象征佛光普照，称为"令美"
拉代村	年终供养会	当地藏语称作"桑当嘛"。从腊月初五起至十一日，念"桑当嘛"经七天，奉献"朵尔玛"（驱鬼食物），旨在辞旧迎新，祈祷年岁平安。由村中信徒各家供食
	锅庄舞	锅庄舞是藏族传统舞蹈的一种，起源于藏民日常生产生活，贴近世俗群众，符合传统的基本审美趣味，久而久之演变成宗教活动或是节日庆典中的必备舞蹈，广为流传。拉代村中锅庄舞一般在村委会广场进行，在重大节日活动都会跳锅庄舞
	青克	每年六月底，村中每户都要选出一人，集合成队伍，背上经书，早上五点在玛尼康煨桑，出发，绕寺院一周，然后徒步绕村域一周，到达村落背面的煨桑点再次煨桑，视为结束（图5-3-11）
	插箭	每年的六月初六是拉代村传统的插箭日，祭祀山神与神山的插箭活动一般规模盛大。由男性用木板和木棍做成的箭，箭长10米左右，有多人共同背负此箭，到达神山插箭场地，一年可举行多次插箭活动。拉代村的插箭地点主要在村落山北侧的山脊位置和扎马沟东侧远处山上。一般插箭活动举行完毕，要进行全村村民聚集共同庆祝插箭典礼。寺院中本村的僧人要帮助村民一起完成插箭仪式，并在煨桑的时候念经祈福
	藏戏	藏戏是以表现传统历史故事为主题的戏剧类型，以再现其历史的生活场景为特征。例如以文成公主为表现主题的藏戏，其人物包括：文成公主、智美更登、东永东智、松赞干布等人。表演是以动作与唱腔相结合的一种藏戏形式。作为藏戏流派之一的安多藏戏的一些表演者直接用油彩涂在脸上化妆，并将唱、白、舞更紧密地结合在一起，增强了戏剧效果

（来源：根据资料整理绘制）

图5-3-7　转经活动场景

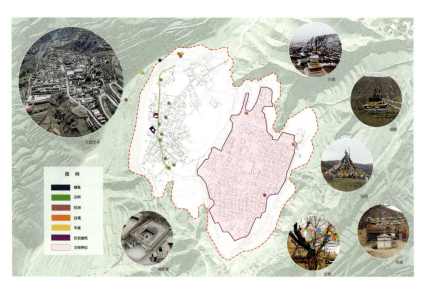

图5-3-8 拉代村转经路线示意图　　　　图5-3-9 拉代村历史环境要素分布图

（四）历史环境要素

拉代村所处的扎马沟河滩土地平坦、水草丰美。周边山形水系、地形地貌、植被作物等自然环境格局清晰。拉代村位于冬日山脚下，扎马沟一侧，草山环绕，背靠神山。村庄内巷道界面变化多样，街巷布置顺应地形，尺度适宜（图5-3-9、表5-3-2）。

（五）街巷与院落空间

拉代村村落位于山顶一片平坦之地，曲折的公路通往村内，将外界与村落联系起来。村落整体规模较小，具有良好的乡土人文景观与山地景观。内部空间结构主要由街巷、院落等组成。

拉代村主要传统资源要素　　　　　　表5-3-2

	名称	数量	资源描述
自然资源	冬日山	1座	冬日山是拉代村的神山，每到重大节日，村民都要去神山转山
	扎马沟河滩	1处	扎马沟河滩位于村落南部，河水清澈见底，自然风光良好，主要用于附近农田灌溉
	古树	9棵	村庄内有各种古树50余棵，保存较好的约9棵。古树分布在街巷两侧，为村庄提供了一丝绿意
人文资源	拉则	2处	"拉则"是藏区山口、山坡、主峰、边界等处用石、土石所堆砌的石堆，其上插有长竹竿、长箭、长木棍、长矛，还拴有经幡
	本康	1处	本康选在凝聚山川灵气的风水宝地，由精通五行八卦的喇嘛卜卦后，方可修建。藏族修本康，其目的是为了佑护一方生灵
	煨桑点	1处	煨桑就是用松柏枝焚起的霭蒿烟雾，是藏族祭天地诸神的仪式

（来源：根据资料整理绘制）

1. 街巷空间

拉代村大部分传统巷道仍保留着土石道路，村庄内巷道界面变化多样。

街巷空间可分为四个等级，即入村村道、主要巷道、次要巷道和宅前小路（图5-3-10）。入村道路是经过寺院和村落的主要道路，是循同公路（循化—同仁）的分支，翻越冬日山后经过文都寺与拉代村，通向旦麻村；主要巷道是村内的主要道路；通过村落的街道分离出次要巷道，以此来连接庄廓组团与街道；宅前小路是相邻院落之间的通道，经过宅前小路进入院落内部（图5-3-11）。入村道路宽度一般为6米，主要巷道宽度为4~5米，次要巷道为2~3米，宅前小路一般为2米（表5-3-3）。

图5-3-10 拉代村街巷等级分析图　　图5-3-11 拉代村街巷空间

拉代村街巷竖向分析 表5-3-3

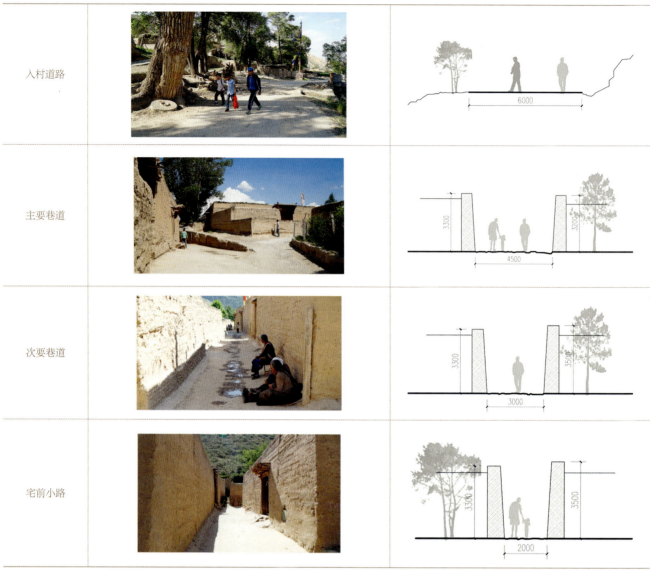

（图表来源：根据资料整理绘制）

2. 院落空间

拉代村多为一层庄廓院落，65座庄廓院以嘛呢康为核心而建。部分民居门楼直接对外，院落只有内庭院空间；部分民居在建筑外部围合出外庭院空间，使室外空间更加丰富（图5-3-12、图5-3-13）。

（六）传统建筑

1. 传统民居

拉代村的建筑以传统的夯土庄廓为主，在历史进程中较完整地保留了藏族传统聚落的基本形式特征与风俗

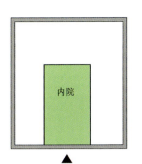

（a）院落类型分析示意图

（b）入口与街巷直接相联　　　　　　　　　　　　（c）入口与街巷以外院相联

图5-3-12　拉代村院落类型分析示意图

（a）外庭院

（b）内庭院

图5-3-13　拉代村院落空间

习惯。庄廓多为一层，其中内部主要功能空间分为两类，一类为日常生活空间，包含客厅、卧室、储藏室等；一类为宗教活动空间，即经堂。为了充分利用有限空间，村民通常将客厅兼作重要节日时的厨房、餐厅及客卧。藏族庄廓院通常有正房、东西厢房以及角房等空间。经堂作为重要宗教空间，通常布局较小但位于重要位置（图5-3-14）。

装饰上以经堂最为丰富艳丽，同时内部家居陈设上均有唐卡及宗教文化元素，屋顶放置五色"塔觉"，庭院内挂有五彩香布。

25号民居建于民国时期，院落内建筑主要分居住和辅助功能两部分，连同院墙形成一个闭合的院落，为典型的庄廓院形式。建筑整体一层，木结构承重，外墙夯土围护，门窗均为木质（图5-3-15）。

8号民居位于村落西北角，采用本土材料营建，辅助功能空间在建筑前部，会客、卧室在后部，结构保存完善。庭院内有绿化、煨桑炉（图5-3-16）。

2. 嘛呢康

嘛呢康在一定意义上象征着藏族村落的宗教信仰与地域归属，是藏文化的地域体现，在村落中具有一定的社会功能。

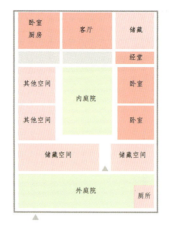

图5-3-14 拉代村庄廓民居平面功能布局图

拉代村的嘛呢康建于20世纪70年代，位于居住组团核心位置，整体平面布局为两进院落，内院为村民参与集体性宗教活动的场所。主要建筑有经堂和厢房，是典型的庄廓院形式，建筑整体一层，木结构承重，外墙夯土，墙体刷白，在颜色上区别其他民居。内院的墙体均由木板代替，刻有雕花及纹饰。正房为经堂，经堂内除了供奉的佛像外无任何摆设，空间宽阔，便于村民在此诵经。两侧及入口侧厢房为附属用房。嘛呢康内还有专供寺院活佛念经之处，每当寺院有活佛前来村中，便在此念经（图5-3-17）。

图5-3-15 拉代村25号民居

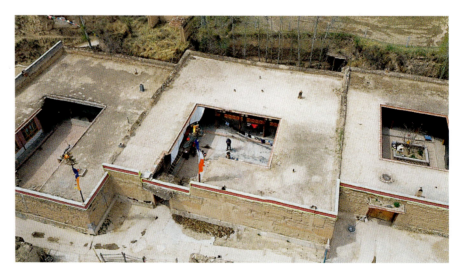

图5-3-16　拉代村8号民居

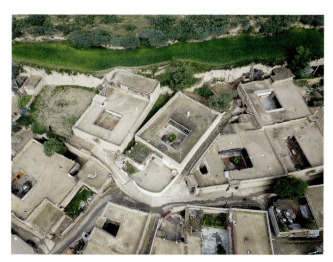

图5-3-17　拉代村嘛呢康

（七）文都寺

1. 历史沿革

文都寺的藏语名称为"文都贡钦扎西群科林"，汉译为"文都大寺吉祥法轮洲"。清龚景瀚《循化志》、康敷镕《青海记》等资料称其"边都寺""边垛寺"。在元至元十九年（1282年），在大元帝师八思巴授意下，西藏萨迦派高僧噶西哇·喜饶坚赞和兄弟噶丹（据传是十世班禅大师先祖）不远千里来到文都地区，将原居于文都寺现址的宁玛派僧人迁移至中库沟远处的"文宝才"地方，并建造一座小经堂，因而建立起萨迦派寺院，即文都寺前身。萨迦昆氏阿什旦在此定居，他的两个儿子居于文都和中库地区，成为最早期的文都寺主要施主。在明万历三十四年（1606年），文都寺倡引佛法，注重"善规"，为了更好地发展，正式改宗格鲁派，成为青海范围内最早的格鲁派寺院之一。

文都寺是十世班禅额尔德尼·确吉坚赞大师成为转世灵童之前学经修行的地方。文都寺所有建筑（除大黑天护法殿部分墙体）在20世纪70年代被拆除。在20世纪80年代，先后建成"措钦大殿"、三世"拉康"、大黑天护法"拉康"等主要建筑及多座"囊欠"，寺院重新开放。2013年3月，国务院公布文都寺和十世班禅故居为国家重点文物保护单位（图5-3-18）。

(a)航拍

图5-3-18 文都寺

(b）总平面图　　　图5-3-18　文都寺（续）

2. 重要建筑

文都寺重要建筑有措钦（大经堂）、扎仓（显宗学院）、拉康（佛殿）、活佛"囊欠"、僧侣"扎夏"等。

1）"措钦"（大经堂）

藏语称作"措钦朵昂"，位于全寺核心位置，由庭院、前廊、主殿及厨房组成，是全寺面积最大的建筑。建筑坐北朝南，始建于元至正时期，后经不断扩建形成如今面貌（图5-3-19）。

2）"扎仓"（显宗学院）

"扎仓"的基本职能与现代大学中的学院相似，是寺院中的主要教育组织，承担着传授经典、教化僧人的重任，是寺院教育制度体系的重要组成。按照学经制度和所学内容不同，"扎仓"可以分为参尼扎仓（宗教哲学、显宗）、居巴扎仓（密宗学院）、丁科扎仓（天文算法）、曼巴扎仓（医明）等不同类型。"扎仓"的学习内容包含了各自的经典文化和宗教知识（图5-3-20）。

3）"拉康"（佛殿）

藏语中的"拉康"等同于汉语中的佛殿，主要功能是供养神佛，重要活佛的灵塔建筑也称之为"拉康"。文都寺目前共有9座拉康，依据自身不同的规模、材料及色彩来彰显身份（图5-3-21）。

4）活佛"囊欠"

活佛住所称为"囊欠"，为了与其他僧人住所区别，"囊欠"通常以大型多进庄廊院的形式出现。文都寺拉西活佛"囊欠"位于寺院高地，背山面坡，坐北朝南，依地势而建，分三级台地，第一级台地为车库及交通空间，进入后由左右两侧上达二级台地，为管家居住用房，其尽头有门及梯道，可直通上达三层。三层为活佛住处，有经堂、会客室、卧室、厕所、厨房、储藏室等（图5-3-22）。

5）僧侣"扎厦"

寺院中僧人的居住建筑统称为"扎厦"。"扎厦"作为最普通的僧人住所，因自然人文环境差异不大，与当地传统的居住建筑形态相似，营建材料与方式也与普通庄廊院落相同（图5-3-23）。

小结：

文都寺是河湟地区最早的藏传佛教格鲁派寺院之一（萨迦派改宗而来），拉代村因寺成村，形成上村下寺的村寺格局。村寺关系联系紧密。村落周围草山环绕，背靠神山，践行了传统藏族村落选址理论，并体现出对自然条件的敬畏与顺应。

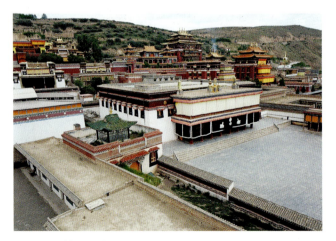

图5-3-19　措钦大经堂

图5-3-20　扎仓

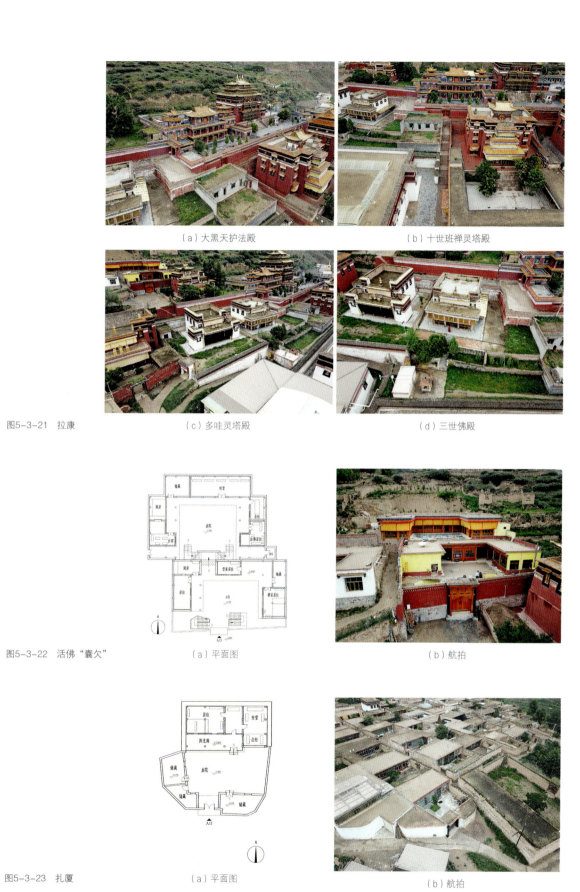

图5-3-21 拉康　　(a) 大黑天护法殿　　(b) 十世班禅灵塔殿　　(c) 多哇灵塔殿　　(d) 三世佛殿

图5-3-22 活佛"囊欠"　　(a) 平面图　　(b) 航拍

图5-3-23 扎厦　　(a) 平面图　　(b) 航拍

图5-3-24 合然村周边环境（来源：马国忠 摄）

二、上寺下村聚落——合然村

（一）基本概况

青海省海东市循化撒拉族自治县尕楞藏族乡合然村，是比塘村的一个自然村，距循化县城约46公里，距尕楞藏族乡约4.5公里，距比塘村约1.2公里。村域面积为1.2平方公里，平均海拔2550米左右。全村全部为藏族，生产方式为半农半牧。

村落所处的循化县是青藏高原与黄土高原的过渡地带，独特的山地庄廓聚落格局和空间形态是山地庄廓聚落的典型代表（图5-3-24）。村落保存着丰富的历史文化遗产和地域特色浓郁的庄廓民居、宗教建筑、壁画、古树。合然村于2016年被列入第四批中国传统村落名录。

（二）聚落选址与布局

1. 历史演变

合然村历史悠久，村落发展经历了初生期—衰败期—发展期三个时期，各个时期特点突出。

初生期：合然村因受到地理环境的限制，选取坡度较小的地块进行营建，形成两个居住组团，合然寺位于两个组团中间场地的高处，形成"中寺外村"的格局。

衰败期：随着生产合作社解体，周边牧场、耕地发展受限，东侧居住组团整体搬迁，村落整体结构发生改变，寺庙不再位于村落的中心，而是位于西侧组团的东北侧，高度上依然是村落的高点之一，保持了"上寺下村"的宗教格局。

发展期：改革开放后，废弃的组团部分成为耕地，村落整体发展向外部扩张，聚落的中心空间依旧在原有组团之中，通过仪式空间等形式来表现宗教的重要性。

2. 选址与布局特征

1)"天人合一"的选址

合然村自然山水格局是古人"天人合一"理念完美体现。村落四面群山环绕，村前沟壑流淌着山泉水，形成了"山环水绕，负阴抱阳"的山水格局，是一种理想的选址模式（图5-3-25）。

图5-3-25 合然村航拍鸟瞰图

合然寺原位于村落的中心轴线上,但因村内原有两社搬迁,打破了传统"围寺而居"的格局形态,形成寺庙偏于一隅的现状。合然村整体保持着传统的格局,依山而建,层层叠叠,低地势用作农田,农田之上则为合然村的整个居住空间,后面则是较为陡峭的神山。

2)背山面水的生态格局

背山面水是中国传统村落选址的典型特征之一,体现着村落对自然环境的适应性。合然村位于脑山地区,周边地势复杂,高山林立,村落选址于海拔2600米左右的大东山南侧的半山腰上,以便在漫长的冬季获取更多的阳光并阻挡背后凛冽的寒风。合然村前部为海拔2800米的冬日山,两山之间形成了天然的沟壑,山上的积雪融化形成的小溪,成了村落早期的饮水来源。在选址中,合然村还注重视线关系,冬日山作为聚落的前山,与村落有适宜的距离,能够保证生活在聚落中的人有着良好的视线角度(图5-3-26)。

3)上寺下村的宗教格局

藏族聚落有着"一村一寺院"的传统,在藏族建筑中,大至宏观的建筑布局,小至微观的建筑装饰,都是以宗教文化为中心。村落一般有两种形式,一种是以寺院为中心,呈放射状形成村落布局,即民居建筑环绕寺院,且民居与宗教建筑有一定的距离,成"内寺外村"的结构;另一种是根据村落民居建筑的需求而设寺,在地理高度上一般高于民居建筑,以便将神圣空间和世俗空间分离。宗教建筑都是作为主要的公共建筑位于整个村落的核心地带。由于合然寺选址在东北较高的半山腰处营建,所以构成了合然村"上寺下村"的宗教格局(图5-3-27)。

4)山水村田林的自然格局

在气候干燥、降水量低的气候地带中,水源是保障畜牧业稳定发展的一个重要因素,虽然村前有山上融化的雪水,但无法应对干旱季节,于是村落依据西高东

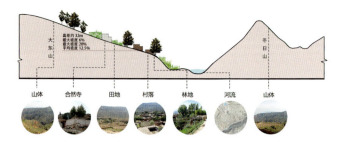

图5-3-26 背山面水的生态格局

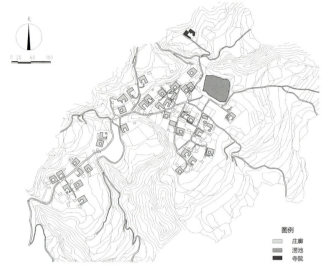

图5-3-27 上寺下村的宗教格局

低的地势条件,在村落东部边界的最低处人工开挖约3000平方米的涝池进行蓄水,解决特殊情况下的牲畜用水问题。在半山腰处修建涝池体现了藏民利用自然、改造自然的生态智慧。如今涝池已不再是简单的牲畜用水功能,更是村落自然生态环境的一部分,能够美化村落的人居环境。

合然村一直保持着传统的半农半牧的生活方式,具有原生性的特点。为保证足够的生产土地,合然村在营建中充分利用地形,顺势而为,居住区位于较为平坦的区域;村落下部高差相对较大的区域依等高线划分为层层下跌的梯田,以满足村落的生活需求;而陡峭的区域为村落的林地和草地作为畜牧区。依据地势情况合理地

图5-3-28 山水村田林的自然格局

聚落与环境是相辅相成的有机整体，聚落并没有与自然划分出明显边界以形成自身的领域空间，而是将山、水、田和林融合在一起，营建出与自然和谐共处的聚落环境，构成"山水村田林"的自然格局。

（三）历史环境要素

合然村历史环境要素主要有神山、水系、古树、古迹等（图5-3-29）。

1. 山川水系

合然村依山而建，主要有六座主供神山，山崇拜在藏族民间信仰中占有重要地位。就合然村而言，有阿尼岗校、阿尼东日、阿尼彩卡、阿尼智买、阿尼斗藏、阿尼拉日山等主供神山。水系有大东山和冬日山之间形成的天然小溪、西部入口处的涝池、村东南部的河沟及西北角的泉水。

划分居住用地、田地、林地，充分尊重场地和适应场地（图5-3-28）。居住区各类用地相互交错，民居周边往往是耕地、林地和田地，传统的打麦场在秋季也进行种植，以便充分地利用仅有的耕地，体现了极强的自然观和生态观。

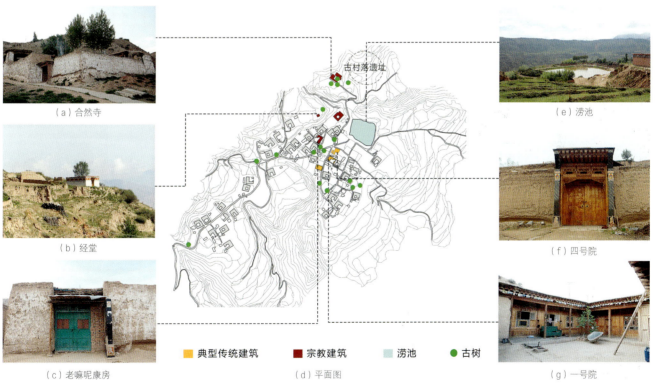

(a) 合然寺
(b) 经堂
(c) 老嘛呢康房
(d) 平面图
(e) 涝池
(f) 四号院
(g) 一号院

图5-3-29 合然村历史环境要素分布图

图5-3-30 合然村古树

标示了村落的入口空间；有的古树位于道路的转角处，起到一定的空间转换作用；有的古树位于民居的入口处，美化了居住生活空间，也为居民提供一个日常交流的场所；有的古树位于合然寺周围，表达了宗教、自然、人相互和谐的关系；有的古树位于涝池旁边，营造了良好的村落环境（图5-3-30）。村落所属林地较多，对面山体种植树木，生长丰茂，营造出良好的人居环境。

2. 古树

村内古树呈散落状分布，约17棵，大部分树龄为一百到两百年，目前均保存良好。有的古树位于村口，

（四）街巷与公共空间

1. 街巷空间

村落道路体系的形成受到地形地势和建筑布局的影响，反映着当地的生活习俗（图5-3-31）。合然村道路

图5-3-31 合然村街巷

图5-3-32 合然村公共空间

整体呈纵横交错的鱼骨形，巷道主要是依地形而变化，呈不规则状且不够平整，完全随房屋排列变化而变化，宽度一般在2.3~3.5米，巷道两边一般为夯土墙，可分为主要街巷、次要街巷、入户街巷三种。

主要街巷：主要为东西向的街道，贯穿整个村落，直达村落的合然寺。街道尺度相对其他巷道较宽，体现街道空间的等级性和层次性。

次要街巷：为合然村内居住建筑集中区的街巷，以步行为主，风貌较好。

入户街巷：是通达各个建筑群、街坊内部的道路，一般为尽端式巷道。

2. 公共空间

合然村的旧嘛呢康已废弃，广场东侧建设新的嘛呢康，宗教建筑与其前广场、涝池相结合，形成村落公共空间（图5-3-32），供村民健身休闲、举办仪式活动。

（五）传统建筑

1. 宗教建筑

合然村现有三处宗教建筑，分别为合然寺、经堂和嘛呢康房。合然寺主要满足大型宗教仪式的举办，形式和色彩都较为隆重。经堂是举行大型宗教活动时，较为年长的人进行祈福仪式的空间，使用群体较少，因而在形制和规模上都较低。但出于宗教性和适用性的要求，将经堂建于村落的最高处成为村落的标志物之一。而日常使用的嘛呢康房是居民日常诵经的场所，也是村民日常交流的地方，于是将嘛呢康房建在村落的中间地段，方便居民的日常使用。可见，三者从地理环境和宗教仪式的角度出发，合理布局，既体现了宗教在村落结构中的神圣地位，也满足了村民的宗教需求（表5-3-4）。

1）合然寺

该寺位于合然村大东山的缓坡上，始建于清康熙

合然村传统宗教建筑　　　　表5-3-4

建筑名称	年代	位置	规模	空间形制	屋顶形制	使用频率	仪式功能
合然寺	300年前	半山腰	最大	院落式	坡屋顶	较低	神圣性
经堂	10年前	最高点	最小	院落式	平顶	较低	神圣性
嘛呢康	300年前	村中心	中等	院落式	平顶	每日	世俗性

（来源：根据资料整理绘制）

图5-3-33 合然寺

四十二年（1704年），是隆务寺第一世堪庆·更登尖措活佛修建，至今已有三百多年的历史，是格鲁派藏传佛教寺院，占地约422平方米，山门狭小，以土墙围合，院内三层台基，下层呈长方形，以乱石铺地，错落有致，间有嫩草抽芽，更加古朴自然。弥勒殿坐北朝南，为土木结构，青瓦覆盖"人"字屋顶，有小巧别致的雕花飞檐，具有明显的汉藏结合式建筑的特点。门前廊中有四根红色圆柱，柱头托木雕有精美的藏式花纹。殿门进去，面阔三间，进深三间。殿内三面为土墙，绘满壁画，保存较为完整。经堂坐西朝东，规模、形制与弥勒殿相差无几，只是内供不一样（图5-3-33）。

2）经堂

经堂为新建建筑，形制为简单的院落式，采用砖石结构，并在檐口进行简单的藏族装饰。经堂在选址上颇为讲究，南北朝向，位于村落的最高处，作为村落的制高点，表现宗教的神圣性。其规模较小，占地仅有64平方米，内部有一半开敞式的空间作为敬献哈达的空间。

3）嘛呢康

嘛呢康服务于藏民的日常生活，是藏民交流、活动的场所，在选址上讲究方便性，常位于村落中部以保证每家每户能够便捷地到达嘛呢康。旧嘛呢康采取与民居一样的形制，是传统的"门"形形式、土木结构，占地约374平方米，建筑面积为246平方米，基本满足藏民的使用。只是在外观上将土黄色的夯土墙用藏族崇尚的白色进行抹灰处理，以区别于民居建筑，表现出建筑的功能属性。广场东侧新建的嘛呢康，形制与传统民居一样，采用的是砖木结构。

2. 传统民居

传统庄廓民居沿缓坡地形均匀分布，现有37栋，与山体有机融合在一起，展现着藏族传统民居的特色（图5-3-34）。

合然村地处山地，将场地进行平整，使民居成为规整的形式。其原因：一是民居选址在场地坡度相对较小的地段，平整场地消耗的人力物力在可接受范围内；二是方正的、无高差的地形利于施工与建设，且民居整体性强，利于抗震；三是内部平整利于功能的分割与布置，提升空间的使用率。

1）民居形制

合然村的传统民居为独院庄廓。独院庄廓又有一面建房（一字形）、两面建房（"L"形）、三合院（冂形）和四合院（回形）四种形式。

在合然村中，典型的庄廓院坐北朝南（非正南正北），以一户独立一个庄廓为基本单位，平面呈正方形或长方形，四周砌筑3.0~4.5米高、0.6~2米厚的版筑夯土墙，墙上无窗，夯土墙比院内建筑高约0.5~1米，南墙辟门，大门严密厚实，院内四周靠墙建房。

庄廓的占地面积基本相同，350~500平方米之间，庄廓民居的外墙统一建造，无论内部是何种形式，都能保证民居有一个封闭适宜的环境；并且民居均采用土木结构，两者受力体系完全分开，统一建造的外围夯土墙并不影响内部因需求的转变而进行的加扩建。庭院面积则由民居形式来决定，"回"字形庭院面积最小，"L"形最大；庄廓的面宽一般在18~22米，进深一般为20~25米（图5-3-35）。

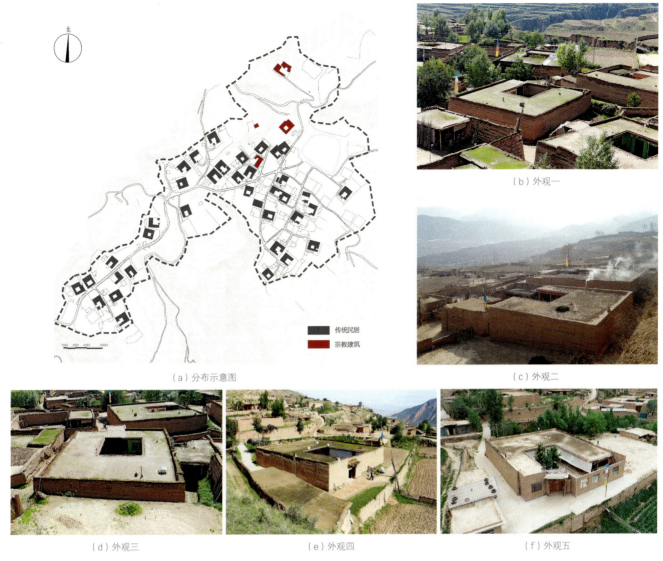

图5-3-34 合然村庄廓院落

2）营建材料

合然村营建材料完全源于当地，充分体现了地域性特点。传统的庄廓民居均为土木结构，主要建筑材料是生土和木材（图5-3-36）。当地生土具有强度大、吸声降噪、蓄热节能等优点，主要作为民居的外部庄廓夯土墙，墙体底部厚1.5~2米，上部厚0.6~1米左右，整体高度在3~4.5米之间，收分明显，这样保证了墙体的稳定性和隔热保温效果。但生土材料易风化和被雨水侵蚀，便常在夯土墙的底部进行垫石和加固处理，保护夯土墙和提升使用年限。木材不仅是民居内部的承重结构，也是围护结构，这样夯土墙与木质分隔墙形成约350毫米的空腔，一方面利于室内空间的保温与隔热，另一方面居住空间可以不与土墙接触，保证舒适的人居环境。同时为了提高空间的使用率，藏民将空腔做成壁柜，储存生活用品。

3）民居构造

民居内部为梁架体系，柱间距在2500~3300毫米之间，室内净高在2400~2700毫米，柱网密度较

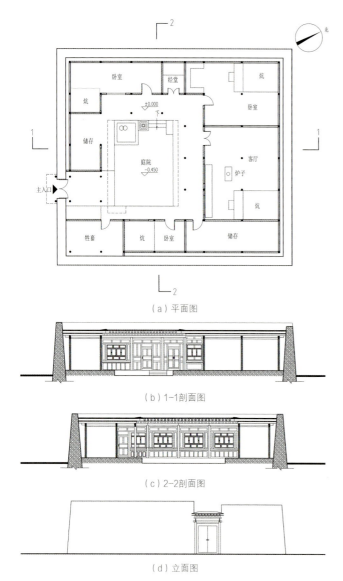

(a) 平面图

(b) 1-1剖面图

(c) 2-2剖面图

(d) 立面图

图5-3-35 合然村11号民居测绘图

图5-3-36 民居营建材料——生土和木材

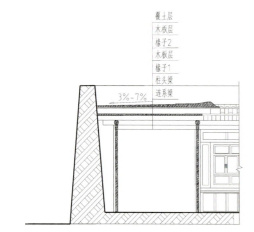

图5-3-37 民居构造节点图

高且高度低,这样柱径可以较小,节约木材,并且高密度的柱网保证了结构的稳固性。民居屋顶厚度约为400~500毫米,确保了屋顶的保温性能,构造从下至上依次是梁、椽子、木板层、椽子、木板层、覆土层(图5-3-37)。屋顶稍微向外倾斜形成约为3%~7%的坡度,既利于排水又能保证屋顶的泥土不易被雨水冲走;而在屋顶与墙相交的薄弱处,都会用生土进行加厚处理,提升屋顶的保温性和耐久性。这种平屋顶很结

236

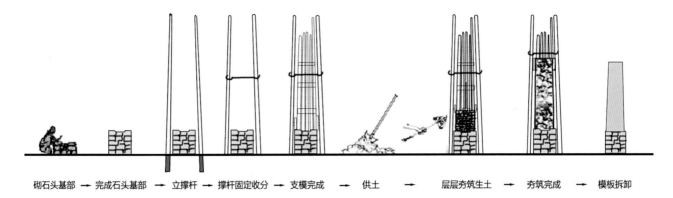

砌石头基部 → 完成石头基部 → 立撑杆 → 撑杆固定收分 → 支模完成 → 供土 → 层层夯筑生土 → 夯筑完成 → 模板拆卸

图5-3-38 庄廓院墙砌筑、夯筑步骤图

实，晴天可以在屋顶上晾晒东西，作为户外的活动场所，上面可以同时站几十人。

4）营建技艺

藏族居民建房造屋，从选址到房屋建成，全村村民都参与营建，这已然成为合然村的传统。建造时，首先是夯筑四周的庄廓墙，俗称打庄廓（图5-3-38），打庄廓不同于土坯，是指用墙板、墙杆、撅子、杵子等工具打筑成土围墙。墙基夯实后，开始筑墙，先将墙板之间支撑杆、安夹板，在板模之间填装含水率适中的湿土，由数十人光脚在板槽内行走踩踏，再用杵具夯实。按照这个过程，再将两个墙板架在原来的墙板之上，待这层夯实后，取出下层墙板，翻架在上层，以此类推，逐层杵夯上去。其次，庄廓墙打好后筑砌各个房屋的围护墙，对于家庭使用的主要空间会离夯土墙约350毫米处起木质墙柱以方便施工并作为壁柜的存储空间，而储藏等空间则不进行木质墙体分隔，节约了经济成本。最后，按照屋顶的构造层次依次进行屋顶的搭建，并完成室内的相关装修。合然村在民居的营建上，完全实现了就地取材和村内的自给自足，极具生存智慧。

5）民居装饰

合然村地处深山，物质基础匮乏，因而很注重民居装饰的实用性。在整体上，夯土墙、木制构件使得民居呈现出质朴、淡雅、自然的特性；在细节上，则是以展现家庭形象和宗教信仰为主，表现出淡雅而隆重之感。传统建筑的装饰一般是"图必有意、意必吉祥"。合然村民居最具代表性的装饰主要是大门、经房、正房的室内和庭院的装饰。

（1）大门

合然村大门的形式基本一致，一般为木结构或砖木结构，门板均为双开形式，门板为土黄色，不做装饰及色彩处理，保持了木材的原有质感，体现民居的质朴（图5-3-39）。大门的装饰主要包含门柱、斗栱、门板等，最为讲究的是梁柱部位，以木雕为主，受宗教文化的影响，装饰图案以花卉回纹、福寿纹样为主，而门板则相对简洁。门柱有两种形式，一种是采用木头柱子作为支撑，是较为原始但具有传统特色的做法，但使用年限较低，并且一般都没有装饰，以简洁为主；另一种是因为经济发展，藏民利用砖石砌筑门柱代替传统的木柱，但在砌筑形式上进行叠涩处理，且部分采用黑色材质，克服砖石的粗糙质感。

（2）经堂

经堂是家庭内部举行宗教仪式的空间，无论是装饰色彩还是装饰元素都表现了宗教的神圣性，一般采用纯度较高的红色、白色、黄色、蓝色、金色等颜色来装饰，色

图5-3-39 合然村民居大门

彩最为艳丽,还用与宗教相关的彩绘壁画、金属器具等进行装饰,有些富裕的藏族家庭,还供奉祖传的唐卡、法器物。另外,经堂的房门是内部空间中唯一的双扇门,色彩艳丽,这些都是表达宗教在藏民心中的地位。

(3)室内空间

在合然村中,室内的装饰分为柱头装饰和家具陈设两种。

柱头装饰包括柱头、斗栱、大梁等部位的雕刻、彩绘。在藏族民居中柱子、横梁位置显要突出,其上的装饰长方格内或填写梵文经文,或绘各种花卉。顶棚下的椽子顶端整齐有间隔地排列在大梁上方,用彩绘进行装点。椽子至大梁之间夹着两道横杠,其上有雕刻或彩绘。室内家具以木质为主,一般是沙发、炉子、壁柜等(图5-3-40)。

(4)庭院

为了能够完成煨桑烧香的宗教仪式,藏民会在庭院中放置煨桑炉。煨桑炉一般位于庭院中间,成为"中宫"。但在合然村中,煨桑炉的位置并不统一,可分为中间、角落和边上三种,三种形式是为了留出足够集中的空间方便居民使用。并且基本上每家每户都会种植植物,主要为当地植物。根据对空间的使用要求不同,庭院种植的形式也不一样,主要有中心庭院、边庭院和点式庭院三种,煨桑炉的位置与庭院位置常常对应(图5-3-41)。

图5-3-40 合然村庄廓室内装饰

图5-3-41 合然村庄廓庭院与煨桑炉

藏族民居在屋顶女儿墙脚，都插着木杆，上面挂有蓝、白、红、黄、绿五色布条做成的幡，藏语叫作"塔觉"。五彩的塔觉在风中飘拂，给过于严肃的建筑增添一些活泼，据说这是在代人念经，向天神和心神致敬。塔觉上的五色布条按佛经的说法，蓝色代表天，白色代表云，红色代表火，黄色代表地，绿色代表水。内部的檐部，常常悬挂五彩的香布，一方面起到遮挡部分阳光直射檐部的作用，另一方面五彩的香布点缀了庭院空间。

（六）非物质文化遗产

1. 合然寺的壁画

合然寺内版画和壁画由著名藏画艺术大师加毛·洛桑华旦应邀返乡亲自创作，该大师是热贡艺术史上具有里程碑意义的标志性人物。壁画采用天然矿物颜料，色泽油润壮丽，经历三百年风雨，除了几处自然脱落的地方，依旧饱满新颖。合然寺壁画是现存最为完整的大师手迹之一，是青海省境内屈指可数的清代初期艺术珍品，为研究古代壁画历史和藏画流派提供了珍贵的实物资料，具有很高的研究价值。

2. 节日文化

藏族喜好歌舞，每年五月初五，端午节在村落的公共区域或家里进行唱歌、喝酒等活动。六月初六，插箭日，插箭祭祀山神这一民间宗教活动在村落规模盛大。举办仪式时，各家各户带着帐篷，还要准备一节长约6米的木杆，木杆尾部削成箭镞状，首部装有象征箭羽的三块彩绘木板，一般绘有象、龙、狮、虎四种动物图案。

小结：

合然村蕴含着深厚的传统文化底蕴，作为山地藏族聚落的一个典型代表，其聚落格局、建筑形式与空间布局、材料运用与施工技术等方面都表现出对生产、生活和生态的积极适应。在生产上，从满足畜牧业良性发展的涝池建设到适应产业的民居单元空间，两者共同保证了村落生产活动的稳定发展。在生活上，通过庄廓民居空间的形式变化、空间位置与大小的配置，构建适宜舒适的生活环境；在生态上，充分考虑地形因素，合理地划分居住、林地、田地、涝池等空间，构成"山水林村田"的生态格局。

三、村寺相依型聚落特征

传统的藏族聚落普遍存在着"一村一寺"的基本格局。根据聚落与宗教建筑在竖向空间的相对关系，可分为上村下寺和上寺下村两种类型。前者以拉代村为其代表，文都寺作为循化地区最大的寺院，占据村域范围内较为广阔平坦的台地。囿于山地的限制与佛教清修的思想，民居随山体爬升，营建至高处，形成"上村下寺"的布局形态。后者是依据传统藏民的精神需求而设寺，宗教建筑作为藏族传统聚落的神圣空间，统摄整体，在海拔高度上一般高于民居建筑，形成"上寺下山"的格局。此种类型在河湟地区更为普遍。村落与寺院两种空间竖向关系，本质上均体现出寺—村相依的互惠共生纽带。

第四节 堡寨型聚落

一、军堡型聚落——郭麻日村

(一) 基本概况

1. 区位

郭麻日村位于同仁县北部的年都乎乡,距同仁县城约5公里,坐落在西岸浅山区的隆务河谷川道地区。阿赛公路从村边穿过,交通便利,该村平均海拔2350米,日照1760.7小时,年降水量370～430毫米,年均气温5.2～7.0℃,无霜期150～172天,宜种植中晚熟小麦等作物。村庄占地面积约840亩,耕地面积2337亩。主要农作物为小麦、青稞、豌豆、油菜。全村由12个合作社组成,是一个土族、藏族聚居的村落。农民收入主要靠种植业、热贡艺术品制作销售和劳务输出。

村内有保留完整的郭麻日古堡,及距今五百多年的郭麻日寺等。同时,郭麻日村也是热贡艺术发祥地之一,热贡艺术是藏传佛教艺术的一个重要流派,于2006年入选国家级非物质文化遗产名录。2007年郭麻日村被住建部、国家文物局确定为第三批中国历史文化名村,2012年入选第一批中国传统村落名录(图5-4-1)。

2. 历史沿革

公元前5世纪左右,湟中羌族始祖从西秦出逃"亡入三河间",[①]隆务河流域成为羌人稳定的根据地。魏晋时期,建都乐都的鲜卑族南凉政权势力一度深入今同仁地区。南北朝时期,漠北柔然、西域哒及吐谷浑与南朝往来的"河南道"亦经过同仁地区。公元6世纪中叶,北周在今化隆县设置廓州,管辖化隆、尖扎、同仁等地。唐高宗龙朔三年(公元663年),吐蕃灭吐谷浑,与唐军形成对峙局面,同仁仍属廓州,唐中宗景龙三年(公元709年),朝廷将黄河九曲之地给予吐蕃,包括同仁在内的黄南、海南地区。开元年间,唐曾一度收复九曲之地,但安史之乱爆发后,吐蕃乘虚而入,同仁成为藏族聚居区。

13世纪,包括同仁在内的安多藏区,由设于河州的吐蕃宣慰使司管辖。明朝时期,设河州、西宁等"西蕃诸卫"以控制安多藏区,同仁地区由河州卫节制。据《大明石碑·王廷仪碑》载:"以故是地无官防守,无军所恃,如彼中廷仪,向为屯首,心怀赤忠,汉番皆并推誉,以是倡议率众并咨,各部院道筑堡,曰保安,设官曰防御,并与计、吴、脱、李四寨选士兵五百名,均之以月饷"。"保安四屯"是甘青地区历史上重要的口外重镇和军事阵地,其中计屯为年都乎城堡(今年都乎村);脱屯为保安古城(今保安上、下庄村),吴屯为吾屯城堡(今吾屯上、下庄);李屯分上下二李寨,上寨为郭麻日,下寨为尕沙日(尕沙日古寨已不存在,仅剩残垣)。

故郭麻日古堡也称军营城,古堡建于明代洪武年间,明万历二年(1574年)扩建。2013年3月,国务院将保安古屯田寨堡古建筑群(保安古城、年都乎城堡、郭麻日城堡、吾屯城堡)列为第七批全国重点文物保护单位。

(二) 聚落选址与布局

1. 聚落选址特征

郭麻日村按其所处地形地貌可归为川水型古城村

[①] 同仁县志编纂委员会. 同仁县志[M]. 西安: 三秦出版社, 2001.

图5-4-1 郭麻日村

(a) 航拍　　　　　　　　　　　　　　　(b) 地形地貌分析

图5-4-2　郭麻日村选址格局

落，分布于隆务河冲刷形成的平坦河滩两侧，沿河流呈团状分布，且具有较高的密度，村落东西两侧有山体围合，充沛的隆务河水穿其而过，形成"两山夹一川"的山水格局以及背山面水的选址格局（图5-4-2）。

2. 聚落布局特征

1）竖向布局

郭麻日村整体地势平坦，西侧为神山，顺应山势形成西高东低的布局特征。位于村落西南角的郭麻日寺海拔约2450米，是村落中地势最高处，体现藏传佛教寺庙在选址上的文化观。郭麻日村与寺的空间结构关系是隆务河流域典型的村寺布局模式。宗教至上，顺应地形，上寺下村，主从有序，构成了丰富的空间层次和独特的景观风貌（图5-4-3a）。

2）平面布局

郭麻日村最初为屯田堡寨，寨墙外为农田，规模较小，军屯堡寨边界清晰，空间结构井然有序。郭麻日村的村民最初都居住于郭麻日古堡内，但随着世代繁衍，堡内有限的空间已经不能满足新生人口的生活居住需

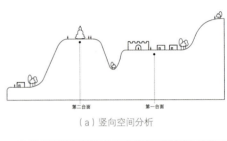

(a) 竖向空间分析

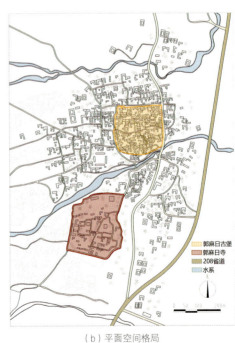

(b) 平面空间格局

图5-4-3　郭麻日村布局特征

244

图5-4-4 郭麻日古堡寨墙（图片来源：衣敏 摄）

北低之势，南侧小河属隆务河支流。村内民居皆依地势而建，高低错落，彼此以蜿蜒坡路相连。

郭麻日村的民居分为堡内和堡外两部分。堡内民居院落窄小，布局复杂紧凑。堡外民居因不再受制于有限空间，院落开敞规整，布局整齐有序。郭麻日古堡近似方形，东西长220米，南北宽180米，基宽4米、残高约10米，占地36000平方米（图5-4-4）。现存部分城墙长约506米，占整体城墙的86%，墙厚2~6米。城墙东、北界面规整，而西、南界面较为曲折。城墙开东、西、南三门，三处城门上方的嘛呢康均为后期原址重建，延续了古堡历史上的出入口及宗教功能，城堡由东西向主干道、南门与这条主干道之间的巷道将古堡分为三部分：东南区、西南区和北区。每一处寨门上都建有嘛呢康，并插有经幡，是古堡建筑独具特色的地方（图5-4-5）。

求，因此人们开始在堡外另筑新家，形成了由郭麻日古堡衍生的外围民居聚落（图5-4-3b）。

郭麻日村坐落在一片坡地之上，呈西高东低、南高

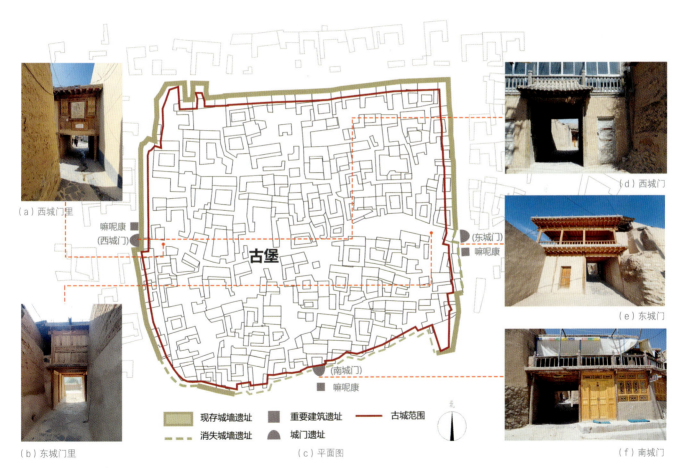

图5-4-5 郭麻日村古城格局图

(三)街巷空间

南北向乡级道路位于村落东侧,向北可前往向阳村至保安城,向南可通往年都乎城堡至隆务城或过河通往吾屯村,是沟通郭麻日村与周边村落的交通要道;村内主要巷道是连接村内各区域要素(屯堡、寺院、广场、聚居区等)的主干道,这些干道也成了划分各区域要素的边界;村内次要巷道是各组团间的干道,承担了组团间的主要交通;村内入户巷道是村落交通体系中最后一个层级,是上述各个层级通往民居的入户道路(图5-4-6a、b)。

古堡内组团干道宽度2~3米,通往民居的巷道仅宽约1.5米,窄处只容一人通过。民居布局紧凑,多为二层,街巷狭窄,院墙高耸,每一个院落就是一个军事防御单元,墙头可当掩体,形成压抑的空间感受。堡内为了避免道路笔直造成视线通透,街巷空间蜿蜒曲折且常有断头路,如同"八卦阵",迷宫般的街巷极大地提高了堡内防御性能。

古堡外居住组团的街巷尺度则较为舒适,道路宽约3~5米,两侧围护界面为一层院墙,且大部分村内干道一侧设有排水沟渠并种植树木,满足生活需求,而非防御需求下的街巷空间格局(图5-4-6c)。

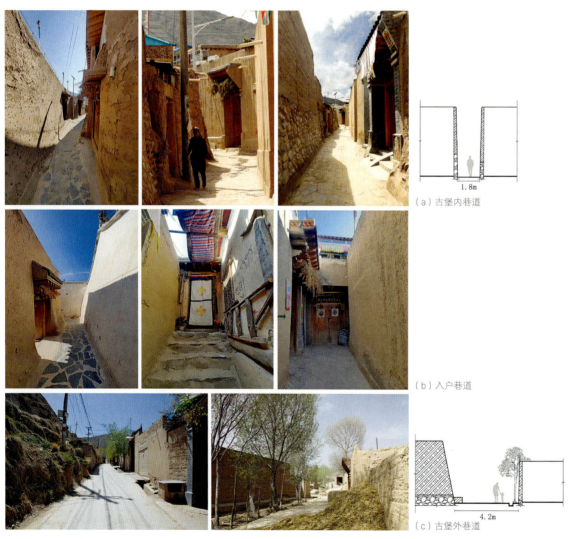

图5-4-6 郭麻日古堡内外街巷

（四）传统建筑

1. 宗教建筑

1）郭麻日寺

郭麻日寺，藏语称"郭麻日噶尔噶丹彭措林"，意为"郭麻日具喜圆满洲"。为叶什姜活佛的下属寺院，初建于明万历年间，经数代僧侣经营，今日的寺院规模仅次于同仁地区最大的寺庙隆务寺。该寺于1996年被列为国家级重点文物保护单位。

从主城门起有一条南北斜向的主干道将寺庙分为东西两部分，大经堂坐西朝东位于寺庙西侧的核心区，与南北向的弥勒殿围合形成中心广场；佛殿同样坐西朝东偏于大经堂轴线一侧，位于寺庙东侧的核心区，东西两侧均形成了以宗教建筑为中心，僧舍环绕四周的向心型布局模式，且在寺庙院墙外东南角有一处展示唐卡佛像的场地（图5-4-7）。作为村落中规模最大且最重要的宗教建筑群，寺庙包括大经堂1座、弥勒殿1座、佛殿1座（图5-4-8）、昂欠4院以及僧舍40多院。

主城门位于寺庙东北角，城门外是一处长120米，宽50米的六月会活动场地，包括有"安多第一塔"之称的时轮大解脱镇寺（图5-4-9），以及转经长廊（图5-4-10），可满足村落宗教集会以及村民日常转经祈福的需求。

郭麻日寺的弥勒殿在热贡地区颇有名气，弥勒塑像高11米，是泥塑艺术的杰作。时轮塔雄伟宏大，造型结构独特，塔身5层，第6层为巨大的宝瓶装饰，可层层登顶。该寺又以木雕艺术最有名，如木刻佛像、木刻佛画、木刻经板以及经堂、佛殿的建筑装饰雕刻等，在众多寺院中独具一格。

郭麻日寺作为宗教活动和僧人居住学习的场所，在本地居民精神世界中享有极高地位，是郭麻日村及周边地区宗教活动的中心。

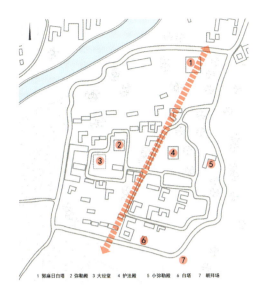

1 郭麻日白塔 2 弥勒殿 3 大经堂 4 护法殿 5 小弥勒殿 6 白塔 7 朝拜场

图5-4-7　郭麻日寺总体空间布局

图5-4-8　郭麻日寺佛殿

图5-4-9　时轮大解脱镇寺塔

图5-4-10　郭麻日寺转经长廊

2）其他寺庙

郭麻日古堡周围也设有三座寺庙，城北是格萨尔王庙，城南是莲花生庙，城西是武神庙，除上述以建筑为核心形成的宗教空间外，村落北缘的白塔、拉则，以及堡寨东、西、南三处城门上的嘛呢康，都是村民们进行日常宗教仪式活动的场所，在村落里形成了散点状的宗教空间节点（图5-4-11）。

2. 传统民居

郭麻日村的民居以藏、土族风格特色为主体，再融合汉族特色。村落民居可分堡内与堡外两部分。

1）堡内民居

古堡占地面积不大，而聚居人口较多，受限于古堡内狭小的空间，每户的院落都很窄小。民居多为两层土木结构平顶房，一层一般用作厨房、储存室和牲口圈房，二层廊房为经堂和寝室（图5-4-12）。每户庄廓院落房连房、顶连顶，防御性功能很强，互相往来，上房御敌形如平地（图5-4-13），整个古堡内部结构古朴典雅，既具有中原的特点，又融入了其他民族的特征。

院落中央立有竖挂经幡的旗杆，设有煨桑台，具有明显的藏式特点。民居内以木板作隔扇，并雕有花草于其上（图5-4-14）。

2）堡外民居

郭麻日堡外的民居同其他青海东部地区的民居形制近乎一致。庄廓院落布局多为坐北向南，也有坐东向西。庭院四周为四五米高的院墙，以素土夯筑，围墙筑成后，再用白土草糠和泥抹光。庭院中央立带有经幡的嘛呢旗杆，大门的设置受宗教信仰影响，一般朝向神山或寺庙的方向，院门在平面形态上没有严格定式。

郭麻日村堡内与堡外的民居装饰主要采用木雕的形式，大门上的装饰集中在门楣部分。结构上主要由出挑的椽木和横向梁枋构成，一般做两层椽木，上层圆形截面，下层矩形截面。椽木面板上的图案装饰多以几何纹、植物纹为主，各个房屋都装饰有飞椽花藻之类，正面以装有木板条方格小花窗隔墙为主。

小结：

郭麻日村是独具特色的军堡聚落，由军事屯田堡寨发展而成，经过历史的沉淀，成为物质、非物质文化集合体，具有认知、美学、社会、经济等多层面的价值。郭麻日寺久负盛名，藏传佛教影响深厚，"热贡艺术"发源于此，驰名中外。整体而言，当地人文社会资源丰富，研究价值显著。

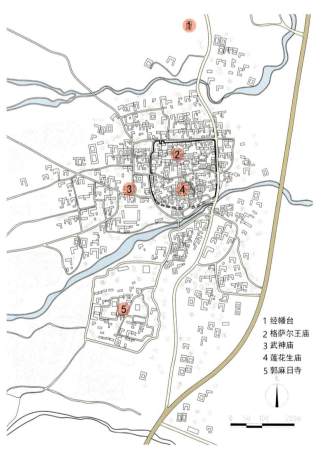

图5-4-11 郭麻日村宗教建筑分布

1 经幡台
2 格萨尔王庙
3 武神庙
4 莲花生庙
5 郭麻日寺

（a）院落

（b）正房

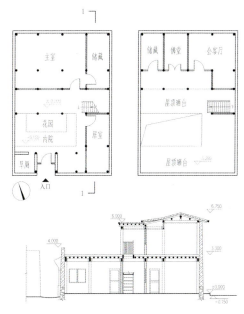
（c）61号院测绘图

图5-4-12　郭麻日古堡内民居

图5-4-13　郭麻日古堡内民居屋顶（来源：衣敏 摄）

图5-4-14　郭麻日村古堡内民居细部　　（a）煨桑炉　　（b）木隔板　　（c）灶台

二、军堡型聚落——起台堡村

(一) 基本概况

1. 区位

起台堡村隶属于青海省海东市循化撒拉族自治县道帏藏族乡,是明长城军事堡寨的遗址村落,也是道帏藏族乡唯一的汉族村,2019年被列入第五批中国传统村落名录。村落位于达里加山青海一侧,其东、南、北三面被渥宝琪、当蕊山、五台山、雷积山、古夷山五山包围,周围山体被沟、壕、岭分割成大小不等、高低不平的多种地块,形成典型的"一山套多沟,一沟串多山"的地形地貌。起台堡作为进入青海的门户位置,自汉至清始终是河州前往循化的必经之路(图5-4-15)。

2. 产业发展

起台堡村平均海拔为2920米,年降雨量300毫米左右,气候干旱高寒。现村域面积约为8平方公里。产业以农业为主,主要以梯田种植小麦与青稞为主,牧业仅为辅助性产业,少数人家喂养牛羊。

3. 历史沿革与聚落演变

起台堡是明朝"屯军戍边"时遗留下的村落,明清时期曾经一度是边陲戍边的要地。起台堡始建明万历十三年(1575年),筑城一座、设守备一员驻防,专司操守,不兼屯政。按其发展的历史划分三个阶段,即从堡寨形成的戍边阶段到堡内安居的创业阶段,再到扩建的发展阶段,最后形成目前的格局(表5-4-1)。

由于地处海拔高、自然环境险恶的环境中,起台

图5-4-15 起台堡村

起台堡村发展演变 表5-4-1

阶段	第一阶段	第二阶段	第三阶段
时间	屯军戍边阶段 1585~1911年	安居创业阶段 1911~1949年	发展壮大阶段 1949年至今
事件	起台堡的设立 起台堡的撤除	起台堡的撤除 1949年中华人民共和国成立前	1949年中华人民共和国成立后 社会因素
状况描述	主城：1585年 关厢：1740年 下关城：早于主城 五山庙：1877年 关帝庙：不详 居民大多数为官兵，另有部分随军家属及其子女，人口总数约400~600人	粮饷断尽后，驻守兵丁除少数流散到他乡自谋出路外，绝大部分人留在本地繁衍生息，走上变兵为民和开垦创业的道路。城内营房兵房变民居，衙门改小学，开垦荒地为农田	中华人民共和国成立后村民逐渐致富，农作物产量增加，生活水平提高，人口数量增加，从1958年起开垦荒地近百余亩，逐渐扩建尕庄、河滩、载子三个主要居住区
空间结构	三城两庙一寨	基本格局不变 空间结构丰富	三城两庙四片区
演变示意图			

（来源：根据资料整理绘制）

堡先民养成了坚韧不拔的生活理念和奋斗不息的拼搏精神。在这个汉族小村庄里涌现了许多出类拔萃的历史名人，起台堡也因此获得了远近闻名的"文化村"的赞誉。最为出名的人物即"邓家六杰"，邓家积极投身教育事业，培养出邓春兰[①]、邓春膏[②]等多位优秀人才。

（二）聚落选址与布局

1. 聚落选址特征

作为明朝屯军戍边的军事堡寨型聚落，出于军事防御的功能需求，高海拔山地地形、沟壑纵横的复杂地貌

[①] 邓春兰（1898-1982年），女，青海省循化县起台堡人，曾上书北京大学校长蔡元培倡导解除女禁，是中国第一个呼吁大学解除女禁的人，也成为中国第一代女大学生的成员之一。
[②] 邓春膏（1900-1976年），字泽民，青海省循化县起台堡人。1927年7月毕业于北京大学，他抱着教育救国的理想，次年考取留美官费生，毕业于斯坦福大学。获文学士学位，次年获硕士学位。1928年获芝加哥大学博士学位。1929年7月~1936年5月历任中山大学校长、甘肃大学校长、甘肃学院院长。

所具备的天然优势成为了起台堡村首要选址因素（图5-4-16）。起台堡村属于浅山型村落，三面环山，道帏河从村落西南侧流过。周边草山资源丰富，为牧业提供了充足的资源；村民就近选择适宜的耕种半径作为农业用地，分布在居住区四周地势平坦的地方（图5-4-17）。

起台堡村分为东西两部分，西部位于地势平坦的河滩区域，东部位于与西部相差40多米的河岸台地，起台堡古城位于东部西北端，紧邻山崖，利于防守，仅有一条小道通往西部。村落西南侧是20世纪70年代修建的202省道，东北侧是于2017年建成的共临高速（青海共和县至甘肃临夏回族自治州）。

2. 聚落布局特征

起台堡村受地势高差影响分为上下两村，上村以古城为中心发展，并形成贯穿下关城与主城的中轴线，下村则顺应道路带状发展。村落整体结构密度较为均匀，功能分为古城区与居住区，古城区内民居由兵营演变而来，呈现规整的网格状，古城外的居住区则顺应地势发展，呈现组团式布局（图5-4-18a）。

村落整体东北高西南低，在竖向上按布局高程可划分为三个台面：第一台面为村落西部靠近道帏河的河滩地带，这是下村所在地，地势较为平坦，共有37户民居沿公路呈带状分布；第二台面为古城遗址所在的上村区域，以古城遗址为中心呈团状分布，该区域为缓坡山地地形，高差较小，民居借地势顺等高线排布，形成单体建筑内部的平坦地势；第三台面为村落东侧的最高处，十几户民居顺应等高线呈带状分布（图5-4-18b）。

（三）起台堡古城

起台堡古城共有三座城，分别为主城、下关城和东关厢城，呈"厂"字形布局。主城城墙四角各修碉房一座，东、西、中三个城门顶端各筑城楼一座，其中东、西城门外各有一座吊桥。城墙周长640米，设有若

图5-4-16 起台堡村

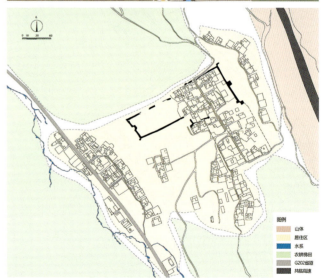

图5-4-17 起台堡村山水格局特征

干垛口，垛口墙高1.5米可供行人自由行走，城墙北面中部筑有一座宽大的指挥台，城南筑马道一条，供战时弹药物资的运送（图5-4-19）。

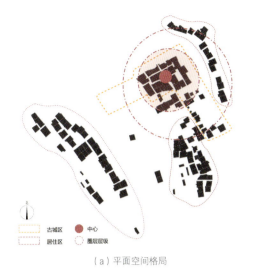
(a）平面空间格局

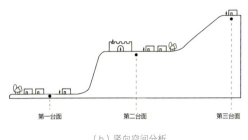
(b）竖向空间分析

图5-4-18　起台堡村空间结构

图5-4-19　起台堡古城遗址

图5-4-20　起台堡村古城格局图

主城中心区路东设守备衙门一座，四周为营房、仓库和马圈，守备衙门在丧失其守备功能之后改建成村小学，之后随着学校搬迁至城外又与周边营房一同发展成为民居。东关厢城为兵丁及其家属居住地，兵房不少于五百余间，其中四百余间供官兵家属居住（每一兵丁两间），其余均供军火、粮仓等专用。下关城地势平坦，作为农耕用地使用。古城内地势完整平坦，受地形影响较少，空间格局呈现出以守备衙门为中心沿主干道两侧对称分布的特征（图5-4-20）。

堡内分主次巷道，其中主要巷道一条，次要巷道八条。它的街巷空间由相邻庄廓民居的外立面围墙围合而成，其立面尺度由围墙高度决定，一般是3米左右。由于堡内空间有限，街巷一般较窄。

（四）街巷与院落空间

起台堡村属于军事类堡寨，古城处于村落中心偏西北的位置，明清时期从中原地区屯兵戍边而来的汉族士兵随着清政府的消亡而走上转兵为民的道路，堡内居住的兵丁及其家眷依托古堡逐渐向城外发展，形成了以古堡为中心的空间形态。

1. 街巷空间

起台堡村位于浅山地区，为适应山地环境，在村落形成与发展的过程中街巷空间也顺应山地地形，根据村民的交通需要，构成了主次分明、纵横有序的村落交通体系。同时也是村落防御体系中不可缺少的一部分，体现了村落空间格局的独特性（图5-4-21）。

起台堡村街巷空间主要分为四个层级，包括入村道路（202省道），村内主要巷道、次要巷道以及宅前小路。南北向202省道穿下村而过，宽约7米，是起台堡村入村道路；村内主要巷道是连接下村与上村间唯一的一条车行道路，宽5~6米，顺山势蜿蜒而上；次要巷道宽约4米，在每个居住区组团中分别分布一条；宅前小路数量最多、分布最广，宽度约2米。

起台堡堡内与堡外的街巷空间形成了较为鲜明的对比，堡内街巷由一条东西向主干道与若干南北巷道构成，空间较为规整，堡外街巷由随地形高差发展形成的东西干道和若干南北巷道构成，空间分布较为自由。

2. 院落空间

起台堡村民居是河湟地区典型的庄廓民居类型，由矩形夯土墙内向围合形成封闭式的合院，院墙高大，防御性较强。院落内部包括正房、厢房、牲畜棚、杂物房等。居住空间多坐北朝南或坐西朝东，杂物房、牲畜棚等多位于东南角，功能分区明确，中间由庭院、花园等室外空间过渡（表5-4-2）。

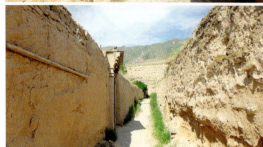

图5-4-21　起台堡村街巷

起台堡村民居院落空间分析　　表5-4-2

位置	平面类型	测绘图	布局图示	使用功能
城内	回字形		10200 × 7200	作物晾晒 羊群喂养 休憩空间
城外	回字形		9150 × 14500	作物种植 羊群喂养 休憩空间
城外	不规则形		15700 × 22600	作物种植 圈养牲畜 休憩空间
	门字形		15700 × 11600	花圃种植 休憩空间

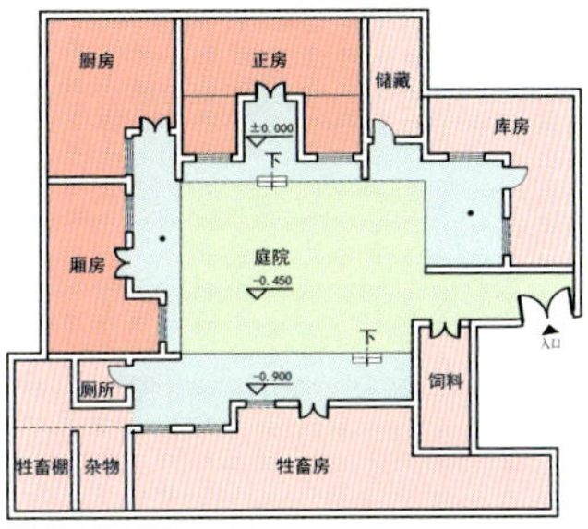

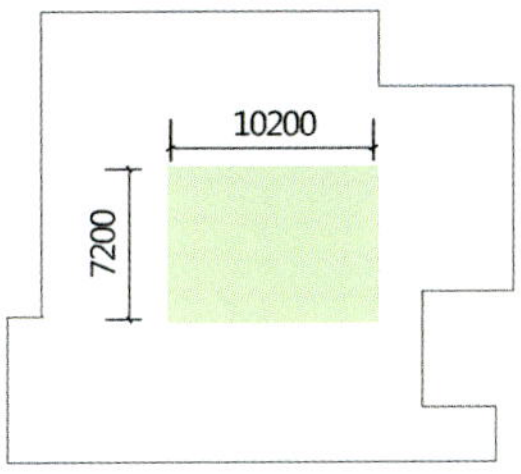

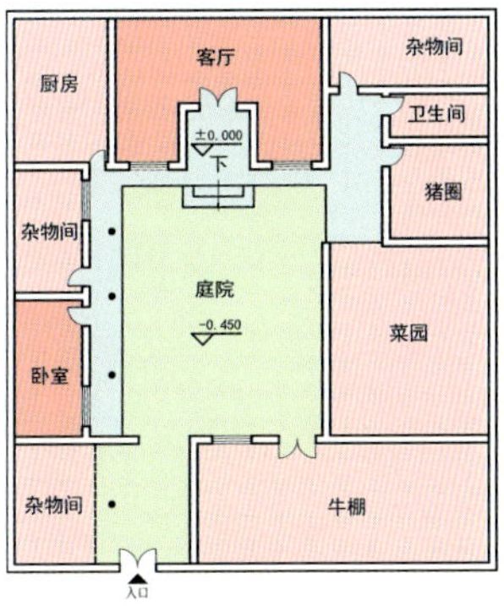

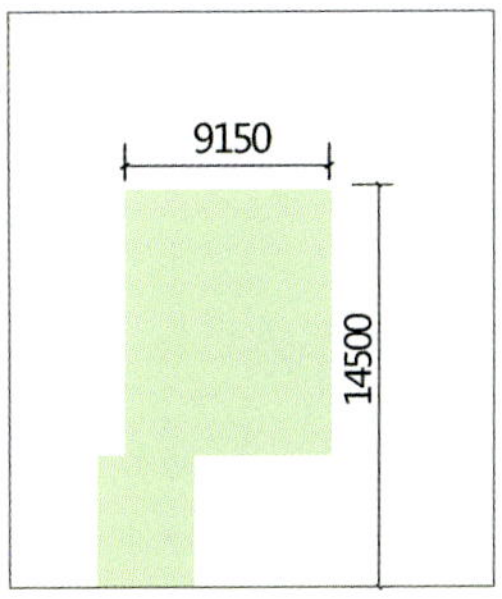

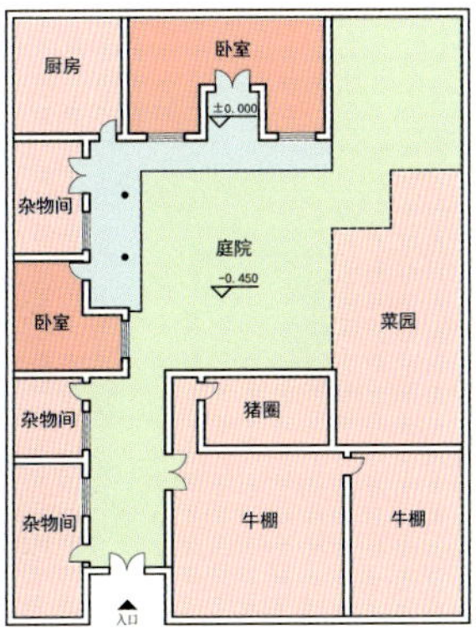

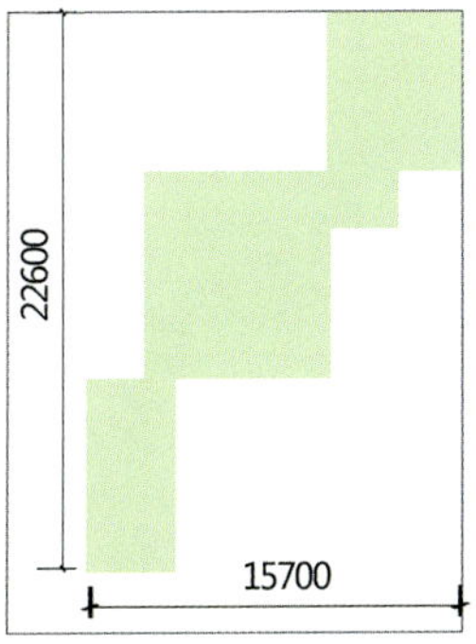

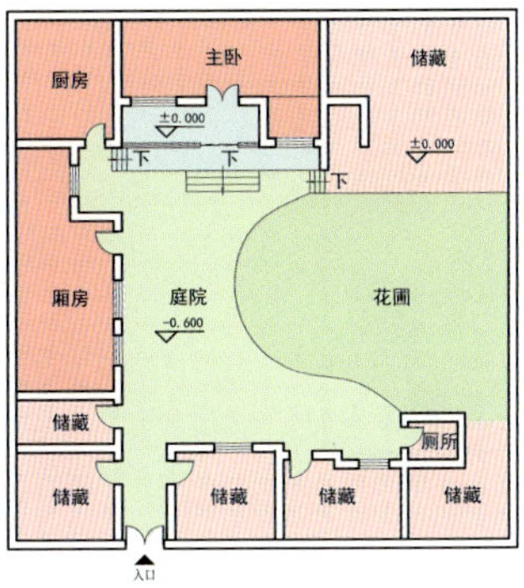

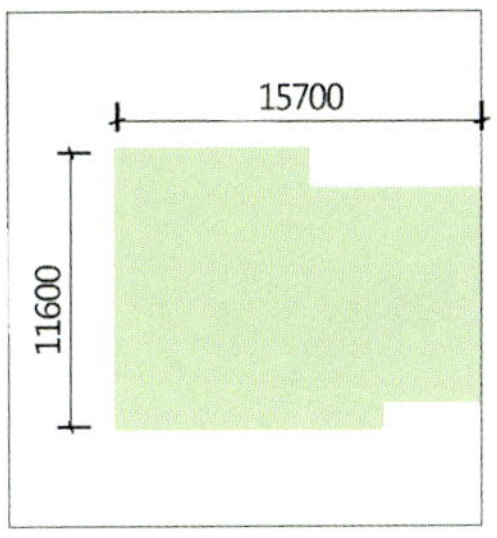

（来源：根据资料整理绘制）

（五）传统建筑

1. 宗教建筑

起台堡村是汉族村落，与藏族村落中相对独立且规模较大的寺庙建筑群不同，汉族村落的宗教建筑多以建筑单体或较小规模的合院式建筑群存在，分布在村落重要节点处（表5-4-3）。

起台堡村汉文化的代表寺庙——关帝庙和五山庙。随着明王朝派到循化地区的汉族官兵而到来，作为村落中宗教祭祀的主要场所。

1）五山庙

五山庙选址于村落东北角的地势较高处，远离村落主要居住区，地势高、距离远的选址特点也体现出了村民们对于神灵的敬畏。五山庙建筑群坐东朝西，由大殿、土主神殿和廊房共同构成，整个建筑群采用合院围合的布局形式（图5-4-22）。

五山庙由起台堡守备朱绍光负责建造，1877年清光绪三年建成，2007年重修，供奉明朝武将常遇春，称五山大王。原来有柏木刻成的常遇春神像，后被毁，现有泥塑神像代之，庙里有三顶轿子，分别为五山爷轿子、水草爷、盖国爷（徐达），一般水草爷的轿子放在土主庙，五山爷和盖国爷的轿子放在五山庙内两边的壁画旁。

2）关帝庙

关帝庙，原来的匾牌上写成武帝庙，位于上村主城与东厢城的交界处，在村落的几何中心偏东。建筑群坐东朝西沿中轴线层层递进，以最西端的照壁为起点，从菩萨楼到由土地庙和过殿围合成的中心院落再到最东部的大殿，形成了三层标高逐渐抬升的院落布局形式（图5-4-23）。

起台堡村宗教建筑　　　　表5-4-3

民族	村落	名称	区位	布局示意	图片
汉族	起台堡村	五山庙			
		关帝庙			

（来源：根据资料整理绘制）

2. 传统民居

起台堡村村民原为中原地区而来的兵丁后代，全部为汉族，其民居类型虽属于庄廓类型，但是在民居的尺度、装饰等地方均能看到中原汉族的居住文化（图5-4-24）。与周边汉族相比，起台堡村民居院落大门的尺度较小，正对设置照壁，上刻有精美雕饰。

村内民居为夯土建筑，主要材料为夯土、石块和木材。构造方法为石块做基，夯土为墙，木构架做门窗和梁柱（图5-4-25）。

关帝庙第一层为两只铁铸狮子，院中立有一旗杆，在旗杆上有一方形旗斗。第二层为菩萨楼，供奉观音菩萨、金花娘娘，东为学堂，西为厨房。厨房门前有一口大钟，到第三层之间过殿西部是土地庙。北部为大殿，大殿正中为关羽神位，东侧有岳飞神位，西侧有土地司的牌位，从供奉的神位来看，也是关羽、岳飞合庙。

小结：

起台堡村历史悠久，文化底蕴深厚，是一座基于军事卫所制建立、由军事堡寨演化而来的乡村聚落，有着"先有起台堡，后有循化城"之称。村内有保存较好的堡寨遗址，明显反映明清军事堡寨的典型特征，即空间呈封闭性几何式布局，民居营建体现地域特征并带有明显中原汉族文化装饰。

图5-4-22 起台堡村五山庙

图5-4-23 起台堡村关帝庙

图5-4-24 起台堡村民居

（a）航拍图

（b）平面图

图5-4-25 起台堡村民居

三、寺堡型聚落——张沙村

（一）基本概况

张沙村位于青海省东部循化撒拉族自治县道帏藏族乡。道帏藏族乡南与甘肃省夏河县甘加乡接壤，西南接岗察藏族乡，西北与白庄镇、清水乡相接，东北与甘肃省积石山保安族东乡族撒拉族自治县、临夏县为邻，地理结构为黄土高原和青藏高原的结合部。全乡辖27个行政村，以藏族为主。

张沙村距离循化县城40公里，距离乡政府驻地7公里，村落海拔3060米左右，属脑山型聚落，气候干燥，年均降雨300毫米左右。其共有耕地面积3000亩，草场面积4万亩，主要种植青稞与小麦，属于半农半牧的生产方式。因张沙寺成村，建于明代，村落整体风貌保存完整，传统民居保存较好，于2016年入选第四批中国传统村落（图5-4-26）。

（二）聚落选址与布局

1. 聚落选址特征

张沙村选址于道帏乡达里加山山脚下，道帏河流域的源头位置，地形丰富，高差适宜。村落东北背靠达里加山，西南道帏河缓缓流过。周边自然环境优美，地势平坦，草原辽阔，牧草肥美。

2. 聚落布局特征

张沙村东侧草山环抱，西有道帏河流过，梯田围绕村落，聚落形态层次丰富（图5-4-27）。村内空间丰富，巷道众多，尺度适宜，建筑根据地形选址，错落有序，以嘛呢房为中心，民居建筑围宗教建筑而建，呈现出以宗教建筑嘛呢房、五山庙为核心的布局特征。目前该村每户均已通水、通电，村内硬化道路铺设完备，垃圾简易填埋，厕所均为旱厕且分户设置。

图5-4-26 张沙村

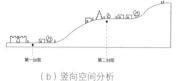

(a) 航拍　　　　　　　　　　　　　　　　(b) 竖向空间分析

图5-4-27　张沙村空间格局（来源：马国忠 摄）

张沙村街巷空间包括主要巷道、次要巷道两个层级。新建的临共高速（甘肃临夏回族自治州至青海共和县）穿村而过将其分为上下两部分；主要巷道从村落西侧的入口处起，顺应山势直达上村的核心居住区，是连接下村与上村间唯一的交通要道；次要巷道是张沙村最主要的交通方式，因东西向坡度较大，民居顺应南北向等高线布局，次要巷道多为南北向，由于不同台面的民居高差较大、竖向联系较少，东西向巷道多利用排水沟、台阶等自由排布，巷道在主要居住区宽度约为2.5米，在民居分布较为分散的区域宽度可达3米。侧界面院墙高度为3~5米不等，形成了内向闭塞的街巷空间。

张沙村街巷空间按照界面构成要素可分为以下两种类型：①"宅—路—宅"型，此类街巷多作为处理高差的东西向道路；②"宅—路—沟—宅"型，此类街巷多见于南北向道路，为防止雨水冲刷造成院墙坍塌，民居在修建过程中临近道路一侧的院墙并不直接临路，而是形成一段排水沟。

3. 空间结构演变

张沙村空间结构演变经历三个阶段：始建阶段为明天启六年（1626年），卡加头人索南扎西和法王贡噶勒巴初建张沙寺，寺庙建筑群位于张沙古城之内居于下村入口处。据寺庙僧人介绍，张沙寺建寺之初位于现上村山脚下，原城址位置已不可考，后来搬迁至古城内才形成了现今的空间格局。第二阶段是村落形成阶段，张沙村因寺成村，并以嘛呢房为中心逐渐呈圈层发展，这一时期寺院内部也逐渐扩大。第三阶段是村落发展扩张阶段，东侧民居在原有空间结构的基础上顺应地形向西北和东南方向延伸，形成了张沙村最核心的居住区，这一阶段西侧村落也突破了局限于城内的空间格局，20世纪80年代居住在寺庙中的居民随着僧舍的恢复从城内搬迁至城外，形成了顺应道路发展的线性居住片区。随着时间发展，村落核心居住区人口密集、空间闭塞、行车不便，部分村民选择向冲沟以南较为开阔的区域发展，呈现出由集中向分散的枝状发展趋势。

（三）历史环境要素

张沙村村落周边山形水系、地形地貌、植被作物等自然环境完整沿袭了历史特征，原貌清晰可见，整体历史环境要素丰富，如达里加神山、五山池、道帏河等，对村落选址、格局都有重要影响（图5-4-28）。

1. 达里加神山

达里加神山地处北纬35°32′，东经102°43′，距县城东南约45公里，位于道帏乡东南，长25公里。山体由石灰岩、花岗岩组成，顶峰海拔4636米。

2. 五山池

五山池又称雾山池、雾山仙池、达里加天池，藏语称达里加措。位于道帏乡达里加主峰之东南，主峰顶的海拔高达4636米。冬季冰天雪地，主峰的冰雪几乎常年不化，夏日云雾缭绕，五山池是达里加神山雪峰中的一颗明珠。池呈圆形，周长495米，水域面积1.86公顷（28亩），水深约10米，蓄水量约10万立方米（图5-4-29）。

3. 道帏河

道帏河是循化县古老的河流之一，其源头是张沙村的五山池与达里加山的雪山融水，雪山融水与部分大气降水共同形成了道帏河源头汇水区域，流进清水河最终汇入黄河。道帏河是张沙村主要的灌溉水源（图5-4-30）。

4. 张沙古城

张沙古城即张沙寺所在地，古城呈长方形，南北长191米，东西宽125米，城有马面，墙厚5米，夯土筑。城外有护城壕，共有南北两座城门，南侧城门为寺庙唯一的出入口，北侧城门现已被封堵（图5-4-31）。

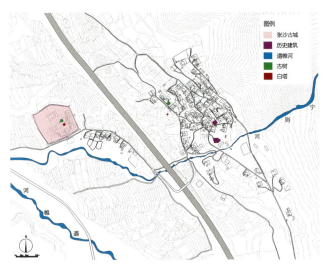

图5-4-28　张沙村历史环境要素分布图

图5-4-29　五山池（来源：马国忠 摄）

图5-4-30　道帏河

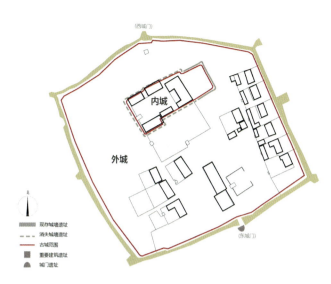

图5-4-31 张沙村古城格局图

图5-4-32 张沙古城墙

据《安多政教史》记载：张沙古城修建于明天启六年（1626年）。张沙古城布局形式独特，"城中有城，城内有寺"，内城面积约为外城面积的八分之一，形成了外城中有内城的空间格局。在城内西北角活佛府邸东侧现残存一段城墙遗址，即内城城墙遗址，而内城区域就是活佛府邸所在地（图5-4-32）。

（四）传统建筑

1. 宗教建筑

村落宗教空间主要包括张沙寺、嘛呢房、五山庙与白塔。张沙寺位于张沙古城内，是张沙村规模最大的宗教建筑群；嘛呢房、五山庙和白塔位于村落东侧台地，承担着不同的宗教功能。正月初八插箭仪式、龙鼓舞、螭鼓舞在各宗教建筑中举行。

1）张沙寺

张沙寺，藏语称"张沙噶尔"，1999年2月被列入第六批省级文物保护单位。张沙寺是卡加头人索南扎西和法王贡噶勒巴于1626年创建的格鲁派寺院，系拉卜楞寺属寺，史载张沙活佛卡·丹贝坚赞曾担任过国师。原寺院占地面积20亩，经堂1座，建佛堂1座，昂欠1院58间，整个寺院建筑在土城堡内，显得高大雄伟。大经堂为两层楼式建筑，计30间，颇为宏丽，至今保存完整。1987年7月27日批准开放，张沙寺内藏有佛像经典420卷（尊），僧舍9户54间，活佛1名，设有显宗扎仓，历辈张沙仓为寺主活佛。每年主要宗教活动有2月千供节，4月吾人节，9月护法会、降凡节，10月五供节等（图5-4-33~图5-4-35）。

2）五山庙

五山庙建于清代光绪二十二年（1896年），在多民族文化交融的环境下，受汉文化的影响，为融合自身民族特色形成的宗教祭祀场所。五山庙位于村落主

(a) 总体布局

(b) 外观

图5-4-33 张沙寺

(a) 航拍

(b) 立面

图5-4-34 张沙寺大经堂

要居住区南侧，寺庙院落正中有拉则一处，供节日进行插箭活动使用（图5-4-36）。

3）嘛呢房

嘛呢房建于1897年，位于村落中心。主要功能是供村民转经、念经活动（图5-4-37）。

4）白塔

白塔位于村落主要居住区西北角边缘处，是村民转经祈福的场所（图5-4-38）。

2. 传统民居

张沙村整体传统风貌保存完整，传统民居类型为庄廓民居，多为一层合院式，窗户均开向院内（图5-4-39）。庄廓外墙除入口位置其余地方不开洞，具有良好的保温效果。民居雕花精美，装饰独特，民族特色鲜明。

院落空间作为村民使用频率最高且具有一定私密性的空间，直观地反映村民生活习惯、生产方式以及文化习俗。依据院落平面类型进行分类，可分为"回"字形、不规则形、"吕"字形三种院落空间形式（表5-4-4）。

图5-4-35 张沙寺房顶雕饰（来源：马国忠 摄）

图5-4-36 张沙村五山庙

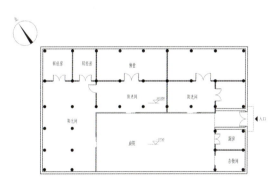

图5-4-37 张沙村嘛呢房平面图

(a)外观

(b)转经

图5-4-38 张沙村白塔

(a)实景1

(b)实景2

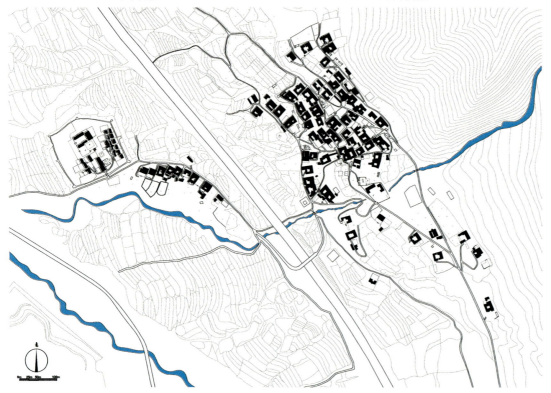
(c)民居分布图

图5-4-39 张沙村传统民居

张沙村民居院落空间分析　　表5-4-4

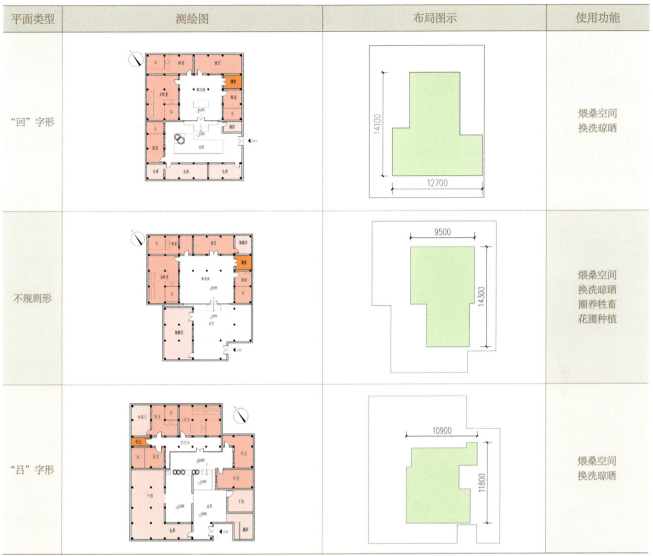

（来源：根据资料整理绘制）

以杨桑太（67号）民居为例，杨桑太民居建于清代，坐北朝西南，土木结构，面积约434平方米。上房与两厢房用地高于杂物房与牲畜房，独立旱厕位于牲畜圈旁（图5-4-40）。

（五）非物质文化遗产

张沙村作为国家第四批传统村落，拥有丰富的非物质文化遗产，包括螭鼓舞表演、拉伊、插箭活动等，其中循化县螭鼓舞表演被列入国家级非物质文化遗产代表项目名录。丰富的非遗活动体现了村民的精神寄托，并依托于村落形成了良好的传承方式，节庆日时会在张沙寺、嘛呢房、白塔、五山庙等重要节点空间进行表演，形成了丰富的文化空间（图5-4-41～图5-4-43）。

小结：

张沙村处于脑山地带，靠山面水，梯形麦田围绕村落。村落因寺成村，空间结构清晰，肌理保存较完整，

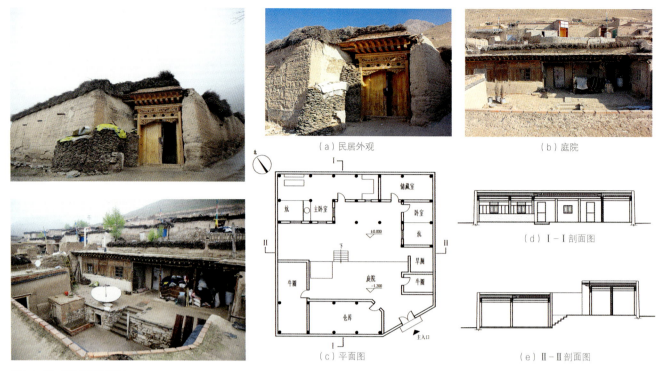

图5-4-40 张沙村67号民居

图5-4-41 螭鼓舞（来源：马国忠 摄）

266

图5-4-42 插箭活动（来源：马国忠 摄）

图5-4-43 藏族服饰（来源：马国忠 摄）

聚落形态层次丰富，体现了宗教文化、自然环境、劳作生产对村落结构的影响。庄廓院落整体呈封闭几何式布局，民居建筑与宗教建筑特色鲜明，装饰精美华丽，民族特色鲜明，是一个典型的受寺庙、宗教文化影响的村落。

四、堡寨型聚落特征

河湟地区堡寨型传统聚落可分为军堡型和寺堡型两种类型。出现军事防御的功能需要，军堡型聚落多选址于易守难攻的山地环境，周边农耕资源丰富，能够为戍边屯军提供生产生活基础条件。边界清晰的堡墙明确界定出"堡内""堡外"规整、灵活的空间布局形态。堡内主次分明、纵横有序的交通体系划分了各区域要素边界，关帝庙、五山庙等汉式民间信仰文化空间占据重要空间节点。堡内民居空间局限性较大，院落窄小，布局紧凑；堡外民居布局自由灵活。寺堡型聚落是以大型寺庙落址为中心呈圈层扩张发展。堡墙内集中分布宗教建筑及其附属设施，承担宗教及重要节庆活动。传统民居多位于堡外，与神圣空间分离，布局自由灵活。堡墙内外空间形态的迥异反映了特殊功能需求对堡寨型传统聚落空间的限定，也揭示了聚落主体功能转变的演进历程。

第六章

三江源地区传统聚落

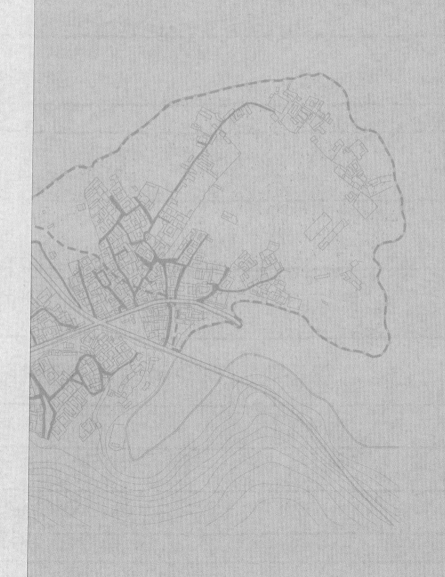

三江源地区面积约占青海省面积的43.23%，土地辽阔，其中草场面积约占三江源地区总面积的69%，可以利用的草场面积约占三江源总面积的56%。按照牧业人口计算，人均土地面积约7000亩，人均草场面积约3900亩[1]。三江源地区范围辽阔，境内平均海拔为3500~4800米，是世界上水资源最为丰富的地区之一，也是长江、黄河、澜沧江以及国内众多河流的源头汇水区，因此被誉为"中华水塔"。三江源地区丰富的水资源，使得区域内的聚落多依靠通天河、澜沧江、马可河进行选址布局，从而呈现一种沿流域带状分布的形态。根据聚落与河流的分布关系，本章选取三江源区域内通天河、澜沧江、马可河流域的传统聚落典型案例进行介绍（图6-0-1）。

图6-0-1　三江源地区流域范围示意图

第一节　通天河流域聚落

一、通天河流域基本概况

通天河为长江上游一段，有"通天之河"之称，故得名"通天河"，位于三江源核心区域内，贯穿玉树藏族自治州。通天河流域由于地形地貌以及土地资源等因素的限制，聚落主要分布于河谷地带，聚落规模小，沿流域呈带状散点分布，呈现出典型的河谷聚落人居环境分布特征。

（一）自然地理环境

1. 地理位置

通天河是长江源流干流河段，位于青海省玉树藏族自治州境内，自长江正源当曲、西源沱沱河汇合点的治多县西部的囊极巴陇起，向东流入治多县，至莫曲汇口折向东北流，在北麓河汇口附近成为治多、曲麻莱两县界河，至科欠曲汇口以下改向东南流[2]，流经称多县、玉树市，至玉树市结古镇附近的巴塘河口为止，以下始称金沙江。通天河全长828公里，其中，囊极巴陇至楚玛尔河口长278公里称通天河上段，属江源地区；自楚玛尔河口至巴塘河口长550公里称通天河下段，不属于江源地区（图6-1-1）。该地区气候温和湿润，宜于聚居。通天河流域的传统聚落主要分布在通天河下段的河谷地区。

2. 地形地貌

通天河流域处于青藏高原腹地，其内部和边缘有许多山脉，分割出许多盆地和宽谷，形成了高原、

---

[1] 青海省地方志编纂委员会. 青海省志——长江黄河澜沧江江源志[M]. 河南：黄河水利出版社，2000.
[2] 同上.

图6-1-1 通天河流域分布示意图

丘陵、山脉、冰川、冻土、谷地、盆地等多种地形地貌。通天河干流流经谷地的地形主要包括巴颜倾山区宽2~3公里的宽谷,莫曲汇口附近宽4~5公里、河床较浅的区域,牙哥峡宽度仅为100~200米的峡谷以及科欠曲汇口至楚玛尔河河口宽12公里的谷地。[①]

3. 气候条件

通天河流域气候具有寒冷、干燥、气压低、日照时间长、太阳辐射强烈等特点。深处内陆,地势高耸,是典型的大陆性气候,四季无明显区分,仅有冷暖两季。年平均气温在-4.2℃左右,最热的7月平均气温为7.5℃。年降水量500毫米左右,年蒸发量在1200~1660毫米。

4. 自然资源

通天河流域土地资源、水资源、矿产资源、野生动植物资源非常丰富。地表水资源以河流、湖泊、沼泽和冰川形式存在,储量丰富;矿产资源有铜、铅、锌、银、金等;野生动植物种类丰富,有鸟类30余种,兽类20余种,鱼类4种。

(二)人文环境

1. 宗教信仰

通天河流域的藏族人民信仰藏传佛教,居民的生产生活方式、日常习俗活动、生态观念都受到宗教文化的影响,宗教文化是探寻藏族聚落空间的重要因素。通天河流域分布的藏传佛教派别众多,寺庙主要分布在通天河流域的玉树市、治多县、称多县和曲麻莱县等地。通天河流域共有98座寺院,其中宁玛派21座,占21.4%;噶举派32座,占32.6%;萨迦派24座,占24.4%;格鲁派21座,占21.4%。噶举派的寺院数量占首位,其次是萨迦派,宁玛派和格鲁派并列其后(表6-1-1)。

通天河流域藏传佛教寺院　　　表6-1-1

教派 行政区	噶举派 (包括各支派)	萨迦派	格鲁派	宁玛派	合计
玉树市	24座	16座	10座	4座	54座
称多县	8座	8座	5座	5座	26座
治多县	—	—	1座	—	1座
曲麻莱县	—	—	5座	12座	17座
合计	32座	24座	21座	21座	98座

(来源:根据《通天河流域藏传佛教多教派共存格局研究》整理)

通天河流域的传统聚落空间内部必有嘛呢石堆、白塔等。嘛呢石是刻有佛经六字真言、佛像、经文的石片以及牦牛骨头。该区域内藏族群众转经轮、白塔并诵嘛呢经是非常普遍的宗教活动,转嘛呢石堆、白塔时要遵循从左向右的顺时针方向,村民手持转经筒或佛珠,念诵佛经(图6-1-2)。

---

① 青海省地方志编纂委员会. 青海省志——长江黄河澜沧江江源志[M]. 河南:黄河水利出版社. 2000.

（a）兰达嘎白塔　　　　　　　　　　　（b）卓木其白塔　　　　　　　（c）吾云达转经廊

图6-1-2　通天河畔嘎白塔与转经廊

除了藏传佛教外，通天河流域的民间信仰对其日常生活也有着深刻的影响。藏族是一个信奉多神的民族，其中万物有灵是民间信仰中尤为重要的部分，信仰神灵数量较为庞大，与日常生活环境约束人的行为有密切关系，对生态环境的保护起到了重要作用。

2. 歌舞文化

通天河流域的传统藏族聚落孕育着丰富的歌舞文化节日等活动。

舞蹈主要包括在群众中流行的"伊"、"卓"、寺院的宗教舞（总称"拉仓"）以及在庙会、藏历新年、结婚、迎贵宾等场合进行表演的"曲卓"和武士舞"锅哇""察"等。民间歌曲也在其日常生活中具有重要的地位，其中在玉树地区最具影响力的歌曲是被世界公认的中国藏族说唱《格萨尔王传》。通天河流域现在演唱《格萨尔王传》的曲调有108种之多，这些曲调适用于特定人物在特定环境下的特殊心情，对刻画人物形象、塑造人物性格有一定的作用[①]（图6-1-3）。

藏历年是藏族最隆重的传统节日。每年12月中旬开始，藏族群众就开始置办年货、缝制新衣、准备供佛的酥油灯与"琪玛"（即用炒面、酥油和白糖等制成的供品），并酿造青稞酒等。除夕前几天，开始清扫房屋、院落，布置室内。藏历28日炸油麻花，藏历29日下午清扫灶房。藏历30日摆设供品，设置家宴，初一清晨拜佛。通天河流域地区还开展春耕节、赛马节、糌粑节等节日活动。

生活在通天河流域的藏族人民在生产生活中，不断与大自然交流，依赖大自然并从中获得生活所需，同时也对周边的天地、山水、动物等产生了敬畏，从而孕育了天体崇拜、神山崇拜、动物崇拜等。

图6-1-3　藏族歌舞

---

① 玉树藏族自治州概况编写组. 玉树藏族自治州概况[M]. 青海：青海人民出版社，1985.

（三）聚落选址

1. 影响因素

通天河流域土地辽阔，但适宜居住、适宜生产生活的土地面积却很少。通天河源头区域基本属无人区，少有聚落，传统聚落主要分布在中下段。聚落选址受到地理环境、生产方式、宗教文化等多方面因素的影响，通常选择较为平缓的河谷地带，利于聚落建设，同时能提供更多的可供生产利用的土地，临近水源提供了聚落生存发展所必要的资源（图6-1-4）。

2. 选址类型

通天河流域传统聚落的藏族先民在尊重自然、适应自然、利用自然的过程中形成了自己的宗教文化传统、生产生活方式以及聚落营造智慧。在海拔较高的高原草原地区形成了与之适应的游牧聚落，在高山河谷之间的定居聚落则充分利用相对分散的小块农田进行着半农半牧的生活。依据选址要素的不同将该流域藏族传统聚落分为山谷河岸型、山麓河谷型、山麓缓坡型、山顶集聚+山脚临水型四种不同类型的选址。

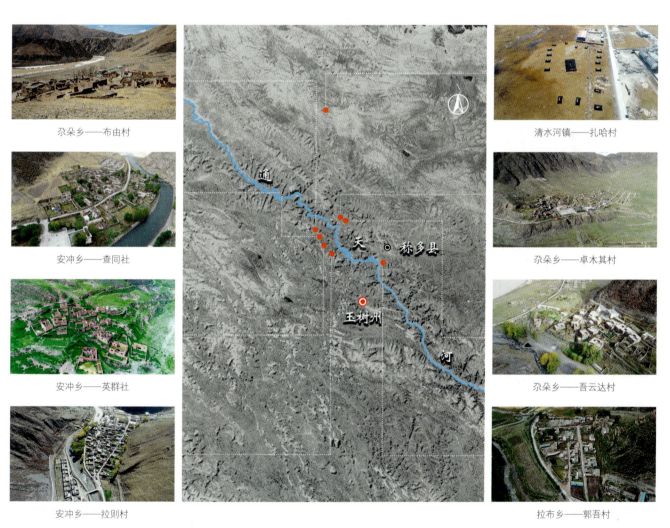

图6-1-4 通天河流域传统聚落分布示意图

1）山谷河岸型

山谷河岸型聚落多位于山脚之下、两山夹缝间地势平坦的开阔地带，地理位置相对较好，村落与水源联系极为紧密，对村落的建设发展极为有利，这种村落规模相对较大，生产要素比较集中。玉树州称多县安冲乡查同社就是典型的山谷河岸型村落（图6-1-5a）。

2）山麓缓坡型

山麓缓坡型聚落选址多呈背山面水的格局，村落临近水源，地势有一定高差，但整体较为平坦，民居与地势结合紧密，依山就势，呈现较为紧密的团状布局形态（图6-1-5b）。

3）山麓河谷型

山麓河谷型村落选址在山脉之上，视野极其开阔，整体地势较为平缓，村落呈组团状布局形态，同时紧邻水源地带，为村落的发展提供了有利的资源条件（图6-1-5c）。

4）山顶集聚+山脚临水型

这种村落一般规模较小，营建之初选址在山顶附近，能更好地满足村落对于防御性的要求，村内核心建筑以及历史较久的传统民居均分布在山顶附近。随着村落发展，新建民居开始分布于山体下较为平缓的地带，呈混合选址模式。称多县拉布乡郭吾村就是典型的山顶集聚+山脚临水型的选址类型（图6-1-5d）。

通天河流域内自然地理环境复杂多样，村落在其发展演变过程中为了适应当地自然地理环境，从而表现出不同的选址特征，为了更好地归纳总结通天河流域传统村落的特征，依据村落选址类型的差异，选取英群、英达社，卓木其村，吾云达村，扎哈村以及郭吾村五个典

（a）山谷河岸型（安冲乡查同社）

（b）山麓缓坡型（尕朵乡卓木其村）

（c）山麓河谷型（清水河镇扎哈村）

（d）山顶集聚+山脚临水型（拉布乡郭吾村）

图6-1-5　通天河流域传统聚落选址

型的藏族传统聚落作为重点案例来阐述通天河流域的聚落特征。

二、山谷河岸型聚落——英群、英达社

（一）基本概况

英群、英达社位于青海省玉树州玉树市境内西北部的安冲乡，属于安冲乡拉则村下的两个生产合作社，距离玉树市结古镇60公里。英群社和英达社两社直线距离约2公里，通过574国道相连（图6-1-6）。村落东面是通天河，南面与乃格达相融，西侧与拉则毗连，北边与安冲直相邻，属于高山峡谷地带，平均海拔3800米，年平均气温约为2.6℃，年降水量为635毫米。

英群、英达社居民以藏族为主，产业结构为农牧结合。近年来，由于政府实施的灾后移民搬迁工程，两社村民大多迁至移民社区。2016年英群、英达社被列入第四批中国传统村落名录。

（二）聚落选址布局

1. 英达社

英达社选址因地制宜，村落坐落在两山之间地势较为平缓的河谷地带，是典型的山谷河岸型选址。通天河支流和道路穿村而过，将村落一分为二，一部分位于河流环抱的河谷地带，另一部分分布在山脚下的河流一侧，两个居住组团在河流两侧交相辉映（图6-1-7）。

英达社整体规模不大，依托背后的山体，面向伊曲河，形成背山面水的村落布局形式，由于英达社选址类型为山谷河岸型，河谷处较为平坦，村落可利用的优良土地较少，村落布局较为紧凑，位于河岸一侧的村落契合基地形态，呈团状布局，仅可以通过一座古桥进入村落中，并设有瞭望塔。位于山脚处的村落空间布局则顺应山势，层层退台（图6-1-8a、b、c）。

图6-1-6 英群社、英达社位置关系

图6-1-7 英达社

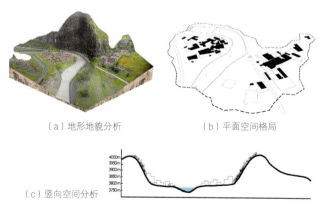

（a）地形地貌分析　　（b）平面空间格局

（c）竖向空间分析

图6-1-8 英达社布局特征

2. 英群社

英群社和英达社选址情况有异曲同工之处，由于两社相距仅有两公里，村落所处的自然地理环境相似。英群社坐落两山之间，面朝通天河支流伊曲河，整体位于河流的一侧，为山谷河岸型村落选址（图6-1-9）。

英群社整体规模较小，村落整体依山就势，顺应地形进行布局。村落位于山谷河岸处，可利用的有利地形较少，因此地势高差较小、适合耕作的土地对于村落来说尤为珍贵，建筑选址相对集中，呈密集型组团状布局模式（图6-1-10）。

村落通过一条主要道路与外界相连，而纵横交错的街巷空间构建起村落内部的交通网络结构，这种布局模式也契合历史上当地藏族传统村落对于防御性的要求。

（三）历史环境要素

英达社

英达社公共空间资源较为丰富，村落公共空间构成要素包括自显佛像山、转经廊、经堂、圣山、嘛呢石堆、石磨坊以及传统建筑遗址，这些历史要素共同构成了英达社整体丰富的聚落空间格局（图6-1-11）。该村还延续着烧制黑陶的历史传统。

1. 英达古桥

英达古桥坐落于英达社旁的伊曲河上，是一座握桥（河厉桥），即伸臂木梁桥。桥身全长15米，距水面

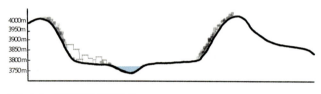

图6-1-9 英群社竖向空间分析

图6-1-10 英群社

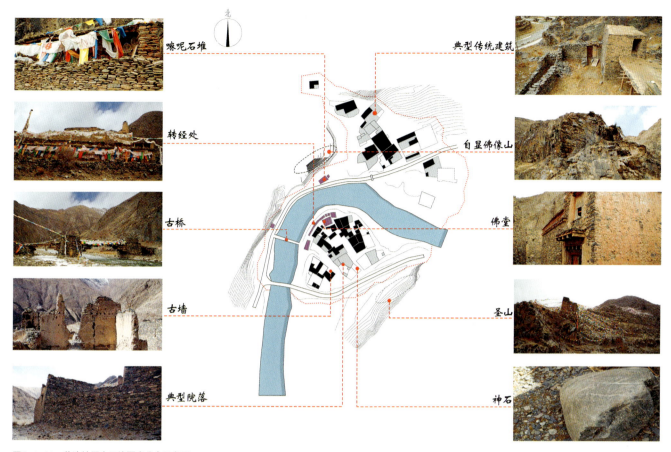

图6-1-11 英达社历史环境要素分布示意图

图6-1-12 英达古桥

高2.5米，宽3米。河中两个方形的桥墩，由当地青石砌筑，上面用木制桥梁相连，顶上横置长条石板和木板。从河中的两个桥墩底端依次向外出挑木墩三层，每层比下层多出挑约1米。为减少水的冲力，桥墩依照水流方向设置棱角。英达古桥结构合理、取材简便、坚固耐用（图6-1-12）。

图6-1-13 英达社石磨坊

图6-1-14 英达社嘛呢石堆、佛塔

2. 石磨坊

英达社石磨坊，临近伊曲河。石磨坊长度约为4.6米，宽度约为2.6米，建筑面积约15.4平方米，高度3.5米左右。石木结构，由当地的片石砌筑而成，内部墙面用黄土抹面。石磨坊陈设简单，主要用于储存材料和放置磨盘（图6-1-13）。

3. 佛塔、嘛呢石堆

英达社历史环境要素还包括村落内部的宗教构筑物，如佛塔、嘛呢石堆等。村内佛塔、嘛呢石堆等宗教构筑物所限定的宗教精神空间是村民日常转经、祈福的主要场所（图6-1-14）。

英群社

英群社悠久的历史和文化底蕴，为村落留下了许多珍贵的遗址，这些遗址共同构成了村落的公共空间（图6-1-15）。

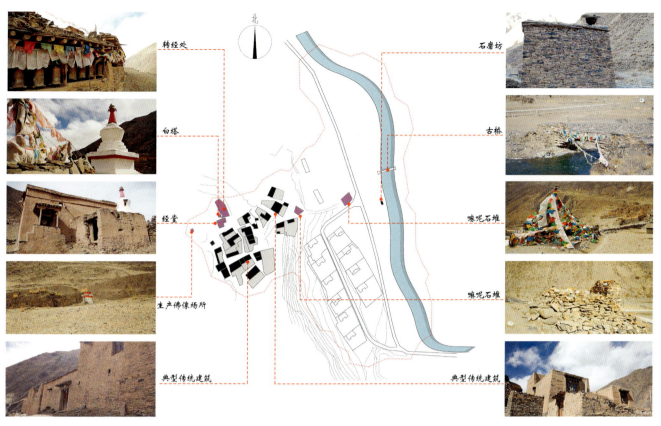

图6-1-15 英群社历史环境要素分布示意图

1. 拉毛多杰伊忠遗址

拉毛多杰伊忠遗址位于村落南面的山坡上，屹立高处，经幡飘扬，气势澎湃。拉毛多杰据传是莲花生大师的护法神，是莲花生从古印度来到藏区降妖除魔时永宁地母十二尊中的一位，现今拉毛多杰伊忠遗址已经成为英群社一处公共空间，村民在此处悬挂有经幡等物品（图6-1-16）。

2. 英群忠德庙

英群社现存的英群忠德庙据悉是萨迦活佛格同南卡灵巴所建，建筑以毛石砌墙，外层抹黄土，门朝北，传统藏式的两根木制柱子和柱头上搭方形过梁顶木椽盖的门厅，东面石砌台阶，台阶的右侧石砌栏墙上设置供奉洞，建筑以木椽和石板盖顶。木制门框雕刻莲花瓣和切

图6-1-16 英群社拉毛多杰伊忠遗址

藏上彩绘，门楣方形椽子出挑，色彩艳丽精致。建筑一层高度3米，长度7米，宽度6米，北面配12平方米附属用房一间。英群忠德庙是藏传佛教建筑风貌及传统民居风貌的巧妙结合，造型优美。

屋内摆设木制经文架和经文，墙面壁画工艺精致，壁画内容采用传统唐卡技法描绘二十一度母、无量佛、

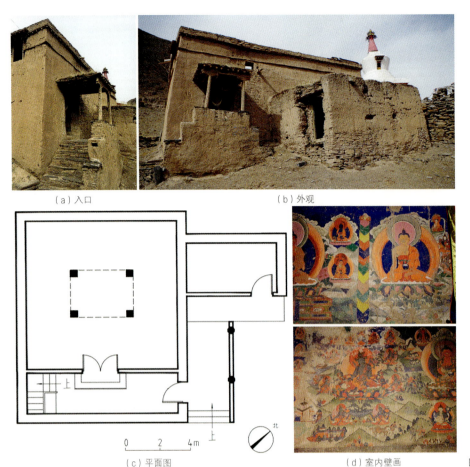

(a) 入口　(b) 外观　(c) 平面图　(d) 室内壁画　图6-1-17　英群社忠德庙

释迦牟尼等形象，墙面虽有所破损，但壁画得以清晰保留（图6-1-17）。

（四）传统民居

1. 英达社

英达社民居以传统的藏式石砌碉房为主，民居外墙为完全裸露的片石、石块垒成的墙面，视觉冲击力极强。院落布局没有固定形制，适应地形环境变化。民居建筑多为二到三层，由庭院、储藏房、主体建筑几部分构成，各部分所承载的功能各不相同（图6-1-18）。

英达社才仁它次民居位于河流环抱的河谷地带，为合院式布局，整体为一进一院两开间，由建筑主体、院子以及储物棚三部分构成，主体保存较为完整。民居为当地传统的石木结构，外墙采用当地石材砌筑，风格古朴，内部则为木梁柱结构体系，内外共同承担起整个建筑的结构体系。

建筑主体为两层，高度约5.5米。建筑一层的储藏间、厨房、客厅等功能空间"一"字形布置，通过位于中间的走廊空间进行联系。二层为家庭的主要功能空间，包括卧室、客厅等。该民居主体长约12米，宽约10米，建筑面积约250平方米（图6-1-19）。

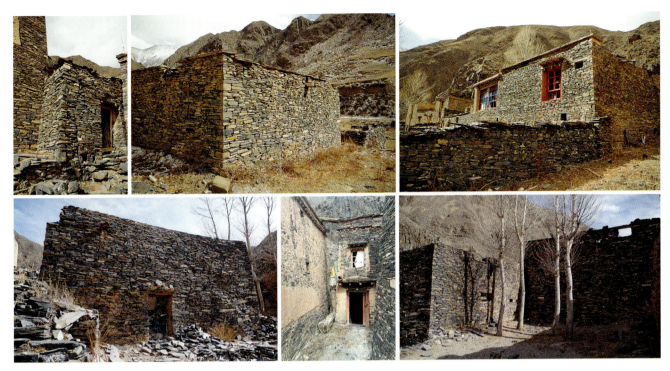

图6-1-18 英达社民居现状

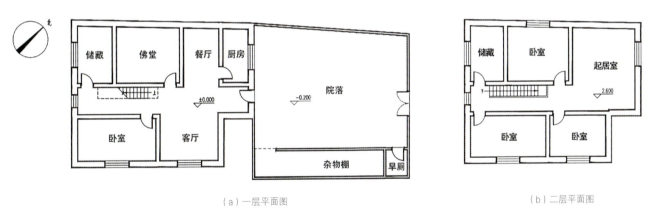

（a）一层平面图　　　　　　　　　　　（b）二层平面图

图6-1-19 英达社才仁它次民居平面测绘图

2. 英群社

英群社民居主要由两部分组成，一部分为传统民居，另一部分为山脚下靠近河流的新建安置房，两个居住组团共同构成了英群社整体的聚居格局。

民居多为二至三层碉房，为当地传统石木结构的平顶房，多数中间有庭院空间。一层为圈舍和储藏室，层高较低、多柱且昏暗狭小；二层为生活用房，大房间作为主室、卧室，小房间作为厨房、储藏室等辅助用房；三层则多作为经堂和晒台之用。碉房既利于防风避寒又便于御敌防盗，体现了当地藏民的生活智慧和高超的建筑技巧。

村民冷周家是一座三层藏式石砌碉房，外观呈三层退台式，平面布局为规则的矩形。一层主要为储藏空间，二层包括卧室、储藏间等，三层主要为卧室空间，屋顶退台供居民日常晾晒使用，垂直交通通过建筑内部的木梯相联系。建筑长约15米，宽约10米，建筑面积约240平方米，总高度约8.8米。外观从下到上有一定的收分，加之采用当地石材砌筑，外观整体粗犷豪放（图6-1-20）。

（a）一层平面图

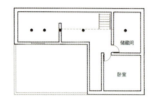
（b）二层平面图

（c）三层平面图

（d）南立面图

（e）外观

（f）木窗

图6-1-20 英群社冷周民居

三、山麓河谷型聚落——扎哈村

（一）基本概况

扎哈村位于青海省玉树藏族自治州称多县清水河镇西南侧，距离县政府驻地87公里。扎哈村海拔4200米以上，地处青藏高原中部，属于高原大陆性过渡气候，高寒是该地区气候的基本特点，无四季之分，冬季最低气温-37℃，平均降水563毫米，平均蒸发量1190毫米，年累计日照时间4367.4小时。

扎哈村下辖2个生产合作社，总草场面积20.72万亩，可利用草场面积11.46万亩，属纯牧业村。扎哈村村民在没有定居之前，过着逐水草而居的生活。村落位于山脉之间，山脉之间是"清水河"，是金沙河的支流、雅砻江的源头当曲河。村落草原风光秀丽，景色宜人。2016年扎哈村被列入中国传统村落名录。

（二）聚落选址与布局

1. 聚落选址特征

扎哈村是典型的游牧聚落，草场对于村落选址来说至关重要，因此，扎哈村所处的区位环境主要以高寒草甸草场与高寒沼泽草场为主，当曲河贯穿扎哈村所处的草场，拥有良好的空间格局。扎哈村所处的传统放牧草场，四周坡度较缓、一望无垠，紧靠扎哈村的当曲河，满足人们日常的生活生产需求；其次，扎哈村聚落整体朝向南边，背风向阳，采光充足。由于背依高山，可以阻挡冬季的西北风。

2. 聚落布局特征

聚落格局延续了传统游牧聚落的形态，村民居住于传统黑帐篷中，帐篷在体量、色彩方面与周边环境相互协调。

黑帐篷零散地分布于草场上，整体形态以团状为主，呈现出不同的组合方式，帐篷数多的有十几二十

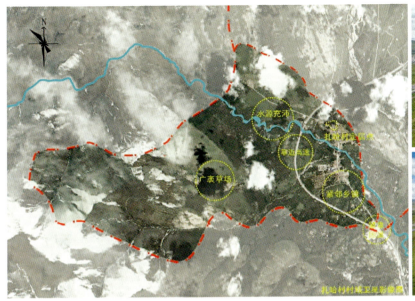

图6-1-21　扎哈村布局特征

个，少的有三五个，周边设置嘛呢堆、经幡等宗教空间，满足居民日常的宗教活动。

扎哈村定居点集中在称多县清水河镇附近，民居沿着214国道和当曲河形成一个较为集中的组团。自游牧民定居工程开展以来，清水河镇周边出现了越来越多的集中居住组团，整个组团呈现出一种不规则的形状。相比之下，帐篷聚落布局更多呈现一种自由式状态（图6-1-21）。

（三）聚落内部空间

扎哈村位于青海牧区高寒地带，海拔高达4200米以上，自然资源优越，极具青海牧区高原游牧特色，包括山脉、河流、高寒植物、草场等要素。这些资源共同构建了扎哈村"山—草场—聚落—水"的自然空间格局（图6-1-22）。

而扎哈村作为游牧型聚落，村落生产空间主要是指草场。扎哈村所在的三江源地区具有独特而典型的高寒生态系统，为中亚高原高寒环境和世界高寒草原的代表。对于地处三江源地区的扎哈村而言，草场就是广袤无垠的大草原。草场上植被类型包括了草甸、草原、沼泽等多种植被类型。

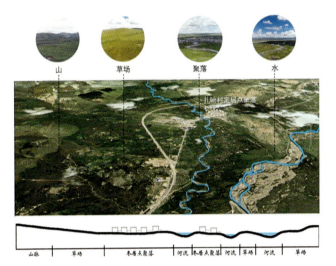

图6-1-22　扎哈村自然空间格局示意图

（四）传统民居

1. 游牧民定居点

扎哈村游牧民定居点聚落类型属于草原型，沿着主要交通道路和河流成簇团状集中分布。主要包括修建于2004~2014年的生态移民工程项目、玉树灾后重建住房和游牧定居点工程。

（a）植被现状　　　　　　　　　　　　　　　（b）黑帐篷

图6-1-23　扎哈村游牧聚落景观

聚落整体沿着主要道路两侧布局，紧邻草场、溪流。民居以砖混形式为主，每户约80平方米，平面布局多为"L"形，功能齐全，包括客厅、卧室、经堂、储物间等。近年来，一部分定居家庭根据需要，改建或扩建自有住房，或在院落中搭设临时设施等。定居点圈养畜牧区主要由牧民居住空间、圈饲养空间、草料间、牛羊毛收集工作间等空间构成。

2. 牧居帐房

扎哈村是典型的游牧型聚落，黑帐篷是村落生活、居住的主要场所，为居民日常生活提供了住宿、饮食、储藏甚至为家畜提供庇护的功能。由于海拔高，扎哈村的帐篷聚落具有高原季节性，主要集中出现在每年的6月中旬至11月上旬。帐篷主要呈离散型分布在村域范围内的广袤的草场上，形成五个相对集中的聚居点。

帐篷内部的空间布置可以划分为"阳帐"与"阴帐"。正对帐篷入口，左侧为男人使用的"阳帐"，右侧为女人使用并储存生活用品的"阴帐"，并且藏族遵循以左为尊的传统，客人来家里都是坐在左侧。

扎哈村的村民采用牦牛毛编制的帐篷，在体量、色彩和造型上都与其所处的自然环境保持着高度和谐的统一，形成了高原上特有的景观形态。在自然形成的天际线之间，呈散点式分布的帐篷与羊群、牦牛共同点缀在绿色的草原上，形成人与自然和谐共处的游牧生活景观（图6-1-23）。

黑帐篷主要由牦牛毡布、支撑木、绳索以及连接构件组成，由于居住人口数量与具体使用功能的不同，帐篷可分为大小不同的多种规格，大部分游牧民居住的家庭帐篷平面为长7米、宽6米的长方形。为防御大风，帐篷高度一般不超过2米（图6-1-24）。

帐篷的编织过程分为如下步骤：一、梳剪牛毛，用梳子、剪刀等工具收集牦牛毛；二、清洗去杂，将收集的牦牛毛清洗，除去杂质；三、毛绒分离，将清洗后的牦牛毛晾干，将毛与绒分离，确保后期编织的线足够坚韧；四、精梳去杂，梳理牦牛毛，进一步去除杂质；五、毛卷成团，将清理后的牦牛毛卷成团，为后面的工序做准备；六、牛毛捻绳，将一根根牛毛捻到一起，形成一股股细绳；七、编织毛毡条，将捻好的线通过铺线编织成一块块毛毡布；八、缝接毡布，通过缝织，将一块块小毡布缝织成一块大毡布，最终用来搭建帐篷（图6-1-25）。

"移动的传统村落"是通天河流域长期存在的聚落形式，是广大藏族牧民为了适应自然环境和游牧的生产方式应运而生的一种聚落形式，和流域内的石砌碉房形成了鲜明对比。同时，"移动的传统村落"将传统村落保护对象的内涵延伸，使其不拘泥于固定场所里的固定建筑，更是针对广大游牧居民所产生的移动式民居。

（a）远景

（b）近景

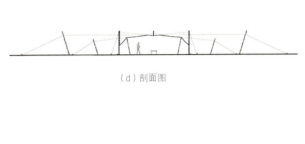

（c）平面图

（d）剖面图

（e）立面图

图6-1-24　扎哈村黑帐篷

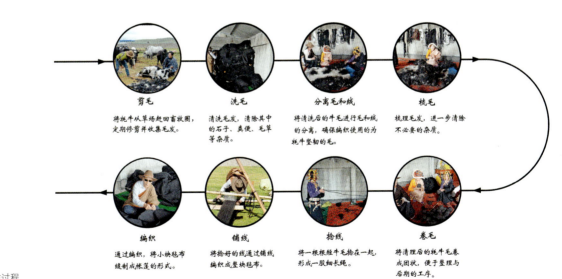

图6-1-25　黑帐篷制作过程

四、山麓缓坡型聚落
——卓木其村、吾云达村

（一）村落概述

1. 区位

卓木其村属青海省玉树藏族自治州称多县尕朵乡，距县政府直线距离约90公里，距离尕朵乡政府约20公里，村域面积约138平方公里，村落占地面积约580亩，海拔约3700米，村落总草场20.72万亩，可利用草场11.46万亩，总耕地2264亩，退耕还林1184亩，现有耕地1080亩。卓木其村下辖卓木其社、木苏社两个合作社。卓木其社、木苏社两社均位于通天河流域的下游河谷地区，距离约4公里（图6-1-26）。2016年12月卓木其村被列入第四批中国传统村落名录。

2. 产业发展

卓木其村是一个以藏族为主体的半农半牧式村落，生产方式过去以牧业为主，同时兼营农作物种植。农作物主要以青稞、土豆为主，耕地主要分布在通天河沿岸较为平整的宽阔地带（图6-1-27）。村民还兼有挖虫草等副业，同时卓木其村拥有闻名全国的糌粑节，每年能给村落带来一定的旅游收入。

（二）聚落选址与布局

1. 卓木其村

卓木其村位于通天河畔的山麓缓坡处，村落西边紧邻山根，东部为土壤肥沃的缓坡农田，村落三面环山，可抵御风寒，正面朝南面向通天河，阳光充足，完全符合传统风水理论的最佳聚落选址——"以山为依托，背山面水"。优越的选址为卓木其村的聚落环境营造了适宜的微气候。村庄整体环境风光秀丽，山脉起伏连绵，景色壮观（图6-1-28）。

卓木其村碉房建在坡度在12°左右的山脚处。避开易发生山体滑坡较陡的地形区，既利于建筑营造和聚落排水，又退让出地质灾害易发的区域，同时地形平坦便于耕种。

村落布局较为自由，传统碉房民居沿等高线布置，顺应山体，依山就势，聚落整体呈现出与山势变化相吻合的叠退延伸状态。聚落街巷组织以经堂为起点，向山上延伸的街巷为主要枝干，其他街巷分别似叶脉一般向枝干两边延伸，最终形成叶脉状生长趋势。

图6-1-26 卓木其村和木苏社位置关系

图6-1-27 卓木其村大棚农业区

（a）选址

（b）山水格局

图6-1-28 卓木其村周边山水环境

卓木其村经历了长时间的演变形成了现在的村落格局。最初来到这里的藏民在山脚下定居，并开始营建民居与经堂；随着人口的增加，聚落开始向山坡上扩张，并避开平坦开阔的土地，且保持经堂在聚落的空间统领地位，最终形成了聚落整体半环绕经堂的聚落形态。卓木其社的外部空间主要由周边山水环境和生产空间构成，形成了与之对应的神山圣水的精神空间和农区、牧区的生产空间。

村落的山水格局由聚落前后两座山脉与通天河构成，是该聚落藏民精神寄托的重要部分，由于信仰的指引，当地藏民自觉建立起保育自然的生态观，外部神山圣水几乎保持着最自然的生态状态（图6-1-29）。

由于卓木其村采取农牧结合的生产方式，外部的主要空间由农田与牧场构成。

2. 木苏社

木苏社和卓木其村类似，村落位于通天河畔的山麓缓坡处，北侧紧邻山根，西面通天河沿村而过，选址符合背山面水的格局。

村落顺应地势而建，民居布局较为自由，聚落形态和山势吻合，与背后山体呈现一种半包围的形态，民居建筑以村内宗教建筑空间为核心向外生长、发散开来。

（三）聚落内部空间

1. 街巷空间

卓木其村街巷空间呈现叶脉状特征，南北向主要街巷贯穿整个聚落空间，该街巷聚落承载着举办公共活动的功能，次级街巷从主要街巷向外生长，并再次衍生出新的次级街巷（图6-1-30）。

2. 祭祀空间

村落每年都举行糌粑节及春耕节等活动。糌粑节是卓木其民间具有悠久历史的民俗活动，相传卓木其曾经是一个贸易重镇，每年都有远道而来的商人，在这里参加撒糌粑仪式。每年藏历二月二十二日这天，卓木其村会举办盛大的糌粑节。节日当天村里的男女老少都会拿着准备好的青稞炒面，见面相互抛洒。村民认为抛洒的青稞面越多，今年就会越吉祥、顺意，卓木其村民用这种方式祈祷一年的丰收和好运。

节日期间会有祈福、祭山神、分洒糌粑、赛马、服饰展示等多个环节。整个仪式的流程为——请神：8名男子将白鸟高举，分别面向东西南北四个方向将白鸟高高抛起，之后从格秀经堂将白鸟请出；游神：13名身着盛装手捧糌粑属龙的藏族少女以及13名背插箭旗的藏族男子，由僧人引领队伍前行，之后是8名男子举起

图6-1-29 卓木其村与河流位置关系

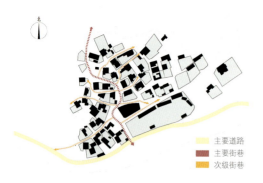

主要道路
主要街巷
次级街巷

白鸟，身后跟随大批民众一起将白鸟环绕经堂后护送至经堂前广场进行祭祀；安神：煨桑、撒风马等一系列祭祀活动之后，人们将白鸟护送至村后神山将神鸟安放。一套完整的流程结束之后就正式拉开了糌粑节的序幕。卓木其糌粑祈福习俗于2018年被青海省政府列入省级非物文化遗产代表名录（图6-1-31、图6-1-32）。

（四）传统建筑

1. 公共建筑

卓木其村历史悠久，文化积淀深厚，是通天河流域藏族传统村落的典型代表。卓木其村公共建筑包括格秀经堂、格萨宫、老年活动中心以及村内小学和党员活动中心等（图6-1-33）。

格秀经堂是卓木其村重要的宗教建筑，历史悠久。在元朝统一青藏高原之前，格秀经堂是一座苯教的祭祀场所，伴随藏传佛教的发展，原本苯教的宗教空间成为藏传佛教的经堂。格秀经堂与其周围的白塔等构筑物，共同形成村落主要的公共空间，是村民参与念经、祈祷

图6-1-30　卓木其村街巷空间

图6-1-31　卓木其糌粑节盛况（来源：卓木其村民提供）

图6-1-32　糌粑节祭祀流程（来源：卓木其村民提供）

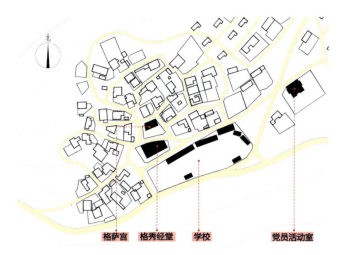

图6-1-33 卓木其村公共建筑分布示意

等宗教活动的重要场所，既是村落的精神中心，也是聚落整体空间格局的核心（图6-1-34）。

格秀经堂外观封闭、敦实，整体形制为一个不规则的四边形建筑，长边约为30米，短边约为22米，整体建筑面积约为500平方米，建筑高度约为5.68米，其内部空间主要由祭祀大厅和周边僧人生活所需的生活空间构成。

格秀经堂为传统藏式石砌碉房，外围墙体为石头砌筑，内部为木制梁柱，石木结构共同承重，由于外围墙体也是承重结构，四周墙体几乎不开窗，采光主要依靠天窗。内部除祭祀大厅现在铺有木制地板之外，其余房间还保持原有的夯土地面。祭祀大厅四周墙面还保存有佛教文化的壁画，室内光线较为昏暗，燃放的酥油灯加上室内的壁画和装饰，营造了宗教氛围（图6-1-35）。

格秀经堂内保存的大量珍贵壁画，相传均为元朝时期所绘制，壁画中所绘场景充分反映了藏族人民的历史文化和宗教信仰。由于存有这些珍贵的壁画，卓木其村格秀经堂于2013年被评为青海省文物保护单位（图6-1-36）。

除格秀经堂之外，村内还有一处公共建筑格萨宫，位于格秀经堂向北，是村民公共集会的场所，现在被村民用作接待中心，是糌粑节或村内其他节日活动时招待客人的场所。格萨宫原为二层石砌碉房，后村民在二层的基础上又加建一层，三层总面积约为560平方米（图6-1-37）。

（a）经堂与村落

（b）白塔

（c）转经廊

图6-1-34 格秀经堂

图6-1-35 室内空间

图6-1-36 元代壁画

（a）改造后（2021年10月）

（b）改造前（2017年7月）

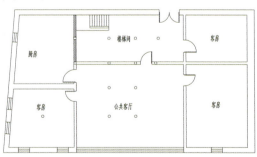

（c）一层平面

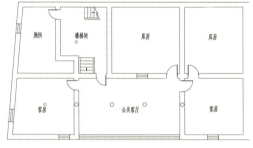

（d）二层平面

（e）三层平面

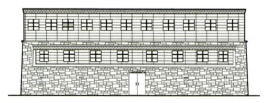

（f）南立面

图6-1-37 卓木其格萨宫

2. 传统民居

卓木其村传统聚落整体呈现一种向心性分布，围绕村内的格秀经堂呈一种半包围状态。村内民居整体保存状态较好，现有传统民居约38栋（图6-1-38）。

村内传统民居为传统藏族石砌碉房，多为2~3层，石砌外墙，内部木梁柱作为承重结构，石木共同构成承重体系。整个建筑空间由卧室、客厅、经堂、厨房、圈房、储物房和院落组成。

尼玛扎西家，是一座三层藏式石砌碉房，建筑外形较为规整，大致为方形，一层是库房，二层为卧室、客厅以及部分储藏房间，三层则是经堂、卧室等空间。整个建筑高约8米，总建筑面积约460平方米。建筑外观较为封闭，底层储藏空间开窗较小，上层居住空间开窗略大（图6-1-39）。

（五）吾云达村基本概况

吾云达村属青海省玉树藏族自治州称多县尕朵乡，距称多县县政府驻地148公里，与卓木其村相隔仅2公

图6-1-38 卓木其村传统民居分布

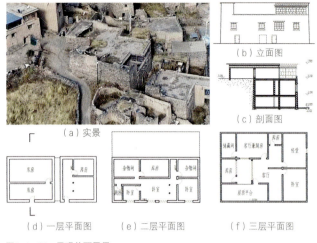

图6-1-39 尼玛扎西民居

里。村落占地面积约386亩，海拔约3775米。2016年12月吾云达村被列入第四批中国传统村落名录。吾云达村是半农半牧式的藏族传统村落，每年会举办具有地域特色的泼水节，吸引大量游客到此。

（六）聚落选址布局

1. 聚落选址特征

吾云达村选址于山脊的中下部，属于山麓缓坡型聚落类型，聚落有一定高差，但高差较缓，聚落脚下西部与北部为河流冲刷形成的河滩平地，土壤肥沃；南部为通天河一小支流吾曲河，与村西部流淌的通天河交汇于村西南。围合的河流成为吾云达村天然的防御"壕沟"。

吾云达村的选址与格局顺应地势和周围环境，先民将村落选在通天河畔，这里地势较为平缓，周边土地、水等生产生活资源丰富，聚落东北部依托山体可以阻挡寒风，西南部无遮挡，阳光充足，气候环境适宜。村内民居依山而建，错落有致。碉房最初选址营建于山腰的台地处，山脚下为耕种区，该地形为聚落的安全防御提供了优良的先天条件。随着聚落的进一步扩张，居民在山腰的坡地处沿等高线开始营建民居，形成扇形的聚落空间形态。村落的整体布局，体现出人们对自然条件的顺应和巧妙利用，在防洪、防旱以及农耕、畜牧、狩猎、采捕生活等方面都极为便利（图6-1-40）。

吾云达传统聚落背后依托坡度较陡的山脊，聚落前方是较陡的山脊底部，聚落主要营建于山脊中下部的台地处，坡度在15°左右，该地形在古代藏族部落纷争时期有极好的防御性（图6-1-41）。

2. 聚落布局特征

吾云达村由于所处地形的限制，聚落从山体脚下向外收拢。院落空间所占的比例较小，建筑占地面积与院落占地面积之比约为1.01，街巷空间较窄，约在

图6-1-40 远眺吾云达

图6-1-41 吾云达空间格局

1.8～2米，相对其他山腰缓坡、河谷平地、河岸台地处的传统聚落来说，土地利用率较高，聚落布局相对紧凑（图6-1-42）。

图6-1-42　吾云达碉房组团

（七）聚落内部空间

1. 街巷空间

村内主要分为六条街巷，通过进入聚落内部的一条街巷后，在经堂的位置分为三条横向的街巷和两条竖向的街巷。三条横向的街巷平行于地形等高线贯穿整个聚落空间；两条竖向的街巷垂直于地形等高线，将三条横向的街巷串联起来。六条街巷共同构成了聚落完整的交通网络。

聚落街巷空间主要有民居建筑的墙体与民居建筑墙体、民居建筑墙体与民居院落墙体、民居院落墙体与民居院落墙体三种围合方式，由此形成了聚落内部丰富的街巷空间（图6-1-43）。

图6-1-43　吾云达村街巷空间

2. 宗教空间

吾云达村的宗教空间由一排较小的佛塔、一座大白塔以及经堂建筑以"一"字形排列构成，位于聚落的入口处，一侧靠崖，另一侧为公共活动广场。吾云达村的经堂位于村落入口附近，建筑的高度是整个聚落最高的（图6-1-44）。

（八）传统民居

吾云达村碉房多为石木结构，外形端庄稳固，风格古朴粗犷；外墙向上收缩，依山而建，错落有致。碉房一般分两层，底层为牧畜圈和贮藏室，层高较低；二层为居住层，大间作堂屋、卧室、厨房，小间为储藏室或楼梯间。若有第三层，则多作经堂和晒台之用。碉房具有坚实稳固、结构严密、楼角整齐的特点，既利于防风避寒，又便于御敌防盗（图6-1-45）。

图6-1-44 吾云达村经堂与聚落的空间关系

图6-1-45 吾云达村传统民居

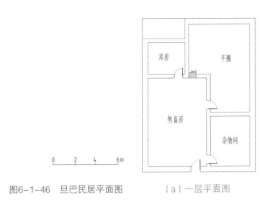

图6-1-46 旦巴民居平面图　　（a）一层平面图　　（b）二层平面图　　（c）三层平面图

村民旦巴家为三层碉房，外墙为石砌，内部木梁柱，内外结构共同承重，一层主要作为储藏以及圈养牲畜空间，二层是主人居住的卧室和客厅，三层设有两个经堂，未被屋顶覆盖的空间就是日常的晒台空间，用于家里的日常晾晒。建筑高约8米，外墙开窗较少，外观封闭（图6-1-46）。

吾云达村传统民居外形较为规整，主要可以分"一"字形和"L"形两种平面布局类型。如村民阿巴家也是典型的三层石砌碉房，平面为"L"形布局，一层同样用做储藏以及圈养牲畜，二层是主人居住的卧室和客厅，三层为经堂和晒台，明确的上下分区也体现了牲畜、人、神在藏民心中的地位。石砌碉房较为规整的形态与不规则的院落，充分回应了村落所在的自然环境，使得村落和周围环境和谐共生。

（九）非物质文化遗产

吾云达村和卓木其村两村都有着反映藏族传统文化积淀的节日庆典。吾云达村有庆祝农耕开始的泼水节，据说起源于原始的农耕时代。每年的藏历四月初八，吾云达村的村民载歌载舞聚集在村边的吾曲河畔开始互相泼水欢度节日。泼在身上的水越多，就预示着更多的福气和好运。吾云达村用这种方式来庆祝春耕灌溉完毕。两个村落的传统节日都已经慢慢演变成为当地宣传藏族民俗文化的节日，每到节日举行时，都会有相关的藏族文艺表演活动，吸引大量的学者和游客等前来旅游参观。吾云达村泼水习俗，已于2018年被青海省政府列入省级非物质文化遗产名录（图6-1-47）。

整个活动持续大约一天时间，早上由吾云达村老人带领30名少女、30名男子在吾云沙河取水，沿着规定路线行进，到达泼水广场后将圣水放置于广场圆形水池之中，之后由邦夏寺高僧诵经祈福，将寺庙圣水点进盛有周围山上特有中草药的水桶中。再将水桶里的水倒入广场圆形水池内，一边煨桑，一边撒隆达，一边祈福，之后便开始泼水活动，整个活动将持续约4个小时。此时的活动区域也从最开始的泼水广场延伸到广场前吾云沙河旁。下午则是传统藏族歌舞表演，同样在泼水广场举行。一系列活动使得活动场所由吾云沙河转移到泼水广场，进而延续到村内街巷，最终回到泼水广场，形成闭合的活动路径，构建出村落整体仪式空间（图6-1-48）。

图6-1-47 吾云达泼水节（来源：吾云达村民提供）

(a) 白塔

(b) 转经筒

(c) 煨桑炉

(d) 平面图

(e) 民居

(f) 河水

(g) 泼水广场

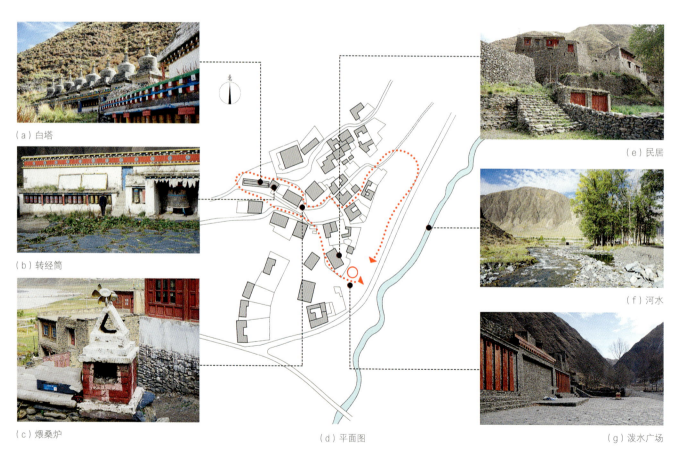

图6-1-48 吾云达泼水节活动路线

298

五、山顶集聚+山脚临水型聚落——郭吾村

（一）基本概况

1. 区位

郭吾村位于称多县南部拉布乡拉司通村以西5公里，距县府驻地约40公里。郭吾村东西平均长约3.7公里，南北平均宽约0.5公里，平均海拔约3600米，下辖3个合作社，以藏族为主。村域面积8.02万亩，总耕地面积为2636亩，草场面积5.53万亩。县道称拉公路（称文镇—拉布乡）鱼贯东西，交通便利。2019年6月郭吾村被列入第五批中国传统村落名录。

2. 地理环境

郭吾村地处中纬度地区，但受高海拔的影响，气候为高原大陆性气候，一年只有冬夏之分，没有四季之别。冷季漫长，长达7个多月，暖季短促，不足5个月。年均气温1.2℃~3.9℃，植物生长期120天左右，能满足青稞、马铃薯、油菜、蔬菜等农作物的生长需要。

3. 产业发展

郭吾村是典型的以农为主、半农半牧型村落。农业生产大部分以独立家庭为单位，农产品收成较低，黑青稞是青海省玉树地区特有的粮食品种，因当地独特的气候、土壤而盛产黑青稞，郭吾村所处的拉布乡黑青稞品质上乘，当地村民利用康巴先民遗留下来的水磨坊磨出营养丰富、口感极佳的拉布黑糌粑。

（二）聚落选址与布局

郭吾村以郭吾古堡为中心，依拉曲河而立，村落空间形态属于复合型组团。这一空间形态也是由该地区原住民在长期生产生活的推动下演变而来。

郭吾村最初选址在郭吾古堡处的山顶附近，呈团状集聚型，不仅利于增强村落整体的防御性功能，还可保护良田沃土，避免修建房屋占用河谷平原上的肥沃土地。随后战乱不断减少，当地藏民们的生活也随之稳定下来，生产生活的方式也逐渐成熟，人们对于农耕与游牧的生活方式有了进一步的发展。人们逐渐将山腰上的碉房移至山脚下的平原地区，便于日常耕作、灌溉和放牧。村落选址便形成山顶集聚与山脚河岸复合型，空间形态也由单一的分散型演变为复合型组团（图6-1-49）。

郭吾村内至今仍保存着完整的街巷格局体系、富有藏族地方特色的民居和丰富的历史文化遗产，其独特的村落格局和空间形态，是该地区的典型代表。

（三）街巷空间

郭吾村街巷道路采用石块、砖块等砌体墙和夯土墙，就地取材，注重环保，经济适用。村内巷道通巷道，以"树枝状"分布的巷道四通八达。部分巷道旁有水流经过，路边绿树成荫。街巷空间是最能体现郭吾村风貌的空间形式，街巷、水系和古树构成了独特的街巷空间结构。

村内还设有具备防御功能的暗巷，一旦有外敌入侵，全村人可以从暗巷一端进去，从另外一个山头出去；或者全部住在暗巷里，以躲避外敌入侵（图6-1-50）。

（四）传统建筑

1. 郭吾古堡

郭吾古堡是郭吾村最重要、最古老的传统建筑，位于郭吾村的最高处，有着一千多年的历史。古堡背山面水，依山而建，采用当地的石材建造，为石木结构。古堡建筑色彩与当地的传统建筑风貌保持一致，内部有十个房间，主要功能空间有卧室、厨房、客厅以及经堂。以郭吾古堡为核心，民居沿道路一侧进行建设，呈现带状分布，村落面扎曲河沿村而过，在村西南汇入通天河（图6-1-51）。

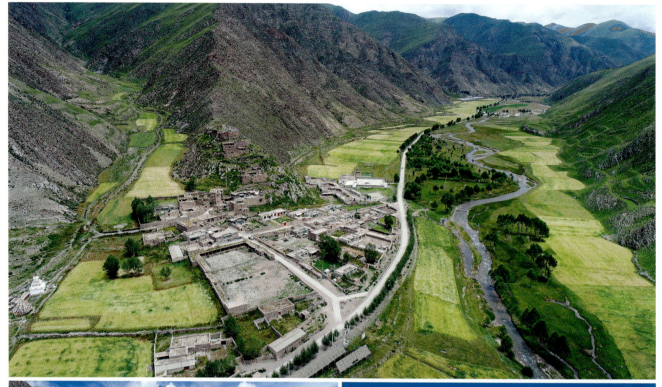

图6-1-49　郭吾村

由于2010年玉树地震的原因，郭吾古堡的整体建筑结构不稳定，当地政府投入资金，采用当地传统的石材，对郭吾古堡进行了修复。郭吾古堡于2019年被评为青海省第十批省级文物保护单位。

2. 传统民居

郭吾村的石砌碉房极具地域特色，多以石木混合结构为主，由石料、土料及木材建造而成。与传统民居外拙内秀的风格不同，该民居色彩朴素协调，采用材料本色：泥土的土黄色，石块的米黄、青色、暗红色，木料部分则根据构建的位置需要涂上颜色，与明亮色调的墙面屋顶形成对比。

粗石垒造的墙面上有成排的梯形窗洞，窗洞上带有彩色出檐，与木桩梁架、斜置板梯共同给人以自然和谐之感。

郭吾村碉房建造时受到地形的限制，用底层填铺找平的方法来扩大建造面积，增加碉房内部的使用空间。建筑造型简洁，立面装饰较少。顺应山形地势，建筑依

图6-1-50 郭吾村街巷空间

图6-1-51 郭吾村古堡

山而建，与山体融为一体，平面多为矩形，石墙虚少实多。外形向上收分呈梯形，一般为二、三层。一层多为牲畜圈和储藏室。有些牲畜圈占碉房一层的整个空间，有些则是和农具存放的杂物间设置在一起。经济条件好的户主则会在庭院中加建牲畜棚，将牲畜与人的生活分开，充分利用室内外的空间，同时还会存放一些冬季取暖所需的干柴和牛粪（图6-1-52）。

根据其位置的不同，储藏室（杂物间）也可分为室外储物棚架和室内储藏室。室外棚架设于院落之中，室内储藏室多与居室相连，大多设置在北侧，不开窗，主要存放一些生活必需品和粮食谷物。根据其储藏空间的需求，一般在每层都会设置一至两个储藏室。

二层功能为客厅，一般在此接待客人，也是藏民日常生活中使用最频繁生活空间。有些家庭将堂屋与居室合在一起，有些家庭则分开设置。堂屋多为南向，是碉房中使用面积最大、家具布置较多的房间。单独居室南向采光开窗，北侧封闭无采光，室内布置较为简单，只放置床铺。堂屋中心位置布置灶台即火塘，也是藏民生活的中心。房间当中会有一根结构柱支撑，灶台围绕木柱来布置。墙体多以木隔墙为主，室内装饰以木质材料为主，屋顶一般是由原木梁、木檩、石块层层铺设而成，铺设完成之后在木梁上刷上传统颜色或绘以藏族传统纹饰。

碉房三层为经堂以及供奉佛像的宗教空间，一般布

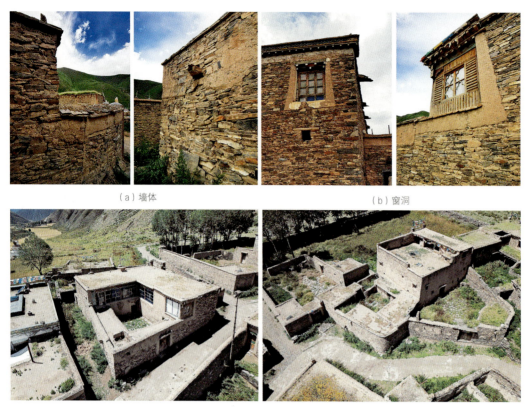

(a) 墙体　　(b) 窗洞

(c) 外观

图6-1-52　郭吾村碉房民居

置在三层北侧。三层除经堂外，二层的屋顶作为晒台，主要用作休息和晾晒谷物、衣物之用。

木梯是碉房中垂直空间的联系工具，通常有独木梯和爬梯两种。独木梯是用一根粗壮的圆木料经过简单加工制成带有槽口的木梯。爬梯由两根木料制成，中间横向置短木料作为攀爬梯段。因碉房内部层高较低，木梯便于挪动，对于安全防御和节约空间等方面都有很大的优势。

卓玛求措仓是一座二层石砌土木碉房民居，由当地村民建造而成，内部结构以木构架为主，外墙为石砌墙形式。建筑材料多采用当地的木材，因地制宜，营建出具有传统风貌的民居。

建筑内部有一个中庭，采光中庭也是建筑的客厅，以黄色为主，在阳光的照射下，不仅增加了室内的亮度，同时也体现出当地的建筑风格。中庭两侧的门以彩色为主，通过民居中的楼梯可以到屋顶，屋顶有一个采光的天窗，别具风貌。建筑中各个功能有序地组织在一起（图6-1-53）。

（五）非物质文化遗产

"卓"藏语意为"舞"，汉译为"锅庄""歌庄"等。卓舞是藏族较为古老的舞种之一，起源于1000多年前，早期与藏族奴隶社会的盟誓活动相关。当下玉树卓舞中还保留着很多远古时代的痕迹，随着藏族六大氏族的形成，玉树卓舞逐渐以部落、部族和区域的不同而形成各自的特色。其中，称多的"巴吾巴姆"意为英雄男女，是一种宗教色彩浓厚的秋卓，是由称多拉布寺十二世拉加供旺青杰然多活佛创作，是玉树卓舞中的一种流派。

郭吾村表演的歌舞即是"巴吾巴姆"秋卓舞，主要由15岁以下的童男童女表演，将传说中的人物形象突出表现，又与民间舞蹈的自娱性结合，既是为了完成舞

图6-1-53 卓玛求措仓

蹈中心祭祀,也抒发个人感情,愉悦群众,具有雅俗共赏的审美特点。2006年5月,玉树卓舞(锅庄舞)被国务院列入第一批国家级非物质文化遗产保护名录。

六、通天河流域聚落特征

(一)选址布局特征

通天河流域位于玉树藏族自治州境内,流域内地势海拔高,地形地貌丰富多样,有长距离狭窄的峡谷地形,有小型盆地,也有较为开阔的河谷地带。多样的地形地貌特征使得这里的传统村落,呈现出不同的风貌。

为了适应流域内自然地理环境特征,选址主要在地势较为平缓的山脚、山麓临水地带,这里的农田、牧场、水资源是村落生存和发展所必需的前提。根据村落具体位置的差异性,可将该地区聚落选址类型归纳为山谷河岸型、山麓河谷型、山麓缓坡型、山顶集聚型+山脚临水型四种类型(图6-1-54)。

通天河流域境内山脉纵横交错,受到地理自然环境的限制,该地区的聚落主要分布于地势较为平缓的河谷地带,呈现背山面水的格局,聚落整体规模较小、沿河

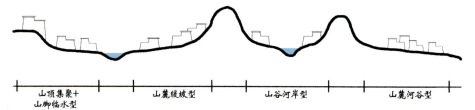

图6-1-54 通天河流域聚落选址类型

（a）组团状布局（布由加果村）

（b）条带状布局（拉则村）

（c）向心型布局（卓木其村）

图6-1-55 通天河流域聚落形态

呈带状散点分布。每村辖多个社，每个社规模大小、人口数量均有不同。

由于村落选址的差异性，其布局模式也会相应呈现出不同的形态特征。可主要归纳为三种聚落布局模式。第一类是组团状的聚落布局模式，这种聚落往往位于山麓或山腰地带，所处的位置地形有一定的高差，可利用的优良地形较少，因此聚落民居建筑会依山就势，尽量集中布置，呈组团状（图6-1-55a）。

第二类聚落布局模式为带状型布局，这种村落主要集中在山谷河岸附近，聚落位于两侧山体包围的山谷之间，横向用地较为狭窄，民居建筑沿河流的一侧或两侧布局，总体呈带状布局形态（图6-1-55b）。

第三类是核心型聚落布局模式，通天河流域藏族传统村落中多会设有经堂或嘛呢石堆、经幡等，核心型聚落的民居建筑会围绕这些宗教构筑物，呈向心形态布局（图6-1-55c）。

（二）传统民居特征

通天河流域是典型的内陆高寒气候，在山川密布的自然生态地理环境中，通天河流域的传统聚落主要呈现两种状态，一种是通常沿河流而居呈现出串珠状，该类聚落村民如今过着农牧结合的生活；一种是位于高山盆地处，以游牧生产方式为主的黑帐篷聚落，过着逐水草而居的生活。与游牧聚落、定居聚落相对应的就是以牧业生产为主的牧业经济、以农业生产为主的农耕经济（图6-1-56）。

近年来，由于实施游牧民定居工程，牧民已基本定居在生活相对便利的山下区域。但是在夏秋季节，因从事牧业的需要，依然要逐水草放牧，这种黑帐篷依旧是牧民的重要选择，秋末冬初放牧转场到山下的定居点附近。

通天河流域传统聚落，形态丰富，各具特色，传统民居也分为两类，一类是游牧聚落的帐房建筑，另一类是传统藏式石砌碉房。

通天河流域帐房建筑普遍为黑帐篷，是由牦牛毡布、支撑木、绳索以及连接构件组成。黑帐篷的大小根据使用者实际需求来决定其大小。帐篷聚落出现的季节性较强，与夏秋季放牧等生产性活动密切相关，主要集中出现在每年的6月至10月（图6-1-57）。

通天河流域内资源丰富，建筑原材料充足，石砌碉房在这里普遍存在。石砌碉房外形敦实、密闭，上下有收分。外墙为当地片石砌筑，墙上开窗较小，碉房内部为木梁柱结构，整体石木结构共同承重。碉房多为二至三层，形态较为规则，主要为"一"字形和"L"形两种，一层主要用作牲畜圈养和储藏杂物，二层主要满足居民日常生活需要，而三层则主要是作为经堂等空间，三层晒台也是居民使用较为频繁的空间，用于日常晾晒物品（图6-1-58）。

图6-1-56　通天河流域牧业区与农业区

图6-1-57　通天河流域游牧聚落与黑帐篷

图6-1-58 通天河流域的石砌碉房(布由加果楼)

第二节　澜沧江流域聚落

一、澜沧江流域基本概况

澜沧江源于青海省玉树藏族自治州杂多县西北部，经西藏、云南出国境后称湄公河，经缅甸、老挝、泰国、柬埔寨，于越南胡志明市注入南海，为东南亚最大的国际河流，总长4909公里，为亚洲第六大河。澜沧江上游地区一般指从源头至西藏昌都的区域，在青海源头区主要流经玉树藏族自治州的杂多县、囊谦县两地，省内流域长444.1公里，流域总长2055.2公里，流域面积37482平方公里（图6-2-1）。

杂多县生产方式以牧业为主，囊谦县则以农耕及半农半牧为主，人口相对密集，传统聚落相对保存完好。囊谦县的国家级传统村落有娘拉乡多伦多村和白扎乡也巴村，其余村落虽未列入国家级传统村落名录，但同样历史悠久，主要有东坝乡过永村、吉曲乡山荣村、嘉麻村、瓦卡村、香达镇前麦村以及白扎乡扎歪村（图6-2-2）。

本节将以澜沧江上游地区囊谦县境内的藏族传统聚落为典型案例，从自然地理、人文环境、聚落选址、传统建筑等方面展开论述，以此来整体把握该流域藏族传统村落的发展演变因素。

（一）自然地理环境

1. 地理位置
囊谦县隶属青海省玉树州，北与玉树市为邻，东、南与西藏自治区丁青、昌都、类乌齐毗连，西与杂多县相邻，是青海省的"南大门"。

图6-2-1　澜沧江流域示意图

2. 地形地貌
囊谦县地处青藏高原腹地东侧，东南接横断山脉，西北临高原主体，境内大小山脉纵横交错，峰峦重叠。其地形骨架由唐古拉山四条以西北东南向的支脉组成，海拔高度在3500~5000米，整体西北部偏高，坡度较缓，是典型的高原山地地貌。

3. 气候条件
囊谦县是典型的大陆性季风气候，温差大，降雨量多而集中，日照时间长，一年四季变化不分明，冷暖两季交替，常年平均气温较低，约为5.0℃，这种气候特征对当地藏民的生产生活方式产生了较大的影响。

4. 自然资源
1）水文资源

囊谦县年降水量520.9毫米，东坝乡一带达600毫米，香达乡及东南河谷地区为500毫米，降水日数为

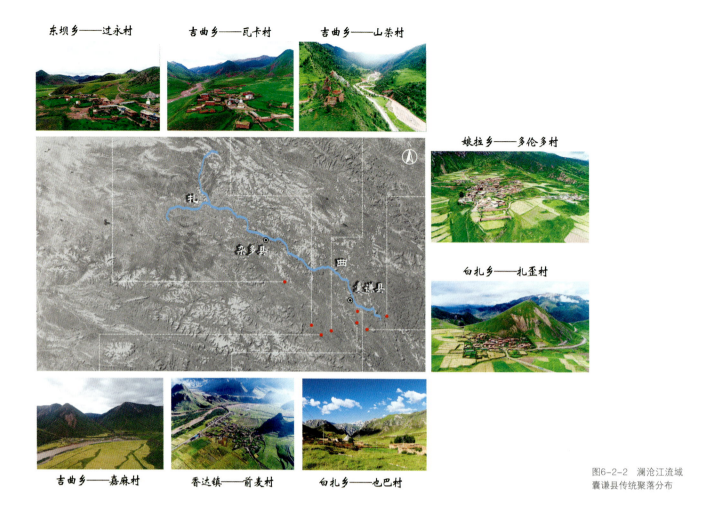

图6-2-2 澜沧江流域囊谦县传统聚落分布

128天。除充裕的大气降水外，还有丰富的地表河流水，均属澜沧江水系。澜沧江上游干流扎曲、主要支流孜曲、巴曲、热曲、吉曲（图6-2-3）五条大河由西北平行向东南贯穿全境，流经长度599公里，年平均流量387.6立方米/每秒。[①]其中扎曲流量最大，走向与山脉相同。干流、支流与众多的小河小沟，形成了复杂的河流网。

2）土地、森林资源

囊谦县是玉树州的农业大县，现有耕地10.8万亩，占全州耕地面积的二分之一，主要种植青稞、洋芋、芫根、油菜等。全县79.88万亩林业用地中，有用材林比率17.4%，现有木材蓄积量208.78万立方米，森林覆盖率7.8%。[②]

3）矿产资源

境内主要矿产资源有煤、铁、硫磺、石膏、黑砂金、银矿、重晶石等，其中煤为最多；盐业是投资少、交易高的"无烟工业"，小盐泉遍布全县各乡，例如第二批国家级传统村落多伦多村村内就存有露天盐场

---

① 囊谦县地方志编纂委员会. 囊谦县志[M]. 北京，2020.10.
② 同上.

(a) 扎曲河

(b) 吉曲河

图6-2-3 澜沧江支流

图6-2-4 多伦多村盐场

一处，生产多伦多藏盐（图6-2-4）。

4）自然景观资源

囊谦县自然景观资源十分丰富，种类繁多，部分自然景观十分稀有。有集"险、秀、雄、奇、幽"一体的然察大峡谷、山川奇特的乩扎林区、距离县城很近的小龙沟峡谷，以及有"一人当关，万夫莫开"之势的坎达峡谷（图6-2-5）。

（二）族群源流与人文环境

1. 历史沿革

囊谦是玉树的发祥地，曾是玉树历史上600多年的政治经济文化中心，汉至唐初，隶属苏毗女儿国，唐代为吐蕃节制。12世纪初，曾任内地中央政府内大相的朱氏家族吉乎枯隆荣布之子哲哇阿洛率部，由今四川甘孜藏族自治州康定折多山一带进入玉树南部，建立部落，以其父之官衔作为部落名称为囊谦，世人称之为囊谦加宝（意为囊谦王）（图6-2-6）。之后，囊谦王家族逐步取得了玉树大部分地区的统治权，开始了囊谦王世家长达600多年，延传二十代的世家统治。公元1175年南宋颁发文册，承认囊谦王所辖6部落一万户百姓为其领地和信众，这是中央王朝在玉树施政的开始。1725年清雍正三年，清王朝委任第十八世囊谦王多杰才旺为千户，管理玉树全境。1949年9月15日囊谦县和平解放。1951年，沿旧制成立囊谦县政府，隶属玉树藏族自治区（州）。1958年，玉树地区的千百户制度被废除。到1999年末，囊谦县总面积11433平方公里，辖10个乡。县政府驻香达乡。2001年10月15日撤销香达乡，设立香达镇。调整后，囊谦县辖1镇9乡：香达镇、白扎乡、娘拉乡、毛庄乡、觉拉乡、东坝乡、吉曲乡、尕羊乡、吉尼赛乡、着晓乡（图6-2-7）。

2. 宗教信仰

澜沧江上游地区是典型的高原山地地貌，山多水长是该地区地貌的突出特点，人们在长期与自然和谐

(a) 然察大峡谷　　　　　　　　　　　　(b) 乩扎林区

(c) 小龙沟峡谷　　　　　　　　　　　　(d) 坎达峡谷

图6-2-5　囊谦县自然景观资源

图6-2-6　囊谦王宫遗址

图6-2-7 囊谦县历史发展示意图

共生的过程中孕育了特有的对自然神的崇拜观，诸如对天神、水神、地神、太阳神等的崇拜。当地每座寺院、部落和各个村落都有自己信奉的神山，人们在山顶或者山腰垒筑嘛呢石堆，悬挂彩色经幡，刻绘嘛呢和佛教图案，把神山装扮得五颜六色，表达了人们对山神的虔敬。

苯教起源于古象雄文明，历史源远流长，从西汉开始，这种古老的宗教文化在囊谦地区传播开来。相传历史上有一批苯教徒曾来到囊谦地区进行苯教讲学，比较出名的如嘎·嘉哇洛周和旺庆·当拉米巴等人。苯教信奉自然万物，认为万物都有灵魂和灵气，后来在历史的演变当中这种宗教文化和藏传佛教文化进行了融合。

藏传佛教是藏族人们普遍信仰的宗教，在囊谦地区有着悠久的历史，囊谦也是全省寺院最多、教派最繁的县。早在公元7世纪，随着吐蕃权力的进入和领土的扩张，藏传佛教逐渐向东传入囊谦。囊谦县现有各类藏传佛教寺院和宗教活动点105座，寺院中噶举教派的有70座，萨迦派的有15座，宁玛派的有16座，格鲁派的有4座（图6-2-8a）。

东南喇青寺，坐落在东坝乡吉赛村的吉曲河畔，曾由东坝百户管辖，属于噶玛噶举派。该寺规模很大，寺院经堂位于建筑群的中央，周围是供僧侣居住活动的僧舍，具有很强的向心性空间布局特征（图6-2-8b、d）。

(a) 寺院分布示意
(b) 东南喇青寺大殿
(c) 采久寺大殿

(d) 东南喇青寺

(e) 采久寺

图6-2-8 囊谦藏传佛教寺院

位于白扎乡境内的采久寺，属于竹巴噶举派。采久寺现有建筑包括经堂、佛学院、修法场、讲经院大殿、灵塔殿、护法殿、僧舍等。寺院整体坐北朝南，正面为具佛山，左为莽结山，背靠腊佐山，整体为背山面水的格局。整座寺院充分利用地形，依山而建，建筑高低错落，殿堂僧房层叠而上，寺院整体与周边环境紧密融合。采久寺是囊谦王的家寺，曾经是囊谦二十五族的统治中心，囊谦王址和采久寺是当时的政教联合之地，于1724年第22代囊谦王多杰才旺时期创建，后于1818年由怙主阿法巴丁久美创建了采久寺。20世纪60、70年代寺院的许多建筑被拆除、80年代寺院重新开放后，又陆续重建了部分寺院建筑（图6-2-8c、e）。

3. 人文景观

1）特色民族服饰

黑色藏服是囊谦地区自古以来的传统民族服饰，这种藏服吸收了古代当地官员的服饰制作特点，色彩上以黑色为主，辅以藏红、土黄等颜色，整体宽大朴素，非常方便各种生产生活行动。玉树州的藏族服饰已被列入第二批国家级非物质文化遗产名录。

2）传统民族节日

（1）藏历年

藏历年是囊谦藏族最隆重的传统节日，其形式与整个藏区大同小异，但有其地域特色。藏历年从藏历正月初一开始，一般三到五天不等。藏历年的确定和藏历的使用有关，1027年开始正式使用，便沿袭使用至今。藏历年的传统习俗有清扫屋舍，准备供奉佛神的贡品如酥油灯和"切玛"等，整个节日热闹非凡，具有独特的藏族传统节日特征。

（2）赛马节

囊谦地区的赛马节距今已有一千多年的历史，可追溯到吐蕃时期。每年的七八月份，囊谦各地都会举行大小不等规模的赛马活动。

3）传统工艺

（1）黑陶

囊谦藏黑陶，又名"吉曲山荣黑陶"，曾经是囊谦千户时代二十五族的贡品。现在依然流传的囊谦吉曲乡黑陶传统技艺，是历史上囊谦灿烂文化的一个缩影，它代表了澜沧江上游地区藏族同胞先进的生产水平和极高的艺术修养，其历史可以追溯到四千多年前。囊谦藏黑陶是玉树地区藏族文化的一个重要组成部分，对研究藏族文化艺术具有很高的价值，同时也具有较高的收藏价值，于2008年被列入第二批国家级非物质文化遗产名录。

（2）咗玛

"咗玛"即藏语"草编器皿"之意，是一种藏区广泛使用的古老农具和生活用品。"咗玛手工编织"是在囊谦民间的传统工艺，这项编织技艺已有上千年的历史，它是由一种叫作"邹"的植物为材料，通过牛皮绳编织，可制造出碗、钵、杆等各种生活或生产用具。由于"咗玛"手工编织工艺材料特殊，"邹"草柔软不易损坏且有吸潮的特性，盛放青稞、肉类、面类等物品有防腐的功能，成为藏区最原始的生活物品。2018年囊谦咗玛编织技艺被列入第五批青海省省级非物质文化遗产名录。

（3）香达藏纸

囊谦县香达镇的香达藏纸发源于1300年前，其造纸工艺流传至今，它的原材料主要取自狼毒花，配以高原地区草本植物如藏茄和艾蒿等，制作成型后再对其进行染色而成，主要应用于重要书籍和部分装饰部件。2013年香达藏纸手工制作技艺被列入第四批青海省省级非物质文化遗产名录。

（三）聚落选址

1. 选址影响因素

1）自然环境因素

村落在选址时多会选择在地势较为平坦开阔地，这样利于交通，便于建设，较易开垦农田，能为村落发展提供充足的空间，也能避免一些因地形产生的自然灾害。囊谦县地区多属于河谷、坡地、山峡等地形，因此该地区相对平坦的河岸、台地等坡度较小的土地较为珍贵，也是当地绝大多数村落理想的择址空间。水源对选址的影响也极为关键。澜沧江上游地区有着纵横交错的河网，以扎曲为首的澜沧江支流贯穿各地，给居住在这里的藏民带来了充沛的水源。由于河流滋润的土地肥沃，为当地带来了可耕种的土地，也为当地藏民畜牧放养以及居民生活用水提供了保障。纵观澜沧江上游地区的大量藏族传统村落，多依水而建，充分利用当地有利的自然环境要素，因于自然又融于自然，蕴含着朴素的生存哲学和营建智慧（图6-2-9）。

2）人文历史因素

（1）生产方式

由于适宜耕作的优良土地资源十分紧张，加之农产品产量低、价格低廉，有限的收入无法供养澜沧江上游地区藏族同胞的生活。当地高原草场繁茂，非常适合高原牦牛、羊等牲畜的放养，又由于当地长期以来的闭塞，村落经济发展相对滞后，当地至今还保持着半农半牧的生产方式。

（2）族源文化及宗教文化

吐蕃王朝后，澜沧江上游地区形成了以囊谦千户部落为首的封建割据局面，各个部落都有各自固定的辖区和信众，部落和佛教寺院互为利用，统治着底层的人民，千户下分百户，制定草山农田使用法。因囊谦是玉树州的主要农业区之一，也是半农半牧的地区，很多传统村落就是在这种背景下诞生的。在澜沧江上游地区历史上出现过最著名的部落联盟就是"玉树二十五族"，亦称"囊谦四十族"，但实际部落数量在四十以下浮动。历史上，玉树地区的藏族部落区域原统称为"巴彦南

（a）果农村

（b）也巴村

（c）嘉玛村

（d）过永村

图6-2-9 依水而建的澜沧江流域传统村落

称"四十族，汉语翻译意为"囊谦"。囊谦百户部落的分布与千户驻扎地显示出"围绕中心向外发射"的趋势。

藏族部落一般有大部落、支部落、分部落、小部落四个层级，大部落的首领一般称之为千户，下辖数量不等的百户，如同样是千户部落，有的辖2万余户——囊谦千户辖下的玉树二十五族即是，有的仅辖200来户，如同德英努乎千户部落。大部落内部包含若干不同的血缘集团，甚至可以容纳不同民族。而基层小部落"日科尔"则是藏族部落组织结构的细胞，每个日科尔约有十户或三四十户不等，又包含若干牧业点即帐房圈子。帐房圈子内以家庭为生产和生活单位（图6-2-10）。

（3）交通与商道

囊谦历史上曾是从内地进藏的交通要道，历史上文成公主进藏曾途经此地，至今留下的文成公主庙就是这段历史的实证；该地还是历史上著名的"茶马古道"核心地区，商贾不断，一派繁华的气象，目前沿交通要道仍有很多传统村落。

2. 选址类型

澜沧江上游地区藏族传统聚落由于地形环境复杂多变，其风貌格局各具特色。根据上一节对聚落择址的分析研究，制约当地聚落择址的"山水"对聚落的发展至关重要，当地聚落多依山傍水而建。

由于澜沧江上游地区不同地方的地理环境有所不同，依据选址要素的不同将该地区传统聚落分成山脚临水型、山麓缓坡型、山腰台地型，以及山顶集聚型四种选址类型。

1）山脚临水型

山脚临水型聚落多位于山脚下的河岸边，地势较为平坦开阔，地理位置相对较好，对聚落的建设发展极为有利。多与附近的城镇联系紧密，与外界交流也十分频繁，经济发展比较有活力。总体上来说，这种聚落规模较大，各种历史遗存较多，生产要素集中，发展

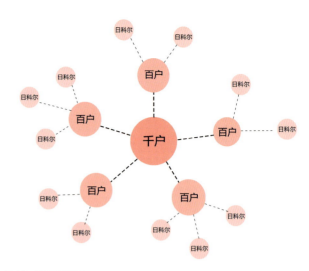

图6-2-10 藏族部落结构

势头较好。囊谦县香达镇前麦村就是这一类型聚落的典型代表。山脚临水型聚落是澜沧江上游地区藏族传统村落的主要类型，也是未来要大力发展的聚落类型（图6-2-11a）。

2）山麓缓坡型

在地形比较复杂的半山腰，山势起伏多变，道路崎岖难行，聚落多选址在坡度相对平缓的山麓地带。聚落与地形有机结合，一侧背靠山体，视野开阔，形态布局较为紧凑，这种类型的村落称为山麓缓坡型聚落。由于地处高处，与溪流距离较远，生产生活用水不是很便利，人们主要通过山顶融雪、山头泉水等方式取水。囊谦县娘拉乡多伦多村就是山麓缓坡型聚落的典型代表（图6-2-11b）。

3）山腰台地型

台地型聚落兼具山麓缓坡型聚落与山脚临水型聚落的特点，一般选址建设在平坦的高地上或者半山腰较缓的台地上，所以又有山间台地和山腰台地这两种类型。

山间台地型聚落，多处在群山环抱之间的高台上，由于海拔不是太高，与山谷的河流很近，土地较为肥沃，十分利于聚落的建设以及农作物的种植，同时也有

（a）山脚临水型（前麦村）

（b）山麓缓坡性（多伦多村）

（c）山腰台地型（瓦卡村）

（d）山顶集聚型（扎歪村）

图6-2-11 澜沧江流域传统聚落选址

着良好的小气候，景观环境极佳。吉曲乡的瓦卡村就是典型的山间台地型聚落实例（图6-2-11c）。

山腰台地型聚落，一般建在半山腰处，与山麓缓坡型聚落相似，其聚落建设的相关地理优势相比山间台地型稍显不足，但是这种聚落相对比较隐蔽，防御性较好。这两种台地型聚落的规模都受限于台地的大小，大多数台地型聚落规模较小。

4）山顶集聚型

这种聚落类型多建在山顶较为平缓处，一般规模都很小。究其原因，一是山顶可供聚落建设的适宜土地有限；二是山顶可供种植的肥沃土地以及饲养牲畜的草地不足，人畜饮水也极为不便；三是由于地处山顶，交通极为不便，各种公共设施较为缺乏（图6-2-11d）。

（四）生产和交通设施建筑

澜沧江上游地区藏族传统村落，凝聚了劳动人民的智慧，建筑类型丰富，除去宗教建筑和民居建筑类型外，还出现了生产、交通类型的建筑，如水磨坊、木桥等。

1. 水磨坊

水磨坊是澜沧江上游藏族人民顺应自然，利用大自然而创造的生产建筑。它一般建在山底河流边，借助河水的流淌带来的动力势能推动石磨的运转，既节约能源，解放了劳动力，又不破坏自然环境，方便村民的生活。同时，由于它体量不大，一般用当地的石材或者生土建造，与自然很好地融合在一起，成为了河岸边特有的建筑景观。

2. 古桥

桥梁建筑在依水而建的村落中十分常见，依类型的不同有吊桥、索桥、握桥（又称悬臂桥、河厉桥）和经桥等，形制独特，充分反映了当地藏民的集体智慧，对当地历史文化的研究具有较高价值。

(a)吉曲嘉麻古木桥

(b)玉树查同桥

图6-2-12 三江源地区古木桥

其中,握桥源于吐谷浑时期,是吐谷浑人高超建筑技艺的典型代表。据段国《沙洲记》记载,吐谷浑人善造"河厉桥",即在河两岸垒石为基,用大木相压,"节节相次",至河心相连,又叫"飞桥""握桥"。这是一种无墩柱伸臂木梁结构的实体桥,它结构科学,施工简单,曾经是黄河上游最早的桥梁,也是中国古代桥梁建筑史上的创举,它具有与现代悬臂桥梁相似的设计原理,后世多有沿用。

吉曲嘉麻古木桥是当地握桥中最为杰出的代表,至今仍保存完好。吉曲嘉麻古木桥位于吉曲乡嘉麻村吉曲河畔,在过去一千多年的历史上,是吉曲河流域藏民往来吉曲河两岸的唯一桥梁,始建年代有待考证(图6-2-12a)。

吉曲木桥属木质伸臂桥,这种古木桥,集美学和力学于一体,结构十分精巧。它的建造流程首先是铺设石头基础,然后从两岸分别铺设粗大结实的原木,层层用石头填充压实并伸出数尺,当两岸层层铺设的原木相距约为一丈时,再用大原木架设在铺设的柱墩之间,在上面铺上更细小的木头形成桥面,最后对关键部位进一步紧固,至此,一座握桥架设完成。与吉曲嘉麻古木桥相似的还有玉树地区的查同桥,同属于木质伸臂桥的类型(图6-2-12b)。

以囊谦县为代表的澜沧江上游地区由于地域辽阔、气候多变、环境复杂等因素的影响,对该地区具有独特地域文化属性的传统聚落的发展演变产生了极为深刻的影响,聚落呈现出各自的特征。根据对相关文献的研究和对当地藏族传统村落的实地调研,选取前麦村、多伦多村、瓦卡村、扎歪村四个典型藏族传统村落作为典型案例,归纳总结澜沧江上游地区藏族传统聚落的总体特征。

二、山脚临水型聚落——前麦村

(一)基本概况

前麦村位于囊谦县香达镇东南部,距县城约5公里,东北面与冷日村隔河相望,东面是白扎乡东帕村,西北面与前多村接壤,南与白扎乡为邻,北面与多昌村相连。村域面积350平方公里,村庄占地面积1500亩。村落形成于元代,海拔3600多米,年平均气温3.9℃,降水集中且量大。

村落主要产业类型是半农半牧型,214国道穿村而过,交通便利,近些年沿着国道两旁出现了加油站、汽车修理店、小卖部等。村落东北部有乃加玛神山。(图6-2-13)。

(a) 拉康仓

(b) 嘛呢石堆

(c) 嘛呢石堆

(d) 乃加玛神山

图6-2-13 前麦村

（二）聚落选址与布局

前麦村为典型的山脚临水型选址，村落位于澜沧江源流之一的强曲河右岸处，属于高寒气候区域。村落整体面朝西北向强曲河，背靠乃加玛神山，整体置身山脚临水处。村落坐落的河岸平地沿山势展开，整体地势较为平坦，村落可利用的土地资源较为充足，村落发展并未受到土地的限制，民居大部分集中布置，仅有零星民居顺着道路、河岸分布。村落西侧、东侧被田地环绕。民居院落之间通过宽窄不一的街巷隔开，分布相对均匀离散，并未形成明显的核心空间。后期建设的民居会沿着公路两侧展开，与传统民居连成一片，沿袭传统民居形制，整体分布较为均匀（图6-2-14）。

（三）街巷空间

前麦村是典型的山脚临水型聚落，村落用地较为平坦，各个民居组团之间呈离散状稀疏布置。村落内道路通过网状的布局形式将村落民居建筑和周边环境有机地联系成一个整体，村内路网呈现环形道路结构的特点。

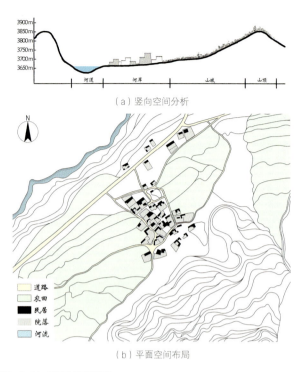

(a)竖向空间分析

(b)平面空间布局

图6-2-14 前麦村布局特征

图6-2-15 前麦村街巷空间

图6-2-16 前麦村民居

以村落初建时期组团为基础形成的环形道路,以此为核心向外围放射性生长,达到一定规模后形成新的环形道路结构;在围绕村落街巷的外围顺应耕地肌理形成了更具放射型的田间道路,向外围发散生长;环形区域内,村落的交通较为便捷,通勤效率高;环形区域外距中心区域较远,通勤效率低,故而宅院密度通常内密外疏(图6-2-15)。

(四)传统民居

前麦村由于村落所处地区的自然地理环境的局限性,民居为了适应严峻的自然环境,多为一层到两层的土木碉房(图6-2-16)。

传统藏式民居立面开窗较少且开窗小,有较强的防御性能。前麦村传统民居一层基本不开窗,二层及以上才开窗,整体呈下实上虚的立面特征。这和其

图6-2-17 巴尕家民居

传统民居功能布局是相对应的。一层一般作牲畜圈所,二层是各种居住生活空间,需要较好的采光通风(图6-2-17)。

传统形制的藏式民居多为规整的平顶，屋檐向外挑出50厘米左右，高出屋顶楼板一点，并设有用木头或者树皮制作而成的下水口，对墙面起到防水的作用。屋面采用木材打底，上铺黏土和碎石并夯实。平屋顶会通过独木梯或者石梯与一层的院落相连，兼做晾晒农作物或其他杂物的晒台，一定程度上拓展了居民生产生活的空间。平屋顶随房屋布局高低错落，共同构成村落传统民居的整体风貌，是建筑与环境和谐共生的生动写照，如拉康仓民居（图6-2-18）。

三、山麓缓坡型聚落——多伦多村

（一）基本概况

多伦多村位于青海省玉树藏族自治州囊谦县娘拉乡，地处囊谦县的东南部，聚落平均海拔3730米，是半农半牧型传统村落。多伦多村村域面积259平方公里，全村居民均为藏族。村落依托俄宙久曲和丰富的林木，河、田、林、院有机结合，生态环境优美。多伦多村于2013年入选中国第二批传统村落名录。

多伦多村经济模式较为单一，村内主要经济来源于土地种植、放养牲畜，此外村落东北部有露天盐场一处，用来生产多伦多藏盐，并形成了独特的盐田景观（图6-2-19）。

（二）聚落选址与布局

1. 聚落选址特征

多伦多村位于澜沧江支流俄宙久曲的山麓河谷处，

图6-2-18 拉康仓民居

（a）山地　　　　　　（b）盐田

（c）水系　　　　　　（d）草场

图6-2-19 多伦多村

[b] 多伦多村

图6-2-19 多伦多村（续）

当地属于高寒气候区，冬长夏短。村落四面环山，整体背靠东代撒琼山，东侧和南侧面向河流，自东北方向流入的俄宙久曲河从村中穿过。村落位于山间缓坡之上，是典型的山麓缓坡型聚落（图6-2-20）。

2. 聚落布局特征

多伦多村下设六个社，分别是多伦多社、玉树社、色秀社、察卡社、东代社、吾麦社。其中，东代社、察卡社、多伦多社、吾麦社四个组团沿俄宙久曲河河谷一线排开，而玉树社和色香社则位于俄宙久曲河的东侧山沟内，长度达7公里，而河谷宽度仅有0.2～0.3公里，其形态具有明显的带型聚落特征。

多伦多社整体格局与台地形状相仿，呈三角形，坐落在东代撒琼山下，犹如大鹏展翅，腾空而起之势。"撒琼"为大鹏之意，村落格局也势如其名。村落东侧是俄宙久曲，西南方向是毛曲，在村落南段两条河流交汇。

（三）历史环境要素

悠久的历史为聚落留下许多遗址，体现了该地区深厚的文化底蕴。主要包括古盐场、古盐仓、佛塔、镀金嘛呢石堆、风马旗、桥梁、水磨坊、古兵站遗址等（表6-2-1、图6-2-21）。

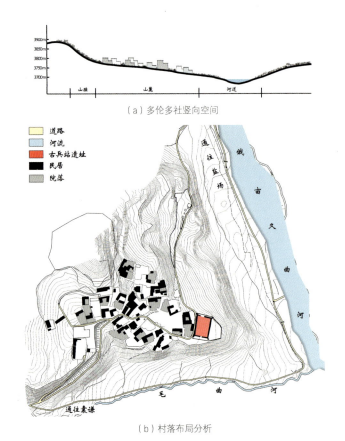

图6-2-20 多伦多布局特征

多伦多历史环境要素　　　　　　　　表6-2-1

序号	名称	位置	始建年代	现状
1	白塔	多伦多村北侧	始建于清代	较完整
2	镶金嘛呢堆	多伦多村北侧	始建于1000年前	较完整
3	水磨坊	多伦多社南侧，茶卡社北侧	民国	结构完整、闲置
4	古兵站	多伦多村东南	始建于1000年前	遗址
5	风马旗	茶卡社内	始建于清代	较完整
6	盐仓（茶卡）	茶卡社内	清代	结构完整、闲置
7	古桥	擦尼玛山西麓	清代	结构完整
8	盐井	巴金高山西麓	清代	结构完整
9	盐仓（盐场山坡）	巴金高山西麓	清代	结构完整、闲置
10	古墓（岭巴秋嘉）	东代社南侧	始建于1000年前	部分损坏

（来源：根据资料整理绘制）

图6-2-21 多伦多村历史环境要素 （a）白塔 （b）盐池 （c）古桥 （d）白塔 （e）风马旗 （f）嘛呢石堆 （g）风马旗

1. 水磨坊

水磨坊是聚落中重要的节点空间，分布广且数量多，也是村民平日驻留的空间。

多伦多村的水磨坊建在村落西南毛曲南岸，共有三座形制、大小相近的水磨坊。通过建设引水渠让水流驱动磨盘，木转轮为顺时针转动，与藏传佛教转经的方向相同。水磨坊平面为4.7米×3.4米的长方形，在侧墙开有0.3米×0.3米的正方形窗洞（图6-2-22）。

2. 镀金嘛呢石堆

镀金嘛呢石堆位于多伦多村北侧，距今约1000年，南北长约130米，东西宽约10米，占地约1300平方米。西侧建有一排佛塔，大小不一，沿嘛呢堆方向呈"一"字状排列，西北侧建有风马旗。多伦多的村名也由此嘛呢堆而得名，多伦多意为"在石头上刻的经文"。

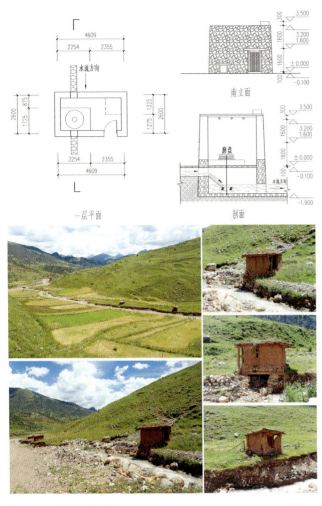

图6-2-22 多伦多村水磨坊

多伦多盐场产量颇丰,年产盐约3500吨,产品主要销往西藏的昌都、四川西部和云南西北部边远藏区,在西藏、四川等地颇有市场。

4. 古兵站遗址

古兵站遗址在多伦多村的东南角,即三角形台地的最前端,是一座旧时兵站遗址,现仅存40米×25米的院落围墙,围墙有2.5米高、1米厚。因为此处为青海与西藏交界处,传说是古代格萨尔王屯兵的地方,对于历史研究具有较高的价值。

(四)聚落内部空间

1. 街巷空间

聚落空间主要构成要素有街巷空间、院落空间及水系空间等。察卡社与多伦多社之间1.5公里的道路形成线状交通空间,这条路将两社以及两社之间的古盐场、古盐仓、古桥、风马旗、嘛呢堆等串联在一起(图6-2-23)。

由于聚落纵向过长、横向过窄,察卡社村民居住区的横向尺度平均不到70米,仅排2~3座院落,而其纵向长度近500米,街巷空间尺度过小,未形成交织的街巷空间形态。

多伦多社街巷空间受地形地貌和自由独立的院落布局方式的影响,街巷尺度变化丰富,形成宽窄进退、错落有致、空间层次丰富的街巷空间。

多伦多村具有丰富的节点空间。一是由街巷交叉或转折形成,空间尺度不大,是邻近住户平时交流较多及院落与街巷的缓冲空间。二是由历史遗留物和藏传佛教构筑物形成的节点空间。多伦多村至今仍保存着木质古桥和水磨坊,虽已失去原有功能,但在其周围形成具有历史记忆的节点空间。多伦多村全民信仰藏传佛教,村落多处分布着佛塔、嘛呢堆、风马旗等佛教构筑物,在

3. 古盐场

察卡社古盐场位于多伦多察卡社东南、俄亩久曲河东南的坡地上,东西宽235米,南北长约281米,呈南北略长的扇形,占地面积约为66000平方米。盐泉从北部山腰的泉眼喷涌而出,泉眼被木构建筑围合,周围有风马旗等祭祀场所。盐田北高南低,盐场主要由盐泉和盐畦两部分组成。盐畦无固定大小,按地形地势分割成1000多个不规则鱼鳞形区块,依地势而建,由砾石堆砌而成,形态似梯田,错落有致。自盐泉处有卤水流出,盐民以竹竿劈开做成的槽将卤水引流到盐畦内,即修渠引卤入畦。

这些构筑物周围形成节点状的公共空间,是村民平日转经、祭祀的场所。

2. 广场空间

在察卡社聚落主干道一侧,由建筑和道路围合成的开敞空间呈"L"形展开,面积约1000平方米。东侧近路,西侧与耕地连在一起,部分被绿化,形成察卡社村民聚会、跳锅庄舞的场所。多伦多社公共空间位于村委会前,呈不规则状,面积近2000平方米,是多伦多社居民节日聚会、跳锅庄舞的主要场所。

（五）传统民居

多伦多村地处高寒山区,冬长夏短,以土木碉房为主要居住类型。房屋主室宽大、藏式火炉居中布置,以保持与之相连的卧室、厨房的温度平衡。冬季主室内的火炉保持长时间燃烧,不但能取暖,而且还能烹煮食物,家人以及来客围坐在火炉旁嘘寒问暖,其乐融融。一层为畜圈、库房,二层用于居住,满足了居住空间干燥及保暖的需求（图6-2-24）。

图6-2-24 多伦多村传统民居

多伦多村——察十

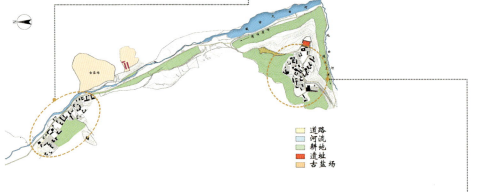

图例:
- 道路
- 河流
- 耕地
- 遗址
- 古盐场

多伦多村——多伦多

图6-2-23　多伦多村空间布局

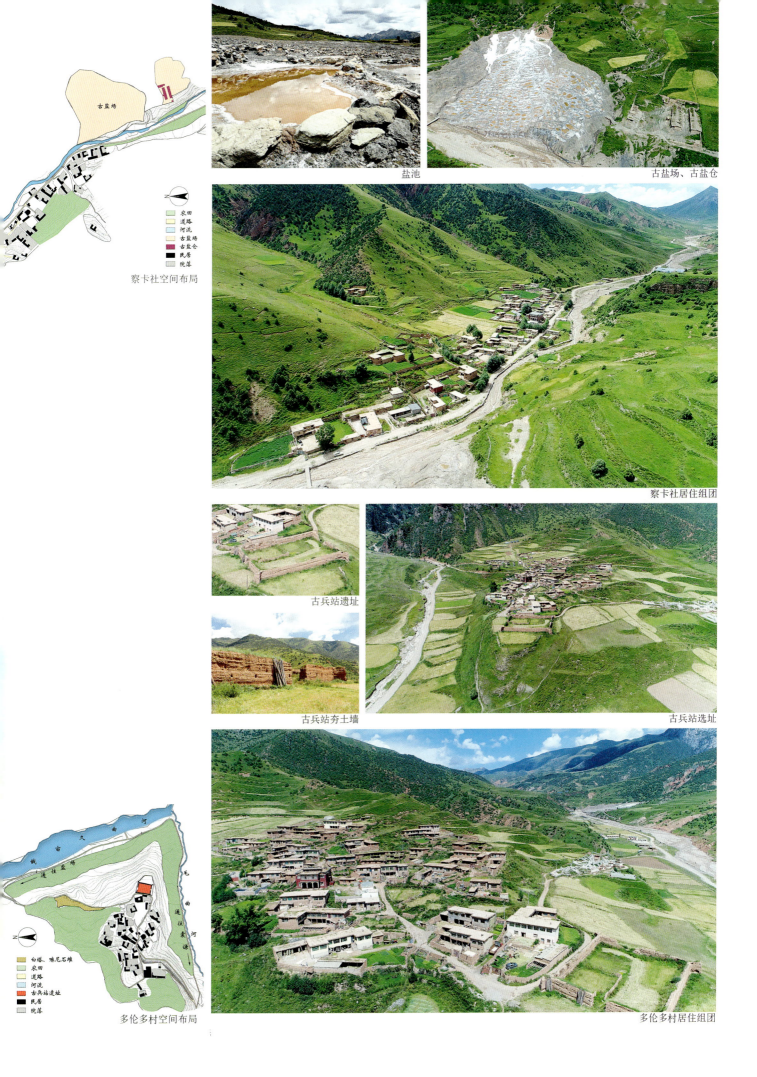

察卡社空间布局

盐池

古盐场、古盐仓

察卡社居住组团

古兵站遗址

古兵站夯土墙

古兵站选址

多伦多村空间布局

多伦多村居住组团

(a) 河谷台地　　　　　　　　　　(b) 航拍　　　　　　　　　　(c) 公共空间布局

图6-2-25　瓦卡村

四、山腰台地型聚落——瓦卡村

（一）基本概况

瓦卡村位于囊谦县吉曲乡西约10公里处，周边与瓦堡村、瓦江村和热买村相毗邻，村域面积约260平方公里，平均海拔3900米。村落占地面积900多亩，区位相对优越，有乡道通过村落，交通较为便利。村落产业以农牧结合为主，兼有传统藏药理疗以及传统黑陶手工艺品制作（图6-2-25）。

（二）聚落选址与布局

瓦卡村整体坐落于群山环抱的山谷河岸台地上，东侧河流沿村而过，地势整体高差不明显，村落整体布局沿东侧河流呈现一种带状形态，村落内部道路、街巷呈树状分布形态，民居沿道路两侧分布较为分散（图6-2-26）。

（三）传统建筑

村内传统建筑有现存的囊谦百户宅邸琼保仓，是历史上管辖当地的百户首领的私人宅邸，规模宏大，由前后四进院落组成，相比普通人家的民居建筑甚是气派，成为该地区民居建筑的典型代表。传统民居整体风貌保存基本完好，整个村落山青水绿，田园牧场环绕。

村内有白塔群和嘛呢石堆广场一处，建造历史久远，造型古朴，庄重宏伟，是村民进行朝拜和集会的重

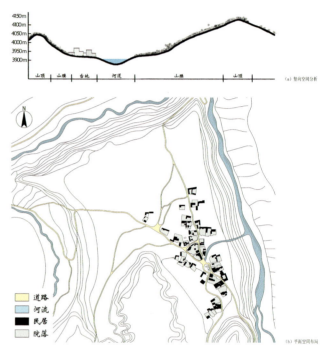

图6-2-26　瓦卡村布局特征

要场所（图6-2-27）。

在瓦卡村的东北方向，村民修建了一座直雅哈巴寺，寺庙用于供奉当地的山神像和佛像，村民几乎每天都会去祭拜聚会。寺院选址相较周围民居地势更高，地势的高差突出了其相应的宗教文化地位。该寺庙面阔三开间，虽只有一层，但层高较高，加之其出挑的门廊、红色的外墙粉刷以及用金色点缀的梁柱构架和屋檐，恢宏大气（图6-2-27c）。

（a）白塔　　（c）直雅哈巴寺　　（b）嘛呢石堆

图6-2-27　瓦卡村公共空间

1. 千百户制度及其分布

千百户制度是一种以千户、百户等官吏为主体的藏族基本管理制度，是封建王朝中政府对少数民族地区进行管理时，实行的特殊行政管理制度，其实质与土司制度相同。这一制度自元朝初在青藏高原开始推行，延续了几百年，直至1958年被废除。从青海省域范围内看，千百户部落主要分布在青海玉树州、果洛州、循化县、贵德县以及环青海湖等从事游牧业的藏族聚居区（图6-2-28）。

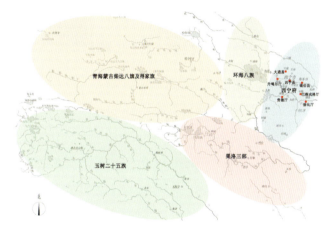

图6-2-28　清末青海部落分布示意

2. 琼保百户府邸

位于瓦卡村最南侧的琼保百户府邸属于囊谦千户属下直辖的琼保部落百户，建筑保存完好。清雍正年间，琼保百户部落成为囊谦千户直辖的四大百户之一，琼保部落头人也是囊谦王的四大家臣之一，轮替为千户办理事务。玉树和平解放后，琼保百户多杰完扎曾任玉树州政协委员、县人大委员等职。琼保百户府邸于2019年被列为青海省第十批省级文物保护单位。

1）府邸基本概况

琼保百户所处地势平坦，百户府邸呈长条形南北向布置，坐东朝西，东南侧为开阔草场。府邸占地1660平方米，南北长81米，东西长30米，建筑整体风貌保存较好（图6-2-29）。

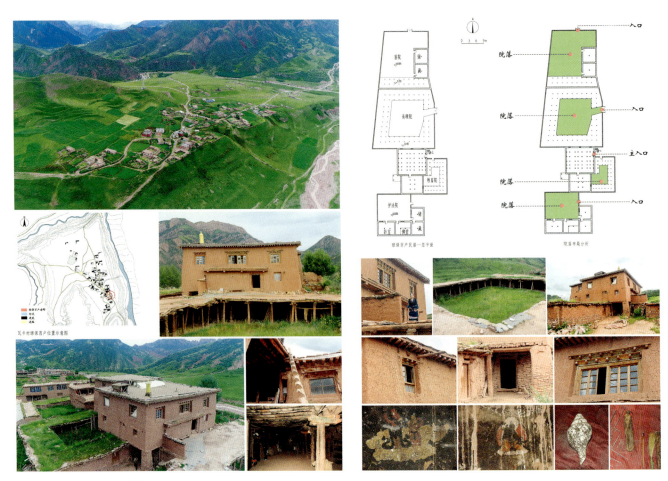

图6-2-29 瓦卡村琼保百户府邸

琼保百户府邸平面由建筑主体、经堂以及牲畜棚构成。建筑主体为三层，呈"吕"字形，南北向18.3米，东西向14米，占地面积约260平方米。据百户后人介绍，现经堂原为一层储藏室，后改为佛堂，另将紧邻的一间一层储藏间改为卧室功能。经堂紧邻建筑主体北侧，东西向长约19米，南北向宽约16.5米，占地约310平方米；牲畜棚形状为梯形，短边长约18.3米，长边约23米，高约4.5米，占地约930平方米。琼保百户立面开门窗数量较多，整体朝向西、南方向。琼保百户府邸建造时间年久，但内部生活场景保留还较为完整。建筑内部结构复杂，层高为2.2~2.4米之间。

2）平面组织关系

琼保百户府邸整体呈长条形，府邸一层除了佛堂之外功能全部开放，佛堂单独在一层设立，并且使"卧室+佛堂+两个储物间+护法院"的功能组合多了一些公共倾向。除主体建筑以外剩下的附属体块功能主要为牲畜棚和贮藏间，牲畜棚面积较大、形状完整且围合感强。东、北两侧结合南侧的佛堂与主体三层建筑形成了环绕型布局方式。除此之外，佛堂院落有1门1院落，牲畜棚院落有2门2院落，前院有1门1院落，主体有2门1后院，形成一条不明显的四进院落的轴线，"轴线发展院落"的布局方式是琼保百户府邸最大的特点。

3. 才旺五州传统民居

瓦卡村才旺五州家民居为一进式院落，民居为二层土木碉房，采用院墙围合成两个院落空间，民居为"L"形组合形式，内部空间功能主次明确，交通流线组织清晰（图6-2-30）。

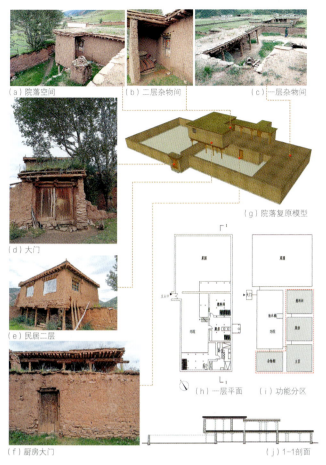

图6-2-30 瓦卡村才旺五州家传统民居

五、山顶集聚型聚落——扎歪村

（一）基本概况

扎歪村属香达镇辖的一个自然村，距离囊谦县城直线距离约30公里，海拔高度3950米，该村村域面积和人口规模都相对很小。产业模式为农牧结合型。

（二）聚落选址与布局

扎歪村属于典型的山顶集聚型聚落，村落坐落在一个山顶相对平缓的坡地上，道路在村落的东侧，村落整体规模较小，集中分布在道路的一侧，布局较为规整，呈现组团状的分布格局，村落街巷肌理明确，矗立在山顶别有一番景致，具有较强的防御功能（图6-2-31、图6-2-32）。

（三）传统民居

扎歪村这种山顶集聚型聚落在当地遗存甚少，加之自然地理环境等因素的影响，村落能较为完整地保存下来。村内建筑古朴自然，保存完好，是澜沧江上游地区常见的土木碉房，多为一到两层，村落整体风貌体现出浓厚的藏族传统民居特色（图6-2-33）。

扎歪村尕曲家为两层土木混合碉房，民居一层用来堆放杂物和圈养牲畜，二层是主要居住空间。建筑平面为长方形，内部空间为"一"字形布置，院墙和建筑围合起一个露天庭院空间。建筑高度较矮，共两层高约5.1米，屋面为平顶（图6-2-34）。

扎歪村他巴家民居和尕曲家较为类似，也是采用土木结构的两层碉房，一层空间也是以圈养牲畜和存放杂物为主，二层空间为主要使用空间，如经堂、卧室、客厅等，二层还有一个露天晒台用来日常晾晒。他巴家民

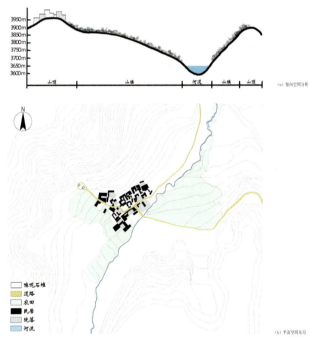

图6-2-31 扎歪村布局特征

(c) 扎歪村

图6-2-31 扎歪村布局特征（续）

(a) 神山

(b) 航拍

(c) 民居组团

图6-2-32 扎歪村

图6-2-33 扎歪村村民居

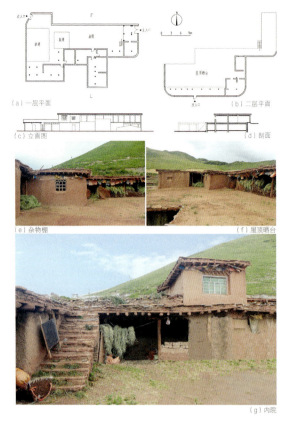
图6-2-34 扎歪村尕曲家民居

图6-2-35 扎歪村他巴家民居

居平面布局更为狭长，民居面宽约11米，整体长度约为24米，建筑内部功能空间为"L"形布局（图6-2-35）。

六、澜沧江上游聚落特征

（一）选址布局特征

澜沧江上游地区地理环境变化丰富，根据传统聚落选址位置的差异，将该地区传统聚落分为山脚临水型、山麓缓坡型、山腰台地型、山顶集聚型四种不同的选址类型。每种选址类型均有其相应独特之处，都是聚落在适应不同地理环境过程中所孕育而生的。不同的选址类型，聚落所处自然环境也有所不同，例如山脚临水型的聚落，受地形的限制较小，聚落用地充足，聚落布局较为集中，内部街巷空间纵横交错（图6-2-36）。

澜沧江上游地区的藏族传统聚落，相似与差异性并存。影响聚落发展的因素主要集中在宗教观念、自然地理环境两个方面。因此，澜沧江上游地区的聚落空间布局形态，因时、因地、因文化的不同呈现出多样的形态，我们对该地区传统聚落的空间布局形态进行总结，归纳为向心型、条带型、网格型以及组团型四种类型。

向心型聚落是指村落建筑会围绕一个核心进行布局，呈现一种向心形态，澜沧江上游地区聚落的核心多是宗教建筑或公共广场，民居围绕这些内容展开布局。根据具体核心内容的差异又可将向心型聚落细分为公建核心型聚落和寺庙核心型聚落。相较之下，寺庙核心型聚落的向心性更为明显。瓦卡村就是典型的寺庙核心型聚落，虽然村中有琼保百户府邸，但是在宗教的传统影响下，村落民居围绕村落中嘛呢石堆进行布局。

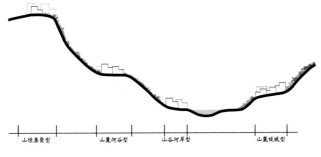

图6-2-36 澜沧江流域传统聚落选址类型

条带型聚落倾向于沿河流或道路一侧或两侧来布局建筑，这种聚落规模小并且组合形式单一，道路、河流是村落生长的骨架。条带型聚落会顺应河流、道路布局，从而呈现出带状分布的形态。囊谦县娘拉乡多伦多村就是沿着乡道延伸布局而来的条带型聚落。

网格型传统聚落一般位于河谷平地与山间台地等较为平坦的位置，由于特定的地形，每个聚落都不尽相同。但整体上都表现为织物网状的布局形态，各组团之间的联系也较为紧密。比如香达镇的前麦村，其村落坐落在山脚临水较为平缓之处，整体村落民居由纵横交错的网状道路联系。

组团型聚落主要存在于山腰或山顶，由于地形高差的变化，布局往往更为灵活，建筑与周边环境能够很好地融合在一起。组团型聚落的各组团之间，往往没有清晰的道路系统，整体感觉较为松散。例如东坝乡的过永村就是由三个居住组团通过一条乡道串联而成的组团型聚落。

（二）传统民居特征

澜沧江上游地区气候高寒，温差大，降雨多，日照时间长，加上当地土质良好、石料丰富，当地传统民居因地制宜，根据材料组合和结构做法可以分为土坯碉房、夯土碉房、石木混合碉房、毛石土坯混合碉房和游牧帐房等不同类型的民居形式，民居为了保证御寒和坚固，多为一到二层，建筑体量较小，同时门窗的开口比例也尽量小，整体外观敦实、封闭。

1. 游牧帐房

"住"是人类生存至今的基本需求，世代繁衍生活在青藏高原的澜沧江上游地区的藏族同胞，从自身所处的高原环境、气候特征以及"逐水草而居"的生活方式中创造了"帐篷屋"这种生活居所。其特点是便于拆卸、结实耐用、防虫防水和柔韧保暖，被广泛应用于广大藏族游牧地区。根据搭建材料的不同，帐篷又分为牛毛帐篷和布料帐篷，其中以牛毛帐篷最为传统，应用也最为广泛。

牛毛帐篷在藏语体系中又称"扎"或"巴"，用牛毛褐子制作而成，一般帐篷长约10米，宽约5米。其搭建过程通常需要几个人通力合作完成，其主要结构是里面的两根竖柱和一根横梁以及外面连入四周地面的绳索组成，黑色牛毛织物则组成了其外围护结构，外观高大壮观，内部空间宽敞，各种藏式家具陈设其中。

帐篷根据形状可分为尖顶式、平顶式、马脊式、翻斗式等种类，其结构简单，支架容易并且利于搬迁，这为驮在牦牛背上的游牧民带来了极大的便利。这种简易的帐篷虽然不抵现代化的民居建筑，但它在历史上广受以游牧为主的藏族同胞的喜爱。虽然现在大部分以游牧为主的藏民越来越少，很多都选择定居下来，但是牦牛帐篷作为游牧时的生活居所，在夏季逐水草放牧时，仍然被广泛使用。

2. 碉房民居

澜沧江上游地区特别是囊谦地区，历史悠久，文化灿烂，曾是玉树地区文化的发祥地，在漫长的历史长河中孕育了独具地方特色的土木碉房民居（图6-2-37）。

当地传统民居依据结构类型分为土木结构和石木结构。土木结构民居建筑的外围护墙体一般由土坯或夯土建造而成，而石木结构民居建筑的外墙是用石片或石块垒砌而成，两种结构的民居均为平屋顶。民居多为三至八间，其功能空间主要由"然色"（即客厅）、"年孔"（即卧室）、"加孔"（即厨房）、"吉孔"（即牛粪房）、"泽孔"（即仓库）、"巴强"（即堂屋）以及"切孔"（即供佛室）等组成。其中客厅宽敞明亮，室内装饰和摆设华丽，既是平时家庭的公共用房，也可当作对外的会客室。该地区藏族民居除少数为三层外，大

（a）立面

（b）木窗

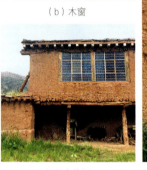
（c）杂物棚

（d）土墙

图6-2-37 澜沧江上游传统碉房民居

部分都是两层布局，一楼为牲畜圈所和杂物房，二楼住人，部分有三楼，用作供佛和储藏之用。

该地区民居的细部装饰和做法也独具特色。"保勒"是一种从正前方挑出的约40厘米的正方形椽头，它的椽头一般饰以白色，椽身为墨绿色或红色。"嘎村"是一种在椽头之间长约25厘米的隔板，每块隔板都有几种不同的颜色。在"保勒"和"嘎村"下有约8厘米宽的衬底木板。有的民居，在第一排"保勒"和"嘎村"下面还会增设一至二排，在窗楣和门楣上方也会有一至二排"保勒"和"嘎村"。窗棂为方形框架，框架内用木条划分，拼成吉祥结、菱形、双环形等各种图案，并涂刷各种颜色。此外，在房内大梁上和柱头上都饰有各种图案，柱身涂刷红色或者上红下绿。

第三节 马可河流域聚落

一、马可河流域基本概况

马可河位于青海省东南部,河流自西北流向东南,是大渡河的正源,马可河为大渡河干流在青海省境内的名称。马可河流域是果洛藏族文明的发源地,是果洛藏族自治州班玛县的母亲河。河流两岸是我国海拔最高、青海省内最大的原始林场仁玉原始森林区。马可河林场位于班玛县境内,占地152万亩,是全国重点生态公益林区,属于三江源自然保护区的核心区域。林区周边相比于青藏高原其他地区气候相对较温和,形成了果洛藏族自治州独特的农牧结合区以及河谷农业区,也孕育了马可河流域特有的班玛碉房聚落(图6-3-1、图6-3-2)。

图6-3-1 马可河流域示意图

(一)自然地理环境

1. 地理区位

马可河发源于巴颜喀拉山支脉果洛山南部,源头海拔4708米,干流流经果洛州达日县、久治县和班玛县,在青海境内河长210千米,流域面积6341平方公里。流域内交通较为便捷,马可河流经的久治县内主要分布有S101省道,班玛县境内有S208省道。

2. 地形地貌

马可河流域是三江源地区的一部分,地势西北高东南低,最高海拔4850米,最低海拔3200米,平均海拔在3800米以上,境内山脉纵横、河流交错,山地面积约占总面积的90%。主要山脉有马可河西岸的多给尕玛山和东部的尼龙山,均是巴颜喀拉山支脉。马可河两岸分布着大量河谷地,河谷地带生长有密集的乔灌木丛,

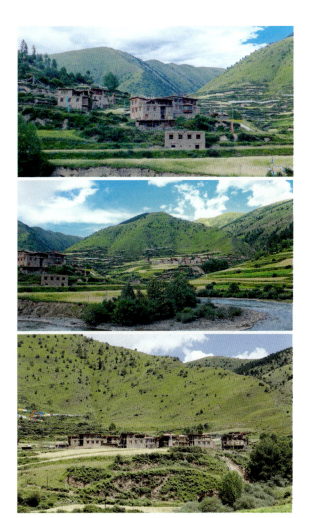

图6-3-2 班玛碉房聚落

杂草丛生，岩石密布。

3. 气候条件

马可河流域独特的地形地貌，使其气候特征亦有别于青海其他地区。马可河流域属大陆性高原气候，伴有季风气候特征，雨热同期，升温快、降温急，年平均气温为1.0℃~2.8℃；7月最高，月平均气温11℃；1月最低，月平均气温为-9.8℃，相较全省气温略平稳。年平均降水量超过600毫米，是全省降水量最多的地区，降水集中在夏季。日照年辐射总量居于全省中等水平，日照强度不高，与全省其他地区比显得"多阴寡照"。年平均风速属春季风大，夏冬季节风速较小，几乎无大风天气。

4. 植被条件

河谷两侧山地为大面积林地，乔木树种以云杉为优势树种，另有少量白桦、圆柏、山杨和柳树等。林下灌木则以小叶忍冬、峨眉蔷薇占优势。灌木主要有杜鹃、山生柳、高山绣线菊等。草场分为高山草甸类和山地草甸类两类，5个亚类，7个组，30余个类型。放牧草场广泛分布在海拔3700~4700米的沟谷河谷滩地，山地阳坡、半阳坡及高山山顶的高寒地区（图6-3-3）。

（二）聚落选址

马可河流域地形条件复杂，山势陡峭，高差变化较大，复杂的环境条件使得分布在该流域的传统聚落也独具特色。聚落多选择临近水源，地势较为平缓的河谷、山腰台地、山顶台地而建。

由于马可河流域地理环境差异性较大，聚落在选址时面对不同的地形，会选择适宜聚落生存和发展的地理位置，聚落也呈现不同的形态。因此，将马可河流域的传统聚落依据选址差异分为山脚临水型、山谷河岸型、山腰陡坡型、山腰台地型四种类型（图6-3-4）。

马可河流域内的聚落以"小组团聚居"为特点，沿河两岸呈散点状分布。流域内土地类型以草地、耕地、林地为主，总结土地类型垂直分布规律可以发现，在马可河干流两岸的河谷台地上，大面积分布着耕地，且自河流两岸向山坡方向拓展，土地类型依次是河岸—耕

图6-3-3 马可河流域草场

(a) 山脚临水型

(b) 山谷河岸型

(c) 山腰陡坡型

(d) 山腰台地型

图6-3-4 马可河流域传统聚落选址类型

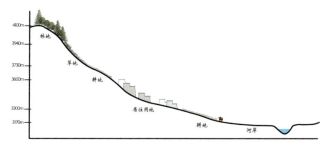

图6-3-5 马可河土地类型断面分布示意图

地—居住用地—耕地—草地—林地（图6-3-5）。

聚落的分布形态与耕地形态紧密相关，由表6-3-1可以看出，草地规模最大，林地规模最小，聚落四周被耕地紧紧环绕，聚落形态会在一定程度上顺应耕地的形态进行变化；当耕地沿河流分布时，聚落顺应河流和耕地呈现带状分布形态；而当耕地顺应山势分布时，聚落会呈组团状的分布形态，占用土地更少。

马可河流域土地规模类型表　　表6-3-1

土地类型	土地面积（平方公里）	人均面积（平方公里/人）
草地	4047	0.337
耕地	1950	0.163
林地	890	0.074

马可河流经果洛州达日县、久治县和班玛县，其中源头段主要集中在达日县和久治县，由于下段河谷地区，气候较为温和适宜，因此流域的传统聚落主要分布在马可河下段的河谷地区。流域北部的久治县主要围绕马可河上游支流建村，中部、南部的班玛县围绕马可河干流建村，聚落中心主要沿河流主干线自西北向东南排布。流域内聚落呈散点状，规模较小。

马可河水量丰沛，水流湍急，河床狭窄，经过干流与支流共同的冲击作用形成了小型河谷三角洲，马可河

图6-3-6 马可河流域传统聚落选址

两岸的聚落常沿河流、寻河谷、依山脉而建（图6-3-6）。

马可河流域大多数聚落以沿马可河或其支流为依托分布，聚落空间排布与河流空间布局具有高度一致性，呈现出以河流为中心，各村落沿河流两岸散落分布的状态。

聚落主要分布在河谷山地或谷底台地上，河谷中相对平缓的台地是聚落选址的最佳之地。为适应马可河流域复杂的地理环境，人们依据地形地貌特点，建造适应地形、符合需求的碉楼民居。如在坡度较陡的地带，民居顺应地形，依山而建，体量相对较小，减少占地面积，最大限度减少基地高差的影响；而位于坡度较缓的临水地带时，民居顺应河流，呈带状分布。

马可河流域内保留着独特的地域文化，安多文化、红色文化丰富，野生动植物资源富集，流域内的藏族碉房也具有极高的研究价值。研究选取班玛县四种不同选址类型的聚落阐述该流域的传统聚落特征（图6-3-7）。

图6-3-7 马可河流域传统聚落分布示意图

二、山脚临水型聚落——阿什羌村

（一）基本概况

阿什羌村属青海省果洛藏族自治州班玛县江日堂乡，位于班玛县东部，距县府驻地9公里。村落面积约180平方公里，海拔3340米。阿什羌村是历史上果洛阿什羌三部贡麻仓、康干仓、康赛仓的发祥地。阿什羌寺与阿什羌村浑然一体，根据阿什羌寺建立的时间，推断该村形成约有700年历史，1984年成立村委会（图6-3-8）。

当地村落生产方式农牧兼有，耕地分布零散，多在海拔3300米以下的河谷阶地。农作物主要为青稞、马铃薯、豌豆等，还有白菜、萝卜等少量蔬菜，牧业以产奶量高的犏牛为主。村民的农牧产品出产较少，主要供给家庭自用。经济来源以挖虫草、贝母为主。

（二）聚落选址与布局

1. 聚落选址特征

阿什羌村地处沟深狭长的马可河谷地北岸，依山面水，地势西高东低，马可河自西向东流经境内。北山半坡为僧人闭关修行处，向南依次为村落、寺院、草滩、马可河南岸山岭。由于历史上长期的割据以及部落之间的争斗，使得马可河流域的藏族民居选址独具特色，多建在高处台地上或山顶上，有很好的防御功能（图6-3-9）。

2. 聚落布局特征

受地形条件影响，阿什羌村布局相对集中，可划分为居住、畜牧、农耕三个区域，不同的区域沿河流两岸呈带状向南北方向依次排列。居住区以马可河两条支流为中心，分为南北两个居住组团，民居因地制宜、集中成群（图6-3-10）。

1）平面形态

阿什羌村平面布局以山水为依托，因地制宜对土地进行合理化利用，村落水平布局呈现"围山而牧、临水而居"的特征，并形成畜牧—居住—农耕的多种组合模式（图6-3-11）。

2）垂直布局

阿什羌村生产方式主要是农牧结合，畜牧业对于村落发展至关重要，畜牧区选址要求草域辽阔、利于放牧。阿什羌村附近的日格穷山上的高海拔山坡成为游牧选址的最佳之地，相比之下农耕产业对于水资源更为依赖，村落民居建设用地对土地是否平整要求并不严格，院落选址相对平坦、坡度适宜即可，同时为"上山游牧，下坡耕地"提供方便，因而两个主要居住区均位于山体中部，并且自山坡中部向山下发展，由此形成"高

图6-3-8 阿什羌村与阿什羌寺

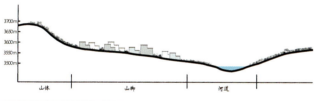

图6-3-9 阿什羌村选址情况

图6-3-10 阿什羌村村落平面图

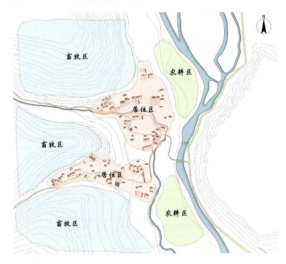

图6-3-11 阿什羌村村落布局模式

牧低耕、民居居中"的布局方式（表6-3-2）。

阿什羌村垂直布局特征	表6-3-2
	垂直布局特征
空间布局	（1）聚落顺应地势，从山坡稍高处向山谷蔓延。整体布局呈带状，空间结构沿着河流方向发展
道路组织	（2）由于地处坡地，多为顺应地形的窄巷道，坡度较大，多条窄巷组成聚落的道路交通系统
立面组织	（3）聚落顺河流方向延长布局，建筑群立面向河流逐层退台，层次丰富多变

3）交通组织

阿什羌村内部道路主要分为三级。主干道是进出村落的主要道路，东西向贯穿两个居住组团，构成村落主要道路系统；组团内部街巷是组团内建筑群体之间、生产与生活之间的联系通道，将组团串联成一个整体；院落单体间的宅间小路，连接街巷并可通达各家各户。

(三) 传统民居

村落整体风貌保存完好。根据阿什羌村内最早的头人住宅遗址来看，村落早期碉房有上百年历史。受自然环境和地理范围的限制，聚落环境相对闭塞、交通不便。本地村民依靠长期积累下的建造经验发挥本土建材资源优势，因地制宜就地取材，传统民居主要采用木材、石材、生土材料以及农作物秸秆纤维等当地易于获得的材料营建（图6-3-12）。

1）布局自由

阿什羌村建筑单体既有规整的方形，也存在不规整的"L"形和"凹"字形，民居院落形态灵活，许多围墙不连接，民居沿地形排布，在地形出现高差时，也只做院墙之间的部分连接，建筑主体全部独立建设。在山坡中下部的缓坡地上，建筑选址于坡度更低的可建地段，民居顺应等高线自上而下排布。

图6-3-12 阿什羌村民居组团

2）顺应地形

在等高线稀疏且排布规则的区域，沿等高线层层跌落的碉房相对于山脊上的碉房院落形态更加规整；在等高线形态弯曲的区域，碉房院落开始不局限于规整的方正形，在保证采光充足的条件下，建筑与院落形态依等高线稍作改变；在山脊区域，地形复杂，可利用台地少，处在山脊上的院落空间折角较多，院落广布于同一相对高度的土地上，充分利用仅有的平坦基地，争取院落占地面积最大化。有时为了退让农田，院落也会根据耕地的形态而改变院落布局。

山谷中部受马可河南北向干流和支流同时作用，平坦的台地成为主要农耕区所在，此区域内的建筑数量明显减少，且建筑整体不再随河流转折而变化，反而选择垂直于等高线方向的正南北朝向。

3）碉房营造

分析马可河流域传统聚落的营造策略，可以总结出以下三种碉房与山体契合的营建方式：平地式、缓坡式和错层式（表6-3-3）。

（四）历史环境要素

1. 阿什羌寺

阿什羌寺是果洛地区历史最悠久、规模较大的觉囊派寺院，亦称亚尔堂寺。1433年果洛那亥太子素南布（又名果洛喇嘛群本）在阿什羌移建噶陀派知格尔果寺，即今阿什羌寺，占地40亩。1716年阿什羌旦隆

山地建筑营建方式　　　　表6-3-3

营建手法	分布位置	营建特征	图例
平地式建筑	平地、极其平缓的坡地	建筑基址本身平缓，宅基直接开挖，无需填土，土方工程量小	
缓坡式建筑	相对平缓的坡地	高程低一方填土，基址找平；或在高程低一方建筑外墙增设勒脚，建筑整体位于勒脚之上	
错层式建筑	阶梯式	高程差略大的山体	建筑上下层空间大小不一，下层部分空间嵌入山体，形成阶梯式；基底在建筑内部适应坡度，做成错层	
	嵌入式	高程差大的山体、沟壑边缘	将建筑一层或多层背阳墙嵌入高大山体，背阳墙墙体压力由山体本身承担	

（来源：根据资料整理绘制）

图6-3-13 阿什羌寺实心古塔

将寺院奉献给藏巴阿旺旦增南杰,改为觉囊派,名为阿琼显密讲修洲。民国27年(1938年)秋,马步芳派亲信率兵烧毁亚尔堂寺(今阿什羌寺),后修复。

2. 阿什羌寺实心古塔

寺内有3座实心古塔,高30米,底座宽40米,均为石砌古塔。三塔四周均有佛堂,有煨桑台、燔祭台若干。古塔前的空地供寺院僧人在宗教节日跳羌姆、晒佛等活动(图6-3-13)。

3. 阿琼贡麻仓头人单正尖措住宅遗址

规模150平方米,约建于20世纪初。民国27年(1938年)秋,阿琼贡麻仓头人单正尖措的住宅被烧毁,现仅存遗址。

4. 煨桑台、燔祭台、转经长廊

煨桑台、燔祭台建于20世纪80年代,约40平方米,保存良好,仍在使用。煨桑为白祭,燔祭为红祭,二者并存一处,颇具特点。转经长廊环绕约3500米长。

三、山谷河岸型聚落——科培村

(一)基本概况

科培村属班玛县灯塔乡,距班玛县县城约71公里,村落人口840人,户数165户,有4个生产合作社,为一社(杰卓)、二社(亚依示)、三社(可培)、四社(帮茶),科培村草场面积为23.65万亩,其中可利用草场面积为21.47万亩,分布在马可河沿岸。科培村产业模式以农业为主,有少量牧业,农作物主要为青稞、小麦、洋芋和豌豆。该村于2019年被列入第五批中国传统村落名录。

(二)聚落选址与布局

科培村居住用地相对分散,分为四个社,选址均属于山谷河岸型的选址类型。各社沿马可河河岸进行选址布局,一社、二社隔河相望,布局和谐,总体呈现沿河流布局的带状形态(图6-3-14)。

一社整体地势较为平坦,沿河流呈带状形态(图6-3-15a)。

二社地势略高,民居顺应高差进行布局,依山而建,村落内有一定的高差,整体呈团状(图6-3-15b)。

图6-3-14 科培村一社、二社隔河相望

图6-3-16 灯塔乡科培村碉房与草场

（a）一社

（b）二社

（c）三社

图6-3-15 科培村一、二、三社

三社、四社相距一、二社较远，同样位于马可河河岸的坡地上，呈现山地聚落形态（图6-3-15c）。

班玛碉房和地形地势有着密不可分的关系。传统种植业的耕作半径大约为2~3千米，畜牧劳作半径大约为4~5千米。受到境内高山多、平地少的地形地势制约，班玛碉房建设用地大都是分散布局，在各家耕地、草场附近建房就成为一种必然趋势。这样的布局也就导致了平整的草地、丘陵地被用作重要的牧场，而村民只有在不适宜做草场的崎岖台地建造碉房（图6-3-16）。

（三）街巷与节点空间

1. 街巷空间

科培村整个街巷道路体系虽规模不大，但较为完善，街巷形态相对自由，纵横向呈各种角度，等级明确，使用便利（图6-3-17）。

其现存街巷道路可分为三个等级，第一级道路是呈东西向的县道，平行于等高线分布；第二级道路为村内和县道交接的道路，大体呈南北向，主要作为联系每个单体民居的通道，这些道路中设有节点空间，为村民的日常交往提供了便利的场所；第三级道路则是民居与民居之间的巷道。

图6-3-17 科培村街巷空间

街巷交叉口既是一条街巷的开始与结束，又可能是另一条街巷的起点、中间点或端点。科培村道路交叉口，多以"丁"字形为主，"丁"字形交叉口均被当地居民认为是求吉平安的象征，因此，"丁"字路口数量比"十"字路口明显多。

村口空间是一个最特殊、识别度最强的节点空间。在藏族群众传统思想中，讲求"气不外泄"，因此藏区大多村落内部道路与外部道路之间不直接相连，而是呈现出交错的形态，也就产生了一定的开放空间。科培村老村的村口有一口有500多年历史的水井，村口的水井除了作为村落的入口标志外，也赋予了一定"空间记忆"的意义（图6-3-18）。

（四）传统民居

1. 平面形式

科培村民居为石木混合结构碉房，外墙以石材砌筑，略做收分，内部以梁柱承重，以木制隔墙划分内部空间。传统碉房外部空间较为简单，多数仅以树枝等围合出一个室内外的过渡空间。普通人家的院内地面不做修整，也没有院门；较讲究的民居，才以石材砌筑矮墙作为院墙；再讲究一些的做木质院门，少部分院落中沿侧墙设置牲畜棚（图6-3-19）。

（a）入口空间

（b）水井

图6-3-18 科培村一社入口空间

2. 节点空间

根据节点所处位置，科培村聚落内的节点空间可分为内向型道路交叉点和外向型道路交叉点。科培村明显内向型道路交叉点有23个，而明显外向型道路交叉点只有13个，这与聚落的内向性、防御性以及"聚族而居"的特征密切相关。

碉房结构以外围石墙与内部的梁柱系统共同承重，形成类似柱网结构的矩形平面形式。柱的数量根据跨度需要设置，在传统碉房内部每层通常只有2～4根柱子，柱距较小，一般仅为2～3米，不强调等距或空间的轴对称关系。在石墙体外侧还有一跨木柱，形成用柳条或树枝编做墙体的木构架辅助空间，底层架空、二、三层为厕所和走廊。这种类似柱网的平面形式具有灵活可变、适应性强的特点，广泛应用于当地的各种建筑之中。通过改变内部柱子的数量，既能满足不同面积的建造需要，还能起到扩展建筑平面空间的作用。

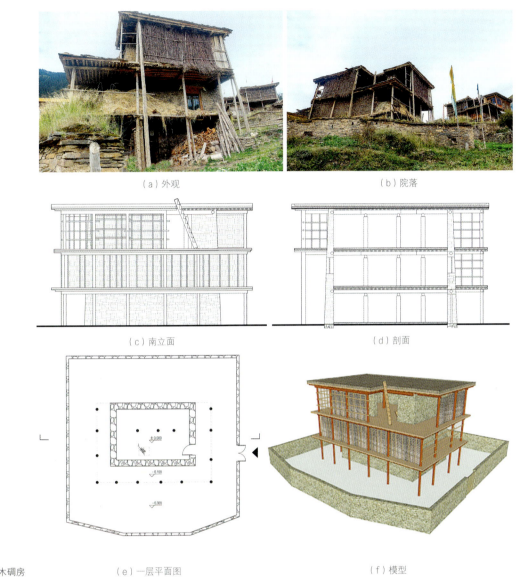

图6-3-19 科培村石木碉房　（a）外观　（b）院落　（c）南立面　（d）剖面　（e）一层平面图　（f）模型

2. 功能分区

碉房的功能分区与生活方式密切相关，形成较为固定的模式。最明显的体现在竖向划分上，以典型的三层碉房为例：建筑一层为牲畜棚，有的人家也在此作杂物间，放柴火、工具、摩托车等；二层是人们日常起居的主要空间，以木制隔墙分隔出主室（也称冬室）、卧室、储藏等不同房间；三层是经堂和储粮空间，经堂通常占据三层的东北角，储粮空间与其紧邻，仅三面有墙体围合，与经堂共同形成一个"一"字形，或"L"形的平面，位于整个三层平面的后部，前部做露台。屋顶也是碉房中重要的功能空间，村民不仅利用屋顶晾晒粮食，同时，还要在屋顶的一角（多为西北角）建造一个简易的石砌煨桑炉，定期在此举行"煨桑"仪式，祭祀山神。

3. 碉房组团

碉房顺应地势建造，组团内部碉房错落有致，以保证充分的阳光照射（图6-3-20）。

传传统碉房一般为3层，层高较低，在2.5～3米之

图6-3-20 科培村碉房错落有致

间,总建筑高度通常不超过10米。建筑主体外墙以石材砌筑,平面开间多为3跨柱距,进深2或3跨,由此形成一个正立面接近正方形的矩形石砌建筑。出于安全防御等方面的考虑,建筑通常不开窗或开极小的洞口,仅在三层留出前部作为晒台,呈现出封闭、厚重、敦实、具有极强防御性的特点。在石砌墙体外侧,是木结构的辅助空间,墙体由树枝编制或木板建造,底层架空,与主体石砌墙面形成对比(图6-3-21)。

近年来,一些新建碉房造型出现了新的特征,如二、三层开大窗;立面上更多地使用木材等。这些做法使得碉房造型更加明快、轻盈,减弱了传统碉房封闭、防御性强的特点(图6-3-22)。

碉房立面构图可以总结为三段式的处理方式,分竖向和横向两种。竖向的三段式划分,典型做法为中央石砌建筑主体结合两侧木构架空间的做法,部分碉房简化为石砌主体加一侧木构架空间。横向的三段式划分,通常在正立面做木构架的碉房中表现明显。出挑的屋面檐口将建筑水平划分为比例相等的三段,以底层架空、二层围合、三层退后留出露台的方法。

4. 营建习俗

在开工建宅或搬迁之前,户主会请喇嘛前来念经,测算出建房程序中各个仪式的时间,以保佑家宅的平安。院门的朝向通常以朝东最佳,因为东向是太阳升起的方向,其次是朝南,尽量不朝北和朝西。院门要对着水平方向山形凸出的地方,这意味着"满",会带来好运,不应对着水平方向山形凹入处,这意味着"空"。

房屋选址讲究顺应自然、因山就势、因地制宜,避免在多生物之地建房,特别要避开桃树、核桃树、松树等。

碉房的营建方式主要是石匠结合村民互助式的自建,自己筹集建筑材料,请几位石匠、木匠以及亲友邻

图6-3-21 科培村传统碉房

图6-3-22 科培村有立面大窗的碉房　　　　　　　　　图6-3-23 科培村碉房营建现场

居等帮忙营建。房屋的布局形式一般由主人与石匠商议，石匠起到总管的作用，主家对石匠、木匠需支付一定的酬劳，而亲友邻居则是采用一种"换工"的方式，即亲友邻居建房时也去出力帮忙而不取酬劳，互相帮助。碉房营建的经验也是这样通过自建、自筹、互助的方式一代一代传承下来，逐渐趋于成熟（图6-3-23）。

四、山腰台地型聚落——王柔村

（一）基本概况

王柔村隶属于果洛州班玛县亚尔堂乡，它坐落于马可河畔两侧的山梁或山沟内，北邻日合洞村，南接灯塔乡，是亚尔堂乡最南部的村庄，距班玛县39公里。王柔村北以喀则年钦山为界，南以孜木达为界，村域面积220平方公里（图6-3-24）。

王柔村是班玛本八大部落之一，也是整个亚尔堂乡人口最多的一个村。王柔村共有七个社组成，分别位于马可河两侧的山沟中。王柔村于2019年被列入第五批中国传统村落名录。

（二）聚落选址与布局

马可河两侧大山众多，在众多的大山中，岱尔神山、岱来神山、杂孜神山、初麻神山四座神山在王柔村被人们供奉。王柔村的七个社均紧紧依靠在四大神山周边。

扎洛寺位于王柔村三社达达社的扎洛居住点，距班玛县39公里。据传由那若哇创建于1849年，属宁玛派，系四川噶陀寺子寺。信奉此寺者主要为附近扎洛、吉杭和果羊三村群众。现今的扎洛寺是2000年从当当社加昂居住点搬迁下来的，现在的加昂居住点，还有扎洛寺前身的古建筑遗址、古塔等。

王柔村四社选址在一处小山丘上，山势陡峭，易守难攻，主要为防御外来侵略而建造了独有的碉房，碉房依山势而建，楼距较近。因历史环境，外来侵扰事件时有发生，因此产生了独有的班玛碉房风貌。村边有小河常年流水，碉房多坐北朝南，四周森林环绕，环境幽雅，村边田地肥沃，山间田野风景宜人（图6-3-25）。

图6-3-24　亚尔堂乡自然环境

图6-3-25 王柔村四社

（三）传统民居

王柔村碉房多为三层，石木结构，下层为牲畜圈养，中层为人员居住，上层为存粮之处，上下层楼梯由一根圆木制成的独木梯，上楼后可取走，防止外人侵入，窗户外小内大，从内至外望角宽大（图6-3-26）。

在王柔村德昂社，一座有着近400年历史的四层石碉房，是当时穆杲家族首领的居住地。该碉房除了高大宏伟的外形外，内部建筑也有别于其他民居。它不仅具备一般民居的功能，同时设有牢房、刑房、客房和偏房。碉房一层由40平方米的圈房、50平方米的牢房和4平方米的刑房组成。在班玛普通民居石碉房中，一层没有牢房和刑房。二层为库房和客房，与普通民居相比，这一层是多出来的一层，因为该碉房的主人是当时家族的首领，因此它将原本设置在一层的库房设置在二层，而且还在二层设置客房，三层与一般民居功能相

图6-3-26 王柔村传统民居

同，主要是主人的居住地和厨房，但有别于一般民居石碉房的是在三层有大小两个卧房，四层与一般民居三层功能空间相同，是佛堂和打谷晒场（图6-3-27）。

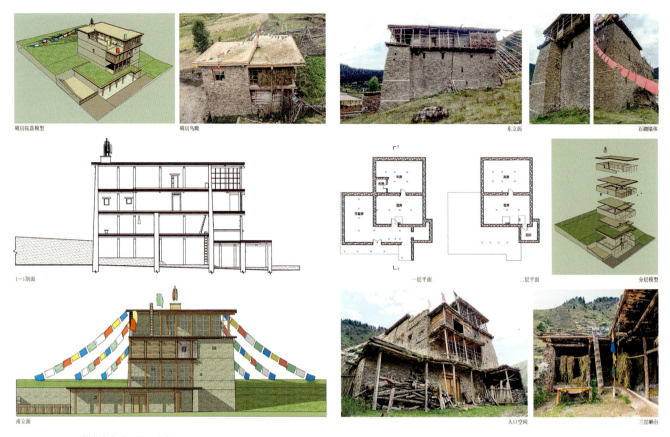

图6-3-27 王柔村穆枭家族四层石碉房

五、山腰陡坡型聚落——班前村

（一）基本概况

班前村是班玛县灯塔乡政府所在地，班前村村委会距班玛县城约52公里。村庄北邻灯塔乡仁钦岗村，南接本乡忠智村、马可河林场本部，班友公路沿马可河岸贯穿村庄，交通条件良好。班前村下辖四个社，分别是资什杰社（一社）、久欧社（二社）、郭果社（三社）和瓦赞达社（四社）。

村落草场面积为146711亩，其中可利用草场面积为133074亩。2014年11月班前村被列入第三批中国传统村落名录。

（二）聚落选址与布局

班前村地处马可河谷地，村内多山、沟谷纵横、河流交错。各社选址于马可河河谷东、西两侧坡地上，坡度较为陡峭，村落选址类型为山腰陡坡型，碉房民居顺应山势、依山而建（图6-3-28）。

班前村整体顺应马可河呈"一"字形布置，属于带状形落布局。四个社零星分布于马可河河谷东、西两侧坡地上，形成七块相对集中的居住地。各社内部布局较为自由，相对集中的居住组团规模较小，民居沿垂直等高线方向阶梯型布置，房屋密度不大。其内部巷道沿山体等高线蜿蜒曲折，串联着各个碉房（图6-3-29）。

（三）历史环境要素

1. 班前寺

班前寺位于班前村久欧社北侧山顶。据传，其

（a）依水

（b）顺山

图6-3-28 班前村选址特征

图6-3-29 班前村聚落布局

图6-3-30 吉德寺航拍

1752年由果青俄金索南创建（亦云1701年由果尔文保创建），为格鲁派寺院，是久治县白玉寺子寺。1958年前有经堂2座共30间，僧舍70间，占地约6亩，久治县白玉寺活佛果青智格兼寺主。1967年寺院全部关闭。1984年4月重新开放，僧俗群众自筹资金，重建经堂1座，转经房1座，转经长廊2座，僧舍34院共68间，寺院占地面积达40亩。

2. 吉德寺

吉德寺位于班前村资什杰社北侧，修建于1650年，是果洛阿什羌本康甘部落之农区寺院，为果洛地区仅有的一座噶举派寺院，为省级文物保护单位。现占地约10000平方米，东西长200米，南北宽50米，各类建筑8座。吉德寺修筑于半山腰，掩身于绿树丛中，它的身后是高耸的红崖山，寺前有汹涌东流的马可河，周围散布着错落有致而又别具风格的幢幢藏家碉楼。在村前的马可河边有着3棵百年以上的苍柏，神树周围摆满了刻着经文的嘛呢石（图6-3-30）。

1936年工农红军二方面军第六军北上时，曾经此处，居住在吉德寺大经堂20余天，具有重要的历史意义。

吉德寺现存有部分珍贵文物，如《长寿仪轨经》一卷，为古藏文缩写体手抄本，这种字体称为"吉布"，分"吉布孕日"和"吉布乃合"两种，这本经卷已有数百年的历史，是研究古藏文书法的重要资料；还有从建寺起保存至今的11尊铜制小佛像。

3. 红军遗迹

1936年7月,中国工农红军第二方面军的二、六军团等部长征曾到达班玛的班前、王柔、阿什羌寺一带,这是中国工农红军二万五千里长征唯一经过青海的地方。红军一路行军、艰苦卓绝、军纪严明、爱民如子的作风,给当地藏族民众留下了深刻印象。红军在子母达沟的石壁上写下"北上响应全国抗日反蒋斗争!安庆宣"的标语,至今字迹依然清晰醒目,为纪念红军,当地群众将子母达沟改名为"红军沟",将班前乡北吉德寺大经堂前曾设立的哨所命名为"红军哨所",将一座红军走过的独木桥称为"红军桥",并在写有标语的石壁前盖了一座亭子,精心地将标语保护了起来。2019年10月班玛红军沟被列为第八批全国重点文物保护单位(图6-3-31、图6-3-32)。

(四)传统民居

班前村传统民居以石结构和石木结构建筑为主,建筑风格为典型的藏式碉楼。建筑一般都建在高的台地上或山顶上,材质以片石为主,木料为辅。建筑外形方正、平顶、厚重稳固。建筑一般为两层或三层,上层堆放粮食,中层住人,下层圈养牲畜(图6-3-33)。

图6-3-31 红军遗迹

图6-3-32 红军沟

由于班前村选址位于山腰陡坡处,民居可以利用的平坦地带较少,因此民居在实际营建过程中充分利用地形,碉房会采用架空底层的手段灵活处理民居院落和地形的关系,这样可以减少建筑所占有的土地面积,底层还可以用来储藏物品,最大限度减少自然环境对于人们生产活动的限制(图6-3-34)。

六、马可河流域聚落特征

(一)选址布局特征

马可河流域内地势高差较大,河床狭窄,流速较快,经过河水的冲积形成了一些小型河谷三角洲,村落在此应运而生。马可河流域独特的地理环境特征,使得流域范围内的传统聚落选址具有一定的独特性,由于聚落可利用的土地较少,为适应当地自然环境及马可河流域独特的地理环境,聚落在选址时会有一些共性,大多集中在靠近河流较为平缓的地带,依据具体位置的差异性,总结出山脚临水型、山腰陡坡型、山谷河岸型、山腰台地型等四种选址类型(图6-3-35)。

马可河流域传统聚落受到自然环境的限制,聚落分布较为分散,整体规模较小,一个行政村会下辖数量不等的自然社,每个自然社位置相对集中。聚落根据所选择实际位置不同,布局模式可以划分为两种类型,一是

图6-3-33 班前村碉房民居

图6-3-34 班前村民居与地形的关系

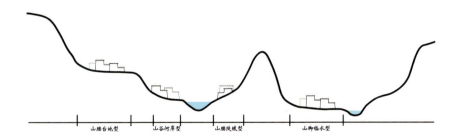

图6-3-35 马可河流域传统聚落选址类型

图6-3-36 马可河流域不同聚落形态

（a）山地碉房

（b）平地碉房

图6-3-37 班玛碉房

选址位于临近河流的河岸处，内部地势高差较小，聚落布局受地势影响较小，这种聚落的布局形式会顺应河流，总体呈条带状形态；另一种聚落内部存在一定高差，建筑群非常巧妙地利用山形地势，沿山坡布置，内部道路曲折迂回，民居多选择布置在道路两侧，每户相邻不相接、高低错落，建筑虽未严格按照中轴线和对称关系设计，但因地制宜、灵活安排，相互比邻，整体呈组团状（图6-3-36）。

（二）传统民居特征

马可河流域的传统村落，总体上看形态丰富、各有特点，与果洛州大部分县不同，班玛县半农半牧、农牧结合的产业模式，产生了适应不同生产方式的居住建筑类型，尤其是马可河流域的碉房建筑更具特色。

班玛碉房是一种石木结构的藏式多层平顶民居建筑，藏语称"夸日"。马可河流域的藏式碉房按使用类型可以分为家碉、隘碉、烽火碉三种。

按基地选址可分为：山地碉房、平地碉房（图6-3-37）。山地碉房一般建于山上或缓坡之上，结合缓坡处可耕地地段布置房屋，布局疏松，视野开阔。山地碉房中，根据所处山势位置不同，也可分为山顶碉房、半山腰碉房。

按院落形制可分为无院、单院、双院、多院。碉房建造具有很强的独特性，每家每户都会根据自己的实际需要、经济条件、选址位置来建造院落（图6-3-38）。

按建造材料可分为石砌碉房、石木混合式碉房、土木混合式碉房、土石木混合式碉房四种类型。石木混合碉房外墙用石片垒砌而成，体现了居住和防御双重功能，具有"依山据险，屯聚相保"的聚落联防特征，蕴含着独具特色的传统营造技艺（图6-3-39）。

(a) 无院碉房　　(b) 单院碉房

图6-3-38　碉房院落形制　　(c) 双院碉房　　(d) 多院碉房

(a) 石砌碉房

(b) 石木碉房

图6-3-39　不同建造材料的碉房　　(c) 土石木碉房

第七章 青海省传统聚落保护与发展

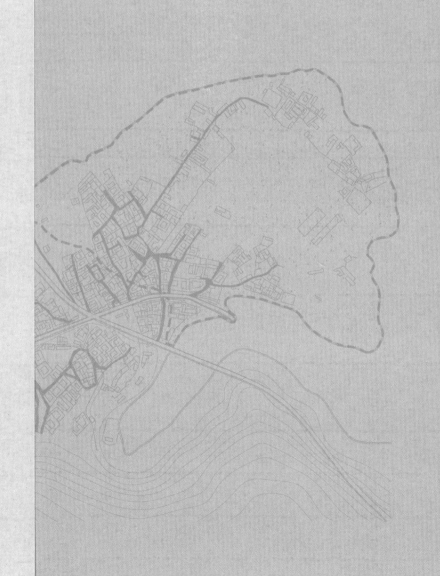

第一节　青海省传统聚落保护与发展原则

一、生态优先原则

青海省独特的生态环境造就了世界上高海拔地区难得的大面积湿地生态系统，其生态地位十分重要且非常脆弱。目前，青海省90%的区域面积属于限制开发或禁止开发区域，生态环境保护的范围广、任务重、难度大，自然条件严酷。

青海省自2008年确立生态立省战略，随后提出绿色发展、生态保护优先作为青海的战略抉择，将生态文明建设放在突出位置，加大草原和湿地生态保护，建立以国家公园为主体的自然保护地体系，筑牢国家生态安全屏障，建设全国乃至国际生态文明的高地。

青海省的生态地位决定了青海省必须实施生态优先战略，这不仅是构筑青海省江河源区对中下游地区可持续发展的生态屏障之根基所在，更是维护东南亚乃至全球生态安全的必要保障。生态优先战略的确立决定了必须全面研究青海的生态价值、生态责任和生态潜力，以便从理论上、技术上和模式上为这一战略的顺利实施提供必要的科技支撑。

当前，工业化和城镇化的快速推进对人们的生产、生活方式带来了巨大的变革，同时也对传统聚落原有的传统乡土社会带来巨大的冲击。"看得见青山，望得见绿水，记得住乡愁"成为人们对传统村落寄予的心理期望。青海省的传统聚落也同样面临着村落凋敝、文化传承乏力的问题。

生态文明是人类为保护和建设美好生态环境而取得的物质成果、精神成果和制度成果的总和，是人类文明发展的一个新阶段。这一理念，对改善乡村生态环境和文化建设，推进传统村落的环境、经济、政治、文化社会的发展有着重要的指导意义。因此，落实生态优先战略，用生态文明理念去主导传统村落的保护与发展，实现生态文明建设与传统村落保护的有机结合，是青海省传统聚落长久发展的必由之路。

二、整体保护原则

整体保护的优点在于保护的不仅是村落的建筑、肌理、空间形态，还保护了与村落的形成紧密关联的自然生态环境、民风民俗的物质表现形式和村落文化生态系统的完整性等。

聚落保护可分为表层、中层与深层三个层次。表层指的是村落所依赖的自然山水环境、村落整体风貌格局、传统历史建筑、历史环境要素等有形的物质载体；中层指的是聚落的经济形态与生产方式；深层指的是文化共同体。上述三个层次并非是各自独立的，而是相互依存，缺一不可的系统，涉及自然生态、经济技术与社会文化等。任何一个层面或要素的改变，都会直接或间接地影响到整体文化系统的变迁。因此，整体保护是聚落保护与发展中应当秉承的重要理念。既要尽可能地将传统村落形态的物质载体保存下来，同时又要留住村落里的村民及其传承下来的精神与文化，让彼此形成相互融合、共同建构的系统。

针对青海不同区域聚落的特征，应构建一种以区域村落体系为主导的保护发展模式，从而将青海的聚落与各要素之间最大限度地整合，彼此依托，形成整体保护、互补发展的区域保护模式。这样可以最大限度地发挥聚落各自的优势，形成区域特色，也可以有效地促进聚落整体的保护与发展。

三、可持续发展原则

如果说上述的整体保护原则侧重的是空间维度的话，那么可持续发展则是更多基于时间的纵向维度视角。可持续发展观，可以从活态保护和地域性的传承两个方面来进行诠释。

活态保护，是对"活态遗产"的保护，强调文化遗产依然在使用中，并且使用价值需要不断延续。因此，活态保护离不开村落中的社区，只有人作为媒介才能生活在聚落之中，并且在人与人、人与自然的诸多关系之中，去传承所谓的生产方式与文化习俗，从而能让静态的物质空间获得动态的场所精神。

地域性的传承对于中国的城镇化而言，或许有若干舶来品可以作为参考，然而对于复杂多元的传统聚落发展而言，则难以找到完全匹配的模板。这是因为聚落的地域性，不仅仅是基于自然地理的差异，还受到许多不同民族、宗教信仰与社会环境等方面的影响，除了上述静态的结构性要素之外，还有不同因素之间动态性的传承、变异、融合等方面的原因。因此，这种兼具多元性与复杂性的地域性特征，其传承方式也应该是在基于原有文化体系基础上的自我演进，从而形成前后连贯的历史文脉传承。

四、依法推进原则

2021年4月29日，第十三届全国人大常委会第二十八次会议通过的《乡村振兴促进法》第三十二条明确提出："县级以上地方人民政府应当加强对历史文化名镇名村、传统村落和乡村风貌、少数民族特色村寨的保护，开展保护状况监测和评估，采取措施防御和减轻火灾、洪水、地震等灾害。"这是国家首次将历史文化名镇名村、传统村落和乡村风貌以及少数民族特色村寨纳入乡村振兴战略和法律范畴中来，其意义十分重大。同时，法律指出："加强乡村生态保护和环境治理、绿化美化乡村环境、建设美丽乡村"，"建立政府、村级组织、企业、农民等各方面参与的共建共管共享机制、综合整治农村水系、因地制宜推广卫生厕所和简便易行的垃圾分类、治理农村垃圾和污水、加强乡村无障碍设施建设、鼓励和支持使用清洁能源、可再生能源，持续改善农村人居环境"，"鼓励农村住房设计体现地域、民族和乡土特色，鼓励农村住房建设采用新型建造技术和绿色建材，引导农民建设功能现代、结构安全、成本经济、绿色环保、与乡村环境相协调的宜居住房"。这些要求为推进传统村落保护和乡村振兴指明了方向，也将过去社会上模糊的思想认识正本清源。法律还提出了："应当优化本行政区域内的乡村发展布局，按照尊重农民意愿、方便群众生产生活、保持乡村功能和特色的原则，因地制宜安排村庄布局，依法编制村庄规划，分类有序推进村庄建设，严格规范村庄撤并，严禁违背农民意愿、违反法定程序撤并村庄"，从法律层面为乡村传统聚落的保护和发展提供了保障。

第二节　青海省传统聚落保护与发展模式

青海省地大物博、山川壮美、历史悠久、民族众多、文化多姿多彩，具有生态、资源、安全的重要战略地位。青海省的美，具有原生态、多样性的特点和不可替代的独特魅力，青海省传统聚落是多民族栖居的家园，乡村聚落的保护与发展离不开优秀民族文化的传承、创新性转化和创造性发展，基于生态优先、整体保护、可持续发展和依法推进的保护与发展原则，针对青海省四区的地形地貌、气候资源、社会经济、民族文化的特点，本书提出以下保护与发展模式。

一、河湟地区——以生态农业为基础的多元发展

河湟地区是青海省海拔最低、气候最好、交通最便利的地区，也是水资源、矿产资源、土地资源最丰富的地区，适宜生态农业发展。河湟地区水域由大通河、湟水河、黄河干流流域构成，三大流域面积共占青海省境内流域总面积的37.64%。乡村聚落呈现出沿大通河、湟水河、黄河干流流域及若干支流集中分布的特征，形成若干个小流域聚居单元，如黄南州隆务河流域聚居区、循化县街子河流域聚居区、清水河流域聚居区等。

河湟地区应以其特有的资源优势，依据农业资源地域分布的规律性和垂直分布的复杂性，加强农业资源的综合开发利用，促进农业资源开发利用的多样化、多元化和立体化，加强土地资源利用深度，逐步形成具有特色的名、特、优产品及特色优势农业，注重农业综合开发以及牧业生态开发，也可根据市场需求建立一些区域稀有经济作物基地，如逐步建成青海东部蚕豆、川水蔬菜主产区、东部脑山优质油菜主产区等。

在此选取黄南州的隆务河流域与循化县的街子河流域两个传统村落集中连片分布区，结合其聚落所在的流域特点，探讨村落与流域优势资源结合的联动发展模式。

（一）隆务河流域——热贡文化保护区

黄南州是青海省传统村落集中连片分布的区域，自2012年至今先后有30个村落被列入国家级传统村落名录，占全省总数的24.4%，62个村落被列入黄南州传统村落名录。黄南藏族自治州于2020年6月被列入国家首批传统村落连片保护示范市名单。

1. 区域概况

同仁县境内水系属黄河一级、二级支流水系，共有大小支流19条，其中隆务河是境内最大的河流，河流由南至北贯穿全境，境内总长46公里，流经扎毛、曲库乎、隆务镇、保安等乡镇，由于聚落靠近河流分布，充足的水源为生活和发展提供了自然基础，加之隆务河谷流域地形开阔平坦，便于农耕和居住，因此是聚落发展较为理想的环境（表7-2-1）。

隆务河谷上游地区由于海拔较高，气候高寒，地形较为复杂且地势起伏较大，不适宜农作物耕种，以畜牧业发展为主，人口密度小，聚落多位于山间盆地或谷地，规模较小；隆务河河谷中下游地区，地势平坦、相对开阔，受地形限制小且耕地广而集中，地理条件具有明显的优越性，这一地区的聚落相对密集，规模也较大，多呈团状集聚型布局和沿河带状布局（表7-2-2）。

根据史料记载，同仁自唐"安史之乱"后成为了吐蕃聚居地，隆务河两岸已有众多民居组成聚落。随着隆务寺的兴建与宗教文化的兴盛，隆务镇逐渐成为安多藏区著名的宗教中心。隆务镇是个贸易集聚地，从川藏（康藏）、河湟与青南藏区流通过来的货物会在这里交易，所以隆务镇曾经是商业中心，至今商业老街还在经营。隆务河谷也曾经是重要的军事战略要地，除保安镇外，周边的几个村寨也都曾是屯兵的堡寨。隆务镇曾经也是文化的交汇点，如今在隆务老街上同时设有藏传佛教寺院、汉族道教寺观、伊斯兰教清真寺和天主教堂等宗教场所。藏传佛教教化信众每日到寺庙朝拜，宗教活动占据了信众的大部分的日常生活时间。为了便捷，信众逐渐选择靠近寺庙的地方定居，于是隆务镇形成了今天以隆务寺为中心环绕，沿隆务河带状分布的聚落形态

同仁主要黄河支流　　　　　　　　　　　　　　　　　　　　　　表7-2-1

河流名称	发源地	所属河系	长度	流域面积
隆务河	泽库县其权山	黄河一级支流	全长144.2公里 县境46.6公里	2268.9平方公里
大南曼河	多哇镇达不热卡山	大夏河支流	县境40.8公里	803.1平方公里
尕日加河	双朋西乡鄂都山系	大夏河支流	县境19.2公里	140平方公里

（来源：根据资料整理绘制）

地形地貌对聚落的影响　　　　　　　　　　　　　　　　　　　　表7-2-2

地区	地形地貌	聚落规模	聚落形态特征	人口
隆务河谷中下游地区	平坦开阔	较大	多呈现团状或沿河流带状分布	聚居人口较多
隆务河谷上游地区	地形复杂	较小	空间分布相对分散	聚居人口较少

（来源：根据资料整理绘制）

特征。

隆务镇属于聚落围绕河流线性分布的发展方式，聚落的布局沿河谷横向分布，整体结构呈线性发展，随着聚落中居住人数的增加，容量也不断沿河流横向扩展。隆务镇居民最初的生活生产方式是以农牧业为主，随着聚落发展的过程中受到宗教文化和商业文化的影响，聚落内形成以商业为主的街巷和以宗教建筑为核心的聚落布局形式，相应聚落内的建筑布局和形式也发生改变，建筑出现商业空间和礼佛空间。

隆务镇是一个藏、汉、土族、回族、撒拉族等多民族集聚区，从业者有小型商业经营者、小型加工业者、半农半牧者及少量农牧民。历史发展过程中不同的文化在这里交流融合，新的文化不断注入，使之形成多元文化并存的复合型文化格局，文化形态的多样性是这里鲜明的特征和标志。

聚落构成方面，由于藏、汉、回族等多民族的聚居，各民族文化相互交流、相互借鉴、相互吸收，民居建筑中建筑形态、建筑功能、建筑装饰等方面反映出各民族文化既渐趋融合，又各自保持的特性。总体而言，多元文化影响着隆务镇的布局形式和空间结构，体现在聚落形态、聚落布局及建筑功能组成等方面。

黄南州的传统村落主要沿黄河、隆务河分布，文化形态和聚落形态保存完整。众多的传统村落孕育了丰富的热贡文化，村落传承热贡六月会、保安社火、土族於菟等民间传统节庆活动，传统民居、古寺、古塔、古树展现了该地区悠久的人文历史传承。

热贡艺术发源于14~15世纪，是我国藏传佛教艺术重要流派，包括唐卡、堆绣、雕塑、建筑彩画、图案、酥油花等多种艺术形式。这些艺术品均具有极高的文物、艺术价值，其中唐卡最受瞩目。同仁县吾屯村和郭麻日、尕撒日、年都乎并称"四寨子"，是热贡艺术的发源地。

黄南州非物质文化遗存丰富，热贡艺术和藏戏2016年被列入首批联合国教科文组织非物质文化遗产项目名录，土族传统舞蹈、黄南藏戏、热贡艺术、热贡六月会、泽库和日寺石刻、同仁刻版印刷技艺均被列入国家级非物质文化遗产项目名录（表7-2-3、表7-2-4）。

黄南州联合国教科文组织非物质文化遗产项目名录　　　　表7-2-3

序号	编码	类别	项目名称	公布日期	批文号	保护单位
1	Ⅶ-40	传统美术	热贡艺术	2006.5.20（第一批）	国发【2006】18号	同仁县文化馆
2	Ⅳ-80	传统戏剧	藏戏（黄南藏戏）	2006.5.20（第一批）	国发【2006】18号	黄南州歌舞团

（来源：黄南州住建局提供资料）

黄南州国家级非物质文化遗产项目名录　　　　表7-2-4

序号	编码	类别	项目名称	公布日期	批文号	保护单位
1	Ⅲ-40	传统舞蹈	土族	2006.5.20（第一批）	国发【2006】18号	同仁县文化馆
2	Ⅳ-80	传统戏剧	藏戏（黄南藏戏）	2006.5.20（第一批）	国发【2006】18号	黄南州歌舞团
3	Ⅶ-49	传统美术	热贡艺术	2006.5.20（第一批）	国发【2006】18号	同仁县文化馆
4	Ⅹ-43	民俗	热贡六月会	2006.5.20（第一批）	国发【2006】18号	同仁县文化馆
5	Ⅶ-56	传统技艺	石雕（泽库和日寺石刻）	2008.6.7（第二批）	国发【2008】19号	泽库县和日寺
6	Ⅶ-78	传统技艺	同仁刻版印刷技艺	2011.5.24（第三批）	国发【2014】59号	同仁县文化馆

（来源：黄南州住建局提供资料）

2. 保护与发展策略

根据黄南州的资源禀赋，可以从传统文化传承、传统聚落保护、乡村生态治理和培育产业新业态等四个方面确定保护与发展策略。

1）传统文化传承

热贡地区的六月会、跳於菟舞等巫傩活动亦是该地的非物质文化遗产，为弘扬民族传统文化，需将该项表演活动的起源与发展情况展示于外界，并着力建设相关的活动场地。对宗教性建筑物与设施，如郭麻日寺、武神庙、经幡台、护佑塔，应当保护与修缮。

在保护传统村落的同时，首先应建立非物质文化遗产资料库，针对不同类型的非物质文化遗产进行真实的、系统的、完整的记录，建立档案库和资料库，同时可以采用影像、文字、录音、多媒体和互联网等综合方式构建数字化管理体系，并开展全方位、多渠道的宣传和教育工作。其次应培养非物质文化遗产传承人，非物质文化遗产保护的重点是传承人的保护。传承人消失，也就意味着原生态的非物质文化遗产不复存在。在非物质文化遗产保护的工作中，要做好非物质文化遗产民间艺人的选拔、培育、保护、培训和管理等工作，努力提高传承人自身的素质、技艺和技能。老一辈艺人应做好教育工作，让自己所会的"手艺"得到薪火相传，传承人则应积极参与宣传工作和各类遗产制作、表演、技艺传授等活动，扩大非物质文化遗产在群众中的影响力，从而为实现全民保护非物质文化遗产打下良好的基础。还可以建设非物质文化遗产艺术场馆。吾屯村的唐卡绘制、泥塑、木刻技艺作为热贡艺术的核心组成部分，已享誉整个藏区。但各画师在各自的家中作画，仅沿袭先辈大师的作画技法和题材，彼此之间的交流活动开展甚少，不利于热贡艺术的发展和创新。应为民间艺人提供集中的创作场所，集展示、产销、活动于一体，致力为民间艺术提供发展的平台。

2）传统聚落保护

黄南州众多的传统村落、历史文化名村等，既是该地区优秀文化的承载体，也是传统资源。需要对黄南州的这类资源进行梳理，分类保护，才能达到传统聚落的有序、永久发展的目的。根据黄南州的地理位置、规模以及资源状况将乡村传统聚落分为四类，第一类为隆务镇、保安镇、马克唐镇、优干宁镇、泽曲镇等典型村落；第二类为已经公布为国家级的历史文化名村和中国传统村落；第三类为与历史文化名村、中国传统村落有着相近的背景、文化传统的村落；第四类为处在高山、草原等边远地区的普通行政村落。

第一类村镇既是州、县政府所在地或历史文化厚重的城镇，也是黄南州实施新型城镇化的关键点。要通过科学编制发展规划，整体筹划城镇和乡村的发展，尤其是处在乡村的传统村落，要通过科学有序统筹安排生态、农业、城镇的功能空间，优化城乡产业发展、基础设施、公共服务设施的布局，推动城乡融合发展和乡村振兴战略的实施。

第二类传统村落和历史文化名村，要在第一类村落的带动下主动而为。首先，对传统村落和历史文化名村的区域范围进行划定，可分为核心区、风貌协调区和可建设区域；其次，要研究确定村落的景观风貌、产业特征、资源状况、科学编制保护和发展规划，既要满足传统村落中群众生产生活方便的需求，又要保持传统村落、历史文化名村和原有的文化特色与乡村功能；第三，按核心区、协调区、可建设区分类，有序安排村庄建设内容，做到核心区不破坏文化风貌，协调区为核心区提供文化和景观支撑，可建设区为村庄的发展提供平台。

第三类村落可以理解为是第二类传统村落和历史文化名村的"协调村落"，相同的文化、风俗甚至民族背景，也会产生相同的价值观。因此，要在保持和提升自身村落传统文化的基础上，进一步挖掘与本地区传统文化、景观风貌相一致的资源，梳理自身的独特优势，与第二类村庄同构，成为黄南州整体传统聚落保护的一部分。

第四类村落由于所处的地理位置远离黄南州主流文化的中心，传统文化、景观风貌以及主导产业都处于弱势，但是相近的文化、风格和宗教信仰、居住形态等一样能激发出对传统文化的渴望。要做好引导，让黄南州优秀的传统文化在第四类的村落中也得到弘扬传承。

3）乡村生态治理

黄南地区不仅是传统村落、热贡文化和资源的富集区，也是三江源保护区，生态保护的任务很重要。要切实加强草原、森林、湿地等的保护，开展草原荒漠化、草场退化以及水土流失的综合治理，改善乡村的生态环境。同时，要加强乡镇和村庄的环境整治。由于历史的因素，城乡之间存在的公共设施配套不均衡的问题，在传统村落中同样存在着差异。要做好传统村落的保护，建立良好的生态环境是前提。要结合各村的实际，因地制宜地开展农村生活环境综合治理，并以传统村落的污水和垃圾为重点，加大治理力度，促使传统村落的人居环境和卫生面貌发生根本性变化。要结合高原美丽乡村建设，将农村住房建设和风貌管控纳入乡村生态治理的范畴，鼓励农牧民建设具有地域特征、民族特色和乡土特点的住房，引导采用绿色建材，建设功能现代、风貌乡土、成本经济、结构安全、绿色环保的宜居型农牧民住房。

4）培育产业新业态

产业发展是保障农业、农村永续发展的基础。黄南地区传统的种植业、养殖业，养育了当地的各族人民，也孕育了黄南地区特有的热贡文化，成为当地乡村的优势特色资源，成为黄南地区发展的依托。在当前乡村振兴的背景下，如何利用黄南的优势资源，促进农村一、二、三产业融合发展，培育出新产业、新业态、新模式和新型农业经营主体，应成为当地积极研究探索的新课题。

要利用现代数字信息技术，促进传统农业、牧业产业结构调整，转变当地的农牧业发展模式，通过"种植业—养殖畜牧业—食品加工业"的产业链接，实现物质循环和能量转化。

要利用传统村落的历史文化名村以及丰富多彩的热贡文化资源，将传统村落和历史文化名村与热贡文化活动有机结合、串联连接、文商结合，推进热贡文化产业的发展。

要利用隆务老街、保安四屯以及传统村落的升级改造，发展集各种产业于一体的生态旅游休闲产业，促进黄南地区乡村产业结构的优化升级。

要在推进产业发展中，以农牧民为主体，充分发挥其主观能动性，使农牧民在推动产业发展、培育产业新业态中，成为积极的参与者和利益的受益者。

（二）街子河流域——撒拉族聚落发源地

1. 流域概况

循化撒拉族自治县境内共有17条主要河流，街子河是循化县境内第二大入黄支流，是黄河重要的一级支流，又名扁都沟。

由于黄河及其支流湟水等河流贯穿于山体之间，因此中下游地区气候比较温暖湿润，适宜农作物的生长，这些地区以农业生产为主。街子河流域主要以第一产业农业和畜牧业为主，兼有第二产业手工业和第三产业商业，但工业和商业相对较为落后。街子河流域中、下游地区属于半农半牧或农业为主、畜牧业为辅的经济类型，上游地区只有传统的畜牧业。

循化县撒拉族聚落主要分布在沿黄河公伯峡到积石峡两岸以及街子河清水河中下游区域，并在街子河入黄口和清水河入黄口之间形成核心区域，藏族聚落则分布于地势较高的脑山和浅山区域。

2. 聚落选址与布局

撒拉族聚落选址在遵循自然环境的基础上，同样受到宗教以及后期社会、城乡统筹一体化发展需求的影响。街子河流域多为平坦宽阔的河谷地带，流域内的乡村聚落形态可分为团状聚落、带状聚落及复合状聚落。但对于撒拉族聚落而言，不得忽略其民族文化、社会组织结构等要素对居住方式的选择，以及产业、交通等多种因素的综合作用。撒拉族聚落文化中最重要的基因即为宗教文化与居住文化的结合，其聚落布局符合撒拉族的社会组织逻辑关系，具备典型的河谷川水集居型聚落特征。基于庄廓院的居住单体和"孔木散"的居住单元集合分别确定了撒拉族典型民居单体的不同类型空间形态与布局基因。

3. 聚落发展模式

根据上述关于街子河流域聚落整体特征及空间格局的特征分析与总结，提出应建立街子河流域撒拉族聚落保护区，传承民族文化，发展适宜的乡村经济产业，赋予其文化内涵。

1）建立街子河流域撒拉族聚落保护区，传承民族文化

街子河流域三兰巴海村和团结村等16个撒拉族村落已被列入国家级传统村落保护名录，这种区域化的整体聚落空间格局可以作为一个集合被保护起来。建立街子河流域撒拉族聚落保护区，以聚落空间组织体系整合小流域单元内的单个村落，发挥聚落保护区的综合性效应。

2）发展适宜的乡村经济产业，赋予文化内涵

以循化县街子镇三兰巴海村为例。依托骆驼泉以及街子清真寺等相关的旅游资源，定位旅游文化产业，以撒拉庄廓院为载体、撒拉风情为主题的"撒拉人家"民俗餐饮业可以形成村庄特色经济产业。以庄廓院为绿色聚居单元，形成微型的农业生产体系，可在庭院中种植花果树木、圈养牛羊，还能在此基础上进行一些特产加

工。结合当地的特色产品发展民族文化产业链，既能提高经济效益，又能保护生态环境。适用于民俗风情浓郁、非物质文化遗产丰富且有历史底蕴的撒拉族乡村聚落。

二、环湖地区——
以牧业为基础的生态旅游发展

青海湖湖区内地势西北高、东南低，四周群山环绕为一封闭盆地，东西狭长，东部较宽、西部较窄，整个流域近似织棱形。湖区内地形地貌的类型复杂多样，其中包括了湖滨平原、冲积平原、不同高度的山脉，还有少量的风沙堆积区。

环青海湖地区有丰富的自然资源，畜牧业基础条件优越，是发展现代畜牧业的主要区域，同时也是青藏高原东北部生态安全的天然屏障。应根据"在保护中发展、在发展中保护"的原则，加强生态恢复与生态建设，依托青海湖及周边的旅游资源，农牧业的旅游功能与生产功能并重，发展"生态观光"，将居住模式与生态旅游相结合。注重生态环境建设，扩展生态旅游产业链，发展生态服装、生态商店、生态食品、生态宾馆等生态服务业。

（一）高原特色生态聚居区

青海湖周边有丰富的天然草场、巨大的湖水体系及周边茂盛的草场植被，不仅对湖区生态环境的控制和调节起着极其重要的作用，而且对东部生态环境的保护也有着重要意义。

环青海湖地区地广人稀，环湖东部的风沙堆积区鲜有聚落定居，游牧而居的聚落则散点分布在环青海湖地区的草场附近。环湖地区聚落总体上呈不均衡分布状态，一般乡镇地区为人口密集区，多分布于海拔较低的高山冲积平原与河谷地带，因受高山阻挡，多数乡镇之间相距较远。除此之外多为草原游牧地区，聚落形态与地区游牧方式紧密相连，这与青海东部农业地区有显著区别。

依托得天独厚的青海湖旅游资源和优势条件，整体生态保护优先，优化产业结构，发展高原特色生态农业，促使传统农业经济发展模式向现代生态农业经济发展模式的转变，即实现从自给型向商品型转变、初级型向特色型转变、粗放型向生态化转变，实现产业富农、产业提效、产业可持续的发展目标，以高原特色引领农业产业化。

黑马河乡位于青海省共和县的西北部，距县府驻地148公里，距离西宁市213公里。黑马河乡面积约1000平方公里，人口约4000人，藏族占总人口的90%。黑马河横穿黑马河乡西部，周围高山群落，地形是典型的高山平坝。

黑马河乡是观看青海湖日出的最佳地点之一，距著名的旅游景点茶卡盐湖约60公里。极佳的地理位置和丰富的周边旅游资源使黑马河乡成为环湖旅游路线上的一个必经之地。

黑马河乡传统聚落选址以背山向阳为主，体现了聚落对河流的依赖和对环境的适应。山体、道路、水系、祭海坛，街巷空间、商业空间、民居共同构成了黑马河乡的聚落标识。

在环湖路线中，黑马河乡不仅作为一个休息和补给的重要场所，而且周边草场茂盛，水资源充足，黑马河乡依托丰富的旅游资源和周边的草场条件逐步形成了生态旅游型聚落。

（二）环湖生态旅游示范区

环青海湖地区的自然景观资源丰富，有青海湖、茶卡盐湖、鸟岛等旅游景点，湖区周边的山水草原主要有日月山、倒淌河等；人文历史资源有伏俟城遗址、沙陀寺、白佛寺、刚察大寺等。

对于旅游资源丰富而又生态脆弱的地区，环青海湖地区旅游经济转型建设策略应该走一条以民俗和生态结合之路，打造环湖生态旅游示范区。应立足环青海湖地区富集的旅游资源，结合环青海湖地区的流域资源环境承载能力、现有开发密度和发展潜力，充分发挥旅游业的生态效益与经济效益。

日月山位于青海省湟源县西南40公里处，是湟源县和共和县的交界处，既是青海省内、外流域水系的分水岭，又是农牧区的天然分界线。日月山以东，绿荫蔽日，田畴交错；日月山以西，田野苍茫，空气清新。草原广袤，高原风景，具有独特的农耕文化和游牧文化。

当今日月山作为西宁进入青海湖的第一站，依托丰富的历史文化资源进行了大量的旅游建设。109国道围绕日月山聚落穿行，民居聚落多坐北朝南位于山脚下，以日月亭作为青海湖的门户景观点，从日月亭向东望去可见文成公主像及文成公主展览馆建筑群。日月山景区依据地形，形成了以文成公主像为核心的景观主轴线，文成公主像后南北山丘竖立日月亭，轴线东侧是文成公主展览馆。

日月山闻名的原因有四：一是文成公主嫁到西藏的美丽动人的传说，给日月山增添了传奇色彩；二是日月山是农牧业地区的分界线，登上日月山远眺，可以看到东西两侧自然景观迥异；三是日月山是从河湟地区到青海西部和西藏的枢纽之一，是汉族与少数民族交易和往来的重要通道；四是日月山是古丝绸之路青海道和唐蕃古道的必经之路，见证历史，承载文化。

对于高原湖泊流域而言，在确保生态建设主体功能的同时，统筹兼顾地方的发展，科学优化空间格局，适度降低开发的强度，构建环湖地区生态与经济产业共同发展的生态旅游示范区。

三、柴达木地区——
以绿洲社区为基础的多元产业发展

根据前文所述，柴达木盆地的聚落随着历史的发展，多依靠所在地域丰富的特色资源而兴，他们与绿洲的分布呈现高度的耦合关系。绿洲的分散性、封闭性决定了现状绿洲聚落的空间结构呈现出"大分散、小集中、相对封闭"的特点。又因盆地经济发展存在区域不平衡，以格尔木和德令哈两个城市为中心，盆地东部区域以农牧业为主，盆地西部以工矿业为主向两翼分别发展，形成哑铃状的聚落发展格局。

在柴达木盆地中，常年有水的较大河流约30条；多年平均径流量超过1.01亿立方米的河流有11条。这些众多的河流是形成绿洲的先决条件。柴达木盆地绿洲面积虽不及土地总面积的3.4%，却承载了干旱区95%以上的人口。这是柴达木地区独特的自然资源，也让绿洲及其周围的聚落形成了适合人类生活和居住、进行农牧业和工业生产等社会经济活动的特殊生态环境系统。

柴达木地区是典型的资源型区域，目前聚落的发展应该结合资源优势特点，针对存在的生态问题，依托油气资源、盐湖资源、煤炭资源、金属和非金属矿产资源及农牧业等优势资源，抓住列入国家循环经济试验区的机遇，把柴达木建成全省新型工业化基地。

该区域在新型城镇化的影响下，乡村聚落表现为生态宜居型新型社区。"生态社区"以提供健康、舒适、绿色的人居环境为目标，大力发展生态社区与绿色建筑，成为地域可识别的重要标志。柴达木盆地的新型生态社区介于聚落和城市社区之间，有别于传统的行政村，又不同于城市社区，应探索符合其自身特点的建设模式，实施差异化引导。在符合生态优先的原则前提下，主要结合不同社区与城镇的关系和主要依托的经济发展资源不同，分为以下几种：

纳入城区型社区：主要指位于城镇规划建设用地范

围内的新型农村社区，该类社区应以原有的城郊村为基础建设，力争建设成为与周边建成区风格协调、设施共享的低成本城市社区，居住人群以非农就业人群为主，建设模式以城镇导向为主，积极促进农民向市民身份转变；各类公共服务设施按照城市社区标准建设，并与周边已有设施协调共享，统筹考虑；注重公共交流空间的营造，增强社区活力和居民的归属感。以德令哈市尕海镇为例，尕海镇位于柴达木盆地东北部，主要发展方向是应对生态环境恶化，融入中心城区发展。尕海镇区和多数村庄均受地下水上升及风沙威胁，生态环境尤为重要。应增强城镇服务功能，联动航空港区发展，为航空港区提供社区服务支撑。

镇区融合型社区：主要指在规划镇区建设用地范围内的新型农村社区。此类社区既要兼顾小城镇建设，又要服务于农村。主要吸纳镇区周边村庄的人口，这部分人口以镇区或县城非农就业为主，生活方式大多处于由农村向城镇转变的过渡阶段。以都兰县为例，都兰县城乡空间布局具有较明显的大分散、小集中的特征，整体上城镇、村庄布局较为分散，但在河滩和自然生态条件较好的绿洲地区呈现集中布局。结合都兰县地域空间分布特征和县域空间优化布局的要求，适宜采用分片集聚的发展模式。在都兰县域内形成多个集聚发展的片区，在片区内形成中心社区，这类社区建设应以低成本、兼顾农业生产为原则，积极纳入镇区的总体规划，与镇区实现设施共享。例如都兰县可划分成察汗乌苏片区（含夏日哈）、香日德片区（含巴隆）和宗加片区三大片区。

农业服务型社区：主要指在农村地区的新型农村社区，主要居住人群是从事农业生产的农民。该类社区应符合农民生产生活需求，同时将农业耕作与教育、观光旅游等有机结合，形成具有乡村特色的开放式农村社区，并实现农业资源的价值最大化。以都兰县宗加镇为例，宗加镇位于都兰县西部，是典型农牧型城镇，镇域总面积占都兰县域总面积约45%，林草面积广阔。规模化枸杞种植的经济效益显著，枸杞产业应走精品化、集约化、科技化的精品社区发展之路。宗加镇可在保证农牧业发展的同时，将枸杞产业作为特色经济发挥其产业优势，逐步建成"枸杞特色小镇"，形成以枸杞文化为核心的区域产业经济。

旅游服务型社区：主要指在旅游景区周边的新型农村社区，此类社区的主要居住人群以从事旅游服务，农牧业为主。应以其自然山水或人文景观特色为基础，充分考虑游客和社区居民的特点，使其规划建设成为与旅游景区良好结合、充满活力、交通便利、功能完善的旅游型社区。以乌兰县茶卡镇为例，茶卡镇位于海西州东部，旅游资源主要以茶卡盐湖为主，是青海省推进新型城镇化过程中，建设成果较为显著的一个旅游城镇。茶卡镇主要利用其独特的自然资源，将盐湖从单一、低层次的开发逐渐转变为多元、高层次的开发，吸引了大量游客，为盐湖的发展提供了新方向，在盐业生产的基础上发展旅游业，周边的聚落也构建了与景区结合良好的特色旅游型社区。

四、三江源地区——以生态保育为基础的资源旅游发展

该区位于青藏高原腹地的青海省南部，涵盖了三江源地区的全部区域。该区主要应注重保护优先、适度开发、点状发展，故而该区域适合"生态保育+"的发展模式。该模式类型以当地生态系统的生态保护、生态恢复为中心，加强生态意识、环境保护的宣传教育，提高生态文明水平，牢固树立"生态优先"的发展战略，使人与自然和谐相处的理念深入人心，让尊重自然、保护自然、保护生物多样性成为居民的自觉行动。重点组织实施好自然保护区规划建设，在保护生态环境和生物多样性的前提下，开发生物资源，大力发展生态畜牧业，积极发展民族传统手工业、适度发展民族风情旅游业。

前文所述,三江源地区已经形成以通天河流域、澜沧江流域、马可河流域三个主要集中连片保护区域。在此选取通天河流域,在生态保育发展的背景下,结合其聚落所在的流域特点,探讨不同类型的聚落与流域优势资源结合的联动发展模式。

通天河系长江源头干流河段,地形特点是高差大,植被及气候的垂直分布显著。整个流域内既有海拔高度相对较低的河谷地带,也有海拔较高的雪山草甸。在上游靠近雪线的山岭地带多形成了海拔较高的高原面,由于海拔较高,气候高寒,已不适宜农业耕作,从而成为天然的高原牧场。因此,农牧混合的产业方式、游牧和定居相结合聚居方式是通天河流域的特点。

逐水草而居的高原游牧方式保证了不同区域的草地在不同季节得到休养生息,也让畜牧业及时地利用生长期的牧草,在有效利用草地资源的同时,实现了既保护水草又保证牲畜生长的目的。但是这种游牧方式需要牧民四处迁徙,从而有了一种以帐篷民居为主的游牧型的村落。

随着时间的推移,游牧文明逐渐受到了农耕文明的冲击,农业在三江源地区有了一定的发展,一部分藏民由游牧转向农耕并定居下来,三江源地区出现了定居的村落。由于通天河的上段地区较高的海拔及恶劣的生存环境,村落选址多在河流下游的河谷地区。这里气候相对温暖湿润,土地肥沃,形成了以兼有农业的半农半牧生产方式和以定居为主的生活方式。

三江源地区的自然环境和人文环境表明,在历代先民沿江河谷地和高原草地发展游牧业以求生存的漫长过程中,在不同的历史时期建立在一定的物质文明基础之上的精神文明及其成果,是别具高原风貌和地域文化特色的。正是三江源地区这种特殊的历史文化和人文因素,造就了通天河流域传统藏族村落及民居独特的风貌与营建智慧。除了三江源的历史文化和人文因素影响之外,通天河流域历史上的人口迁徙和各民族的相互交融也是该地区聚落分布及形成的一个重要背景。常年的各民族之间的战乱与迁徙,也使得该地区的藏民对村落和民居建筑有了适应这些历史与文化背景的认知。

结合游牧聚落及其旅游资源,打造高原生态旅游基地,一方面让更多的人有机会近距离体验传统游牧文化,用这种体验式方式让游牧文化传播到更多的地方;另一方面,通过不断地宣传可以让当地牧民更好地传承传统文化,留住更多的非物质文化遗产。通过生产、生活、生态三方面来体现牧民与大自然的和谐共处,打造高原牧区的生态旅游,结合帐篷民宿、帐篷搭建体验地、民俗活动展示区、高原生态地景观保护区、牧区影视基地、畜牧业草场等功能分区共同打造多节点旅游空间。

在改善人居环境的同时最大限度地保护与传承传统民居。如牧区特色的帐篷民居,可以采用开展传统活动等方式保留雪域高原的特色游牧聚落。

牧区最具有特色的自然景观来自于青藏高原的山川、河流,来自牧区大自然的天然草场,来自于高原特色的气候等自然因素,这是牧民及各种动植物等一切物种赖以生存的地方,必须加强整体生态保护意识。

在人文景观方面,应积极申请和传承文化方面的非遗项目,发扬传统游牧文化,保留传统手工艺,包括藏族传统帐篷的编织与制作,酥油、奶茶的制作以及众多适应青海牧区独特气候与生存环境的生存智慧。

青海作为国家生态安全屏障建构的重要地区,生态保护的地位已经提升到战略层面,这让高原脆弱生态环境的恶化局面有所缓解。以小流域作为末梢生态单元,向更大范围的流域发展,再扩展到整个高原的建构和以聚落文化为区域的连片整体保护,既能保护传统聚落的建筑风貌,又能激活区域内的特色文化资源,这也是构建聚落发展模式的框架基础。

青海传统聚落发展模式是基于对生态优先的理解,围绕生态文明的核心理念——整体保护与可持续发展,综合聚落发展模式的要素，凝练出生态+优势资源的发展模式，包含以"生态农业"为主导的热贡文化体验与民宿康养居住；以"生态观光"为主导的环湖特色生态农业与旅游；以"生态社区"为主导的镇区融合与旅游服务；以"小流域整体保护发展高原特色旅游"和"生态保育"为主导的高原特色旅游等，以上发展模式涵盖了河湟地区、环湖地区、柴达木盆地与青南地区，共同构成了独具青海特色的高原聚落发展模式。

索引

序号	聚落（村落）名称	地点	类型	主要居住民族	级别（历史文化名村名镇、第几批传统村落、文保等级等）	页码
1	兔尔干村	西宁市湟源县日月藏族乡	团状聚落	汉族、藏族	第四批中国传统村落 全国乡村旅游重点村（第三批） 赤岭遗址、东科寺、扎藏寺 （省级第六批重点文保单位）	189
2	宁巴村	海东市循化撒拉族自治县道帏藏族乡	带状聚落石砌营建聚落	藏族	第五批中国传统村落 宁巴村螭鼓舞2008年6月被评为第二批国家级非物质文化遗产	204
3	起台堡村	海东市循化撒拉族自治县道帏藏族乡	带状聚落	藏族	第五批中国传统村落	250
4	塔沙坡村	海东市循化撒拉族自治县清水乡	团状聚落川水台地聚落	汉族	第五批中国传统村落 第二批"中国少数民族特色村寨" 塔沙坡清真寺（撒拉族清真寺古建筑群-第七批全国文保单位、省级第六批重点文保单位）	155
5	拉代村	海东市循化撒拉族自治县文都藏族乡	团状聚落上村下寺聚落	藏族	第五批中国传统村落 文都古城（省级第五批） 文都寺及班禅大师故居（班禅故居位于麻日村）（第七批全国重点文保单位）	212
6	塔加村	海东市化隆回族自治县塔加藏族乡	带状聚落山地传统聚落	藏族	第四批中国传统村落 第二批"中国少数民族特色村寨"	165
7	瓦匠庄村	海东市循化撒拉族自治县积石镇	团状聚落黄河谷地聚落	以回族为主	第四批中国传统村落 苏菲先贤陵园为循化县县级文物，回族宴席曲被列进中国第二批国家级非物质文化遗产名录	161
8	张沙村	海东市循化撒拉族自治县道帏藏族乡	团状聚落	藏族	第四批中国传统村落 张沙寺（省级第六批重点文保单位）	258
9	合然村	海东市循化撒拉族自治县尕楞藏族乡	团状聚落上寺下村聚落	藏族	第四批中国传统村落 合然寺（省级第八批重点文保单位）	228
10	三兰巴海村	海东市循化撒拉族自治县街子镇	带状聚落	撒拉族	第三批中国传统村落 第二批"中国少数民族特色村寨" 全国特色景观旅游名镇名村（第三批）	134
11	团结村	海东市循化撒拉族自治县街子镇	团状聚落	撒拉族	第三批中国传统村落 第三批"中国少数民族特色村寨" 街子穆撒拱北（1950年）（第七批全国重点文物保护单位） 街子撒拉千户院（第八批省级重点文物保护单位）	134

续表

序号	聚落（村落）名称	地点	类型	主要居住民族	级别（历史文化名村名镇、第几批传统村落、文保等级等）	页码
12	洪水泉村	海东地区平安县洪水泉乡	团状聚落	回族	第二批中国传统村落 洪水泉清真大寺（第七批全国重点文保单位）	196
13	孟达山村	海东地区循化县街子乡	团状聚落	撒拉族	第一批中国传统村落 第六批中国历史文化名村，古篱笆楼建筑群为全国第八批重点文物保护单位，建筑营造技艺被列为第二批国家级非物质文化遗产保护名录，孟达大庄清真寺为第四批省级重点文物保护单位国家级历史文化名村	143
14	郭麻日村	黄南藏族自治州同仁县年都乎乡	团状聚落堡寨聚落	土族	第一批中国传统村落 国家级历史文化名村 郭麻日古屯堡在2012年被评为第七批全国重点文物保护单位	241
15	王柔村	果洛藏族自治州班玛县亚尔堂乡	带状聚落石砌营建聚落	藏族	第五批中国传统村落	350
16	科培村	果洛藏族自治州班玛县灯塔乡	散点状聚落 石木混合结构聚落	藏族	第五批中国传统村落	344
17	班前村	果洛藏族自治州班玛县灯塔乡	散点状聚落 石砌营建聚落	藏族	第三批中国传统村落	352
18	郭吾村	玉树藏族自治州称多县拉布乡	团状聚落高原古堡聚落	藏族	第五批中国传统村落 郭吾古堡（第十批省级重点文保单位）	299
19	拉则村英达社、英群社	玉树藏族自治州玉树市安冲乡	带状聚落石砌营建聚落	藏族	第四批中国传统村落	275
20	扎哈村	玉树藏族自治州称多县清水河镇	带状聚落游牧帐篷聚落	藏族	第四批中国传统村落	282
21	吾云达村	玉树藏族自治州称多县尕朵乡	团状聚落石砌营建聚落	藏族	第四批中国传统村落	286
22	卓木其村	玉树藏族自治州称多县尕朵乡	团状聚落石砌营建聚落	藏族	第四批中国传统村落 格秀拉康及藏式碉楼群于2013年被录入第九批青海省级重点文物保护单位	286
23	多伦多村	玉树藏族自治州囊谦县娘拉乡	团状聚落石砌营建聚落	藏族	第二批中国传统村落	319

参考文献

地方志类

[1] 王昱. 青海省志·建置沿革志 [M]. 西宁：青海人民出版社，2001.
[2] 青海省志编纂委员会. 青海历史纪要 [M]. 西宁：青海人民出版社，1987.
[3] 青海省地方志编纂委员会. 青海省志·自然地理志 [M]. 合肥：黄山书社，1995.
[4] 青海省地方志编纂委员会. 青海省志·长江黄河澜沧江江源志 [M]. 河南：黄河水利出版社，2000.
[5] 青海省水利志编委会. 青海河流 [M]. 西宁：青海人民出版社，1995.
[6] 青海省地方志编纂委员会. 青海省志 六十九 文物志 [M]. 西宁：青海人民出版社，2001.
[7] 青海省地方志编纂委员会. 青海省志 六十八 文化艺术志 [M]. 西宁：青海人民出版社，2001.
[8] （清）杨应琚编纂. 西宁府新志 清 [M]. 西宁：青海人民出版社，1988.
[9] （清）邓承伟修编，张价卿，王昱注. 西宁府续志 [M]. 西宁：青海人民出版社，1985.
[10] 循化撒拉族自治县志编纂委员会. 循化撒拉族自治县志 [M]. 北京：中华书局，2001.
[11] 化隆回族自治县地方编纂委员会. 化隆县志 [M]. 陕西：陕西人民出版社，1994.
[12] 互助土族自治县县志编纂委员会. 互助土族自治县县志 [M]. 互助土族自治县县志编纂委员会，1984.
[13] （清）杨治平编纂；何平顺，周家庆，陈国壁标注；马忠校订. 青海地方史志文献丛书 丹噶尔厅志 [M]. 西宁：青海人民出版社，2016.
[14] 张廷武修；杨景升纂. 光绪 丹噶尔厅志 8卷 9 [M]. 甘肃官报书局，清宣统2年.
[15] 三木才主编. 海西蒙古族藏族自治州资源志 [M]. 西安：三秦出版社，2007.
[16] 玉树藏族自治州地方志编纂委员会. 玉树州志 上 [M]. 西安：三秦出版社，2005.
[17] 玉树藏族自治州地方志编纂委员会. 玉树州志 下 [M]. 西安：三秦出版社，2005.
[18] 玉树县地方志编纂委员会. 玉树县志 [M]. 西宁：青海民族出版社，2012.
[19] 称多县地方志编纂委员会. 称多县志 [M]. 西宁：青海人民出版社，2017.
[20] 囊谦县地方志编纂委员会. 囊谦县志 [M]. 北京：光明日报出版社，2020.
[21] 果洛藏族自治州地方志编纂委员会. 果洛藏族自治州志 上 [M]. 北京：民族出版社，2001.
[22] 果洛藏族自治州地方志编纂委员会. 果洛藏族自治州志 下 [M]. 北京：民族出版社，2001.
[23] 班玛县地方志编纂委员会. 班玛县志 [M]. 西宁：青海人民出版社，2004.

著作类

[24] 孙鸣生. 青海伊斯兰教古建筑 [M]. 西宁：青海民族出版社，2018.
[25] 青海省统计局. 青海统计年鉴（1986-2018）[M]. 北京：中国统计出版社，1987-2019.
[26] 降边嘉措. 藏族美术集成 绘画艺术 唐卡·格萨尔卷 2 藏汉对照 [M]. 成都：四川民族出版社，2018.
[27] 丁生喜. 青藏高原资源型区域新型城镇化研究——以柴达木为例 [M]. 北京：中国经济出版社，2017.
[28] 李健胜，董波. 丝绸之路青海道丛书刻写 [M]. 西宁：青海人民出版社，2017.
[29] 崔永红，张得祖，杜常顺. 青海通史 [M]. 西宁：青海人民出版社，2017.
[30] 王晓珍. 甘青河湟地区藏汉古建筑彩画研究 [M]. 北京：中国文联出版社，2016.
[31] 李万寿. 河湟地区河流水系与水资源研究 [M]. 兰州：甘肃文化出版社，2016.

[32] 索端智. 公共治理视野下青藏地区社会文化调查研究[M]. 银川：宁夏人民出版社，2016.
[33] 拉先加. 格鲁派主属寺系统的历史文化研究 以明清时期青海境内的寺院为例[M]. 北京：中国藏学出版社，2016.
[34] 王志强，俞丽娟. 青藏历史移民与民族文化的变迁[M]. 上海：上海大学出版社，2016.
[35] 中国地理百科丛书编委会. 中国地理百科绿洲[M]. 广州：世界图书出版广东有限公司，2016.
[36] 冯雪红. 三江源藏族生态移民三村[M]. 北京：社会科学文献出版社，2016.
[37] 李群. 青海古建筑[M]. 北京：中国建筑工业出版社，2015.
[38] 《中国地理百科》丛书编委会. 中国地理百科丛书 河湟谷地[M]. 北京/西安：世界图书出版公司，2015.
[39] 先巴著. 青海藏族简史[M]. 西宁：青海人民出版社，2014.
[40] 苏雪芹. 青藏地区生态文化建设研究[M]. 北京：中国社会科学出版社，2014.
[41] 谢佐. 中国地域文化通鉴（青海卷）[M]. 北京：中华书局，2014.
[42] 杜发春. 三江源生态移民研究[M]. 北京：中国社会科学出版社，2014.
[43] 袁行需，陈进玉. 中国地域文化通览（青海卷）[M]. 北京：中华书局，2014.
[44] 白渔著. 唐蕃古道[M]. 西宁：青海人民出版社，2014.
[45] 王昱. 青海简史[M]. 西宁：青海人民出版社，2013.
[46] 戴燕，丁柏峰主编. 河湟区域地理环境与经济文化变迁[M]. 北京：人民出版社，2013.
[47] 丁柏峰. 青海古代游牧社会历史演进研究[M]. 北京：人民出版社，2012.
[48] 文忠祥著；杜常顺主编. 神圣的文化建构 土族民间信仰源流[M]. 北京：人民出版社，2012.
[49] 丁生喜. 环青海湖少数民族地区特色城镇化研究[M]. 北京：中国经济出版社，2012.
[50] 岳邦瑞. 绿洲建筑论 地域资源约束下的新疆绿洲聚落营造模式[M]. 上海：同济大学出版社，2011.
[51] 陈新海. 青海地区历史经济地理研究[M]. 成都：四川大学出版社，2011.
[52] 卓玛措. 青海地理[M]. 北京：北京师范大学出版社，2010.
[53] 张君奇. 青海古建筑设计制图[M]. 香港：银河出版社，2010.
[54] 张新斌. 黄河流域史前聚落与城址研究[M]. 北京：科学出版社，2010.
[55] 唐韵文. 人文青海[M]. 广州：广东旅游出版社，2009.
[56] 喇秉德，马文慧，马小琴，等. 青海回族史[M]. 北京：民族出版社，2009.
[57] 喇秉德，马文慧. 青海伊斯兰教[M]. 北京：宗教文化出版社，2009.
[58] 刘利生. 影响世界的中国元素 中国民居·建筑艺术[M]. 长春：时代文艺出版社，2009.
[59] 王军. 西北民居[M]. 北京：中国建筑工业出版社，2009.
[60] 赵新良. 诗意栖居——中国传统民居的文化解读[M]. 北京：中国建筑工业出版社，2009.
[61] 黄凌江. 线描西藏：边境、集镇、边贸市场探访[M]. 北京：中国电力出版社，2008.
[62] 马成俊，贾伟. 青海人口研究[M]. 北京：民族出版社，2008.
[63] 张忠孝. 世界屋脊青海游[M]. 西宁：青海民族出版社，2008.
[64] 族史编写组. 撒拉族简史[M]. 北京：民族出版社，2008.
[65] 米海萍，乔生华辑. 青海土族史料集[M]. 西宁：青海人民出版社，2006.
[66] 梁琦. 青海少数民族民居与环境[M]. 西宁：青海人民出版社，2005.
[67] 张忠孝. 青海地理[M]. 西宁：青海人民出版社，2004.
[68] 童永生，刘秉德主编，青海公路交通史志编审委员会办公室编. 青海丝路[M]. 西宁：青海人民出版社，2004.
[69] 张彤. 整体地区建筑[M]. 南京：东南大学出版社，2003.
[70] 南文渊. 高原藏族生态文化[M]. 兰州：甘肃民族出版社，2002.
[71] 张君奇. 青海古建筑论谈[M]. 西宁：青海人民出版社，2002.
[72] 申元村，等. 中国绿洲[M]. 开封：河南大学出版社，2001.
[73] 蒲文成. 青海佛教史[M]. 西宁：青海人民出版社，2001.
[74] 中共青海省委办公厅. 青海省经济发展50年[M]. 西宁：青海人民出版社，2000.

［75］崔永红. 青海通史［M］. 西宁：青海人民出版社，1999.
［76］王妙发. 黄河流域聚落论稿 从史前聚落到早期都市［M］. 北京：知识出版社，1999.
［77］孙鸿烈，郑度. 青藏高原形成演化与发展［M］. 广州：广东科技出版社，1998.
［78］青海省农业资源区划办公室. 青海土壤［M］. 北京：中国农业出版社，1997.
［79］李树德，程国栋，周幼吾. 青藏高原冻土图［M］. 兰州：甘肃文化出版社，1996.
［80］国家文物局主编；青海省文化厅编制. 中国文物地图集 青海分册［M］. 北京：中国地图出版社，1996.
［81］张嘉选著. 柴达木开发史［M］. 兰州：兰州大学出版社，1991.
［82］青海省计划委员会. 青海国土资源［M］. 西宁：青海人民出版社，1991.
［83］申元村. 青海自然地理［M］. 北京：海洋出版社，1991.
［84］戴加洗. 青藏高原气候［M］. 北京：气象出版社，1990.
［85］伍光和，张志良，胡双熙，等. 柴达木盆地［M］. 兰州：兰州大学出版社，1990.
［86］张家桢，刘恩宝，赵和，等. 青海水文［M］. 北京：测绘出版社，1990.
［87］刘培植. 国营农场四十年［M］. 北京：中国农业科技出版社，1989.
［88］史克明. 青海经济地理［M］. 北京：新华出版社，1988.
［89］青海省林业区划办公室. 青海省林业区划［M］. 北京：中国林业出版社，1987.
［90］周兴民. 青海植被［M］. 西宁：青海人民出版社，1987.
［91］谢佐，格桑本，何玲. 青海的寺院［M］. 西宁：青海省文物管理处，1986.
［92］赵生琛，谢端琚，赵信. 青海古代文化［M］. 西宁：青海人民出版社，1986.
［93］《玉树藏族自治州概况》编写组. 玉树藏族自治州概况［M］. 西宁：青海人民出版社，1985.
［94］中国社会科学院考古研究所. 新中国的考古发现和研究［M］. 北京：文物出版社，1984.
［95］中国考古学会编辑. 中国考古学会第一次年会论文集 1979［M］. 北京：文物出版社，1980. 12.
［96］杨纫章. 柴达木盆地［M］. 北京：中国青年出版社，1964.
［97］韩宪纲. 西北自然地理［M］. 西安：陕西人民出版社，1958.
［98］蒙藏委员会调查室编. 青海玉树囊谦称多三县调查报告书［M］. 蒙藏委员会调查室，1941.
［99］周希武. 玉树调查记［M］. 上海商务印书馆，1920.

期刊类

［100］魏伟，张轲，周婕. 三江源地区人地关系研究综述及展望：基于"人、事、时、空"视角［J］. 地球科学进展，2020，35（01）：26-37.
［101］牛钧鹏，李健胜. 回顾、反思与展望——丝绸之路青海道研究述评［J］. 中国史研究动态，2019（01）：11-20.
［102］金丽纯，焦胜. 基于图论的传统村落公共空间结构及形成机制研究［J］. 规划师，2019，35（02）：52-57.
［103］马青，王瑛博，宋岩. 基于意象理论的藏族传统村落美丽乡村建设研究——以青海省海东市塔加乡牙什扎村为例［J］. 城乡规划，2018（01）：40-49.
［104］牛志男，黄皎明. 祖国聚宝盆 神奇柴达木——青海省海西蒙古族藏族自治州掠影［J］. 中国民族，2017（09）：86-90.
［105］额尔登. 香日德寺：一座藏蒙交汇地带寺院的历史与现状［J］. 青海民族研究，2017，28（04）：207-212.
［106］崔永红. 丝绸之路青海道盛衰变迁述略［J］. 青海社会科学，2016（01）：9-16+31.
［107］付妍，肖景义，薛明月，谢芳亭. 国家考古遗址公园旅游产品开发研究——以青海省喇家遗址为例［J］. 四川旅游学院学报，2016（06）：68-72.
［108］切吉卓玛. 旅游业影响下青海湖周边民族文化的变迁——基于青海湖畔莫胡里村的田野调查［J］. 西藏民族大学学报（哲学社会科学版），2015，36（04）89-95+172.
［109］崔文河，王军. 青海藏族庄廓民居及聚落研究——以巴麻堂村为例［J］. 华中建筑，2015，33（01）：74-80.
［110］辛光武. 中国名镇香日德［J］. 柴达木开发研究，2015（06）：52-56.

[111] 崔文河, 王军. 游牧与农耕的交汇——青海庄廓民居[J]. 建筑与文化, 2014（06）：77-81.
[112] 崔文河, 王军, 靳亦冰, 乔柳. 青海河湟地区传统民居解析与更新研究[J]. 新建筑, 2013（02）：131-134.
[113] 崔永红. 都兰香日德圻堠始建年代浅议[J]. 青海民族研究, 2013, 24（04）：136-138.
[114] 利莎. 藏族聚落理想模式空间格局及其驱动力研究[J]. 城市建设理论研究（电子版）, 2013,（12）.
[115] 土旦才让. 藏族传统装饰图案的文化解读[J]. 青海社会科学, 2013（01）：177-182.
[116] 熊有平. 湟水流域川水区、浅山区、脑山区和石山林区划分及特点[J]. 水利科技与经济, 2012, 18（02）：14-15.
[117] 崔文河, 王军. 青海南部地区传统碉房民居更新探索[J]. 南方建筑, 2012（06）：13-17.
[118] 汪玺, 师尚礼, 张德罡. 藏族的草原游牧文化（Ⅱ）——藏区的草原和生产文化[J]. 草原与草坪, 2011, 31（03）：1-4+14.
[119] 玛尔仓·苏白. 合然寺考略[J]. 四川文物, 2011（01）：87-88+100.
[120] 李洋. 古灾难遗址发掘的现实意义——以青海民和喇家遗址为例[J]. 青海社会科学, 2011（04）：162-165.
[121] 苏永杰. 试论藏族传统文化与青藏高原游牧经济的相互影响[J]. 西南民族大学学报（人文社会科学版）, 2011, 32（06）：162-165.
[122] 梁川, 侯小波, 潘妮. 长江源高寒区域降水和径流时空变化规律分析[J]. 南水北调与水利科技, 2011, 9（01）：53-59.
[123] 王军, 李晓丽. 青海撒拉族民居的类型、特征及其地域适应性研究[J]. 南方建筑, 2010（06）：36-42.
[124] 丹真多杰, 旦正加. 浅谈藏族神山崇拜与生态保护[J]. 甘肃民族研究, 2010（1）：4.
[125] 马清虎. 论当代生态科学理论视野中的藏族传统游牧文化[J]. 青海民族研究, 2008（01）：66-70.
[126] 哈静, 潘瑞. 青海"庄窠"式传统民居的地域性特色探析[J]. 华中建筑, 2009, 27（12）：89-91.
[127] 张君奇. 青海民居庄廓院[J]. 古建园林技术, 2005（03）：56-57.
[128] 关丙胜. 青海省香巴农业扶贫开发项目及其人口迁移[J]. 西北人口, 2005（04）：44-46+49.
[129] 夏正楷, 杨晓燕, 叶茂林. 青海喇家遗址史前灾难事件[J]. 科学通报, 2003（11）：1200-1204.
[130] 陆易农. 试论新疆军垦城镇的特色与规划[J]. 规划师, 2002（04）：50-53.
[131] 郑莉, 陈昌文, 胡冰霜. 藏族民居——宗教信仰的物质载体——对嘉戎藏族牧民民居的宗教社会学田野调查[J]. 西藏大学学报（汉文版）. 2002（01）：5-9.
[132] 吴琼, 周亚成. 游牧文化中的生态环境观浅析[J]. 西北民族研究, 2001（02）：35-39.
[133] 世界屋脊的栖息所——帐篷与藏式民居[J]. 今日四川, 2000（01）：60-64.
[134] 南文渊. 藏族牧民游牧生活考察[J]. 青海民族研究, 1999, 01：46-54.
[135] 段继业. 青海小城镇起源的几种类型[J]. 青海社会科学, 1998（04）：3-5.
[136] 杨炯茂. 青海古代和近代农业纪略[J]. 古今农业, 1994（02）：23-27.
[137] 晁元良. 青海民居[J]. 时代建筑, 1991（02）：39-42.

学位论文

[138] 张哲铭. 通天河流域藏族传统村落仪式空间研究[D]. 西安：西安建筑科技大学, 2021.
[139] 杨婧. 柴达木盆地绿洲区农垦聚落空间形态演进研究——以香日德、诺木洪为例[D]. 西安：西安建筑科技大学, 2021.
[140] 王志轩. 循化县传统村落整体保护与发展模式研究[D]. 西安：西安建筑科技大学, 2021.
[141] 张鹏飞. 拓扑思维下安多藏区碉房民居空间形态比较研究[D]. 西安：西安建筑科技大学, 2020.
[142] 王若雅. 澜沧江上游藏族百户传统民居建筑研究[D]. 西安：西安建筑科技大学, 2020.
[143] 栗思敏. 青海丝路河南道古城村落空间格局价值研究[D]. 西安：西安建筑科技大学, 2020.
[144] 张少君. 通天河流域藏族石砌碉房民居 营建技艺保护与传承研究[D]. 西安：西安建筑科技大学, 2020.
[145] 施佳鹏. 寺与村：河湟地区藏传佛教寺院与村落共生关系研究[D]. 西安：西安建筑科技大学, 2020.
[146] 高润鑫. 玉树囊谦才久寺建筑空间形态研究[D]. 西安：西安建筑科技大学, 2020.
[147] 赵晓亮. 澜沧江上游地区藏族传统村落公共空间研究[D]. 西安：西安建筑科技大学, 2019.
[148] 罗宝坤. 三江源地区通天河流域传统藏族聚落空间演进研究[D]. 西安：西安建筑科技大学, 2019.

[149] 王灿宇. 澜沧江上游地区藏族传统村落更新营建模式研究[D]. 西安：西安建筑科技大学，2019.
[150] 王利宇. 青海河湟地区民居地域适应性设计研究[D]. 西安：西安建筑科技大学，2019.
[151] 徐贞. 土地节约视角下青海河湟地区传统山地聚落空间形态研究[D]. 西安：西安建筑科技大学，2019.
[152] 乔柳. 青海河湟地区传统民居适宜性技术应用研究[D]. 西安：西安建筑科技大学，2018.
[153] 由懿行. 青海撒拉族传统民居门窗研究[D]. 西安：西安建筑科技大学，2018.
[154] 黄锦慧. 青海河湟地区庄廓民居营建适宜性评价体系研究[D]. 西安：西安建筑科技大学，2018.
[155] 贾梦婷. 街子河流域川水型传统乡村聚落空间格局研究[D]. 西安：西安建筑科技大学，2018.
[156] 肖琳琳. 非遗传承视角下青海河湟地区藏族传统村落公共空间研究[D]. 西安：西安建筑科技大学，2018.
[157] 王嘉运. 通天河流域传统藏族碉房民居保护与更新研究[D]. 西安：西安建筑科技大学，2018.
[158] 夏勇. "三生"背景下青海合然村传统村落保护与发展研究[D]. 西安：西安建筑科技大学，2018.
[159] 闫展姗. 青海牧区藏族传统聚落景观形态研究[D]. 西安：西安建筑科技大学，2018.
[160] 黄召强. 旅游影响下青海湖湖滨区藏族社区空间生产研究[D]. 西宁：青海师范大学，2018.
[161] 姜佩佩. 地域环境影响下的玛柯河流域碉楼营建技艺研究[D]. 青岛：青岛理工大学，2018.
[162] 刘立坤. 青海海东地区藏传佛教建筑研究[D]. 南京：东南大学，2018.
[163] 赵普尧. 基于数据模型的传统庄廓气候适应性研究及优化设计[D]. 西安：西安建筑科技大学，2017.
[164] 王嘉萌. 青海撒拉族篱笆楼民居营建技艺保护与传承研究[D]. 西安：西安建筑科技大学，2017.
[165] 令宜凡. 民族文化影响下青海循化撒拉族乡村聚落空间形态研究[D]. 西安：西安建筑科技大学，2017.
[166] 陈永吉. 河湟地区土族传统村落景观解析与传承[D]. 西安：西安建筑科技大学，2017.
[167] 陈迪. 青海省兔儿干村绿色庄廓民居示范工程研究与实践[D]. 西安：西安建筑科技大学，2017.
[168] 姜媛元. 青海热贡艺术元素及其在当代室内设计中的应用原则与策略[D]. 西安：西安建筑科技大学，2017.
[169] 高小强. 甘青传统民居地理研究[D]. 西安：陕西师范大学，2017.
[170] 张嫩江. 青海东部地区传统庄廓民居营造技术及其传承研究[D]. 西安：西安建筑科技大学，2016.
[171] 李旻泽. 青海河湟谷地传统民居地域性研究[D]. 西安：长安大学，2016.
[172] 宋祥. 青海河湟地区山地庄廓聚落景观形态研究[D]. 西安：西安建筑科技大学，2016.
[173] 巩河杉. 青海东部高原新建绿色社区规划营建策略研究[D]. 西安：西安建筑科技大学，2015.
[174] 陈林波. 青海海北牧区牧民定居建筑地域适应性设计研究[D]. 西安：西安建筑科技大学，2015.
[175] 柴斌. 基于复合生态系统的青海省兔尔干传统村落保护与发展策略研究[D]. 西安：西安建筑科技大学，2015.
[176] 万琦. 环青海湖地区藏族聚落与民居有机更新研究——以黑马河乡为例[D]. 西安：西安建筑科技大学，2015.
[177] 崔文河. 青海多民族地区乡土民居更新适宜性设计模式研究[D]. 西安：西安建筑科技大学，2015.
[178] 柯熙泰. 安多藏区传统聚落与民居建筑研究[D]. 西安：西安建筑科技大学，2015.
[179] 冷静. 民族文化旅游开发与保护的人类学思考——以丹噶尔古城为例[D]. 兰州：西北民族大学，2015.
[180] 孟晓东. 乡土聚落边界景观形态特征研究[D]. 北京：北京建筑大学，2015.
[181] 张博强. 青南班玛县藏族碉楼民居空间形态研究[D]. 西安：西安建筑科技大学，2014.
[182] 郭星. 河湟地区土族村落景观研究[D]. 北京：北京林业大学，2014.
[183] 郝思怡. 青南地区班玛县藏族碉楼营造技术研究[D]. 西安：西安建筑科技大学，2014.
[184] 杨帆. 青海河湟地区传统民居生态策略研究及在当代的运用[D]. 西安：西安建筑科技大学，2013.
[185] 赵一凡. 青海河湟地区庄廓民居院落空间形态研究[D]. 西安：西安建筑科技大学，2013.
[186] 郝晓宇. 宗教文化影响下的乡城藏族聚落与民居建筑研究——以乡城县那拉岗村为例[D]. 西安：西安建筑科技大学，2013.
[187] 刘莹. 丹噶尔古城景观整体性保护设计研究[D]. 西安：西安建筑科技大学，2013.
[188] 高倩如. 汉、藏传佛教寺院建筑比较研究[D]. 兰州：兰州大学，2013.
[189] 刘建军. 文化导向下的青海回族新民居建筑营造模式研究[D]. 西安：西安建筑科技大学，2013.
[190] 刘国伟. 西藏江孜老城聚落与民居研究[D]. 重庆：重庆大学，2012.
[191] 张燕. 川西沙尔宗嘉绒藏族民居研究[D]. 西安：西安建筑科技大学，2012.

[192] 杨林平. 甘南藏族乡村聚落公共空间特征研究[D]. 兰州：长安大学，2012.
[193] 巨晶. 神山、自然与部落[D]. 兰州：兰州大学，2011.
[194] 林丽艳. 青海古代乡村聚落研究[D]. 咸阳：西北农林科技大学，2011.
[195] 龙珠多杰. 藏传佛教寺院建筑文化研究[D]. 北京：中央民族大学，2011.
[196] 何泉. 藏族民居建筑文化研究[D]. 西安：西安建筑科技大学，2009.
[197] 李思宏. 湘西山地村落形态特征研究[D]. 长沙：湖南大学，2009.
[198] 孙北. 西部藏族建筑地域文化延续性研究[D]. 北京：清华大学，2008.
[199] 向洁. 藏南河谷传统聚落景观研究[D]. 成都：西南交通大学，2008.
[200] 田莹. 自然环境因素影响下的传统聚落形态演变探析[D]. 北京：北京林业大学，2007.
[201] 裴丽丽. 土族文化传承与变迁研究[D]. 兰州：兰州大学，2007.
[202] 齐琳. 甘南藏族民居地域适应性研究[D]. 武汉：华中科技大学，2007.
[203] 柏景. 非西藏藏区（甘青川滇藏区）传统地域建筑文化研究[D]. 天津：天津大学，2006.
[204] 朱普选. 青海藏传佛教历史文化地理研究[D]. 西安：陕西师范大学，2006.
[205] 李强. 青海湖旅游资源开发研究[D]. 西安：西北大学，2005.
[206] 窦筱艳. 二十世纪末近15年青海湖生态环境变化和生态恢复研究[D]. 湖南：湖南大学，2004.

后记

《中国传统聚落保护研究丛书 青海聚落》是团队多年来在青海的高原、河谷、绿洲、草原、山间乡村调研足迹的记录，是西北乡土建筑研究团队和青海省住房和城乡建设厅共同的成果。

团队在青海的科研始于2010年，忘不了第一次在深冬季节受青海省住房和城乡建设厅邀请，随同团队负责人王军教授前往青海，开始深入青海四区乡村研究当地民居特色，从此便与青海结下了不解之缘。

青海的大山大河、蓝天白云、一草一木，丰富多彩的历史文化、物质文化、非物质文化，勤劳质朴的各族人民和他们的生活理念、生产方式、营造智慧，一点一滴都吸引着我们。从青海东部地区的平安、互助、大通、循化、化隆等地初识青海，到环湖地区的刚察、祁连等县，再到柴达木地区的诺木洪、德令哈等地，最后来到三江源地区的玉树州、果洛州，随着海拔不断升高，我们对青海乡村的了解逐渐加深，责任感和使命感也油然而生。

本书的编写得到青海省住房和城乡建设厅的大力支持与帮助，协助联系各地市、县级住建部门，为团队现场调研、高效地获得大量一手资料提供极大的帮助。在青海聚落调查研究的过程中，各地州、市、县住建部门、乡镇负责人员、村支书、村主任为我们引路、讲解、介绍基本情况，尤其在语言不通的地区，没有他们的帮助，我们就无法顺利完成调研。感谢为我们提供各种帮助的工作人员和当地百姓，还有村里懂汉语的学生们，他们陪伴我们走街串巷，协助我们进行民居测绘等工作。

特别感谢青海省人民政府参事李群先生，先生曾任青海省住房和城乡建设厅厅长，我有幸与先生相识于先生在住建厅任职期间，青海特色民居的研究多次得到先生的指导。先生是学者型领导，出版了《青海古建筑》等诸多学术研究成果。也正是因为先生的推荐与指导，我才有机会负责《青海聚落》的撰写工作，非常感谢先生的推荐，也特别感谢先生作为本书的主审给予书稿编写提出的宝贵意见。

本书的编写得到青海省建筑建材科学院有限责任公司、青海省高原绿色建筑与生态社区重点实验室的大力支持，研究得到重点实验室开放基金计划"青海高原村镇空间优化与风貌提升研究"（KLKF-2020-002）的资助。

2010年12月至2012年4月，团队多次往返西安、西宁之间，团队成员几乎驻扎在青海，重点调研青海东部传统聚落与民居。时任青海省住建厅总工程师王涛先生带领设计处、村镇处全力配合研究工作，岳宏副厅长亲自关心团队后勤保障。现任副厅长熊士泊先生与王军教授一见如故，先生对我们团队在青海的研究工作给予了极大的支持与帮助，和我们一起下乡调研，深入农户，了解青海农村牧区百姓实际居住情况，和团队成员一起讨论青海乡村建设面临的问题与解决对策。

2011年9月团队在玉树调研期间，正值灾后重建最艰难的时候，遇到时任青海省住房和城乡建设厅的厅长匡涌、副厅长姚宽一，他们长期奋战在高原一线，两位厅长在繁忙的灾后重建工作之余，利用休息时间和我们讨论青海民居的地域特色和玉树传统民居的保护与修缮。

玉树地区传统聚落的研究离不开地方的配合与支持，感谢玉树州、市、县、乡、村的曾经给予团队帮助的各位领导和同志们。玉树州住房和城乡建设局局长仁青先生多次陪伴我们深入玉树州各乡镇村落，为我们介绍村落概况和风土人情。在平均海拔4000米以上的地区调研，气候、饮食我们都需要适应，我至今难忘局长在一次调研路上对我说中午吃炒面，到了中午，大家草滩上席地而坐，局长准备的酥油青稞粉制成的"糌粑"与我理解的炒面完全不同，这就是生活习惯、饮食的不同。高原文化需要真正深入感受认知，现在我非常喜欢草原上的"糌粑和酥油茶"。高原上"移动的传统村落"玉树州称多县扎哈村，在仁青局长的指导下完成申报工作，并入选第五批中国传统村落名录。

感谢蔡成勇书记、尼玛才仁副州长、仁青局长、王联邦副局长、周长泰副局长、郭夏局长、张彤辉副局长等地方干部在玉树期间的帮助与指导。

玉树州文联主席阿夏彭措达哇先生十分热爱玉树地区的传统文化，知识渊博，多次为我们团队讲解当地传统村落中蕴含的优秀文化，并提供各种历史资料与书籍，对团队在玉树的调研给予了极大的帮助。

北京的援青干部牛大刚市长、范志富局长、王强局长是我们学习的榜样，他们挂职三年，深入乡村，主动学习藏语，多次和我们团队下乡调研，讨论乡村发展，感谢范志富局长、王强局长在玉树期间的帮助与讨论。

2015年至2018年之间，我们团队和玉树州古建协会尼玛会长的团队共同完成了通天河流域传统村落、澜沧江流域传统村落的现场调研、测绘工作。尼玛会长是草原上成长的年轻企业家，也是传统文化的热爱者和传播者，为玉树的传统村落保护付出了大量的时间和精力。

在确定青海四区特色民居定位时，团队与住建厅设计处、村镇处交流讨论最多，在设计处、村镇处的大力协助下，团队最终完成《青海省特色民居推荐图集》的编制，并获得青海省2013年度勘察设计一等奖。

感谢循化县住房和城乡建设局王自杰主任，团队在青海调研最多的是海东循化和青南玉树。团队培养的众多博士、硕士均以循化传统村落选题，本科毕业设计也连续三届以循化县的传统村落为选题。我们每一次去调研，王主任都提供大量帮助，协调车辆、提供资料等，感谢循化县住房和城乡建设局的各位工作人员的帮助与支持。

团队于2013年至2016年期间承担国家"十二五"科技支撑计划课题，与青海大学、青海省建筑建材科学研究院、青海文旅公司合作，共同完成了示范项目"新型庄廓民居"的设计、建造、测试等工作，并获得住建部田园建筑二等奖。我们共同建设青海省重点实验室、完成科技支撑计划课题、在青海各地乡村调研、测试，收集数据。青海文旅公司商选平院长是一位乡村设计师，他知识渊博，博古通今，为我们讲授历史文化知识，也多次为我们在青海的调研提供帮助。

回想起在青海的研究历程，感慨万千，在研究过程中结识了许多朋友。我们是共同奋战的战友，一起调研、一起写稿、一起作图、一起加班准备汇报文案和图集，不记得多少次讨论、不记得共同去过多少乡村，但是我们都记得，我们热爱青海的每一个乡村，热爱那里的人们，我们要通过自己的努力，记录青海乡村的点滴，记录青海乡村的自然之美，让大家更加深入地了解青海聚落。

感谢李钰副教授、崔文河教授和团队的每一位老师和同学们，我们曾经一起在青海进行调研工作，留下了许多美好的回忆，我们也都因为这段经历而更加热爱我们的团队。

在此向参与青海聚落现场调研的颜培老师、温宇老师、钱利博士、杨帆博士、房琳栋博士、张耀珑博士、李志伟博士、李冬雪博士，以及赵一凡、赵云、王嘉萌、令宜凡、贾梦婷、王嘉运、黄锦慧、肖琳琳、闫展珊、吕蒙、罗宝坤、夏勇、侯俐爽、周秀峰、马云肖、王利宇、王灿宇、施佳鹏、张鹏飞、邵超、张少君、栗思敏、齐美芝、王若雅、张超、张伟、张哲铭、陈汉、王志轩、杨婧、胡梦童、黄建军、郑源、兰可染、刘亦寒、蔡粟彦、宋巧云、韩泽琦、冯明军、李超、来楷东、邹佳勤等硕士研究生一并感谢，是你们多次在现场收集资料，测绘访谈和交流讨论，为书稿收集了大量一手资料；感谢硕士研究生张哲铭、黄建军、冯明军、刘国花、李超、张昊天、陈汉、方坤、邹佳勤、来楷东、赵书仪、卞泽程、刘柯艺、钟梓薇、徐甜畅、王慧璟等同学在后期图纸制作付出的努力；感谢研究生罗宝坤、吕蒙、施佳鹏、邵超、张鹏飞等在现场无人机航拍，留下了宝贵的图片资料；感谢李冬雪博士、雷喆博士的版式与文字校对，感谢方坤同学的图纸校改，感谢参与青海乡村调研的本科毕业设计课题组的学生们。

感谢玉树州安旺才仁、尼玛会长、索才、甲央尼玛等众多三江源文化爱好者为本书提供的三江源地区精美照片，高俊龙先生专门为本书拍摄瞿坛寺的精美照片、为本书提供水上雅丹、八一冰川等精美照片，在此一并致谢。

感谢朱燕敏女士、乔柳女士多次乡间调研的陪伴与照顾。

向为我们提供各种帮助的青海各地的父老乡亲们表示诚挚的谢意！

本书的编写参考借鉴了诸多学者的研究，从历史、考古、文化、旅游、到生态、经济、民俗等，均在引注及参考文献中列出，在此向各位作者及其研究致以敬意。如有疏漏，也请各位作者指出，后续再版时一定修订补充。

感谢"中国传统聚落保护研究丛书"总编委对作者的信任和包容。

最后，感谢中国建筑出版传媒有限公司（中国建筑工业出版社）胡永旭副总编辑、李东禧主任、唐旭主任、吴绫主任的大力支持与督促，感谢孙硕编辑、陈畅编辑细心、耐心、贴心的编辑校对工作。

要感谢的人太多，在此向为本书默默付出的所有人致以深深的谢意！

我们一直在路上……

图书在版编目（CIP）数据

中国传统聚落保护研究丛书. 青海聚落 / 靳亦冰，王军著. —北京：中国建筑工业出版社，2021.12
ISBN 978-7-112-26956-3

Ⅰ. ①中… Ⅱ. ①靳… ②王… Ⅲ. ①乡村地理—聚落地理—研究—青海 Ⅳ. ①K928.5

中国版本图书馆CIP数据核字（2021）第270022号

扫一扫
观看本卷聚落视频资源

本书以青海省传统聚落为研究对象，通过对青海省传统聚落的起源与发展、自然地理与人文特征、选址与布局特征、景观格局特征、发展模式的分析，探寻青海聚落在高寒气候条件下和极端资源限制下，探索其气候适应性、资源适应性和营造技术适应性，归纳总结高原聚落的生存基因、文化基因和生态营建智慧。以期对青海省传统聚落的保护利用及更新发展有积极的借鉴和推动作用，也是对青藏高原地区传统聚落研究的有益补充。本书可供建筑学、城乡规划学、风景园林学、人文地理学、文物保护等相关专业的读者及文化旅游爱好者参考学习。

责任编辑：胡永旭　唐　旭　吴　绫　贺　伟　张　华
文字编辑：孙　硕　李东禧
书籍设计：付金红　李永晶
责任校对：王　烨

中国传统聚落保护研究丛书
青海聚落
靳亦冰　王军　著

*

中国建筑工业出版社出版、发行（北京海淀三里河路9号）
各地新华书店、建筑书店经销
北京锋尚制版有限公司制版
天津图文方嘉印刷有限公司印刷

*

开本：889毫米×1194毫米　1/16　印张：26　插页：8　字数：679千字
2022年12月第一版　　2022年12月第一次印刷
定价：308.00元（含视频资源）
ISBN 978-7-112-26956-3
（36766）

版权所有　翻印必究
如有印装质量问题，可寄本社图书出版中心退换
（邮政编码100037）